历史的慰藉

The Consolations of History

—历史语境下的自由、权力与生存—

杜君立作品

中国出版集团公司
華文出版社

公元前我们太小
公元后我们又太老
没有谁见过
那一次真正美丽的微笑
但我还是举手敲门
带来的象形文字
洒落一地

——海子《历史》

目录

史记

史论

史　话

自序

历史是一种慰藉

人不能没有记忆，记忆就是历史。个人有记忆，集体也有记忆。于是，个人、家庭、民族、地域、国家乃至世界，就都有了自身的历史。

历史本身不能解决现实问题，但它却可以为人们认识现实提供新的角度，“无用之用，是为大用”①。人性自古未变，今天只是昨天的延伸；从这个意义上讲，历史不只是过去的事情，也是今天的现实和明天的理想。历史提供给人的是现实的镜像，让人更容易理解当下，也更加坚信正义与信仰。

人类文明是依靠不断地累积而向前推进的，有人关注现世的回报，有人寄望于对未来的向往，所谓“道之所在，虽千万人，吾往矣”。不仅历史是人类文明的慰藉，思想和写作本身同样如此。关中乡贤横渠先生②有云：“为天地立心，为生民立命，为往圣继绝学，为万世开太平。”

历史与权力

40 多年前，意大利电影导演安东尼奥尼应邀来到中国，他受命拍摄一部电影，来向全世界展现“形势一片大好”的中国。这部叫做《中国》的纪录片拍完之后，便成为当时最著名的“大毒草”。这是一部完全依靠

---

① 《庄子·人间世篇》。

② 张载（1020-1077），字子厚。程颢、程颐的表叔，北宋理学家。因居住关中西府横渠镇，故称“横渠先生”，其学术亦被称为“关（中）学”。

镜头语言的纪录片，在长城的桥段却有一句经典旁白："逃跑的奴隶被直接砌进城墙,长城的每段都埋有尸骨,最后只有帝王们的名字留在了史册。"

在这位外国艺术家眼中，长城不再是记载帝王丰功伟绩的碑记，而是无数民众的坟冢。

在希腊人的观念中，历史和戏剧没有什么区别，都是九缪斯团队的成员。在现代人的观念中，历史的地位变得暧昧而复杂，在文学和科学之间摇摆不定。中国传统文化常常被称为"史官文化"，所谓"六经皆史也"。与源自古希腊私人修史的传统不同，中国自汉唐之后都是由官家来修史。

在古代，历史一旦被垄断，历史的话语权一旦掌握在一人之手，其真实性就不言而喻。事实上，中国的"二十四史"[①]，不仅为史官所撰，而且由皇帝"钦定"，被尊为"正史"。除此之外，只能是"野史"了。在满清时代，甚至连这些私人性的野史也消失了，只有考史，没人敢去著史和写史。"清朝野记最少，即有之，多不著名氏。盖恐涉笔不谨，致取咎戾，蹈《西征随笔》等书覆辙"[②]。因为《扬州十日记》等书长期遭到清廷严厉封杀，在清末以前，几乎没有人知道这场惨重的大屠杀，甚至连扬州本地人也同样一无所知。

从戊戌变法到五四运动，历史与历史学都进入一个新的时代。作为中国现代史学的开拓者,梁启超提出历史的现代化,即以"新史学"取代"旧史学"，以"近世史学"取代"前者史家"——

> 史也者，记述人间过去之事实者也。虽然，自世界学术日进，故近世史家之本分，与前者史家有异。前者史家，不过记载事实，近世史家，必说明其事实之关系，与其原因结果；前者史家，不过记述人间一二有权力者兴亡隆替之事，虽名为史，实不过一人一家之谱牒。近世史学，必探察人间全体之运动进步，即国民全部之经历，及其相

---

① 清代乾隆皇帝选定二十四部"正史"为"钦定二十四史"。包括《史记》、《汉书》、《后汉书》、《三国志》、《晋书》、《宋书》、《南齐书》、《梁书》、《陈书》、《魏书》、《北齐书》、《周书》、《隋书》、《南史》、《北史》、《新唐书》、《新五代史》《旧唐书》，《旧五代史》、《宋史》、《辽史》、《金史》、《元史》和《明史》。

② 沤矶钓叟《殛珅志略·跋识》。

互之关系。

在这种自由风气之下，历史呈现出前所未有的景象；再加上现代大学和西方历史学术的影响，中国历史进入一个百家争鸣的勃兴时代。小说家黄小配的观点，多少代表了现代思潮对传统历史观的彻底颠覆——

> 中国无史，盖谓三代直道，业荡然无存。后儒矫揉，只能为媚上之文章，而不得为史笔之传记也。当一代鼎革，必有无量英雄齐起，乃倡为成王败寇之谬说，编若者为正统，若者为僭国，若者为伪朝，吾诚不解其故。良由专制君主享无上尊荣，枭雄者辈即以元勋佐命的名号，分藩食采的衔爵，诱其僚属，相助相争。彼夫民族的大义，民权的公理，固非其所知，而后儒编修前史，皆承命于当王，遂曲笔取媚，视其版图广狭为国之正僭，视其受位久暂为君之真伪。①

中国史籍浩如烟海，从二十四史、两通鉴、九通、五纪事本末，到其他各种别史、杂史和野史，一个人即使穷经皓首，也读不完这么多历史。著名历史学家钱穆曾经说："历史就是我们整个的人生经验，所以只要你谈到民族，谈到人生，是无法不谈到历史的。因此今天的有些人，虽然最缺乏的是历史知识，却又最喜欢戏说历史。一切口号，一切标语，都用历史来作证。"②

法国史学家马克·布洛赫上中学时，恰逢纳粹占领时期。他的历史老师说："自1904年或1940年以后，已无历史学可言。"约阿西姆·派普——这个纳粹德国最年轻的上校，曾以其英勇善战而获得十字勋章，但他无力挽救第三帝国的灭亡。作为战争的失败者，他从"英雄"变成了双手粘满鲜血的"屠夫"。在战后的审判席上，派普如是说："历史是由胜利者书写的，但事实真相只有亲历者才知道。"

对今天的美国人来说，他们所接受的历史教育便是"欧洲中心论"——

---

① 黄小配《洪秀全演义》之自序。《洪秀全演义》，上海古籍出版社，1981。

② 钱穆《中国历史精神》，九州出版社，2013，第11页。

"'欧洲中心论'的历史向非欧裔美国人传递的信息是：你们的祖先没有做什么有意义的事情。这样，对于欧裔美国人以及非欧裔美国人，都很容易再往前跨一步，认为非欧裔美国人在今天并不重要。"①

失败与慰藉

古代官方著史，始于西汉时期董仲舒的主张。他为了加强汉武帝的中央集权，提出"罢黜百家，独尊儒术"：

> 《春秋》大一统者，天地之常经，古今之通谊也。今师异道，人异论，百家殊方，指意不同，是以上亡以持一统；法制数变，下不知所守。臣愚以为诸不在六艺之科孔子之术者，皆绝其道，勿使并进。邪辟之说灭息，然后统纪可一而法度可明，民知所从矣。②

在官方正统思想下，历史被要求服从于政治斗争和夺取政权的需要，为维护暴力和权力的合法性背书，因此可以虚构历史，以使其更"生动"，从而达到丑化敌人、美化自己的目的。为了达到垄断历史的效果，文字狱成为中国历史不可或缺的一部分。禁锢之下，知识分子逐渐走向犬儒化，"避席畏闻文字狱，著书都为稻粱谋"③。在清朝"《明史》案"中，不仅"私撰"《明史》的庄廷龙遭遇灭门之祸，甚至株连到作序者、校阅者及刻书、卖书、藏书者均被处死。

中国古代传统的官方正史一般都由后朝撰写前朝的历史，比如清朝著《明史》，明朝著《元史》，元朝著《宋史》，宋朝著《五代史》和《唐史》，这体现了胜利者对历史的话语权。汉代法律规定，太史公位在丞相之上，

---

① 詹姆斯·洛温《老师的谎言：美国历史教科书中的错误》，中央编译出版社，2009，第382页。

② 《汉书·董仲舒传》。

③ 出自清代龚自珍的《咏史》诗。全诗为：金粉东南十五州，万重恩怨属名流。牢盆狎客操全算，团扇才人踞上游。避席畏闻文字狱，著书都为稻粱谋。田横五百人安在，难道归来尽列侯？

天下计书，先上太史公，副上丞相。唐代韦安石曾说："世人不知史官权重宰相，宰相但能制生人，史官兼制生死，古之圣君贤臣所以畏惧者也。"

"二十四史"虽以《史记》领衔，而《史记》却是二十四史中的另类。《史记》与二十四史中其他史书的最大不同之处，就在于其带有相当浓厚的战国秦汉子学的特点。

尽管司马迁也是史官（太史公），但他极具独立的个人色彩，著史的目的是"究天人之际，通古今之变，成一家之言"，"藏诸名山，传之其人"，而不是为了给皇帝歌功颂德。（颇为吊诡的是，最为"正统"的《资治通鉴》，竟然不在二十四史之列。）《汉书》作者班固对《史记》甚不以为然，他指责司马迁"是非颇谬于圣人，论大道则先黄、老而后六经，序《游侠》则退处士而进奸雄，述《货殖》则崇势利而羞贫贱，此其蔽也"。与班固同一时期的王允更进一步："武帝不杀司马迁，使作谤书，流于后世。"班固所论"其蔽"，也就是王允所谓"谤"。

"古之书事也，令贼臣逆子惧；今之书事也，使忠臣义士羞。若使南、董[①]有灵，必切齿于九泉之下矣。"[②]实际上，《史记》与《汉书》的区别，就是民间历史与官方正史的不同。然而，就 2000 多年来的影响来看，《汉书》根本无法望《史记》之项背。由此看来，时间才是最好的历史书写者。

> 盖西伯（文王）拘而演《周易》；仲尼厄而作《春秋》；屈原放逐，乃赋《离骚》；左丘失明，厥有《国语》；孙子膑脚，《兵法》修列；不韦迁蜀，世传《吕览》；韩非囚秦，《说难》《孤愤》；《诗》三百篇，大底圣贤发愤之所为作也。此人皆意有所郁结，不得通其道，故述往事、思来者。乃如左丘明无目，孙子断足，终不可用，退而论书策，以舒其愤，思垂空文以自见。（司马迁《报任安书》）

文字憎命达。应当承认，自古写作著史者大多命运多舛，在现实

---

① 南史和董狐，都是春秋时史官，以直言不讳著称。

② 唐代刘知几《史通·曲笔》。

生活中，常常是人生的“失败者”。韩愈在《答刘秀才论史书》中说：“孔子圣人作《春秋》，辱于鲁、卫、陈、宋、齐、楚，卒不遇而死；齐太史氏兄弟几尽；左丘明纪春秋时事以失明；司马迁作《史记》，刑诛；班固瘐死；陈寿起又废，卒亦无所至；王隐谤退，死家；习凿齿无一足；崔浩、范晔赤诛；魏收夭绝；宋孝王诛死。足下所称吴兢，亦不闻身贵，而今其后有闻也。夫为史者，不有人祸，则有天刑，岂可不畏惧而轻为之哉！”

公元522年，曾经显赫一时的思想家波爱修斯遭到囚禁，两年后即被处决。在狱中，波爱修斯写下了不朽名篇《哲学的慰藉》。钱穆先生说过，西方重哲学，中国重历史。中国在传统上，只有思想而没有哲学，所谓“六经皆史也”。中国之历史从属于文学，而在西方，历史却是哲学的一部分，威尔·杜兰特就认为自己是“写历史的哲学家”。历史与哲学有一点是相同的，它们都只是解释问题，而不解决问题。在一个哲学家看来，人无法与命运抗争，一个人唯一可以做的，就是从对历史的追问和思考中得到慰藉。

哲学是古典的，历史是现代的。进入现代以来，哲学正被历史所取代。哲学家尼采悲叹“哲学被历史取代”，而阿克顿勋爵则说：“历史比哲学更容易说服人。”尤其对一个中国人来说，历史比哲学更容易理解，历史与其说是一种现实意义上的镜鉴，不如说是一种道德意义上的慰藉。

霍布斯鲍姆说：“没有什么能够像失败那样擦亮历史学家的眼光。”历史的最大意义，不在于当下，而是在于未来；与当下相比，未来要长久得多。可以说，历史是对现实失败者的一种补偿和慰藉。说到底，历史是对现实的一种理解。中国人常说“痛定思痛”、“以史为鉴”；历史是镜子，失败者从中看到的是刻骨铭心的教训，成功者从中看到的不过是锦上添花、可有可无的虚荣——“文史星历，近乎卜祝之间，固主上所戏弄，倡优蓄之，流俗之所轻也”[①]。一些“成功者”不仅认为历史毫无意义，而且试图消灭历史。

---

① 司马迁《报任安书》。

孔子说，礼失而求诸野。鲁迅说，读史要读野史。历史的动因存在于每个普通人的生活中，只有走向田野与民间，才可能对当代中国社会的发展作出合乎情理的解释。历史就是过去的故事,历史是传承,历史也是启蒙。一个人如果不了解自己出生前的事情，就等于永远不会长大。中国是世界各国中保存文字历史最长的的国度，但如今中国人却对祖先的生活、对很多发生在父辈身上的历史一无所知。从某种意义上来讲，对自己本国历史懵然无知的人，等于没有进入社会成年期。

自由与尊严

顾炎武在《日知录》中说:“人不通古今 ，马牛而襟裾。”意思是说，没有历史感的人就是衣冠禽兽，或沐猴而冠。中国具有悠久的历史传统，是历史支撑着中国人的精神生活；甚至说，圣贤的历史构成中国人的“宗教”。

如果说 20 世纪 80 年代兴起了一场以诗歌和小说为主的“文学热”的话，那么自从进入本世纪以来，“历史热”便方兴未艾地成为一种显学。在这场全民读史热潮中，不仅许多权威专家和教授学者参与其中，就连商贾官吏和贩夫走卒也见猎心喜，乐此不疲。

对于历史的态度，传统学者都保持了应有的尊敬，并提出“理解之同情”和“同情之理解”。但在当下这场“消费历史”的过程中，历史无疑遭到严重“误读”，甚至完成了对历史的“去历史化”。在很大程度上，消费化的历史已经成为“故事”、“娱乐”或“成功学”、“权谋学”的一部分，从而与真正的历史相去甚远。一方面，历史变成追求趣味的故事，遭到去意义化的戏说与恶搞；另一方面，历史沦为浅薄励志的成功学和厚黑学。从通俗到庸俗，被消费的历史在走向大众和民主的同时，也日渐丧失了其思想承载。易中天和成忆君或许可被视为这两种“去历史化”的典型案例。成忆君的《水煮三国》与易中天的《品三国》都一度风靡全国，虽然风格与诉求各有不同，但实际上两人对历史都极善于“利用”或“借用”。

“在齐太史简，在晋董狐笔。”这是文天祥的《正气歌》里的一句诗。

孔子认为，董狐“书法不隐”，为“古之良史”。春秋时代，齐庄公与大臣崔杼之妻私通，为崔杼手下所杀。齐国太史公在史书上记载为“崔杼弑其君”，崔杼大怒，便杀了太史。太史的弟弟因为拒绝修改，也被崔杼杀害。到了太史的幼弟，仍坚持直书，崔杼只好放了他。[①]中国早期的史官为贵族世袭，称为“太史公”。按照传统道义，臣杀君属于以下犯上的逆行，称为“弑”；杀死有罪之人属于替天行道，称为“诛”。“弑”与“诛”，仅仅一个字，即构成历史的正义感，甚至为了历史的尊严，不惜牺牲自己的生命。崔杼可以杀掉史官，甚至可以杀掉庄公，但他却无法逃脱历史的批判与审判。孟子对这种“春秋大义”做了进一步延伸——“贼仁者谓之贼，贼义者谓之残，残贼之人谓之一夫。闻诛一夫纣矣，未闻弑君也。”[②]

从这种意义上来说，历史在中国不仅被神圣化，甚至成为一种信仰，“人生自古谁无死，留取丹心照汗青”。在传统的历史语境中，忠烈千秋的岳飞、文天祥才是英雄，但在很多所谓奉行成功学的人看来，他们却是十足的失败者，而曹操和成吉思汗才是值得效仿的英雄。“秦桧者，其机深，其力鸷，其情不可测，其愿欲日进而无所讫止”[③]，如果没有传统历史，像秦桧这样生前位极人臣，享尽荣华富贵，死后极尽哀荣，岂不是很成功很完美？有的人死了，他还活着——他活在历史中；有的人活着，他已经死了——他被钉在历史的耻辱柱上。历史无疑是人类社会的终极审判，因为人并不因为生命的结束而彻底消失。真正伟大的人并不是因为其作为，而是因为其品德，这就是钱穆先生所说的“史心”——

> 我们通常听人说，某人无所表现，似乎其人无所表现即不值提。但在中国历史上，正有许多伟大人物，其伟大处，则正因其能无所表现而见。此话似乎很难懂，但在中国历史上，此种例，多不胜举，

---

① 《左传》原文为：大史书曰：“崔杼弑其君。”崔子杀之。其弟嗣书而死者，二人。其弟又书，乃舍之。南史氏闻大史尽死，执简以往。闻既书矣，乃还。

② 《孟子·梁惠王下》。齐宣王问曰：“汤放桀，武王伐纣，有诸？”孟子对曰：“于传有之。”曰：“臣弑其君，可乎？”曰：“贼仁者谓之贼，贼义者谓之残，残贼之人谓之一夫。闻诛一夫纣矣，未闻弑君也。”

③ 王夫之《宋论》。

亦可说此正是中国历史之伟大处，也即是中国文化之伟大处。例如吴太伯，又如伯夷、叔齐，在历史上皆可谓无所表现，而为孔子所称道。孔子曰："太伯其至德矣乎！三以天下让，民无得而称焉。"又曰："不降其志，不辱其身，伯夷叔齐乎！"……此等人物，亦备受后世人之称道与钦敬，此又是中国历史一特点。故我说此乃中国之史心，亦即中国文化传统精义所在。[①]

唐代史学家刘知几认为，一个历史写作者要具备史才、史学和史识，章学诚继而提出史义与史德，"能具史识者，必知史德。"用现代话说，就是对历史的探究，应有适当的态度、温度和深度。历史权谋学和历史成功学的泛滥，其实是真实历史和历史精神的消失；或者说，是对历史的去道德化和去历史化。对当下的人们来说，最讽刺的莫过于，在一个"消费历史"的时代，却没有真正的历史。因为，在实用主义和功利主义眼中，从来没有失败者的地位，而历史正是失败者的记录。"高尚是高尚者的墓志铭，卑鄙是卑鄙者的通行证"[②]，对一切都为了"活着"的现代成功者来说，"通行证"远比"墓志铭"更有意义；但对历史来说，高尚远比卑鄙更体现人的完美。正是对价值观的坚持，一部"三国"，最"成功"的曹操遭到挞伐，最"失败"的关羽被奉为圣人。历史就是如此奇妙。

汉学家李克曼说："成功者改变自己以适应这个世界，失败者总是尝试改变这个世界来适应自己。因此，我们这个世界的所有进步，都依赖于失败者。"[③]现代社会的功利主义和去道德化，或许是这些年来，帝王将相再度成为历史主旋律的主要原因。无论是《明朝那些事儿》还是《乾隆大帝》，与其说人们是把它当历史读，不如说是当作励志学、成功学、厚黑学，乃至官场小说来看。从这个意义来说，这场"历史热"其实与历史并没有多大关系，最多不过是娱乐故事、成功励志或权谋厚黑学的一种延伸罢了。

---

① 钱穆《中国历史研究法》。

② 北岛《回答》。《北岛诗歌集》，南海出版公司，2003。

③ 方曌《汉学家的骑士精神》。《历史学人："强盗"资本家？》，中信出版社，2015。

余世存先生冷眼热心地批评道：当下的历史写作绝大多数是才子佳人之作，是帝王师将相帮闲之作，是或躲在书斋或上了电视的光鲜的学者大师之作，却少有一个现代精神、气魄、理性统一的中国人之作。

中国有句极其讽喻的老话，叫做“记吃不记打”。冯小刚堪称中国商业娱乐电影的旗手。拍完历史电影《一九四二》后，自称“知耻了”的冯小刚说：

> 我们都是一个灾民的后代，往回倒回去我们就是一个灾难深重的民族。……电影不能让这300万人复活，但是也许能让他们的死变得有价值。

个人与历史

当年，《万历十五年》一纸风行，它之所以颠覆了人们心目中历史的概念，就在于它破天荒地解构了传统历史，使历史“去道德化”：无论贪官清官，无论忠臣奸臣，都被放置在一个现实的功利赌盘上，不问动机，只看结果。结果是，无论海瑞还是戚继光，都无力阻止帝国的没落。黄仁宇批评中国“用道德代替法律”，不懂得“数目字管理”。事实上，在传统中国，道德不仅是法律，道德也是宗教，一切都以道德为最高准绳，道德也构成历史的唯一主题，中国历史几乎就是一部“道德经”。对世俗来说，权力可以垄断一切，甚至垄断历史，但却无法垄断道德。正因为如此，中国历史才体现出其顽强的生命力。

在等级森严、贵贱有序的传统中国，道德为中国社会提供了一种弥足珍贵的平等：即使贵为帝王将相，失却了道德，就沦为为万夫所指的恶棍；即使贱为布衣草民，甚至奴仆盗贼，也可以凭借其美德步入历史的正殿，为万人所敬仰。“盖史之为用也，记功司过，彰善瘅恶，得失一朝，荣辱千载。”[①]作为一个传统的中国人，其实是很在乎历史的，或者流芳百

---

① 唐代刘知几《史通·曲笔》。

世，或者遗臭万年。统一中国的秦始皇因为焚书坑儒而遭到历史的诅咒，刺杀秦始皇的荆轲得到万世颂扬。这其实就是维系中华文明的所谓“道统”。韩愈在《原道》说：“博爱之谓仁，行而宜之之谓义，由是而之焉之谓道，足乎己而无待于外之谓德。仁与义为定名，道与德为虚位。”如果说中国历史的主题是道德，那么也即仁义；虽然中国历史不乏不仁不义和假仁假义，但人间只要有仁义在，就会有历史。从这个意义来说，历史的本质即是其民间性，“吾道不行”，则宁可“乘桴浮于海”，迎合权势的“乡愿”被孔子斥为“德之贼也”。而在孟子看来，历史和道德是绝对高于世俗权力的，他对“王”的谈话从来都是教训的“帝王师”口气。

文以载道，以文化人。所有的历史说到底，其实都是思想史。对一个有独立思考能力的成年人来说，历史不应是有趣的“故事”，历史应是有思想的“道理”。故事可以借助于戏曲、影视和评书，而道理只能付诸于文字、阅读和思考。木心先生说：“文字不是读给人听的，是给人看的。”作为一种“教化的动物”，人类生活在自己所编制的“意义之网”中，人们常常根据特定的文化体系所赋予现实的意义，以此来构想和解释世界，历史构成这个文化体系的最佳载体。

那么，什么是真正的历史？历史本身的意义又何在？

雪莱在《诗的辩护》中说，文人是“人类的立法者”（Legislator）；按照孔子的意思，历史就是一种命名。何兆武先生在谈到陈寅恪对他的影响时指出，历史学家的理论并不是从史料或史实之中推导出来的，反倒是历史学家事先所强加于史实之上的前提；也可以说，历史学家乃是人文（历史）世界真正的“立法者”。或者，用20世纪60年代的术语来表达，即是说历史研究事实上并非是“论从史出”，而是“史从论出”。[①]司马迁著《论六家要旨》，后人称其“述六家之事，指陈得失，有若断案，历百世而不能易”[②]。

如今的世界是一个全球化的互联网时代，所有的信息和资源几乎都已经全部开放。在这种背景下，传统的历史和宣传已经过时。虚假的历史和

① 何兆武《历史理性批判散论》，湖南教育出版社，1994。

② 明代何良俊《四友斋丛说·史一》卷之五。

虚伪的宣传，无法再依靠捏造事实来掩盖历史真相。在信息多元化的技术条件下，简单的谷歌搜索和维基百科就可以戳穿所有的谎言与粉饰，使皇帝新装沦为历史的笑柄。事实上，仅仅依靠无处不在的微信、微博和手机视频，任何想抹杀和垄断历史的努力都将化为泡影。美国前总统克林顿曾说："在这个信息奔流的环境中，人心的向背必须有说服力的支持，是榜样的力量，而不是力量的榜样决定其结果。单方面的权力意志由于缺乏合法性，只能导致事与愿违的结果。"①

一切历史都是自由的历史。随着信息时代的到来，各种各样的史实越来越多地被人们挖掘出来，但同样的史实，却因史观差异，呈现出不同的历史样式。同样一场集体暴力事件，有的历史称为"叛乱"，有的历史则称为"起义"，这就如同样一部《红楼梦》，"经学家看见《易》，道学家看见淫，才子看见缠绵，革命家看见排满，流言家看见宫闱秘事"②。在军事家看来，历史就是战争史；对政客来说，历史就是宫廷史；对普罗大众来说，历史就是社会史……毫无疑问，中国的正史基本上就是权力进化史。对一个阴谋论者来说，历史就是权谋史，与普罗大众凡夫俗子没有任何关系，除非作为饭后谈资。在指鹿为马的宫廷语境中，无论阳谋或者阴谋，真正的历史都是不可言说的"皇帝新装"。关中乡贤于右任先生曾有诗云：

风虎云龙亦偶然，
欺人青史话连篇；
江山代有人才出，
各苦民生数百年。

陈胜吴广当年揭竿而起，"王侯将相宁有种乎？"欧阳修撰《新五代史》时发现，"天子宁有种乎？兵强马壮者为之。"常言说"枪杆子里出政权"，暴力可以创造权力，但暴力却不能创造"权力的合法性"。没有"合法性"

---

① 奈森·嘉戴尔斯《全球媒体时代的软实力之争》，何明智译，中信出版社，2010。

② 鲁迅《〈绛洞花主〉小引》。

的权力，仍不过是赤裸裸的暴力。按照中国的传统，权力分为王道和霸道，前者突出的是合法性，后者突出的是暴力。历史的意义，就在于其合法性言说，即孔子所说的“正名”——“孔子成《春秋》，而乱臣贼子惧”。所谓“弑”与“诛”，就是对暴力的合法性定义。正如梁启超所说，“中国史家向来都以史为一种表现道的工具。”在历史语境中，存在即是存在，存在不一定就“合理”，更不一定“合法”。合法性的缺失，意味着无耻与不义，意味着罪恶与邪恶；没有历史的支持，再强大的暴力也只能猖狂一时，所谓“其兴也勃焉，其亡也忽焉”。如果说权力代表法统，那么道统的代表就是历史。权力只能掌握当下，而历史掌握过去和未来。

精英与大众

有一种说法，一个国家和民族，如果将那些伟大的思想家、科学家和发明家当作历史的主角，他们必将引领人类走向智慧和文明；相反，如果把那些权力阴谋家和暴力征服者视为历史的主宰，只能将人类带入野蛮无耻的原始丛林。在中国漫长的皇权时代，正是历史的拨乱反正，对权力的任性起到了很大的抑制和矫正作用。即使平庸如明英宗，也对历史充满敬畏。他在土木之变中被蒙古瓦剌俘虏，瓦剌首领也先以妹相许，英宗坚决拒绝——汉人天子做胡人女婿，史书上会留下“千古骂名”。

“正义是社会体制的第一美德，正如真实是思想体系的第一美德一样。”[①]人与动物之不同，在于人在兽性之外所具有的神性，因此为了尊严与名誉，一个人是可以放弃生命的。古人以“立功、立德、立言”为“三不朽”，那些能够用来“正名”当下的历史作品，则不仅博学多才、字字珠玑，而且明鉴是非，充满道德勇气，使人们能反思过去，警醒后世，因而能够流传至今，如《春秋》和《史记》。

故有国者不可以不知《春秋》，前有谗而弗见，后有贼而不知。

① 约翰·罗尔斯《正义论》，何怀宏、何包钢、廖申白译，中国社会科学出版社，2001。

为人臣者不可以不知《春秋》，守经事而不知其宜，遭变事而不知其权。为人君父而不通于《春秋》之义者，必蒙首恶之名。为人臣子而不通于《春秋》之义者，必陷篡弑之诛，死罪之名。……故《春秋》者，礼义之大宗也。（《史记·太史公自序》）

真正的新闻是“丑闻”，真正的历史是“失败”，真正的耶稣是一位“受难者”。历史不是英雄的丰功伟绩，而是一场场不堪回首的灾难和伤痛。历史的价值在于抗拒人们的遗忘，前事不忘，后事之师。对平民大众来说，历史是一种集体认同，它是一个“社会共同体”共有的记忆。从心灵深处，历史值得每个人敬畏。正如钱穆先生所嘱咐，“对其本国以往历史略有所知者，尤必附随一种对其本国以往历史之温情与敬意”。

历史另一个重要的功能，就是培养人们的道德感，历史感也意味着道德感。所谓历史，意味着真相和真理，意味着理解和体验，意味着思想与智慧。历史不仅仅是一种表达，更是一种勇敢的面对，是对正义的期许。

历史不仅是人生，也是一种生活。作为中国最早的独立写作者，老子曰:“知人者智，自知者明。胜人者有力，自胜者强。知足者富，强行者有志。不失其所者久，死而不亡者寿”。又曰:“信言不美，美言不信。善者不辩，辩者不善。知者不博，博者不知。圣人不积，既以为人已愈有，既以与人己愈多。天之道，利而不害；圣人之道，为而不争”。

人类善于借助历史过程来理解自己。对每个人来说，他都是从历史中认识自己和世界的;历史既是每个人共同的出处，又是每个人共同的归宿。每个人都有自己的记忆，历史学者所做的，是对历史进行反思和审视，并与整个社会分享共同记忆，使人成为道德意义上的人。正如美国历史学家贝克尔所说：每个人都生活在历史中，并从历史中获得生活的意义和时间的确定性；或者说，历史是集体记忆的经验的一种言说，“人人都是他自己的历史学家”。[①]

① 卡尔·贝克尔《人人都是他自己的历史学家：论历史与政治》，马万利译，北京大学出版社，2013。

“历史是智者的坟场。”[①]人类社会从来都少不了对抗，特别是精英与大众、少数与多数之间的对抗。精英的历史与大众的历史是两种完全不同的历史。精英拒绝平等，正如大众崇尚平等，最后都在历史中实现了各自的心愿。

传统的正史往往对芸芸大众付之阙如。明末文人李清尽阅中国历史，从中搜集了许多“无名者”的事迹，彙编成一册《历代不知姓名录》，而且每条皆注出处，取之有据；结果此书先是被选入《四库全书》，后又被列为禁书。由此可见精英历史之偏见与势利。但在另一种历史观中，谁也不会否认民众才是历史真正的主角，而那些帝王将相，其实只不过是历史的跳梁小丑和匆匆过客而已。“人类的真实历史不是少数人的历史。人类种族是由这些全靠他们自己工作的果实生存的家族的群众创立的。历史的纯正的主位是这些群众，决不是几个伟人。”[②]

进入现代以来，历史已经呈现出完全不同的面目：笔记、文件、器物、建筑、戏曲和记忆等等，无不构成历史的主体。“历史犹如农艺，其养料来自河谷而不是高原；来自普通人的社会水准而不是显赫者。”[③]从这种意义上，真正的历史乃是民众的创造，以记录下祖先的智慧与伤痛，和许多过客的恶行与功德。

在思想语境中，历史之所以成为人类文明得以延续的精神支柱，就在于历史的存在，为“沉默的大多数”提供了一种无以取代的慰藉——

沉魄浮魂不可招，
遗编一读想风标。
何妨举世嫌迂阔，
故有斯人慰寂寥。[④]

---

① 巴特摩尔《平等还是精英》，尤卫军译，辽宁教育出版社，1998。

② 《李大钊文集》（下），人民出版社，1984。第330页。

③ 奥尔特加·加塞特《大众的反叛》，刘训练、佟德志译，吉林人民出版社，2004。

④ 宋代王安石《孟子》。

史記

失落家国

尘封关中

曲终人亦散

正月里说媒二月娶，
三月里生下小儿郎。
四月里上学把书念，
五月里就会做文章。
六月里上京七月考，
八月里中下探花郎。
九月里在朝把君奉，
十月里告老还故乡。
十一月得个冤孽病，
到腊月三十一命亡。

——秦腔《荒郊义救》

无论在中国还是在世界上，戏曲常常被视为中国的国粹。“戏”的传统写法是“戲”，左边是虚，右边是戈。虚是虚构，是想象和模拟；戈是兵器，代表了现实生活的纠葛与争执。两个字合到一起，所谓“戏”就是虚拟的生活，是对生活矛盾和冲突的重构或者预设。

齐如山[①]先生称中国戏曲是“无声不歌，无动不舞”；事实上，中国戏

① 齐如山（1875—1962），河北高阳县人，著名戏曲理论家。他早年受过完整的传统教育，并留学欧洲。凭借其良好的历史文化造诣，以及丰富的阅历，在中国戏曲创作和研究方面均有独特之建树，其对梅兰芳的成功影响甚大。

曲与西方戏剧（包括歌舞剧）最大的区别就是前者偏重于写意，后者强调写实。有趣的是，中国画与西洋画的差异也在于此。中国艺术讲究含蓄和意会，在中国戏曲中，开门没有门，上马不需马。《空城计》中，诸葛亮站在一块布幕后，当作高矗的城墙；司马懿带领四龙套，代表千军万马。

中国戏剧作为一种礼乐时代的传统大众文化，从唐朝兴起，至元末成型，在明清和近代繁衍成熟，衍生出300多种充满地域特点的戏曲样式。特别值得一提的是著名的《赵氏孤儿》。王国维认为，《赵氏孤儿》与《窦娥冤》“即列之于世界大悲剧中，亦无愧色也”。雍正九年（1731年），在广州的法国传教士马约瑟把《赵氏孤儿》译成法文；传到法国后，伏尔泰又将其改编为歌剧《中国孤儿》，在欧洲启蒙运动时期轰动一时。

欧洲歌舞剧主要是上流阶层的高雅娱乐，相对而言，中国戏曲要平民化得多。明朝晚期来到中国的利玛窦，甚至将其视为中国的“灾难”——

> 我相信这个民族是太爱好戏曲表演了。至少他们在这方面肯定超过我们。这个国家有极大数目的年轻人从事这种活动。有些人组成旅行戏班，他们的旅程遍及全国各地，另有些戏班则经常住在大城市，忙于公众或私家演出。毫无疑问，这是这个帝国的一大祸害，为患之烈，甚至于难于找到任何另一种活动比它更加是罪恶的渊薮了。有时候，戏班班主买来小孩子，强迫他们几乎从幼就参加合唱、跳舞以及参与表演和学戏。几乎他们所有的戏曲都起源于古老的历史或小说，直到现在也很少有新戏创作出来。凡盛大宴会都雇用这些戏班，听到召唤，他们就准备好上演普通剧目中的任何一出。通常是向宴会主人呈上一本戏目，他挑他喜欢的一出或几出。客人一边吃喝，一边看戏，并且十分惬意，以致宴会有时要长达十几个小时，戏一出接一出，也可连续演下去直到宴会结束。戏文一般都是唱的，很少是用日常声调来念的。[①]

① 《利玛窦中国札记》，中华书局，1997，第24页。

“中国人喜欢戏曲，就跟英国人喜欢体育、西班牙人喜欢斗牛一样。”曾在19世纪来到中国生活的美国人史密斯说，“我们注意这样的事实，那就是中国人作为一个种族，具有强烈的做戏的本能，很轻微的刺激，都能使一个中国人把自己当作戏剧里的一个角色。”中国人常说，人生如戏。中国人对生活的戏剧化，甚至产生了一种独特的“面子文化”。

齐如山曾对梅兰芳说：“中国剧之精华，全在乎表情、身段及各种动作之姿势。歌舞合一，矩矱森严，此一点实超乎世界任何戏剧组织法之上。”[①]除过唱、念、做、打，中国传统戏曲还有其特殊的服饰，如蟒、帔、靠、褶、衣、冠、巾、靴等。这些所谓的“行头”一般通用于所有古典剧目，涵盖了秦、汉、唐、宋等不同时期的各种社会角色——无论帝王将相，英雄好汉还是农夫丫鬟。[②]此外，还有道具、布景等等，构成中国戏曲的程式化——程式化不是公式化，也不是象征化，这是一种具有民族性的写意型表演体系。

脸谱是中国戏曲程式化的典型体现，公忠者雕以正貌，奸邪者刻以丑形，好人坏人分得清清楚楚。在戏曲中，好人无论多么贫困潦倒，都是正人君子的正面形象，终有好报；坏人无论多么权高位重，富贵荣华，都是奸佞小人的反面形象。戏曲脸谱文化吸取了祠庙塑像和社火脸谱等元素，以红色代表忠勇，白色代表奸恶，黑色代表粗猛，绿色代表侠义；同时，脸谱图案也分为整脸、三块瓦脸、十字门脸、花脸、元宝脸、歪脸、神仙脸、僧道脸、太监脸、英雄脸、小妖脸、六分脸和象形脸等，戏曲人物的品德和秉性一目了然。

虽然戏曲剧本多以手抄本流行，但戏曲内容的印刷品却素来构成民间流行文化。宋明以来，戏曲版画也蔚然成风，在没有摄像摄影技术的传统时代，这些大量复制的版画成为戏曲文化的一种重要媒体。

戏曲从早期的贵族乐舞，到民间的草根文化，再到后来的士大夫文化和主旋律文化，最终被草根冷落，被新兴文化淘汰，成为博物馆的小众文化和化石文化，其命运颇令人惆怅。在昆曲被联合国教科文

① 梁燕《也谈齐如山与梅兰芳》。《读书》杂志，2014年第10期。

② 可参阅：韩青《梨园霓裳》，河南文艺出版社，2013。

组织列为“人类口头与非物质文化遗产”之后，包括京剧、秦腔、豫剧、川剧、碗碗腔等诸多传统剧种，均被中国政府列入第一批国家级非物质文化遗产。

国际生物学界一般将种群数已经不足以维持其繁衍的动植物列为灭绝物种，比如华南虎虽然还没有死绝，但作为一个动物种类已经被宣布灭绝。从某种意义上，具有数百年历史的中国戏曲目前的命运比华南虎也好不到哪里去。一般而言，一个戏曲剧种都有几百本戏曲剧目，但目前可以同时演出 10 个以上剧目的戏曲剧团已经屈指可数。戏曲观众的老化和戏曲演员的老化，象征着戏曲已经无可挽回地走向末日。电视的戏曲超女选秀节目并无意拯救戏曲，相反，它只是在任意地肢解和篡改戏曲本身。当人们以为戏曲就是卡拉 OK 式的唱段时，戏曲实际已经不存在了——不应忘记，戏曲与歌曲不同，戏曲是离不开故事的。《辞海》中对“戏剧”的解释是，“演员扮演角色，在舞台上表演故事情节的一种艺术”。

戏曲的起源

最古老的戏曲，或许应当从远古时代的巫神仪式活动算起。最迟到了秦汉时期，已经有了许多娱乐性的戏剧表演。比如《史记·李斯列传》中就记载：“二世在甘泉，方作角抵优俳之观。”稍晚一些，张衡在《西京赋》中写道：“临迥望之广场，程角抵之妙戏。”

盛唐时期，多才多艺的皇帝李隆基创建了“梨园”，并设有专门培养艺人的教坊。“玄宗既知音律，又酷爱法曲，选坐部伎子弟三百，教于梨园，声有误者，帝必觉而正之，号皇帝梨园弟子。宫女数百，亦为梨园弟子，居宜春北苑。梨园法部，更置小部音声三十余人。”[①]从此以后，戏曲班社常常就被称之为“梨园”，以至于艺人以“梨园弟子”自诩。

需要指出的是，唐代歌与舞是分离的，“歌者不舞，舞者不歌”，这是从魏晋以来的习惯。白居易蓄养了两个歌舞妓，分别叫樊素和小蛮。他写诗夸赞：“樱桃樊素口，杨柳小蛮腰。”可见是樊素负责歌唱，小蛮

① 《新唐书·礼乐志》。

负责跳舞。

从一定程度上，这些早期的所谓戏曲，其实只是一种原始表演艺术，与现代戏曲有着本质的区别。按照王国维先生的考证，中国戏曲真正起源于宋元时期，成熟于明清，并且经历了一个从戏曲到戏剧的发展过程——“戏剧乃以歌舞扮演故事”。他在《宋元戏曲史》中写道：

> 戏曲者，谓以歌舞演故事也，虽咏故事，而不被之歌舞，非戏曲也。虽和歌舞，而不演故事，亦非戏曲也。
>
> ……
>
> 唐代仅有歌舞剧及滑稽剧，至宋、金二代而始有纯粹演故事之剧。故虽谓真正之戏剧，起于宋代，无不可也。……而论真正之戏曲，不能不从元杂剧始也。①

“戏剧”与“戏曲”是两个不同的概念，前者重点在故事，后者则重点在歌舞。“戏剧”最早见于唐代，“戏曲”最早出现元代，以元曲和杂剧为标志。虽然“戏曲”明显晚于“戏剧”数百年，但实际上戏曲的历史要比戏剧的历史更久远。按照词义来说，“戏剧”的内涵也比“戏曲”大得多，“戏剧”就包涵了“戏曲”，“戏曲”本身又包括“戏”和“曲”两个方面。中国戏曲综合了文学、音乐、舞蹈、美术、武术、杂技等多种传统艺术形式，其最终目的只有一个，即“以歌舞来演故事”。②

虽然大众喜欢故事，但对资深戏迷来说，戏曲则重在“曲”；也就是说，戏是用来“听”的，而不是用来“看”的。一部电影再好，也很少有人去看好几遍，而戏曲却能百听不厌。戏曲剧目不过百余出，却上演了数百年，这也是戏曲的魅力所在。“如果我们研究一下元杂剧以及元代以后杂剧的构成，就会发现同西方戏剧一样：情节通常毫不足信，对话也无关紧要，而演唱却占据中心地位。”③

---

① 王国维《宋元戏曲史》，团结出版社，2011。

② 温宝麟《简明中国戏曲史》，甘肃人民出版社，2009。

③ 林语堂《中国人》，郝志东、沈益洪译，学林出版社，1994，第257页。

戏曲无疑与歌曲有密切的关系。实际上，很多花鼓戏本身就是歌曲。宋人王灼《碧鸡漫志》中说，“隋以来，今之所谓曲子渐兴，至唐始盛。今则繁声淫奏，殆不可数。古歌变为古乐府，古乐府变为今曲子，其本一也。”两宋时期，商业与城市大有发展，市井文化兴盛，出现了大量专门进行演艺表演的地方，时称“勾栏瓦舍”[①]。宋初的“瓦子”比较简陋，多是临时性的戏台，“来时瓦合，去时瓦解”；南宋时期，瓦子的规模大为提升，有许多固定演出的戏台和戏院。

> 京师之外，一些比较繁华的城镇也都设有瓦舍勾栏。例如慈溪东西郭酒楼错落相接，“宋元以来皆为戏台。台之四面为楼，伎者居之，南北百戏歌鼓之声不断。楼前商舸百货云屯，往往于楼上取乐”。乌墩有“北瓦子”、“南瓦子”二座。……温州有“瓦子巷”一座，或称“竹马坊”。建安有勾栏巷一座。夏庭芝在《青楼集·志》描绘元代戏剧演出盛况时，称内而京师，外而郡邑，皆有瓦舍勾栏，优萃云集，奏乐献艺，观者挥金与之。“天下歌舞之妓，何啻亿万”。这种盛况在宋代即已存在。[②]

当时，民间艺人自发组成的专业戏班多如雨后春笋，一个戏班称“一甲”，通常从五六人到十几个人不等，分为不同行当。一份流传下来的记录写道:“刘景长一甲八人，戏头李泉现，引戏吴兴祐，次净茆山重、侯谅、周泰，副末王喜，装旦孙子贵。”与后世不同，宋代戏曲由男女合演，男称“乐人”，女称“弟子”，甚至还有完全由女戏子组成的女子戏班，称为“弟子杂剧”。一些戏班通过同业联合，组建成更大的戏社，如杂剧的“绯绿社”，以唱为主的“遏云社”，耍词的“同文社”，影戏的“绘革社”，杂技的“角牴社”，等等。[③]

---

① 宋时瓦舍（也称“瓦子”）常常是三教九流汇聚之地，甚至设有妓院。宋代耐得翁笔记《都城纪胜》中说：“瓦者，野合易散之意也，不知起于何时。但在京师时，甚为士庶放荡不羁之所，亦为子弟流连破坏之地。”

② 薛瑞兆《宋代瓦舍勾栏》。《戏曲研究》，第12期，文化艺术出版社。

③ 林正秋、金敏《南宋故都杭州》，中州书画社，1984，第49页。

元代因为取消科举，使许多文人介入到戏曲创作中，这大大促进了戏曲的繁荣。与此同时，蒙古上层统治者对民间极为戒备，因此屡颁禁令，禁止“演唱词话、教习杂剧”，禁演“戏文杂剧评话”，“禁学散乐词传”，对“唱淫词”者杖责，等等，其目的不外乎防止人民聚众集会，这会使人数极少的鞑靼统治者感到危险。明代江南富庶繁华，戏曲和戏班蔚然成风——

> 嘉兴之海盐，绍兴之余姚，宁波之慈溪，台州之黄岩，温州之永嘉，皆有习为优者，名曰“戏文子弟”，虽良家子亦不耻为之。其扮演传奇，无一事无妇人，无一事不哭，令人闻之，易生凄惨，此盖南宋亡国之音也。其赝为妇人者名妆旦，柔声缓步，作夹拜态，往往逼真。[①]

清代戏曲大师李渔说：“今人之所尚，时优之所习，皆在‘热闹’二字。冷静之词，文雅之曲，皆其深恶而痛绝者也。”[②]戏曲发展有一个从阳春白雪到下里巴人，从高雅和小众走向通俗和大众的过程。

作为传统农耕文化的代表艺术，所有的戏曲都是乡土的。说白了，它完全是方言文化的产物。

中国地域广阔，有着丰富而绚丽多彩的方言文化，这成为地方戏剧和声腔的温床。这些戏曲并不是互相隔绝在固定的地域内，而是流动和变化的；这些声腔的源流变化就是南北杂糅的过程。按照周贻白先生在《中国戏剧史》中的说法，皮黄腔就是“非出一源的两种声调的合流”，西皮调出自“秦腔”，通过湖北的“襄阳调”，而成为汉水一带的“楚调”，后才成为湖北地区所谓“西皮”；而“二黄调”则源于“徽调”，由“弋阳腔”变为“四平腔”，通过“吹腔”及“四平调”成为安徽地区的“二黄”。这两种曲调在汉水一带会合，流行到北京，成为在京徽班的主要声调，再经由徽班与“昆曲”和各类“梆子腔”相参合，成为“京剧”。

事实上，京剧也一直没有停止对其他地方剧种在念唱做打上的吸收。

---

① 明代陆容《菽园杂记》。

② 李渔《闲情偶寄·演习部》。

戏曲与历史

中国戏曲大体分为两类，以乱弹花鼓为主的较多平民色彩，偏俗一些；以京戏昆曲为代表的有浓厚的文人色彩，偏雅一些。但无论俗或者雅，戏曲的民间立场很明显，这是戏曲的基本文化肌理。值得一提的是，傩戏、傀儡戏（木偶戏）和皮影戏的草根性更具代表意义。

传统文化里，戏曲演员叫优伶或戏子，和乞丐、妓女一样，属于下九流的职业；虽然他们将唐明皇奉为祖师爷，但其生存之艰难是可想而知的。戏子是不读书的，但戏子贩卖的却是文化。帝王将相、才子佳人，戏子们通过戏曲教化社会，中国传统伦理文化竟是被这些卑微的戏子传递给氓之蚩蚩的草根大众。元朝时期，异族统治几乎使汉人的精英文化彻底民间化，"十儒九丐"，以昆曲为代表的戏曲在失意文人的介入下就此崛起。梨园戏子与出身士大夫的士绅文人合流，使戏曲成为民间传统文化的主要精神载体。甚至可以说，梨园弟子是古代中国的唯一文化从业者，"士大夫农工商贾无不习闻之，以至儿童妇女不识字者，亦皆闻而如见之"。

戏曲善于推陈出新，就其内容而言，既有根据当时社会事件改编的新剧，也有传统剧目，但总体以历史类旧剧为主。"演新剧如看时文，妙在闻所未闻，见所未见；演旧剧如看古董，妙在身生后世，眼对前朝。"[①] 钱穆先生曾说，西方重哲学，中国重历史。戏曲所承载的其实就是一种典型的民间历史记忆，或者说，戏曲构成草根化的历史言说。"大抵今剧中国戏曲通过艺术形象，传播历史知识、文化传统及灌输中国道德主题，对中国农民的价值观的形成，起到了其他任何说教和文字所无法比拟的作用"——

> 今之院本，即古之乐章也。每演戏时，见有孝子悌弟，忠臣义士，激烈悲苦，流离患难，虽妇人牧竖，往往涕泗横流，不能自已。旁视左右，莫不皆然。此其动人最恳切，最神速，较之老生拥皋比，

---

① 同上。

讲经义，老衲登上座，说佛法，功效百倍。至于《渡蚁》、《还带》等剧，更能使人知因果报应，秋毫不爽。盗、杀、淫、妄，不觉自化；而好生乐善之念，油然生矣。此则虽戏而有益者也。[①]

历史在官方是宫廷史，在民间就是戏曲史；戏曲与正史一样，都是关于帝王将相的故事。中国人大多是从戏曲接受的历史教育。“大抵今剧之兴，本由乡鄙，山歌樵唱，偶借事以传讴；妇解孺知，本无心于考古。故剧词自为一类，过雅转觉不伦；本事全出稗官，正史绝无所采。或用平话之称谓，或遵昆曲之排场，积久相沿，遂成定例矣。”[②]

宋末元初的南戏，算是比较早的戏曲，其经典剧目如《张协状元》、《荆钗记》、《拜月亭记》和《杀狗记》等，无一不是以历史事件为主题的。据清人董含《三冈续识略》记载，康熙年间，嘉善县枫泾镇赛神会请了戏班演出，演的是《风波亭》。因扮演秦桧的戏子表演“曲尽其态”，一位台下看戏的皮匠对“秦桧”怒不可遏，遂“从众中跃出，登台，挟利刃直前刺秦桧，流血满地”。杀人的皮匠被执缚送官后，供说他“实恨秦桧耳”，当时“不计其真假也”。官人“怜其义愤，竟以误杀薄其罪”。

与宋元时代相比，明清时代戏曲日益专业化，从事戏曲演出的专门戏台和专业戏院更加普遍。“京师戏馆唯太平园、四宜园最久，名亦佳。查家楼、月明楼其次，比年如方壶斋、蓬莱轩、升平轩最著。”[③]查家楼乃明末巨室查氏所建戏楼。郑板桥曾为一个戏楼撰写过一幅楹联：

尧舜生，汤武末，桓文静丑，古今来多少角色；
日月灯，江海油，风雷笛鼓，天地间一大戏场。

农民看戏，只是图热闹。但从很大程度上，戏曲塑造了传统的农民意识，农民意识也塑造了传统戏曲。中国农民对于国家、历史、政治、文化

① 清代杨恩寿《词余丛话》。

② 《清稗类钞·戏剧》。

③ 赵山林《中国戏曲传播接受史》，第87页。

等观念及认知，大都是从舞台上的忠良戏、清官戏中得来的。无论是城市里的城隍庙，商人的会馆，高档的饭庄，还是乡村的宗祠，甚至达官显贵的府邸，都少不了一个戏台。无论庆典祭祀、节日庙会，还是婚丧嫁娶，都少不了戏曲这个关键环节。晚清时期来到中国考察的美国人尼科尔斯就对此印象深刻——

> 在村里的戏楼演戏是陕西人生活中一年一度的大事。舞台是砖砌的平台，上面盖有柱子支撑的屋顶。舞台后部是一块固定的布景，绘着龙和神仙的彩画。提前几个月，村庄就会预定流动戏班来表演。花费由农民捐款支付，并无入场券或预定座位之类的事情。所有村民都随意站在戏台下，观看演出，通常都是历史剧目，持续五六天之久。每天表演从早晨十点，一直到下午五点，中午在两出戏之间，有一个小时的候场时间。①

对中国戏曲颇有研究的日本学者田仲一成发现，戏曲对中国宗族文化影响甚大，“从中国戏剧发展史的总体上来看，宋、元以前，戏剧的主体是在市场、村落等集团中，进入明代以后，宗族对地缘集团祭祀戏剧起的作用增大，尤其到了明末清初，宗族开始放弃对地缘戏剧的维系政策，只致力于在本族内进行冠婚葬祭戏剧。”②

戏曲作为神巫文化的遗传，在节庆中表演，其实是演给“神”看的；戏曲因此承担着神圣的使命。比如在河北定县，老百姓请神求雨要唱戏，婚丧嫁娶要唱戏，贺生祝寿要唱戏，盖房种田也要唱戏。在这些场合下表演的秧歌戏，都是一些固定的仪式化的剧目，如果不唱规定的折子戏，甚至不是规定的老唱段，老百姓就不干，认为“不灵”，还认为连仪式也要失去效用。③

---

① 弗朗西斯·亨利·尼科尔斯《穿越神秘的陕西》，史红帅译，三秦出版社，2009。

② 田仲一成《中国宗族与戏剧》，钱杭、任余白译，上海古籍出版社，1992，第322页。

③ 董晓萍、欧达伟《乡村戏曲表演与中国现代民众》。第19页。

历史学家王学泰认为，戏曲与中国游民文化有内在的联系，以“三国”戏和“水浒”戏来说，这些“经常演出的戏曲许多是游民意识的载体”，“这些作品不仅在形式上通俗，就在内容上也多是流行于社会下层的民间意识”[①]。历史学家周锡瑞在《义和团运动的起源》[②]一书中，不仅揭示了民间戏剧以及降神赛会对义和拳的深刻影响，而且认为义和团运动自始至终都渗透着浓厚的戏剧因素。从现在保留下来的历史照片来看，义和团分子确实喜欢在镜头前摆出戏曲中的亮相架势。他们每次“习武站阵，都要敬神”，“团民上法时有请关帝、张桓侯、赵云者，有请孙猴、沙僧、猪八戒者，有请姜太公、黄飞虎、岳武穆者，更有请黄三太、窦尔敦者”，甚至有人因此认为义和团运动的根源就在于华北农民“民智过陋……耳濡目染，只有小说与戏剧两种”。义和团的神拳和仪式具有极大的表演性，“烧张庄的时候，他们都拿旗穿绸子，就跟唱戏一样”[③]。比义和团稍早的太平天国和天地会运动，同样也是如此；一些农民起义军常常用戏衣来做官服王冠，甚至有穿戏衣中的蟒袍登基称帝者。

戏曲以喜闻乐见的方式，带给中国大众的传统与历史教育，既有其庸俗化的一面，也有其扭曲和功利的一面，这在一定程度上甚至遮蔽了历史的真实与严肃——

> 中国戏剧中历史事件的演出极大地妨碍了人们获取真实的历史知识。很少有人读历史，但所有的人都听戏。历史因其枯燥而被人遗忘，戏剧却因其有趣而被人牢记。戏剧从来不准确地处理历史事件，而只是根据戏剧效果对其进行改编。结果是在一般人心中产生极大的混淆，既不知道过去究竟发生了什么，也不知道何时何地发生的，反正一切从实际的效果出发，事实与虚构难以分别。[④]

---

① 王学泰《游民文化与中国社会》。第 438 页。

② 周锡瑞《义和团运动的起源》，张俊义、王栋译，江苏人民出版社，2010。

③ 周锡瑞《试论义和团仪式的社会意义》。《文史哲》杂志，1991 年第 1 期。

④ 明恩溥《中国乡村生活》，第 45 页。

秦腔与京剧

作为周秦汉唐文化的发源地，关中天生就具有传统文化的基因。因此，戏曲与陕西有着密不可分的历史渊源。从某种意义上，说关中是中国戏曲发源地丝毫不为过，而秦腔也堪作中国戏曲的典型标本。

秦腔从古老的杂剧、南戏和昆曲中继承了大量传统元素，同时也吸收了诸多其他门类的艺术，最后形成高昂激越的特点。秦腔主要剧目都以表现忠臣义士为主，这也与其音乐特色相得益彰。秦腔的苦音板式如“慢板”、“二六板”、“带板”、“滚板”等，苦音彩腔如“苦中乐”、“软三滴水”、“哭腔子”等，基本风格都呈现出高亢、悲壮、慷慨、雄浑、苍劲的气势。唱腔行腔再加上彩腔托腔，配以文武场面的伴奏与烘托，一唱三叹，给观者以激荡心灵的震撼，是所谓“声震林木，响遏行云”。

因为古代戏曲多为口耳相传，较少文字记载，当然也没什么影像记录，因此关于戏曲较为详细的发展历史，今人所知极其有限。可为佐证的是，凤翔木版画作为一种古老的地方传统文化，与关中戏曲之间倒有一种默契的联系。在两幅《回荆州》的戏曲版画中，有“明正德九年雍山老人藏板”的文字，这说明最迟在 16 世纪，秦腔就已经基本成型。经过长期的舞台实践和历史演变，秦腔的表演艺术越来越丰富多彩，艺人们创造和积累了大量的表演程式、表演技巧和所谓的“绝活”。不同的“行当”都有不同的表演方式，比如身段、手势、台步、亮相，比如摩捶子、拉架子、踏三锤、抖马、搜门、二凡，比如髯口功、哨子功、翎子功、帽翅功，如吹火、耍牙、鞭打灯花，等等。

乾隆时期，四川戏曲理论家李调元在他的《剧话》一书中说：“秦腔始于陕西，以梆为板，月琴应之，亦有紧慢，俗称梆子腔。蜀谓之乱弹。”与李调元同一时期的严长明曾著文为秦腔艺人立传，汇编成《秦云撷英小谱》，其中写到秦腔的发展流变——

> 演剧昉于唐教坊梨园子弟，金元间始有院本。一人场内坐唱，一人场上应节赴焉，今戏剧出场，必扮天官以引导之，其遗意也。院

凤翔戏曲版画《回荆州》。

> 本之后，演而为曼绰，俗称高腔，在京师者为京腔。为弦索。曼绰流于南部，一变而为弋阳腔，再变而为海盐腔。至明万历后，魏良辅、梁伯龙出，始变为崐山腔。弦索流于北部，安徽人歌之为枞阳腔，今名石牌腔，俗名吹腔。湖广人歌之为襄阳腔，今谓之湖广腔。陕西人歌之为秦腔。秦腔，自唐、宋、元、明以来，音皆如此，后复间以弦索。至于燕京及齐晋中州，音虽递改，不过即本土所近者少变之，是秦声与崐曲体固同也。

当时，陕西境内已形成了东路、中路、西路和南路等四大秦腔流派，班社众多，仅西府一带就有号称“四大班，八小班，二十四个馍馍班，七十二个自乐班”。关于传统剧目，当时有句话说，“东八百，西八百，加上中路一千本，还不算南路多少本。”[1]明清时期，陕西商人和山西商

① 《三秦揽胜》，人民日报出版社，1988。

人形成颇有影响力的商帮。随着山陕会馆在全国各地出现网络式分布，秦腔也从陕西走向全国。在任何一个山陕会馆中，几乎都有一个标准戏台，而且这戏台一般都居于中心位置。[1]正是借助商业搭台，才有了唱戏文化，秦腔的种子在全国各地生根发芽。嘉庆时期，流传在四川的一首诗写道：

会馆虽然数陕西，
秦腔梆子响高低。
观场人多坐板凳，
炮响酬神散一齐。[2]

除过陕商之外，席卷大半个中国的李自成、张献忠等农民军，也在一定程度上传播了秦腔文化。可以说，对这些处于暴力杀戮与死亡边缘的底层游民来说，没有比悲怆豪迈的秦腔更契合其精神需求的了。明末清初的文人笔记《圆圆传》中记载：李自成占领北京后，吴三桂之父吴骧被迫献出陈圆圆，李自成大喜，便命陈圆圆唱一段昆曲（吴歈）。圆圆开口一唱，李自成大失所望，抱怨道：人长得这么漂亮，怎么唱得这么难听。随之，李自成和他手下的文臣武将一起高歌秦腔（西调），唱得兴高采烈，不亦乐乎。[3]

或许正是这种机缘巧合，使秦腔成为中国北方所有梆子戏的始祖。齐如山先生在《中国戏剧源自西北》一文中写道："在百余年以前，全国风行的戏，就是梆子腔，可是它的根源也是由西北上来的。……这种源自于

---

① 可参阅本书中《从山陕会馆看古代商业》一文。

② 苏育生《中国秦腔》，上海百家出版社，2009。

③ 见于《甲申朝小纪·圆圆传》。原文节选如下：圆圆陈姓，玉峰歌妓也，声甲天下之声，色甲天下之色。……怀宗殉社稷，李自成据宫掖，……是时（吴）骧方降闯，闯即向骧索圆圆，且籍其家，而命其作书以招子也。骧俱从命，进圆圆，自成惊且喜，遽命歌，奏吴歈，自成促额曰："何貌甚佳而声殊不可耐也！"即命群臣唱西调，操阮、筝、琥珀，己拍掌和之，繁音激楚，热耳酸心。顾圆圆曰："此乐何如？"圆圆曰："此曲只应天上有，非南鄙之人所能及也。"自成甚嬖之。

陕西的秦腔，如山西省的蒲城梆子、代州梆子；河北省的梆子腔、老梆子；山东省的曹州梆子、青州梆子；河南省的大梆子戏等等，都是由秦腔演变来的。”

作为一个极富地域色彩的作家，贾平凹先生对秦腔素来情有独钟，他曾用数年时间创作了一部长篇小说《秦腔》(2003年)。在此之前，他的《秦腔》(1983年)一文几乎被视为秦人秦腔最为脍炙人口的美文——

> 八百里秦川，以西安为界，咸阳，兴平，武功，周至，凤翔，长武，岐山，宝鸡，两个专区几十个县为西府；三原，泾阳，高陵，户县，合阳，大荔，韩城，白水，一个专区十几个县为东府。秦腔，就源于西府。在西府，民性敦厚，说话多用去声，一律咬字沉重，对话如吵架一样，哭丧又一呼三叹。呼喊远人更是特殊：前声拖十二分的长，末了方极快地道出内容。声韵的发展，使会远道喊人的人都从此有了唱秦腔的天才。

在清中期，秦腔一度成为中国最主流的戏曲。“自乱弹兴而昆剧渐废。乱弹者，乾隆时始盛行之，聚八人或十人，鸣金伐鼓，演唱乱弹戏文，其调则合昆腔、京腔、弋阳腔、皮黄腔、秦腔、罗罗腔而兼有之。”[①]乾隆时期，秦腔名旦魏长生在北京一唱而红，竟使得许多昆曲和京腔的艺人改唱秦腔。《扬州画舫录》中写道：“自魏长生入京师，色艺盖宜庆、萃庆、集庆，于是京腔效之，京秦不分。”这股“秦腔热”之下，使得清廷极为不满，据《钦定大清会典事例》载：“乾隆五十年(1785年)议准，嗣后城外戏班，除昆弋两腔仍听其演唱外，其余秦腔戏班交步军统领五城出示禁止。现在本班戏子概令改归昆弋两腔。如不愿者，听其另谋生理，倘有怙恶不遵者，交该衙门查拿惩治，递解回籍。”

乾隆死后，秦腔再次回到京城，但随着徽班和皮黄班社在北京的兴盛，梆子班社日趋衰落。同光年间，秦腔(山陕梆子)日趋北京化，唱腔还是

---

① 《清稗类钞·戏剧》。

山陕味，但念白已经成为北京话。梆子和二黄作为当时中国北方最具影响的两大剧种，其表演、演唱、声腔、板式，对京剧、评剧、京韵大鼓等戏曲剧种、曲艺曲种的形成与发展都产生了巨大影响。很多后来的京剧大师其实都出自梆子戏班社，如荀慧生、尚小云等。

“戏剧以其显露、炫耀的方式吸引着一般大众，中国人特别喜好这种方式”[①]。正如秦腔与山陕商人有密切的关系，京剧同样与徽商有关。徽商与徽班不仅同源，甚至可以说是财大气粗的徽商孕育了徽班。徽商云集扬州，扬州也成为徽班的发源地。乾隆六十大寿，四大徽班进京，后来发展为京剧。“京剧取精用弘，既较地方戏精致，又较昆曲易懂，于是压倒了各种地方戏，上至宫廷公卿、富商大贾，下至贩夫走卒，皆成为京剧广泛的观众群。”[②]

京剧源自杂流的“花部”，与昆曲一类的“雅部”相反。明朝时期，以士大夫化的昆曲为主流；万历时，弋阳腔和昆曲就在北京很流行。入清之后，通俗高亢的乱弹得到满清贵族和市民阶层的青睐。颇有意思的是，清代时所有人都剃发易服，唯独戏台上仍穿着明朝以前的衣服，这也总算是一件很特别的事情。朝鲜使臣来到中国，对此感慨不已——

> 大抵元氏虽入帝中国，天下犹未剃发，今则四海之内，皆是胡服，百年陆沉，中华文物荡然无余，先王法服，今尽为戏子军玩笑之具，随意改易，皇明古制日远而日亡，将不得复见。[③]

乾隆五十五年（1790 年），徽州的“三庆戏班”进京朝贺，京剧因此而初步成型。京剧的唱念做打，基本都是民间化和乡土化的，与士林化的昆曲截然不同。嘉庆和道光时期，徽班五次进京，吸收了汉剧中的西皮腔，形成全新的皮黄剧，这种独立的皮黄剧后来就被叫做“京剧”，时间大约

---

① 明恩溥《中国乡村生活》陈午晴，唐军译，中华书局，2006，第 41 页。

② 许倬云《江河万古：中国历史文化的转折与开展》，上海文艺出版社，2006，第 303 页。

③ 《燕行纪事·闻见杂记》。转引自：葛兆光《宅兹中国：重建有关“中国”的历史论述》，中华书局，2011，第 13 页。

是在同治时期。1876 年，上海《申报》的一位编辑为了区分北京的皮黄和徽州的二黄，将前者称为“京剧”。因为社会上流人士的追捧，京剧由下里巴人变成阳春白雪；但京剧与昆曲不同，它的诞生和发展几乎没有士人参与，完全是一群底层艺人推动的。

宫廷与戏曲

戏曲作为一种重要的文化样式，与皇权体制有着密不可分的关系，较远可以追溯到春秋时期的“优伶”。最早记载优伶的生活情形并直接以“优”、“伶”之名相称呼，出自《国语》和《左传》。

这些早期的歌舞艺人以“优谏”而闻名。所谓“优谏”，就是优伶以其独特的戏谑滑稽方式，对君主讽谏政治、指陈时弊；由于优伶地位卑贱，对君主并不构成任何权力威胁，他们的讽谏常常得到例外的容忍。著名的如优孟便曾讽谏楚庄王“贵马贱人”，优莫曾讽谏赵襄子“桀纣并世”。司马迁和欧阳修在他们的正史中都为优伶作传，正是出于政治因素的考虑。[①]汉武帝时代的东方朔其实也是以“讽谏”闻名的优伶，乃至另一优伶郭舍人声称“东方朔随意诋毁天子从官，应当弃市”。

汉代宫廷蓄养“俳优”和“滑稽”，到唐高祖已经完全“官办”，“置内教坊于禁中，掌教习音乐，其官隶太常寺”，多为“宦官”执掌。在奢靡成风歌舞升平的唐玄宗时代，戏曲到达第一次高峰。

事实上，中国戏曲的历史并不比西方久远。当古希腊喜剧大师阿里斯多芬和索福克勒斯已成大器时，戏剧在中国还没有形成单独的艺术门类；1000 年后，中国才出现完整意义上的戏剧演出的雏形。不过很快它就崭露出巨大的独特的政治影响力，这主要是因为处在大一统的君主制国家，皇帝个人的爱好可以构成国家政治生活中的重要因素。

对戏曲史来说，后唐庄宗李存勖可算是较为典型的代表人物。

李存勖嗜戏如命，不但爱看，而且常常以皇帝之尊而粉墨登场，并给

① 谭帆《优伶：古代演员悲欢录》，百家出版社，2002。

自己取了个艺名“李天下”。一次演出，他故意大喊“李天下，李天下何在？”一个叫敬新磨的伶人上去就给了他一记耳光，并教训道：“理天下者，只有一人，你胡乱叫什么？”李存勖不仅不生气，反倒下旨嘉奖。因为他的个人偏爱，很多受宠的伶人便纷纷加官进爵，刺史之类地方官根本不算什么，最受宠信的戏子景进，官至银青光禄大夫、检校左散骑常侍兼御史大夫上柱国，“军机国政皆与参决”；李存勖最信任的戏子郭从谦，官至马直指挥使，掌控护驾的禁卫亲军，后来发生战乱，李存勖便死于郭从谦之手。对李存勖来说，好伶而死于伶，也算是死得其所。

五代时期，前蜀王衍、后蜀孟昶、南唐李煜都以宠爱伶人而知名。孟昶的儿子孟元喆对“戏剧事业”的热情和执著，更是比李存勖不遑多让，他以太子的身份受命出征，军事指挥部全部由姬妾和伶人组成，那些正经的将领和参谋人员都靠边站。出征之日，整个大戏班子总动员，丝竹弦管齐鸣，戏子引吭高歌，前来围观的百姓欢欣雀跃，让人分不清这是打仗还是演戏，后蜀不久就灭亡。或许是因为伶人们的历史影响过于深远，《五代史》中专设了《伶官传》，只不过将它和奸臣、宦者排列一处。

袁世凯刚刚入仕之时，他的叔父、官至侍郎的袁保恒教诲他说：“官场如戏场。”据说乾隆时，山东巡抚国泰和布政使于易简都是超级票友，两人同台演《长生殿》，于易简因自己官小，故演戏时不敢过分，这让国泰大为不满，认为在官言官，在戏言戏。后来二人再粉墨登场，果然颇具戏曲精神，可惜不久便被乾隆双双问罪了。

戏曲的真正勃兴无疑是在明清时期，特别是在清朝所谓的“康雍乾盛世”，“京剧”就是那一时期的产物。颇为讽刺的是，这些没有受过多少教育的戏子与天生贵胄的满清权贵，倒有一种文化上的相似性，这是饱读诗书的儒生们做梦都想不到的。倒是被一位游历中国的德国人一语道破——

> 中国旧剧是一种封建的宫廷艺术形式，这是用来赞美朝廷和贵族，以及达官显宦的德行的——一种对于民众的催眠曲。[①]

① 基希《秘密的中国》，周立波译，群众出版社，1981，第189页。

《清稗类抄》载："高宗精音律，《拾金》一出，御制曲也。"乾隆亲自为戏曲写谱，可见其对戏曲的精通。乾隆时期，朝廷对戏曲的剧本、唱腔、演技、曲牌、服装、脸谱、道具等都进行大量的审查和改造，使其成为弘扬主旋律的统治工具。特别是所谓的宫廷戏，规模极其宏大，已经远非普通"大戏"可比，许多戏是如同现代的电视连续剧，长达十余本、数百出，人物众多，故事曲折，有的戏没有十日竟演不完，"一旬演出《西游记》，完了《升平宝筏》筵"。乾隆还修建了一个超级豪华的宫廷戏院，"特声容之美盛，器服之繁丽，则钧天广乐，固非人世所得见"。凡有大型庆典，戏曲必不可少，极尽装点盛世繁华之能事。

据历史学家赵翼在《檐曝杂记》中描述，皇宫的戏台极其宽大，参演戏子达数千人；最为神奇的，当时就已经实现了活动舞台的设想——

> 戏台阔九筵，凡三层。所扮妖魅，有自上而下者，自下突出者。甚至两厢楼亦作化人居，而跨驼舞马，则庭中亦满焉。……至唐玄奘僧雷音寺取经之日，如来上殿，迦叶、罗汉、辟支声闻，高下分九层，列座几千人，而台仍绰有余地。①

所谓"自上而下、自下突出"，是指下层舞台（"寿台"）的天花板和地板，都是活动的，并安装了机械，可以升降演员和砌末。所谓"两厢楼亦作化人居"，即指寿台的后部是双层台面，上层叫"仙楼"。仙楼设有木梯多座，向下可到寿台前部表演区，向上可通中层舞台（"禄台"）和上层舞台（"福台"）。演出场面之繁复、规模之宏大，可谓登峰造极，观者无疑会被演出的气势和气氛所震惊和感染。按照张宏杰先生的说法，中国历史上，没有哪个皇帝主持下上演过乾隆时代那样规模惊人的大戏。②

① 《清代野史大观》，第 45~46 页。

② 张宏杰《乾隆皇帝的十张面孔》，人民文学出版社，2009。

禁戏时代

对于民间话语的戏曲，历代统治者都很警惕。明朝永乐时，刑科给事中曹润在奏疏中提出："今后人民倡优扮演杂剧，除依律神仙道扮、义夫节妇、孝子顺孙、劝人行善及欢乐太平者不禁外，但有亵渎帝王圣贤之词曲、驾头、杂剧，非律所载者，敢有收藏传诵印卖，一时拿送官司究治。"①

作为"文字狱"的最大制造者，乾隆时代对戏曲管制之严可谓空前（但未必绝后）。据《世宗实录》记载，当时严禁用戏曲演绎历代帝王、孔孟圣贤及忠臣烈士，"历代帝王后妃及先圣先贤、忠臣烈士之神像，皆官民所当敬奉瞻仰者，皆搬做杂剧用以为戏，则不敬甚矣"；《大清律例》专门规定：

> 凡乐人搬做杂剧戏文，不许妆扮历代帝王后妃忠臣烈士先圣先贤神像，违者杖一百；官民之家，容令妆扮者与之同罪；其神仙道扮及义夫节妇孝子顺孙劝人为善者，不在禁限。
>
> 城市乡村，如有当街搭台悬灯唱演夜戏者，将为首之人，照违制律，杖一百，枷号一月，不行查拿之地方保甲，照不应重律，杖八十；不实力奉行之文武各官，交部议处。

清朝的"戏禁"始于康熙时期，官府对民间戏曲的内容、演出、角色，甚至观众都有严格限制。陕西民间博戏受禁后销声匿迹，"夜戏不行"②。历史学家研究的结果，乾隆一朝禁了大约三百出戏，大致可以分为这样几类：一是因民族情绪而政治上有违碍的戏，二是才子佳人爱情戏，三是大批水浒戏，四是某些反映宫庭政治斗争的戏，五是有凶杀暴力内容的戏。所禁戏中，最著名者有王世贞的"鸣凤记"，李渔的"笠翁传奇"十种，有洪升的"长生殿"，有孔尚任的"桃花扇"，有王实甫的"西厢记"，还有汤

① 《北京史》，北京出版社，1985，第198~199页。

② 张仁善《礼·法·社会》，天津古籍出版社，2002，第144页。

显祖的“牡丹亭”。

在清代，戏曲的地位极其重要。乾隆十六年，皇太后大寿，从西华门到西直门外的高梁桥，每数十步就有一座戏台，南腔北调，备四方之乐。皇宫有戏台，自然也有其“内府戏班”，所有行头装具，都比民间戏班更为精良。甚至皇帝也常常要登台献演。

> 自古以来，皇帝好俳优者，颇不乏人，如陈后主、后唐庄宗皆是也。惟清帝之演剧，可觇人格之高下焉。当道光时，宣宗之生母尚存，帝于母后生日，则演剧以娱之，然只演“斑衣戏彩”一阕耳。帝挂白须衣斑连衣，手持鼗鼓作孺子戏舞状，面太后而唱，惟不设老莱父母耳。此犹足称大孝孺慕之忱，千载下不能责之。至同治间，穆宗所演则卑劣矣。穆宗好演戏，而又不能合关目，每演必扮戏中无足重要之人。一日演《打灶》，载澂扮小叔，载澂者，恭王奕之长子也。某妃扮李三嫂，而帝则扮灶君，身黑袍，手木板，为李三嫂一詈一击以为乐。等一演剧也，祖孙之人格相去天渊矣。[①]

在中国近代史上，慈禧文化不高，痴迷于戏曲，可谓是一位超级票友，甚至连其治国权谋也大多来自戏曲；可以说，庚子事变便是其恶果。慈禧喜欢歌舞庆宴，几度大兴土木，宫内有大小戏台七八座；为了给内府戏班购置戏装道具，一次就耗费官银56万两。摄影术传入中国后，慈禧最喜欢穿戏装照相。慈禧对京剧之狂热，甚至可以说是她成就了京剧。她在戏楼修建、砌末、道具、制造、戏服置办等方面更是穷奢极欲。光绪十四年(1888年)，她动用巨资重修颐和园。仅在清漪园怡寿堂旧址修建的德和园戏楼，就耗银71万两，这戏楼至今保存完整。

同光时期，因为慈禧的个人偏好，包括京剧在内的戏曲进入前所未有的黄金50年，戏子们的社会地位也大大提升。慈禧的嗜好、倡导和力行，客观上为在形成与成熟过程中的京剧艺术提供了发展的空间和机遇。受到帝后的赏识看重的民间艺人身价大增，王公大臣、富商巨贾趋之若鹜，堂

---

① 《清朝野史大观》，第55页。

会兴盛。这在一定程度上促进了名角们钻研技艺，摸索提高，互相竞争，也使大批后学艺人全心学艺，有了奔头。于是科班林立，学演昌盛，京剧便荣为国剧矣。

当戏中的帝王将相遇见俗世的帝王将相，戏曲——特别是京剧的地位得到奇异地拔高，少了几分朴素，多了几分华丽。戏曲从教化民众升格为教化帝王将相，戏曲竟然为慈禧和后世一些粗鲁武夫提供了非忠即奸的治国丹药。总体而言，慈禧对戏曲的民间立场较为宽容，这是以言治罪的文字狱时代所不可比的。雍正皇帝一生很少看戏，但有一次他看了《绣襦记》，特别开恩赐宴。这部戏的主角是常州太守郑儋官，扮演他的是位名角，吃御宴有些得意忘形，鬼使神差地问雍正："请问皇上，现今的常州太守是哪位？"雍正闻听勃然大怒，骂道："你们这些优伶是什么东西，下贱之辈岂能擅问官员！"这个戏子当即就被乱棍打死。这真是伴君如伴虎。

"尽管演员很少受到人们的尊敬，但如果为某人提供戏剧演出，却是给予他的一种巨大荣誉。"[1]在中国传统社会结构中，优倡都是贱民。戏子一般都是从农家立券买来，从小跟师傅学戏。师傅与其父母订有契约，"十年之内，生死存亡，都不许父母过问"。[2]学成"出师"以后，才可以登台。

在中国古代名著《图书集成》中，戏子的生平，即使是那些最著名的优伶经历，也是和商贾、小丑、乞丐等编在一起的。有时艺人的社会地位甚至还不如娼妓。以前有一种约定俗成的礼仪，即艺人见了娼妓要行礼。因为，娼妓在赎身之后还有可能飞黄腾达，过上人上人的生活，但是，艺人却是无论如何也难有翻身的机会，无法改变自己的命运。因此，许多人可以疯狂地捧角，但是绝不会把自己的女儿或妹妹嫁给艺人。"闺中女子我所恋，勿做汉东梨园人。"[3]

---

① 明恩溥《中国乡村生活》，第 40 页。

② 《北京史》，第 263 页。

③ 侯杰、秦方《旧中国三教九流：艺人、妓女、嫖客》，时代华文书局出版社，2014。

历代习俗，戏子不能做官，戏子的后代也不能参加科举。道光年间的名角郝金官，梨园半生，累积万金，遇山东饥荒，尽出所有赈活饥民，官府要奖励他；郝提出一个要求："我优人也，即得官，亦不齿于同列。若蒙破例，准子孙与齐民一体应试，足矣。"官府应允，后来他的孙子郝同篪果然参加科举，做到了吏部主事。[1]即使在戏曲的黄金时代，除过极少数名角，大多数戏子的社会地位和经济地位并不惬意。同治十三年（1874年）冬，小皇帝"殡天"，"国丧"期间，京城各戏园子照例要停演整整27个月。两年多的时间，梨园弟子都失了业，仅北京的失业戏子就有2000多人，有些饿得实在受不了，也就顾不得颜面，跑到街上要饭去了。当时的名角程长庚看着不忍，也是同病相怜，硬是拿出积蓄买米施粥，那些伶人们感激程长庚仗义疏财，竟奉其为"优人大成至圣先师"，每日烧香膜拜。

明清时代的北京，上至皇室、王公大臣、各级官僚、绅商富贾，下至一般庶民小康之家，在举办喜庆宴会时，都要请戏班来演出助兴。不过富人唱的是"大戏"，穷人唱的"小戏"。北京戏园很多，仅前门大栅栏就有5座戏园。作为一种礼俗，堂会戏有特定的剧目，一般称为"吉祥戏"。实际上，堂会是中国戏曲重要的演出方式，甚至戏曲本身便起源于宫廷的堂会。[2]当时满人生活优渥，很多满清贵族都是发烧级的票友，各大王府基本都有戏台，戏台比较讲究的有醇王府、恭王府、那王府、庆王府和僧王府等。

宣统三年（1911年），渝汉铁路督办端方与盛宣怀推行铁路国有化，引发保路运动；端方率大批新军入川镇压，途中发生兵变。端方临死前，竟然要求唱了一段戏，他唱的是京剧《乌盆记》：

> 休把我当作了妖魔论，
> 我本屈死一鬼魂……

---

① 《清朝野史大观》，第760页。

② 可参阅：常人春、张卫东《喜庆堂会：旧京寿庆礼俗》，学苑出版社，2008。

西安城隍庙的老戏台。

新文化时代

“在中国传统中，戏曲是从民间发展而来的，后来有士大夫介入创作，上升为一种具有艺术品位的艺术，并成为一种‘高台教化’的统治阶级工具。”[①]五四运动掀起的新文化运动和妇女解放运动，不仅没有摧毁中国戏曲传统，反倒犹如劲风吹火火愈旺，各地方剧种如雨后春笋，迅速发育、分蘖、成长。在实用主义和经世致用的时代氛围中，文学艺术便被视为救国救民的利器，爱国的民主主义者们都不约而同地发现了传统戏剧的重大意义，试图以戏曲改变世道人心，进行革新图强。

陈独秀撰文《论戏曲》，其中写道：“戏园者，实普天下人之大学堂也；优伶者，实普天下人之大教师也”；“演戏事，与一国之风俗教化极有关系”；他主张——

① 胡志毅《国家的仪式：中国革命戏剧的文化透视》，广西师范大学出版社，2007，第 106 页。

宜多新编有益风化之戏。以吾辈中国昔时荆轲、聂政、张良、南霁云、岳飞、文天祥、陆秀夫、方孝儒、王阳明、史可法、袁崇焕、黄道周、李定国、瞿式耜等大英雄之事迹，排成新戏，做得忠孝义烈，唱得激昂慷慨，于世道人心极有益。

近代戏曲学家吴梅先生曾说："乾隆以上有戏无曲，嘉道之际，有曲无戏，咸同以后实无戏无曲矣。"实际上，在民国那短暂而宽松的无政府时期，乡土浓厚的民间戏曲达到了历史的巅峰状态。包括河南梆子、曲剧在内的无数地方剧种就诞生、或成型于这一黄金时代。在这个战火纷飞的乱世，可谓国家不幸戏曲幸也。

1912 年，秦腔易俗学社成立，开创了全国戏曲改良运动。1924 年，鲁迅先生到西安讲学；当时他还在教育部任职，主管社会教育工作，戏曲正好归口这个部门。鲁迅在易俗社剧场看了 5 个晚上戏，包括《双锦衣》前后本和《人月圆》。鲁迅不仅捐了 50 元给易俗社，还题写了"古调独弹"的匾额。

作为一种新兴剧种，京剧集中国戏曲之大成，很快就偏离传统的乱弹，向昆曲进一步靠拢，以梅兰芳为首的"四大名旦"将进入皇家殿堂的京剧，重新带进了士大夫的堂会，从谭叫天式的高亢硬响的生派表演，转变为刻意反串的婉约娇媚的旦派主打。随着北平话成为"国语"，来自草根的"平剧"①正式荣膺"国戏"之誉。

戏曲的角色大多来自官称，如"外"即员外，"生"即生员，"末"即末将，"副"即副帅。"旦"源自"(小)姐"，去掉"女"字旁，便成了"旦"。京剧形成初期，演员多为男性，剧中的女性人物也都由男性饰演，称之为"乾旦"；相反，女艺人饰演的则叫"坤旦"。②一部戏曲演出史，由乾旦到坤伶，对剧中女子的性格塑造并无二致。乾旦的表演艺术、唱念做打，深刻影响着坤旦，乾旦在当代剧坛人数虽已日渐减少，但乾旦艺术的传统并未因此而没落。

---

① 北京改北平后，京剧改称"平戏"。

② 可参阅：王安祈《京剧与性别》，《读书》杂志，2005 年第 10 期。

作为一种复杂的技艺，戏曲都是从小学起；在传统年代，这些唱旦的男孩子，努力学习旦角身段唱念，使得自己在形体声音等各方面，都要比女人还女人，甚至缠了“三寸金莲”的小脚。

明清两代，天朝严禁官吏狎妓，结果导致“男风”日盛，优伶借此登堂入室。因为梨园界禁绝女子，所以近优伶好男风不仅“政治正确”，而且显得情趣高雅。京剧艺术生长在相公业日渐发达的八大胡同区域，加之男旦体制的确立，优伶男旦与相公因此结下了剪不断理还乱的关系。当中国戏曲被当作“中国歌剧”在全世界巡演时，鲁迅等一批新文化战士将其斥为类似泰国人妖的病态文化。所谓好色的男人喜欢戏子“比女人还女人”，闺中女子则喜欢戏子是个男人。

近代以来，随着城市化的兴起，传统“男尊女卑”的社会风气有所改变，很多富家女子走出家门，成为戏院的新贵，这在某种程度上也影响了戏曲的现代审美。《申报》曾对此作过报道，说粤剧戏班到上海演出的时候，“戏院座位，十居八九为妇女。”[①]

中国戏曲本是说古讽史的批判艺术，演戏的和看戏的都是文盲或半文盲，这种默契的文化活动，构成了民间朴素的历史观和伦理观。所谓南方才子北方将，南方戏多才子佳人，北方戏多帝王将相。才子佳人戏百分百都是轻钱财重爱情的催泪戏。帝王将相戏基本都是昏君多明君少、奸臣多忠臣少。站在民众一边的是忠臣，站在皇帝一边的是奸臣。这些忠良戏和清官戏中的帝王，大都昏庸卑下、低能好色、耳根软、好听信西宫的谗言、重用老丈人、纵容小舅子为非作歹、迫害忠良、祸害老百姓。总而言之，凡农村社会的种种失德，皇帝几乎全占上。[②]

“凡事莫当前，看戏何如听戏好；为人须顾后，上台终有下台时。”戏曲虽然起源于宫廷和士大夫，甚至不乏清官戏，但却最终在乡土民间被发扬光大；可以说，民间性与草根性是戏曲的基本特色，失去这一质地，戏曲也就失去了生命。

---

① 侯杰、秦方《旧中国三教九流：艺人、妓女、嫖客》。

② 张鸣《乡土心路八十年：中国近代化过程中农民意识的变迁》，陕西人民出版社，2013。

1956年，中国掀起了农业合作化和手工业、私营工商业社会主义改造高潮，传统的梨园行业也闻风而动。见大大小小的商店、药铺、饭馆和各种作坊，都挂上了“国营”或“公私合营”的牌匾，什么店员、伙计、跑堂的，也都拿上了工资，这些梨园弟子抱怨道：“连资本家都穿上了干部服，怎么我们仍旧是艺人？”京剧名角张君秋到武汉去演出，接待他的湖北文化部门询问：“您们剧团是国营的吗？”张君秋极其尴尬，含糊回答：“我们是归公家领导的。”一回到北京，张君秋便要求“国营”。

“文革”前后，包括戏曲在内的许多传统民间文化被列为“四旧”，遭到严酷封杀。随着戏曲剧社被收归国营，失去草根本色的戏曲在政治背景下被腰斩于市。以“爱国精神”制作的现代戏和样板戏已经彻底丧失了民间立场，而成为宣传工具，用作教化（“教育”）“老百姓”。正是在这个时候，官方新编的《海瑞罢官》闪亮登场，点燃了“文化大革命”的导火索。

“文革”给中国戏曲带来一次灭顶之灾。中国戏曲生态在这场浩劫中彻底被捣毁颠覆，戏衣行头被焚毁，无数戏子沦为“牛鬼蛇神”。黄梅戏表演艺术家严凤英的遭遇堪称一个典型。有人哭就有人笑，因为《红灯记》，扮演“李玉和”的钱浩梁（江青给他改名“浩亮”）甚至被任命为文化部副部长，堂而皇之地住进了原京剧大师梅兰芳的豪宅。[①]偌大中国，只留下8部“革命样板戏”[②]。以国家名义制作的“样板戏”将戏曲彻底变成“国家的仪式”，即“由国家统治者发动的，民众或被迫或自觉参与的政治（或革命）运动”[③]。既然戏曲变成国家的宏大叙事，就不再是民间的家长里短。样板戏貌似保持了戏曲人物的平民身份，但都被去家庭化，从而表现出反对“封建传统”和“资产阶级人性”的革命姿态，比如“白毛女”终身未婚；“阿庆嫂”寡居；“李铁梅”一家三代，竟然只有三个人。

在整整10年中，数亿中国人只能看这8部戏，看后还要汇报思想，学得不好就批斗。

---

① 顾保孜《〈红灯记〉演钱浩梁的人生沉浮》，《名人传记》，2013年第1期。

② 所谓“样板戏”，指的是《红灯记》、《沙家浜》、《智取威虎山》、《奇袭白虎团》、《海港》、《龙江颂》，再加上两个芭蕾舞剧《红色娘子军》和《白毛女》。

③ 郭于华《仪式与社会变迁》，社会科学文献出版社，2000，第364页。

杨丽萍悖论

19世纪末，爱迪生发明电影，这种现代化大众艺术迅速风靡全球；无论是西方的歌剧舞剧，还是中国戏曲，都遭遇到一场前所未有的颠覆。电影刚刚传入中国时，正值戏曲繁荣时代，人们很容易地把这种新奇的西洋景比作中国的皮影戏——

> 近有美国电光影戏，制同影灯，而奇妙幻化皆出人意料之外者。昨夕雨后新凉，携友人往奇园观焉。座客既集，停灯开演。旋见现一影，两西女做跳舞状，黄发蓬蓬，憨态可掬；又一影，两西人作角抵戏；又一影，为俄国两公主双双对舞，旁有一人奏乐应之；又一影，一女子在盆中洗浴……种种诡异，不可名状。最奇且多者，莫如赛走自行车：一人自东而来，一人自西而来，迎头一碰，一人先跌于地，一人急往扶之，亦与俱跌。霎时无数自行车麕集，彼此相撞，一一皆跌，观者皆拍掌狂笑。……观毕，因叹曰，天地之间，千变万化，如海市蜃楼，与过影何以异？自电法既创，开古今未有之奇，泄造物无穷之秘。如影戏者，数万里在咫尺，不必求缩地之方，千百状而纷呈，何殊乎铸鼎之像，乍隐乍现，人生真梦幻泡影耳，皆可作如是观。[①]

1905年，北京丰泰照相馆将著名京剧老生表演艺术家谭鑫培表演的京剧《定军山》拍摄成电影，这是中国人摄制的第一部电影，标志着中国电影的诞生。中国因此而实现了传统戏曲与现代电影的无缝对接。这种文化传承具有独特的中国色彩。即使在以后的半个多世纪后，很多电影仍然翻拍自古典戏曲，著名如京剧《野猪林》、秦腔《三滴血》、评剧《花为媒》、黄梅戏《天仙配》等。

从欣赏的角度来说，所有的文化都是从高向低发展；也就是说，艺术

---

① 出自1897年9月5日上海出版的《游戏报》载文，文章题目为《观美国影戏记》。

的方向就是从精英走向大众，而戏曲也一直是从含蓄婉约，走向简洁直白的。来自草根的戏曲原本是直白的，比如戏曲人物的脸谱忠奸分明，服饰装扮身份清晰，但这些对今天的人们却是含蓄婉约的，说明我们和戏曲之间已经有了区隔。

戏曲是产生于古代农耕中国的大众礼乐文化。在这个人类大融合的礼崩乐坏时代，全中国都在推广普通话，疯狂学英语，具有地域性限制的戏曲确实已经失去了其实践意义。现代人文文化在资讯泛滥的今天，完全替代了传统戏曲的文化地位。何况中国戏曲本身已经日渐丧失其民间立场和草根性，越来越主旋律，这样的戏曲早已不接地气。

陕西省一度采用现代声光电技术，精心打造的革命音乐史诗式的大型秦腔节目《梦回长安》，一张门票数千元。以苦音和悲情著称的秦腔竟然为秦始皇、汉武帝、唐玄宗等歌功颂德，这种反民间性的新戏曲已经严重的权力化，丧失了戏曲的根本，简直是对戏曲精神的亵渎和背叛。这让人想起当年歌颂曹操的所谓“新编历史剧”——

> 1960年，中南海怀仁堂上演郭沫若新编历史剧《蔡文姬》，这是一部为曹操翻案的戏。罗点点回忆说，散戏之后，大家正在退场，一位将军对他旁边的人半开玩笑地大声说：“曹操如果像郭老写得这样好，我就介绍他入党。”康生等在场的人都笑了。①

与此同时，畸形的戏曲运作机制也久为人诟病。除了逢年过节的政府堂会和一些自吹自擂的评奖，剧团进入真正社会社区的演出屈指可数。这种包养体制已经使戏曲彻底退化堕落，失去了生命和活力。

另一方面，在整个大背景上，城市化与现代化的现实，彻底消除了农耕文化的戏曲土壤。乱弹花鼓以“土”退守偏远乡村庙会，京昆以“雅”成为新式士大夫附庸风雅，或外国人猎奇的堂会节目。戏曲失去了大众化的基本特性，也就日趋成为边缘文化。现代中国的断裂式发展使讲求传承

---

① 引自：余世存《非常道·荒诞第三十二》。“罗点点”为解放军总参谋长罗瑞卿大将的小女儿，著有《中南海的权力游戏》。

的戏曲无所适从，即使所谓“与时俱进”的“现代戏”，也让人感到不伦不类的可悲可笑，如同用英语唱京剧一样的驴唇不对马嘴。

戏曲是文化，但戏曲更是娱乐。在娱乐至死的后现代，戏曲的娱乐功能已经严重退化。当戏曲已经沦落到靠电视和音像制品生存时，被猎奇化的戏曲已经离戏台越来越远。在鲁迅的《社戏》中，戏曲的美好已经和他的童年一起消亡。在今天这个无人喝彩的无童年化时代，戏曲早已成为无源之水。以电影为代表，现代文化形式更加直白更加快餐化。当我们离开键盘就不会写字，甚至忘记自己故乡的土语方言时，我们已经不需要戏曲了；或者说，从广义上讲，电影成为另一种戏曲。①

随着文化多元化以及民间文化的崛起，传统戏曲从大众走向小众，从乡村庙会走向城市剧院，从穷乡僻壤走向世界文化的殿堂，这将是戏曲得以遗存的现实可能。但除过大剧种硕果仅存外，无数的小剧种和大多数剧目，仍将难以挽回地消亡灭绝，这要比无数地方方言土语消亡得更快。无论“保护”与否，这种灭绝几乎不可逆转，正如朱大可所说的“杨丽萍悖论”——原生态的文化遗产，你不去拯救它，它会死掉；你动手去拯救它，它同样也会死掉。②

“终日借酒消愁闷，半世悠悠困风尘。”戏曲是乡土的，当最后的乡土彻底沦陷之后，戏曲也就失去了它生存的泥土。戏曲是唱人世兴衰的，最终也演出了戏曲本身的兴衰史。曲终人散，天下没有不散的筵席。或许，传统戏曲已经死去了，让它带着尊严死去吧。不要去肆意篡改它，因为戏曲这份遗产记录着我们先人的生活。有空时候，我们可以去博物馆怀念它，感受下先人的文化——

---

① 正如山陕会馆传播的秦腔（山陕梆子）曾代表中国戏曲之大成，就中国当代电影而言，陕西和山西同样是一片沃土，从吴天明、张艺谋、顾长卫到李杨、王全安、刁亦男，出自陕西的电影导演构成中国电影方阵的主力阵营。在“陕军”之后，来自山西的贾樟柯和宁浩正成为新一代中国电影人的杰出代表。

② 《中国大百科全书·戏曲曲艺卷》中统计，全国剧种为317个。《中国戏曲志》（1999）收集了各地各民族剧种374种。调查显示，全国现存剧种286种（木偶、皮影不包含在内），大约40种剧种经常参加全国性艺术活动，74个剧种只有1家院团或班社保持演出。随着方言的消失，占戏曲数量最多的小剧种迅速走向消亡。

农民是世上最劳苦的人，尤其是在这块平原上，生时落草在黄土炕上，死了被埋在黄土堆下；秦腔是他们大苦中的大乐，当老牛木犁疙瘩绳，在田野已经累得筋疲力尽，立在犁沟里大喊大叫来一段秦腔，那心胸肺腑，关关节节的困乏便一尽儿涤荡净了。我曾经在西府走动了两个秋冬，所到之处，村村都有戏班，人人都会清唱。……每到农闲的夜里，村里就常听到几声锣响：戏班排演开始了。演员们都集合起来，到那古寺庙里去。吹，拉，弹，奏，翻，打，念，唱，提袍甩袖，吹胡瞪眼，古寺庙成了古今真乐府，天地大梨园。……每每村里过红白丧喜之事，那必是要包一台秦腔的，生儿以秦腔迎接，送葬以秦腔致哀，似乎这人生的世界，就是秦腔的舞台……[1]

最后的皮影

很多年后，我依然记得骑在土墙上看皮影的盛况。在 20 世纪 80 年代，皮影几乎是关中最为风靡的民间文化。只要戏台一搭，几乎将方圆数里的人都聚在了幕布前。有道是——

三尺生绢做戏台，
全凭十指逞诙谐，
有时明月灯窗下，
一笑还从掌握来。

正如农耕发源于关中，戏曲同样如此，皮影最早起源于汉代。顾颉刚在《中国影戏略史及其现状》中说："中国影戏之发源地为陕西，自周秦两汉以至隋唐当皆以其地为最盛。"

传说都是美好的，据说影戏出自汉武帝与李夫人的爱情故事——

① 贾平凹《秦腔》。

影戏之源，出于汉武帝李夫人之亡，齐人少翁言言能致其魂，上念夫人甚，无已，乃使致之。少翁夜为方帷，张灯烛，使帝他坐，自帷中望之，仿佛夫人像也，盖不得就视之。由是世间有影戏。①

与真人表演的“大戏”相比，皮影戏具有“俗”、“小”、“神”的特点，与农耕文化最相适应。影戏的声腔音乐受地方戏曲、曲艺、民歌小调、宗教音乐等多种因素影响。关中皮影戏以老腔、碗碗腔、阿宫腔、弦板腔、灯盏头碗碗腔和秦腔等为主，多慷慨悲壮之音。一般都在农闲时节演出，春祈秋报、娱神敬佛、禳灾求福、驱邪避鬼、保佑平安等，这些民俗信仰是皮影戏得以生存的肥沃土壤。

长期以来，关中富户素来就有购置皮影和蓄养戏班的传统。

“一口叙说千古事，双手对舞百万兵。”皮影是高度综合的戏剧样式，皮影戏班极其节约和紧凑，一般由四到十人组成。以老腔为例，包括前首、签手、上档、后槽、下档等五人；虽有分工，但一司多职，协作极其重要，主唱者要生丑净旦都能唱。班主一般由箱主或前首担任。前首负责全场奏唱，签手操作皮影表演，上档司板胡等，后槽司梆子等，下档准备道具皮影。②

皮影戏班一般都以家庭或家族为主，也有合伙戏班。皮影算得上是最重要的装备，皮影戏的乐器比较简单，除过板胡、月琴、笛子、唢呐，基本都以打击乐器为主，如梆子和碗碗。皮影戏演出前，要先搭台撑“亮子”（幕布），白天用日光，晚上用灯光。这种借光显影的表演形式几乎堪当现代电影的始祖，这让一位西方人看来显得近乎神奇——

一块块透明的兽皮，显露了难以相信的表现力；每一个肢体，都好像有自己的筋肉和关节；所说的每一句，所唱的每一句歌词，都是这有机的成为整个躯体动作的一部分。③

---

① 宋代高承《事物纪原·博弈嬉戏·影戏》。

② 可参阅：张冬菜《中国影戏的演出形态》，大象出版社，2010。

③ 基希《秘密的中国》，第99页。

流行在渭南华县一带的老腔皮影，曾被张艺谋作为电影《活着》的重要桥段和音乐背景，老腔皮影也因此成为关中皮影和中国皮影的标志。老腔是有名的“满台吼”，戏班里所有人都要“帮腔”。老腔皮影保留剧目有200种，以神话和历史故事为主，也有一些反映日常生活趣事的小剧目，如《懒婆娘》之类。

皮影戏是乡土口语文化的典型代表，具有强烈的地域性。大多数皮影戏都没有剧本，全靠师徒间口口相传；事实上，这些皮影艺人也大多不识字。随着商品化、城市化和现代化对传统乡村农耕文化的取代，传统戏曲普遍走向式微，皮影戏更被连根拔起。特别是近10年来，随着电影、电视和网络等现代娱乐业的强势扩张，包括皮影戏在内的所有戏曲，几乎都面临着彻底消亡的绝境。

20世纪30年代，华县有48家皮影戏班社，当时就有学者担心“影戏早晚必要成为博物馆中的陈列品”。[①]如今还在演出的关中皮影戏班屈指可数。

关中皮影雕刻已从单纯服务于影戏班社的演出，发展成为以观赏性和收藏性为主的民间工艺品。如果说皮影是硬件，那么皮影戏就是软件，皮影与皮影戏的分离意味着传统皮影的消亡。用碗碗腔皮影老艺人李世杰的话说，“皮影雕刻一旦离开唱腔，就变成了工艺。”活生生的皮影已经没有了，留下的只是一个牛皮做的影子——哪怕这个影子多么精美。

作为一种传统工艺，关中皮影造型独特、雕镂精细、色彩鲜明、玲珑剔透，具有极高的艺术和民俗价值，因此成为很多艺术品收藏家和投资者眼中的极品。与“非物质”的文化相比，“物质”与财富更容易激发现代人的热情。

早在20世纪70年代，关中皮影就成为重要的出口商品；西路皮影雕刻师梁思荣曾刻制了3600多套皮影，其中大部分都销往欧美日等国。目前关中皮影已经形成手工作坊生产模式，从业者有数百人，年产值在千万

① 佟晶心《中国影戏考》。

元以上，皮影、刺绣和剪纸成为关中主要的旅游工艺品。这其中，以华县最具规模，甚至部分实现了机械化大量生产。但对传统文化和传统工艺来说，这些创新并不意味着传统被发扬光大，其实恰好相反。皮影失去了“亮子”，也就没有了生命。

对现代人来说，所谓皮影，并不是一种戏，而是被镶嵌在玻璃镜框中的一种牛皮剪纸。

在中国皮影及戏曲中，关中皮影历史渊源之久长、文化底蕴之丰厚、剧种声腔之多样、演出技艺之精湛、旋律节奏之多变、戏班艺人之众多、雕刻艺术之精美，都具有相当的标杆意义。2006 年，国家文化部将关中皮影的老腔、碗碗腔、阿宫腔、弦板腔和秦腔等列入第一批国家级非物质文化遗产名录。[①]

① 可参阅：梁志刚《关中皮影》，浙江人民出版社，2007。

告御状与京控

总是使一个国家变成人间地狱的东西，恰恰是人们试图将其变成天堂。

——荷尔德林

从礼说起

中国传统的礼乐文化即周礼，是西周人生活的基本规则。周礼最明显的特点是“尊尊”，也就是有区别、有等级，即区别尊、卑、贵、贱，万事万物都有个尊、卑、贵、贱。依据这个规则，人一出生便有了区别，有了尊、卑、贵、贱，有了天生的不平等。

孟子说：“无君子莫治野人，无野人莫养君子”；“劳心者治人，劳力者治于人；治于人者食人，治人者食于人”。作为一种社会动物，人被分为君子和野人，劳心者与劳力者，治者与被治者，养者与被养者。君子与小人的分野是中国自古最大的社会等级，这种分类被马克思命名为统治者与被统治者，资产阶级与无产阶级。对君子要“动之以情”，对小人（野人）则“绳之以法”。君子与小人的区别在于“礼”，“晓之以礼（理）”；懂得“礼”的人即是君子，不懂“礼”的人即是小人。儒家提供了一系列处理方法：“诱之以利，动之以情，晓之以理，胁之以威，授之以渔，绳之以法，导之以行，勉之以恒，持之以恒，学之以恒，行之以德，道之以德，齐之以礼”。

中国宗法体制依靠情与法两条路线进行治理，这符合中国传统的阴阳哲学。在中国人眼中，每个人首先都是宗族动物，根据宗族（血族）远近构成一个涟漪式的网络，近者情深，远者情淡，“情”成为人与人之间最基本最重要的关系，甚至是唯一关系。这种“情”也叫“人情”，类似“感情”。中国传统文化认为，社会是家庭的延伸，五伦（父子、夫妻、兄弟、君臣、朋友）中的“君臣”是“父子”的延伸，“朋友”是“兄弟”的延伸。因此一个人情世界就形成了。

宗法社会的基础就是传统礼文化。宗法社会是农耕条件下的熟人社会，宗法制度以家庭为中心；人生于家庭，因为血缘产生人际关系，即是伦理。伦理始于家庭，而又向外拓展，推而广之，就是家族关系、宗族关系、君臣关系、官民关系、师徒关系、朋友关系，从而构成伦理社会。费孝通先生在《乡土中国》中，用“差序格局”来描述中国的熟人社会，就像把一块石头扔进水面所激起的一圈圈的波纹一样，扔出的石头就是人自己，而形成的波纹圈就是各种社会关系，越近的圈代表社会关系与自己越近，反之越远。《礼记》中所述十种远近关系：鬼神、君臣、父子、贵贱、亲疏、爵赏、夫妇、政事、长幼、上下，就是中国伦理社会的差序格局。因为存在差序格局，中国伦理社会构成于一根根私人联系所构成的组织网络，所以中国人之间私德盛行。“五伦八德”皆由家庭私人关系派生而来，又有远近、亲疏、贵贱之别，一个具体的人使用这种关系时就会因人而异，因时而异，因地而异，带有很大的伸缩性和灵活度。例如，一个人痛恨贪官，常骂贪官，但是，如果这个贪官是自己的父亲、亲戚，或好友，那么他可能还会“赞扬”这个贪官“能干”。所谓“大义灭亲”的公德极其罕见。

中国在传统上是一个宗族化的人情社会。“在中国，信任和承诺取决于私交，而不是契约或法律和其它法律文件。”[①]用黄仁宇先生的说法，传统中国就是一个由农民建立起来的农民帝国，国家如同一个村庄。宗法社会下，君主视民如子女，民视君主如父母，试图以仁、义、忠、孝来化解

① 塞缪尔·亨廷顿《文明的冲突与世界秩序的重建》。

社会矛盾，大事化小，小事化了。“法”在中国传统文化中属于凶器，法的意义在于维护“五伦”，也就是“忠孝礼智信”。而“法”由“五伦”中的上者（即父、君、夫、兄、上司、长辈）对下者（即子、臣、妻、弟、下属、晚辈）施行，也就说，“法”不能“犯上”，“以小犯上”就是“犯上作乱”。在这种等级制度下，“法”也就成为“宗”的延伸，人情在社会层面转化为宗法。宗为阴，法为阳；人情为阴，宗法为阳。人情属于常态，宗法属于异常，所以“官司”从来就是“麻烦”和“灾难”的代名词。在宗法社会中，越是居于上位者，他们就越是安全，因为他们可以依靠执法权来保护自己、打击他人，而皇帝则成为金字塔的塔尖。皇帝不仅是至高无上的，而且是永远正确的象征。皇帝之上依然有“天”，但天只能以地震之类自然灾害来进行“天谴”。如果一个无神论者做了皇帝，那就是“和尚打伞无法无天”。

法的起源

人类社会的所有痛苦追根溯源，或许都来自不平等，比如贫与富、强与弱。正是为了减少这种痛苦，才有了“法”。

汉字“法”的传统写法为“灋”。东汉许慎的《说文解字》中解释说，“灋，刑也，平之如水，从水；廌，所以触不直者去之，从去。法，今文省。”之所以偏旁为“氵（水）”，是希望法律像水那样公平；而之所以有“廌”，是因为“廌”是古代传说中的一种独角兽，生性正直，古代用它进行“神明裁判”，见到无理之人，会用角去把他顶走，因此也就有了“去”。相传黄帝曾用这一能明辨是非曲直的神兽来决断疑狱。[①]

在中国古典时代，这种“法”的精神是由法家树立起来的。《管子·明法解》中说：“贫者非不欲夺富者财也，然而不敢者，法不使也；强者非不能暴弱也，然而不敢者，畏法诛也。”这就是说，法律主要是保护弱者的。汉武帝时代，

---

① 许慎《说文解字》中说，“廌，解廌兽也，似山牛，一角；古者决狱，令触不直；象形，从豸省。”许慎接着写道：“荐，兽之所食草，从廌，从草。古者，神人以廌遗黄帝，黄帝曰：‘何食？何处？’曰：‘食荐。夏处水泽，冬处松柏。’”

罢黜百家独尊儒；特别是魏晋之后，随着“以礼入法”的“儒家化”，法律逐渐蜕变为维护纲常秩序的工具，法律的惩治对象，由恃强凌弱者变成以下犯上者。正是在这种背景下，弱者越来越被置于法律保护之外；他们只好求助于法律之外的“天”，或所谓“天理”、“天道”。古语说：“天无私覆，地无私载”，天是无私的、公正的人类主宰者；最悲惨的就是“无法无天”。在这种文化背景下，作为“天子”的皇帝便成为直接诉求对象，“告御状”就成为法理之外一种救赎道路。这种习惯延续至今，便是所谓的“上访”。

从本质上来说，中国古代法律源自军法传统和部落习俗。前者“兵刑合一”，体现为镇压和刑罚的特点；后者“礼法合一”，体现为人情大于法。用黄仁宇的说法，就是以道德代替法律。孔子说：“道之以政，齐之以刑，民免而无耻；道之以德，齐之以礼，有耻且格。”[①]意思是说：用政令来治理百姓，用刑法来整顿他们，老百姓只求能免于犯罪受惩罚，却没有廉耻之心；用道德引导百姓，用礼制去同化他们，百姓不仅会有羞耻之心，而且有归服之心。在孔子看来，法律并不能从根本上解决问题，只有道德才能让人们自觉守法，德治胜于法治，“德主刑辅”，这也是王道与霸道、儒家与法家的区别。用曹操的话来说，就是“治定之化，以礼为首；拨乱之政，以刑为先”[②]。唐太宗认为《唐律》的立法宗旨是“惩奸禁暴，弘风阐化，安民立政，莫此为先”。贾谊在《治安策》中极大地赞扬“以礼代刑”的美德：“其有大罪者，闻命则北面再拜，跪而自裁，上不使捽而刑之也，曰：子大夫自有过耳，吾遇子有礼矣！”[③]

商鞅变法之后，秦国“一断于法”、“为治唯法”，实行“以吏为师，以法为教”。秦始皇时代或许是古代中国唯一一个“法治”时代，“故秦之盛也，繁法严刑而天下振”。但这种“法治”并没有维持多久，“及其衰也，百姓怨望而海内畔矣”[④]。秦王朝诸事“皆有法式”，但皇帝本人并不受法律约束；甚至说，法律本身就是为了维护王权，“前主所是著为律，后主所

---

① 《论语·为政》。

② 《魏志·高柔传》。

③ 陈鸿彝《中国古代治安简史》，群众出版社，1998，第116页。

④ 《史记·秦始皇本纪》。

是疏为令”[1]。所以,古代法律一般也称为“王法”。皇帝不仅是法律的创立者和最终裁决者，甚至是法律的象征，“天下之事无大小，皆决于上”。

在中国传统法律体系中,至上的君权始终是法律的来源,即《管子·任法》所说 :“夫生法者，君也 ; 守法者，臣也 ; 法于法者，民也。”类似的制度设计又比如，在《韩非子 · 定法》对君权政体的描述中，认为“法”与君主的威势（“势”)、君主的统治手法（“术”),三者“皆为帝王之具也”。而至皇权社会后期,法律文化的这一特点则更加凸显,例如苏洵在其《申法》中强调的，就是皇帝对法律这种统治工具的绝对垄断 :“夫法者，天子之法也！”出于这样的法理，中国法律最大的特点即是梁启超所总结的:“国家为君主所私有,则君主之意志,即为国家之意志,其立法权专属于君主。”

在王法之下，“王子犯法与庶民同罪”，因为皇帝完全可以对违反“五伦”（“五常”）的人——“王子”（诸侯的儿子）进行处罚。在皇帝面前，“王子”与“庶民”都是微不足道的下者（“小人”）。黄宗羲在《明夷待访录》中指出，皇帝“以天下之利尽归于己，以天下之害尽归于人”，所以王法乃是“一家之法而非天下之法”。中国古语说“刑不上大夫”。就立法本意而言，古代法律“为其压制社会之意多，而监督官府之意少。举立法、司法、行法三大权，尽握于一二人之手。据上流者惟所欲为，莫敢谁何”。[2]这种“只许州官放火，不许百姓点灯”在历史中比比皆是。《唐律》规定：“除名者，比徒三年 ; 免官者，比徒二年 ; 免所居者，比徒一年。”即削官为民相当于三年徒刑；去职但保留官籍相当于二年徒刑；去职但保留级别，相当于一年徒刑。同样犯罪，对平民来说是刑罚，对官员来说则可获得免刑和轻判，还可以官品抵罪，或纳资顶罪。[3]

作为中国历史上一个较为出众的皇帝，康熙帝关于法律有许多言论，“国家设立法制，原以禁暴止奸，安全良善”；“帝王以德化民，以刑弼教，莫不敬慎庶狱”。[4]

---

① 《汉书 · 杜周传》。

② 转引自：沈大明《<大清律例>与清代的社会控制》，上海人民出版社，2007。第 237 页。

③ 马小红《中国古代社会的法律观》，大象出版社，2009。第 136 页。

④ 《康熙政要》卷二十。

从根本上来说，中国传统是反对法治的，所谓“法设而无犯，刑设而不用”，“法令滋彰，盗贼多有”；或者说，人们对清官的企盼和信任远远超过了对法律的依赖。因为人们确信，有了清官，“王法”才能惩恶扬善，不冤枉无辜；有了清官，一方之民才能受到“王法”的保护，免受滥刑之苦。在《万历十五年》中，黄仁宇将清官海瑞称之为“模范官僚”。在一个专制体制下，模范官僚同样不可避免要失败，他不仅拯救不了别人，也拯救不了自己，“个人道德之长，也不能补救组织和技术之短”。在某种意义上，正是因为这种“清官情结”，才产生上访传统。当遭遇一个恶官酷吏之后，受屈者便会想方设法去寻找另一个清官来“讨还公道”；当然，皇帝是人们心目中最大、最理想的“清官”，所以，“京控”和“告御状”便成为最后的救赎。

清末民初有一部小说，叫《带印奇冤郭公传》[①]，主人公郭泰为灵璧县令，为官廉正，被称为“郭青天”，因遭上司陷害，他愤而带印“京控”，结果被安徽巡抚关进监狱，其子接着去京控，其冤仍不得伸，直到天朝覆灭，郭泰才获得自由。这虽是小说，却比历史更真实地展现了“清官”与“京控”这种梦幻的破灭。

如果从“三代”算起，中国古代政治堪为早熟，很早就设有各种直诉制度。有案情重大、冤抑莫伸者，可越过一般受诉官司和申诉程序，直接向最高统治者陈诉。作为一种让底层民众伸冤诉苦的司法救济制度，直诉制度源于周朝，隋唐时代臻于完善，明清时代发展到巅峰，最后终结于清朝“京控”。

告御状作为惯例，或许可以追溯到秦汉帝国时代；最晚从隋朝开始，已经不乏明显的记录，一些受侵害者进京告状，希望皇帝亲自主持公道。按照《左传》的说法，皇帝是民众最值得依靠的人，“良君将赏善而刑淫，养民如子，盖之如天，容之如地；民奉其君，爱之如父母，仰之如日月，敬之如神明，畏之如雷霆”。

“法令所以导民也，刑罚所以禁奸也。”[②]就法律而言，秦律就承认事主对初审案件的上诉权。在汉代，若地方判决不公，蒙受冤狱者，可上书中

---

① 也是道人《带印奇冤郭公传》，百花文艺出版社，1986。

② 《史记》卷一一九。

中国传统政制往往政法不分，官员拥有审判平民的权力。

央司法机关申冤，这叫“诣阙上书”。汉朝早期的皇帝也曾命令将疑难案件上呈御前审判。汉代的百姓还可以在御驾前“庶行上书”。以后历代老百姓在皇帝外出时“邀车驾”、“告御状”，大概都源于此。

击鼓鸣冤

远古时代，政治归依于良心，还没有形成严厉的统治思想。相传尧舜树立“谤木”[①]，任何人都可以对其发表言论。进入“三代”的周，传统官僚

① 后世统治者也往往在宫外立“谤木”，以示开明纳谏。经过历史演变，“谤木”成为象征权力的“华表”，而“谤”则从以前的批评之意，演变为无中生有的诬陷和诽谤。

制度逐渐形成。周朝的“肺石制度”堪称中国最早的上访设计，用《周礼·秋官·大司寇》的说法，“以肺石达穷民”。具体的做法，类似“谤木”，即在官府门外设赤石，因石形如肺，故称“肺石”；民有不平，可击石鸣冤。若地方官不上报，当事人可立于石上三日，由士听取详情后，上报周王和六卿，并对地方官治罪。此外，周朝还有类似的“路鼓制度”；《周礼·夏官·太仆》记载，“建路鼓于大寝之门外，而掌其政”。“大寝”指周天子诸侯处理政事的宫室。这或许是民众可以向最高当局进行直诉和上访的最早记载。

由“路鼓”发展而来的“登闻鼓”制度，一直贯穿整个中国政制史。借助传统戏曲的传播，“击鼓鸣冤”也成为人们最为熟悉的古代场景。从“肺石”、“诽谤木”到“登闻鼓”，历代都有继承，如三国时期，魏“世祖（曹丕）阙左悬登闻鼓，以达冤人”①；隋文帝诏令“有枉屈县不理者，令以次经郡及州，至省仍不理，乃诣阙申诉。有所未惬，听挝登闻鼓，有司录状奏之”②；“唐代于东西朝堂分置肺石及登闻鼓，有冤不能自伸者，立肺石之上，或挝登闻鼓……挝鼓者右监门卫奏闻”③；宋太宗时期，考生叶齐对一次科举结果不满，“击登闻鼓自列”，惊动了皇帝，朝廷不得不重新举行复试，叶齐考得第一。④元代时，“诸事赴台、省诉之，理决不平者，许诣登闻鼓院击鼓以闻”⑤。明清时期，“登闻鼓”设在午门外，有专职官员值守，接纳击鼓者申诉，并规定“非大冤及机密重情不得击，击即引奏”。

《宋史·刑法志》中记载了一件事，宋太宗雍熙年间，开封有一姓李的女子，击登闻鼓，却并无冤情，说自己无夫无子，只有一个年迈的父亲，要求在她亡故后由官府代她处理家业。太宗答应了她的要求，但有司却关押了她的父亲，大概想侵吞其遗产。李氏于是再击登闻鼓，控告官府拘押她父亲，太宗听后大为吃惊：“这样的事岂可关押？皇城之中，尚且如此。

---

① 《魏书·刑法志》。

② 《隋书·刑法志》。

③ 清人黄本骥《历代职官表》。

④ 《石林燕语》卷八记载：端拱初，宋白知举，取二十八人。物论喧然，以为多遗材。诏复取落下人试于崇政殿，于是再取九十九人。而叶齐犹击登闻鼓自列。朝廷不得已，又为覆试，颇恶齐嚣讼，考官赋题，特出“一叶落而天下秋”，凡放三十一人，而齐仍在第一。

⑤ 《元史·世祖本纪》。

天下那么大，哪能做到没有冤狱呢？我恨不能亲自审决天下冤狱，所以不辞劳苦。”于是，派遣殿中侍御史李范等 14 人，分赴各地调查监狱案卷。[①]在这个案例中，李氏两次击登闻鼓，不仅没有遇到什么麻烦，而且竟然都得到了皇帝的过问。

据说秦汉时，民人就可直接上书皇帝。武则天创设“匦使院”，正式确立了下情上达的信访渠道。即在朝堂置青、丹、白、黑四色箱，称为“匦”，分养民劝农、议论时政、陈诉冤屈、告天文密策等四类，“东日延恩，怀才抱器，希于闻达者投之；西日伸冤，怀冤负屈，无辜受刑者投之”。宋朝改“匦使院”为“登闻检院”。明朝设察言司，收受天下奏章、申诉书信等，类似察言司的通政使司，其官位居卿寺之首，这些设置都出自朱元璋之手。

在中国古代，除过登闻鼓这种被动接受民众控诉的形式，还有一些主动听诉的制度设计。汉代在宫城外门设专职的公车司马令，负责接待要上书或请求面见皇帝的百姓，规定各级官吏不得“截访”和刁难；若有上访意见不及时向上传，满半月以上，将受惩罚。十六国时期的前秦皇帝苻坚在皇宫专门修建了一个听讼观，“五日一临，以求民隐”[②]。隋炀帝设置谒者台，负责吏民申奏冤屈、纠正冤假错案。[③]唐太宗李世民被称为中国模范君主，他亲手拟定《司门式》，“其有无门籍人有急奏者，皆令监门司与仗家引奏，不得关碍。”[④]上访者可由警卫护送面见皇帝，“置立仗马二匹，须有乘骑便往”。颜真卿赞称，“所以平治天下，正用此道”。

汉文帝十三年（公元前 167 年），齐国太仓令淳于公被抓到京城长安治罪，他的小女儿也随父亲来到京城，并上书皇帝；她的“上访信”言辞

---

① 《宋史·刑法志》原文：开封女子李尝击登闻鼓，自言无儿息，身且病，一旦死，家业无所付。诏本府随所欲裁置之。李无它亲，独有父，有司因系之。李又诣登闻，诉父被絷。帝骇曰：“此事岂当禁系，辇毂之下，尚或如此。天下至广，安得无枉滥乎？朕恨不能亲决四方之狱，固不辞劳尔！”即日遣殿中侍御史李范等十四人，分往江南、两浙、四川、荆湖、岭南审决刑狱。吏之弛怠者，劾其罪以闻；其临事明敏、刑狱无滞者，亦以名上。

② 《资治通鉴》卷一百三。

③ 《隋书》志第二十三记载：“谒者台大夫一人，掌受诏劳问，出使慰抚，持节察授，及受冤枉而申奏之。”

④ 宋朝孔平仲《续世说》。

恳切，孝心感人，汉文帝被打动，"天子怜悲其意"[1]，免除了对她父亲的惩罚。类似的还有吉翂替父鸣冤：南朝梁天监二年（503年），吴兴郡有个15岁的孩子叫吉翂，父亲是个县令，为同僚诬陷，被朝廷抓了起来，判了死罪；吉翂到梁朝京城建康（今南京），"挝登闻鼓，乞代父命"[2]。

南朝梁武帝时，还发生过一件有政治意义的上访事件。当时的政府对皇族以及世家大族，乃至士人都相当照顾，他们即使违法犯罪，政府也会法外施恩；但是，普通百姓违反了法令，其惩罚则相当严厉，并且还实行连坐，"一人逃亡，举家质作"。因此，民怨极大，民间违法犯罪行为不减反增。天监十年（511年）某一天，梁武帝到郊区祭祀，一个老人拦住了皇帝的车驾。梁武帝允许上访人陈述事实，老者直奔主题："陛下实行的法令，对于普通百姓极其严厉，对于豪强权贵却相当宽松，这不是实现国家长治久安的正常方法。假如，陛下能反过来实行，那才是天下黎民百姓的莫大福份！"随臣们惊得大汗淋漓，呼喝御林军拿下刁民。梁武帝沉思良久，叫放了老者。

随后，梁武帝颁发圣旨："自今逋谪之家及罪应质作，若年有老小，可停将送。"对于老百姓的惩罚宽松了些；但并没有改变对当时权贵阶层的庇护，社会不公平并无实质性好转。史家评论，"不能绳权贵以法，君子是以知梁政之乱也"，最终导致其政权崩溃。

告御状

政者，正也；治者，不乱也。政治包括秩序和正义两个层面，现代法治社会对秩序和正义并重，不能以秩序而牺牲正义。但传统礼法社会往往强调秩序至上；越诉上访之所以发生，恰恰是为了实现正义而对秩序的破坏。

唐朝对平民的告诉就有诸多限制：除反、叛、大逆等罪，卑幼不得控告尊长，卑贱不能控告尊贵；在押犯人与年八十岁以上、十岁以下以及笃疾者无控告权。一般诉讼须自县、州逐级陈告，禁止越诉，违者笞四十。

---

① 《汉书》卷二三。

② 《资治通鉴》卷一四五。

有重大冤屈，可“击登闻鼓”或“邀车驾”申诉，主管官吏应该受理，不受理者治罪；但申诉不实者，杖一百，事重者从重论。

不仅是人，即使动物也都会有一种公平意识，公平是所有高级动物的一种本能。赵宋王朝建立在唐末五代乱世之后，承平日久，社会不公逐渐彰显出来。在一个前法治时代，遭受不公的人必然要进行申诉，一些人就被迫上访。大宋当局在早期对此是严令禁止的。宋太祖赵匡胤就曾下诏规定“禁民越诉”。如有呈冤京师者，“并令监司缉拿。”至宋真宗赵恒时期，朝廷虽意识到各地民生多艰，冤狱泛滥，并在京师设立了登闻检院，试图强化司法受理面，提高结办案件能力，但仍然不允许百姓随意上访、越诉。“诸越诉及受者，各笞四十。若应合为受，推抑而不受者，笞五十,三条加一等，十条杖九十。”按照《宋刑统》规定，越级上访者和接受上访的官吏，都要处以40鞭子的笞刑，但如果官员拒绝合法上访，则要被处以50鞭子的笞刑；如果拒绝3次合法上访，罪加一等（60鞭笞）；拒绝10次，要处以90下杖刑。

总体而言，宋代刑罚颇为残酷，但政治上还是相对比较开明。大中祥符元年（1008年），真宗皇帝上元节车驾出游时，有民众沿街陈事。随行官吏建议将这些“诉事希恩”者“悉从徒坐”。宋真宗“悯愚民不晓科禁”，下诏“自今邀车驾越诉者，令有司告谕而宽其罚”。南宋时期对越诉有了更详细的规定：

> 非法侵人物业，许人户越诉；典卖田产不即割税，听人户越诉；官吏受纳税租不依法，许人户越诉；籴买官物、非理科配，听人户越诉；私置税场，邀阻贩运，许商客越诉；官司私自科敛百姓，许人户越诉；官吏受理词讼违法，许人越诉。[①]

到宋神宗赵顼时期，集体上访几乎成为一种合法的申诉方式，甚至是政治参与方式。王安石变法时，曾有“开封酸枣、阳武、封邱县民千余人赴寺诉免保甲教阅”，他们认为保甲教阅严重影响农时。当事官吏以“已

① 《宋会要》，《刑法三》。

牓谕无令越诉”为由遣散上访者，但神宗皇帝认为，“今正当农时，非次追集，于百姓实为不便；令提点司劾违法官吏以闻。”并做出了“自今仍毋得禁民越诉”的规定，并“诏开封府界、河东灾伤州军，许于限外接诉状以闻”。

此后的民众上访基本得到了制度保障。及至南宋高宗赵构时期，流民从生，地方当局推出详细的安置政策，各种救助物资禁止“官司拘截使用，如违，许人户越诉”。宁宗赵扩制定了《庆元条法事类》，以正式的法典保障民众上访和越诉的权利。考虑到上访给民众带来的不便，朝廷并没有被动应付，而是主动选派“诸路劝农使，所至究民间疾苦，检视账籍”，上门解决民众的愤懑。

大宋帝国对民众上访权利的保障，大大化解了社会矛盾，中华文明因此达到了空前绝后的鼎盛时期。在蒙古入侵时，整个国家同仇敌忾，虽然最终败于崖山，但民众对国家认同程度是其他任何历史时期都无法相提并论的。

宋以后各代的诉讼制度大多沿袭，即告诉只能自下而上，不得越诉；但允许对官吏“受赂不法”的行为径赴宪司控告，而不以越诉论罚。宋高宗赵构将上访列为打击贪腐的重要手段，刑部规定民众可举报“州县之吏赃贪者”，如果“监司守令不即按治”，则“并行黜责”，以此达到“举刺之官不敢坐视，赃吏既去，民皆乐生”的目的。根据《元史·刑法志》的记载，元朝法律也有类似规定：“诸诉官吏受赂不法，径赴宪司者，不以越诉论。”

朱元璋时期治官更为严酷。根据《草木子》记载，守令贪酷者，许民赴京陈诉，罪大的剥皮实草。朱元璋亲自撰写并颁行天下的《大诰》规定：

> 今后所在布政司府州县，若有廉能官吏，切切为民造福者，所在人民必知其详。若被不才官吏同僚人等捏词排陷，一时不能明其公心，远在数千里，情不能上达，许本处城市乡村耆宿赴京面奏，以凭保全。自今以后，若欲尽除民间祸患，无若乡里年高有德等，或百人，或五六十人，或三五百人，或千余人，岁终议京师面奏，本境为民患者几人，造民福者几人，朕必凭其奏，善者旌之，恶者移之，甚者罪之。

自布政司、府、州、县官吏，若非朝廷号令，私下巧立名目，害民取财，许境内诸耆宿人等，遍处乡村市井，连名赴京状奏备陈。有司不才，明指实迹，以凭议罪。

百姓上访遭遇官吏刁难的境况，朱元璋也考虑到了，所以《大诰》还规定：

……许城市乡村贤民方正豪杰之士，有能为民除患者，合议城市乡村，将老奸巨猾及在役之吏在闲之吏，绑缚赴京，罪除民患，以安良民，敢有邀截阻者枭令。赴京之时，关津渡口勿得阻当。

明朝初年，江苏常熟人陈寿六和自己的弟弟、外甥，把本县的一个恶吏捆绑到京城应天（今南京）“上访”。朱元璋不仅接纳了陈寿六的陈诉，而且还夸老陈能干，为国分忧，奖励这三个不同寻常的上访者每人两件新衣服，另外奖励老陈银子20锭，免除“杂泛差役三年”，并派人护送他们“衣锦还乡”，不许地方打击报复，全国范围通报嘉奖。明成祖迁都北京后，还保留了洪武遗制，对地方官吏违法，里老可“据实赴京面奏，处以重罪”。

到京师向皇帝告御状，构成“越级上访”，唐代法律规定要笞四十。拦轿申冤叫做“邀车驾”，也属于“越诉”，唐代视其为普通的“越诉”，即便冲入皇帝仪仗也只是杖六十。元代规定，“未诉省、部、台、院，辄经乘舆诉者罪之”。明朝法律对此处分要严厉得多，告状者冲击皇帝仪仗者，可判绞刑。清朝干脆规定不允许“邀车驾直诉”。咸丰元年（1851年），刚登基的咸丰皇帝从西陵回京，当地妇女拦驾上诉，与拦阻的兵丁发生冲突，为首的张伊氏以“妇女犯殴差哄堂罪”，被发配边疆为奴。上诉不成，反被治罪。清朝不许越级上控，“若越本管官司辄赴上司称诉者，笞五十”。保留至今的内乡县衙门房的东间前，放置着一面喊冤鼓，供百姓击鼓鸣冤之用；西间前有两通石碑，分别刻着“诬告加三等”、“越诉笞五十”的字样。[①]

酷刑与死刑

按照《宋史》的说法，宋真宗“性宽慈，犹慎刑辟”，他要求宰相对“执法之吏，不可轻授；有不称职者，当责举主，以惩其滥”。宋真宗一次查阅全国死囚名录时，发现一年被处死的犯人竟然多达800人，不由“抚然动容”，他对司法官员说：“杂犯死罪，条目至多，官吏倘不尽心，岂无枉滥？故事，死罪狱具，三复奏，盖甚重慎，何代罢之？”[②]到宋仁宗时，每年的死刑犯已经达到2400多人，以后每年都在增加，左司谏贾黯为此奏道：

> 臣尝判尚书刑部，见天下岁断死刑多至四千余人，其间盗贼率十七八。原其所自，盖愚民既迫于饥寒，又因之水旱，枉陷重辟。[③]

传统时代，讲究“人命关天”，因此在核定死刑时特别谨慎。贞观盛世时，一年中全国被判处死刑的不到30人；每逢特殊庆典，还有大赦。

康熙皇帝曾说：“世间事甚不如意者，莫过于决断秋审一事。夫杀人之人，理应偿命。但为人君者于杀人之事，必以哀矜之心处之，故朕每理秋审之事，无一不竭尽心力而详审之也。”[④]

宋代法律规定，被判斩刑的人，只要在行刑之前喊冤，斩刑就得立刻停止；然后换其他官员重审此案，原来的主审官须回避。宋人的笔记中就记载了孝宗朝的一件事：有人被判斩刑，前后共喊了近10次“冤枉”，每次都停止了死刑。每次重审，都无法证明犯人无罪，但犯人又口口声声喊

---

① 刘鹏九《内乡县衙与衙门文化》。

② 大意是说，法律条文中死罪的条目繁多，万一司法官员不用心，很容易滥刑，怎么会没有冤死呢？按照以前的做法，死罪定下之后，需要给皇帝上奏三次，在确认没有误判后，才能执行死刑，在死刑处理上慎之又慎，任何一个朝代也没有取消过“三复奏”啊。

③ 《续资治通鉴长编》卷一百七十五。

④ 《康熙政要》卷二十。

冤，最后由孝宗下旨免去犯人一死。[①]

从下面这个冤案中，或许可以发现这种制度设计的可取之处，所谓“宁可错放一千，不可冤杀一个”。《续资治通鉴长编》中记载，宋仁宗天圣九年（1031年），陇安县（今陇县）马文千和高文密等5人被诬告为强盗，高文密被酷刑打死，马文千等屈打成招，最后被判处死刑。马文千之父去州府诉冤，遭到州官孙济的拒绝。马文千被处死后，强盗被抓，仁宗大怒，将孙济和陇安县一干官吏全部刺配，并不得赦免。宋仁宗赐给马文千等人每家以钱粮，并免除他们5家3年的徭役，作为对这起冤案的补偿。[②]

明朝前期，对于死刑案件的上访受理时间，可以延迟至死刑犯被执行的前一天；甚至死刑犯在临刑当天，其家人仍然可以代其击鼓鸣冤。嘉靖九年(1530年)，死刑犯击鼓鸣冤的期限定为行刑前三天，行刑当日就不再接受鼓状鸣冤。清朝死刑为五审制，一个死刑判决，需要县、府、省、督抚，再到中央逐级审查、复核，程序既严格又复杂，最后由皇帝亲自裁定。正德十三年（1518年），大学士劝武宗从外地返京，以及时处理有关死囚的上诉——

> 祖制，行刑之日，许各犯家属诉冤于登闻鼓下，直鼓给事中封进；或暂停刑者，特遣校尉批予留之。今冬至将近，又当处决之时。该科三覆奏本送下拟票，临刑之时有鸣鼓诉冤状者，臣下未敢擅变。伏望圣驾还京，以尊旧制。[③]

19世纪的英国法律史学家梅因有一个论断，一个国家文明程度的高低，看它的民法和刑法的比例就能知道。大凡半开化的国家，民法少而刑法多，现代文明的国家则民法多而刑法少。[④]按照这种说法，中国古代法家制度下，几乎只有刑法而没有民法。在传统宗法社会，刑讯逼供一直是

① 郭华悦《喊冤即可重审》。《羊城晚报》，2014年12月24日。

② 方强《中国上访制度史话》，中国青年出版社，2013，第132~134页。

③ 同上，第172页。

④ 梅因《古代法》，沈景一译，商务印书馆，1959。

合法的审讯方式，口供和画押几乎是唯一的定罪依据。就连包拯包青天都动不动说：“人是贱虫，不打不招。再不招供，大刑伺候！”实际上，死于刑讯之下的人远比被正式判处死刑的人多。《宋史·刑法志》中记载：

> 天下之狱不胜其酷。每岁冬夏，诏提刑行郡决囚，提刑惮行，悉委倅贰，倅贰不行，复委幕属。所委之人，类皆肆行威福，以要馈遗。监司、郡守，擅作威福，意所欲黥，则令入其当黥之由，意所欲杀，则令证其当死之罪，呼喝吏卒，严限日时，监勒招承，催促结款。而又擅置狱具，非法残民，或断薪为杖，掊击手足，名曰：“掉柴”；或木索并施，夹两脰，名曰“夹帮”；或缠绳于首，加以木楔，名曰“脑箍”；或反缚跪地，短竖坚木，交辫两股，令狱卒跳跃于上，谓之“超棍”，痛深骨髓，几于殒命。富贵之家，稍有罥偏，动籍其赀。又以趁办月桩及添助版帐为名，不问罪之轻重，并从科罚。大率官取其十，吏渔其百。①

“汉代以后直到明清，官员审案无不使用拷打”②。刑讯逼供，古代叫“拷讯”；清代的名称更形象，叫“熬审”。从古到今，刑讯花样何止千万。东汉末年已有“考掠五毒”的说法，唐代酷吏则惯用“泥耳笼首”、“捶胁签爪”、“悬发熏目”等等酷刑。在中国历史中，酷刑与酷吏密不可分。按照罗尔斯的观点，正义只有在“不确定”的情况下才会出现。酷吏之所以热衷于酷刑，就是因为他们确定自己将来绝不会遭遇酷刑。正因为如此，中国有不少“作茧自缚”、“木匠做枷自己戴”的讽刺，甚至还有一个“请君

---

① 大意是说：天下狱吏之残酷无所不用其极。每年冬夏之际，上级官员命令提刑审判案件；提刑不敢，便都推给倅贰；倅贰不敢，便推给幕属。所委托的都是些肆意断案并所取贿赂的官员。监司、郡守肆意断案，想要判处刺字的，便让犯人自认其罪；想要判处死刑的，也让其自认其罪；命令狱卒在规定的期限内，逼出口供并让犯人上交钱财。不仅如此，这些人还擅自制造刑具，残害平民。有的用木头猛击四肢；有的用木板和绳子夹住臀部；有的用绳子缠住头部并夹上木楔子；有的将犯人反绑在地上，并用绳子捆住双腿，然后命令狱卒在腿上跳。刑罚极其残忍，疼痛深入骨髓，几乎令人丧命。富贵人家稍有差错，官吏便借此机会盘剥。又以增加收入的名义，不问罪刑的轻重，一并判处财产刑。如果官取十的话，到了吏那里就变成了一百。

② 包振远、马季凡《中国历代酷刑实录》，中国社会出版社，1998，第375页。

入瓮”的典故——

> 唐秋官侍郎周兴，与来俊臣对推事。俊臣别奉进止鞫兴，兴不之知也。及同食，谓兴曰：“囚多不肯承，若为作法？”兴曰：“甚易也。取大瓮，以炭四面炙之，令囚人处之其中，何事不吐！”即索大瓮，以火围之，起谓兴曰：“有内状勘老兄，请兄入此瓮。”兴惶恐叩头，咸即款伏。[①]

南宋时，宋慈根据自己作法医的经验撰写成《洗冤集录》；比他更早一些的北宋，有个叫李元弼的法官，他将自己进行刑讯逼供的经验写成《作邑自箴》一书。在书中，李元弼系统地总结了拷讯之法，甚至说应用了许多心理学原理，使受刑者的心理压力逐次加重，直至最后崩溃。比如在拷讯前，先报出拷打的数目，喝令拷打前先停顿一下，待受讯者“欲说不说，持疑之际”，乘势大声喝令“打！”但不一次打完，分几次停顿，使之“自然畏慑，不敢抵讳”；若还不招供，则吊起一只脚，罚其日夜站立，不准躺卧，“不过三两日，便吐本情”。

明朝时期，枷号始渐滥行。万历皇帝朱翊钧创制了立枷，就是明清时代常用的刑具“站笼”。犯人被枷住脖子，身体只能站在那里支持，跪坐都不可能。人一旦进了站笼，不出一两天就会毙命。如果将枷抬高或压低几寸，则犯人要么是窒息速死，要么弯曲着双腿支撑身体，用不了多久便力竭身亡；因此站笼中一般都在犯人脚下垫砖，以砖的高度来控制犯人的死亡时间。晚清时期，滇戏演员刘松廷被装进站笼逼供，刘不堪折磨，踢掉砖头后很快便死去。立枷最早只是为了将犯人“示众”，但后来逐渐演变为一种极其残酷的死刑，对地方官吏来说，这种死刑根本不用等到“秋后”，也不用“呈报上宪”。《坚瓠四集》中记，长洲县令彭某设立“纸枷”，纸枷虽轻，但极脆薄，一旦损破，要遭酷刑，因此反倒比木枷更加可怕。[②]

---

① 《太平广记》卷一二一，引唐张鷟《朝野佥载·周兴》。

② 《中国历代酷刑实录》，第308页。

春秋时代，曾有“李离伏剑”[1]的美谈。明清时期，因刑讯逼供而屈打成招，甚至杀害无辜的事件层出不穷，因此而造成的上控和京控也屡见不鲜。庐江县令杨霈霖动用非刑，打死无辜，其亲属阻截上控；为掩盖罪行，又以酷刑逼取伪证，罗织陷害，甚至纵火烧毁民房，逼孕妇自杀，将不听命的差役关进站笼，断绝水米致毙其命，可谓穷凶极恶。[2]但这样的酷吏并不是孤例，如《清稗类钞》中记载的一个案例：

> 嘉庆庚辰，陕西渭南县富民柳全璧，因索债事，殴死佣人朱某，乃重贿县令徐润，诬为朱某自跌伤，已完案矣。朱之妻子上控，抚院改委他县令姚洽另审。柳复广通贿，巡抚朱勋、布政使邓廷桢皆有所染。姚洽承意指，朱妻方临蓐，命差役凌逼赴审，致伤风死。其戚马某屡控，姚洽复加以严刑致毙。朱某有侄，已受贿私和矣。村民不甘，群聚诟之。曰：“汝不上控，吾侪即分汝尸！”朱侄不得已，入京上控。御史王松年密劾之，仁宗命那绎堂制府成驰驿往讯，尽得其实，全璧抵死，洽、润等论戍，勋、廷桢降革有差。[3]

光绪十七年(1891年)，安徽庐江知县杨霈霖在判决一起遗产继承案中，徇情枉法，滥用酷刑，致死人命。死者的母亲张黄氏觉得自己的儿子死得太冤、太惨，便到府里申控，被杨知县的衙役抓回本县。杨逼令张黄氏写结状、按手印，即承认儿子因病亡故而非刑讯至死。张黄氏不甘心，又到安徽巡抚衙门投控状，被安徽巡抚沈秉成上报朝廷。光绪皇帝发下谕旨，要求两江总督刘坤一“遴派司道大员彻底讯明，秉公议结”，最终使杨知

---

① 据《史记·循吏列传》记载：晋文公时代的最高司法长官李离，一次根据下属向他汇报的案情，将人错判了死刑，便自己把自己拘押起来，准备抵当死罪。晋文公说：“官阶有高低，处罚也有轻重，这案子是下面人弄错了，并不是你的罪责啊！”李离说：“我的官职很大，从没有让给下属一点权；享受很多奉禄，却没有赏给下属一点利益，现在错判案件而杀了人，却把罪责推卸给下属，这可没有听说过。”说完，他不顾晋文公的劝阻，伏剑自杀了。对于李离以身殉法，《韩诗外传》评曰：彼君子兮，不素餐兮。司马迁在《史记》中称“李离伏剑，为法而然”。

② 可参阅：张铭新、李贵连《清朝命案选》，法律出版社，1982。

③ 《清稗类钞·狱讼类》。《清朝野史大观》，第279页。

县受到惩处。

在清代州县司法审判程序里，录取的口供亦是导致讼案难以伸直的原因。“重视口供，本是重视证据，然弊病亦多。无供即无招，官司便无法定谳，审理者便可以借此拖延审案，也可以据此合理地对两造使用刑讯，以求案件能够尽速进行，以免逾限。”刑讯与酷刑泛滥的根本原因，在于朝廷对于酷吏暴行的宽容和纵容，因拷打致死人命，最多不过处以杖罚。在实际操作中，因为受害者已死，死无对证，杀人的官吏往往不受任何追究。一些恶棍、酷吏甚至索贿受贿后，替仇家故意监毙人命。

清雍正时发生的麻城冤案中，涂如松因妻子离家出走，便被诬告和刑讯逼供，“两踝骨见，犹无辞，乃烙铁索使跽，肉烟起，焦灼有声，虽应求不免，不胜其毒，皆诬服”[①]。

在西方人看来，刑讯口供是一种“闻所未闻的审判逻辑”。“中国的法官仅仅是凭着自己的自由意志来断案的，这使他们经常对一些案件草率地作出判决。”[②]英国人麦高温不无刻薄地叙述了中国的刑讯：“竹棍夹杖……构成了每一次普通审讯的基础。……在现有体制下，一部分官员仍旧没有废除这种游戏般的刑罚。因为它还替代着严密的盘问、辩护律师的恳求以及法官的精深评论，而后面这几种形式都还没有在中国的法庭上出现过。”

1764年，也就是清朝乾隆二十九年，一部《论犯罪与刑罚》的小册子风靡欧洲。在书中，26岁的贝卡里亚对酷刑和死刑提出质疑和抨击——

> 要求一个既是控告者，同时又是被告人，这就是想混淆一切关系；想让痛苦成为真相的试金石，似乎不幸者的筋骨和皮肉中蕴藏着检验真相的尺度。……刑讯必然造成这样一种奇怪的后果：无辜者处于比罪犯更坏的境地。[③]

---

① 袁枚《书麻城狱》。

② 麦高温《中国人生活的明与暗》。

③ 切萨雷·贝卡里亚《论犯罪与刑罚》，黄风译，中国法制出版社，2005。

京控与叩阍

“所谓忠臣，不危其君；孝子，不非其亲。”①中国古代以忠孝治天下。在中国历史的帝国语境中，告御状本身就是以小犯上的大逆不道之罪，因此很难获得帝国实质的同情和支持。“传统中国的统治者要向臣民显现‘青天’形象，让人相信问题出在地方官员身上，皇帝还是英明的，所以要给臣民一个来京告状的合法渠道。”②事实上，皇帝也未必相信并同情这些京控的呈控者。

告御状一般都被当作“刁民”的典型特征。清顺治时代，朝廷就明确规定：凡告御状者，一律先打 40 大板再说。到了康乾雍盛世，任何到北京告御状者，一律收入刑部监狱，进行统一折磨。在清中期后，只有一部分原告，在他们或其家属付出了代价后，获得了平反（如杨乃武案即屡审屡覆，历时三载有余），而大多数的原告，则因为京控而遭受轻重不等的惩处。乾隆皇帝将官吏比作民众之父母，将自己又比作官吏之父母；他曾如此警告上访者：“州县乃民之父母，以子民讦其父母，朕岂肯听一面之词，开挟制之风。辟如祖虽爱其孙，必不使其恃恩反抗父母，此等刁风断不可长！”

最典型的一个案例是，乾隆二十九年（1764 年），湖南新宁县平民刘周佑向知府控告新宁县令营私舞弊，知府将案子发回新宁县。刘周佑遭到卑鄙的报复，由此引发新宁工商界罢市抗议。乾隆获悉后指称：“抗官之案，虽事涉有司，应行参处，亦必首惩纠众之人。而于官员应得处分，不即汲汲究治，诚虑匪徒因此长奸，不可不防其渐也。”

古代政府对上访户越级控告，事情属实的，给予改判；如若虚假，就要惩罚。如《唐律疏议》中规定：“诸邀车驾及挝登闻鼓，若上表，以身事自理诉，而不实者，杖八十。”到了清代，“京控”不实的话，将以越级上诉为由，加等治罪，诬告者反坐。此外，清代法律在认可平民上诉上访权利的同时，又制定律法，不许民众“假地方公事聚众联谋、约会抗粮、

① 韩非《忠孝》。

② 李典蓉《清朝京控制度研究》。

聚钱构讼”，以及“代人捏写本状、教唆扛帮赴京”；这些预设性的罪名，几乎成了地方官吏和豪强截访抓人的最佳借口。如光绪十八年（1892年），安徽庐江县张黄氏，因儿子张咸义被知县杨霈霖刑讯至死而上访，杨获悉后立即派人连夜截访，衙役从一个破庙里把张黄氏抓回了县里。道光十六年（1836年），四川人陈某去京城上访，到达北京附近的涿州时，因东西被窃而告官，当地衙役查验现场时搜到状纸一张，州官赶紧通知直隶总督，派人将上访人陈某强行押回四川原籍，阻止其京控。

清朝将上访分为上控、京控和叩阍。凡审级，直省以州县正印官为初审。不服，控府、控道、控司、控院，越诉者笞。其有冤抑赴都察院、通政司或步军统领衙门呈诉者，名曰京控。上控是对地方衙门的审判不服，向上一级衙门申诉的制度；而“其有冤抑赴都察院、通政司或步军统领衙门呈诉者，名曰京控。”京控就是上京城告状，即向最高统治者申诉。《清史稿·刑法志》说：“其投厅击鼓，或遇乘舆出郊，迎击驾申诉者，名曰‘叩阍’。”“叩阍”的主要方式就是告御状。按照专门研究清朝京控制度的李典蓉博士的说法，清朝的“京控”是对传统“叩阍”的承继与创建——

> 京控承继的是两千年王朝的直诉制度，创建指的是清代将京控制度的呈告、受理、奏交、咨交、发审的整体流程完备。在明代叩阍并非诉讼常态，清代已经是一个常态，甚至可以说是呈控者启动案件重审的主要方法之一。①

京控是在都察院、步军统领衙门、通政司等处投递呈词，叩阍则是直接跪拜宫门，或是叩谒皇帝车驾。相对于京控，叩阍具有极大的不确定性。此外，康熙皇帝对叩阍尚属宽容，乾隆对叩阍处罚很重，即使得实也可能获罪；相反，京控得实者可以得到“免议”的结果，即使诬告，有时候获罪也不重。因此，上访者大多选择京控而不是叩阍。事实上，清朝的京控制度已经非常完善。

---

① 同上，第7页。

清代对于京控的处理流程有明确规定：都察院接受上访后，认为情节较重的向皇帝具奏；情节较轻的，受理之后再转回各省总督、巡抚办理。都察院和步军统领衙门，每年两次催告各省逾期未结的案子，并向皇帝汇报。相对而言，将案件发交地方督抚审理是最为便利的方式。但有些皇帝比较重视民间控告，乃至直接派委钦差审案。嘉庆皇帝不许官员限制百姓京控，甚至称自己有时间的话会审阅每起京控案的卷宗；道光皇帝曾这样要求各省督抚将军都统，“遇有京控事件，务须亲为听断。冤抑者立予伸理，刁诬者从严惩治。其有任意延宕不结者，即将提解逾限之员、先行参办”。

虽然京控也是官场内部攻讦权力对手的有力武器，但从实质来说，京控者无疑挑战了官吏群体的权威，所有官吏——包括承办者——都对京控者产生天然的敌意。京控者往往会遭遇刑讯和各种迫害，被指控“无理取闹”，或干脆被诬陷为“讼棍”。中国官场自古就是一个帮派林立的利益同盟，为了压制上控者，各种手段和借口都可以使用，甚至称上控者为精神病人。乾隆三十四年（1769年），湖南武冈州民人邓宽容京控，其兄邓宽宥因该州修城有蠹书舞弊、派累乡民之事具控督抚，督抚又批回原州审理；该州将邓宽宥以疯病为由监禁。道光丨五年（1835年），四川三台县民妇陈杨氏京控射洪县役朱明儿等诬赖其子陈玉行窃殴死弃尸，陈杨氏即被当地县府诬告疯病。

事实上，还真有疯子上访并成功的。乾隆三十四年（1769年），直隶冀州人李士诚敲响通政使司前的登闻鼓，他控告的是安徽盱眙县令。他自称亲眼见到同乡裴某一家七口被盱眙县令杀害，而且他也遭追杀。通政使司上奏后，乾隆派钦差大臣到安徽，会同两江总督彻查此案，结果所有当事人均矢口否认，李士诚之母则称儿子得了疯病。此案轰动一时，令人啼笑皆非。李士诚京控不实，按照律例应严惩，但因其疯癫，只是押回原籍了事。乾隆四十五年（1780年），乾隆南巡时，收到浙江民人何志国所递呈状，要求给他个官做，经过调查，原来也是个疯子。

京控数量在乾隆年间逐年增长，嘉庆皇帝亲政初期，锐意振兴帝国，广开言路，使京控如潮水般涌来。从李典蓉收集的乾隆朝到宣统朝400多个京控案例来说，涉及命盗的京控案件比重较大，平均为 58%，而从呈控对象身份而论，涉及地方官府的差役、书吏、门丁等，平均约占 27%，官员约占 19%，富户地霸则占 6%。[1]“州县审判不公，纵匪不办，故小民不得不上控”。用李典蓉的话说，京控案件日渐繁多，意味着基层司法的诉讼途径的障碍越来越多，开放京控的“德政”也无法抑制吏治的败坏。[2]

中国传统社会一直以官民对立为最大矛盾；用马克思的观点，就是统治阶级与被统治阶级的阶级斗争。在这种背景下，皇帝不信任官吏、中央不信任地方、官吏不信任民众；当然，民众更不信任官吏。一物降一物，有时候，这种“不信任”跟“老虎—棒子—鸡”的游戏一样，会出现民众不得不“信任”皇帝的吊诡结果；但实际上，即使皇帝，也还得依靠官吏来解决问题。因此，无论任何形式的上访和京控，都无法打破“官官相护”的困境，正如李典蓉在《清朝京控制度研究》一书的最后所说：

> 上控成功与司法正义得到伸张，并不能画上等号。表面上，清朝中央建立的京控制度，保护的是允许百姓上控的传统；在地方的实际操作里，主要保护的却是官僚的乌纱帽。[3]

日本学者寺田浩明认为，中国不像西方有“权利”的概念，中国人诉讼的内涵是“伸冤”。上访和京控是官方对当事人向地方官权威提出质疑的制度安排，最终目的是为了追求“天下至公”；换言之，京控制度本身有着德政的寓意，也有预防官吏为非作歹，借百姓申诉以监察官员的意图。

自古以来，“无讼”一直是中央和地方政府所追求的“治世”。孔子说：“听讼，吾犹人也，必也，使无讼乎？无情者，不得尽其辞，大畏民志。此谓知本。”[4]康熙出巡时，见叩阍者众多，颇为感慨，“有天下者，惟贵以

① 同上，第 125 页。

② 同上，第 6 页。

③ 同上，第 421 页。

④ 引自《论语·颜渊》。意思是说：听诉讼审理案子，我也和别人一样，目的在于使诉讼不再发生。使隐瞒真实情况的人不敢花言巧语，使人心畏服，这就叫做抓住了根本。

德化民，使之无讼。即贤能官吏，亦当求讼简刑清，与民相安无事。若以多讼为喜，开其争竞之风，俗疲民困，皆由于此。”[①]道光皇帝要求各省督抚将军都统“遇有京控事件，务须亲为听断。冤抑者立予伸理，刁诬者从严惩治。其有任意延宕不结者，即将提解逾限之员、先行参办。以冀谳狱持平，期于无讼”。[②]

这个美好理想在现实中，却扭曲变成对诉讼的压抑与打击。“无讼”、“息讼”和“终讼”的背后，其实是“恶讼”、“畏讼”、“禁讼”和“压讼”。不少地方官员一开始，就认定京控原告“有罪”，甚至为了“息讼”，而不惜“截访”——古代叫“截拿”，结果“这些进京上控伸冤的原告往往处于最不利的地位”。在一个前公民社会，根本不存在公民权利，大多数底层民众一旦遭遇不公，只能倾尽所有的时间、金钱、气力和尊严，去乞求权力者的怜悯和施舍，结果总会以更大的不公而结束。鲁迅先生曾说：不去自己掌握自己的命运，而是靠别人的怜悯过日子，结局当然是也注定是悲惨的；中国人有一个怪现象，就是喜欢把希望寄托在别人身上。

就京控制度而言，其象征意义远远大于实际意义。百姓来告御状，无疑表达了一种对最高权威的承认和信任。作为最高统治者，看到臣民不远万里，来到京城，匍匐在他的脚下，恳求他的圣裁，皇帝自然感觉良好，尤其是身为少数民族的清朝皇帝。但当京控者纷至沓来，案件堆积如山时，皇帝又难免心生厌烦。嘉庆皇帝后来也为此恼怒：“小民来京控告者，动称必须面见朕躬始行申诉。堂廉之分甚远，似此罔识尊卑，其情尤为可恶，并著刑部严定科条，即所控得实亦治以妄越之罪。倘审系虚诬，再加重之罪。”[③]清朝前期，大多京控案件尚能到达皇帝面前。乾隆时，则多交大臣和有关部门处理，或派钦差大员赴地方审理京控案件。嘉庆后，直接将京控案件交由地方督抚大员审理的情况越来越多。

中国古人认为：天下有道，则庶人不议；官不贪，则民无冤；民无冤，则天下安。传统礼法社会要求的是“和谐”和“稳定”，而不是正义和公正，

① 《康熙起居注》。转引自：《清朝京控制度研究》，第 67 页。

② 《清宣宗实录》卷六九。

③ 《中国上访制度史话》，第 211 页。

任何打破这种和谐稳定的举动和声音，无论正当还是不正当，有理还是无理，都会被视为“不安分”的、“好讼”的“刁民”。几乎在所有的京控案件中，被告不一定会获罪，但原告一定会获罪，这常常是京控者的身份决定的。在这种“民斗官”的游戏中，“民家被官家害了，除却忍受，更有什么法子？倘若上控，照例仍旧发回来审问，再落在他手里，还不是又饶上一个吗？”

在清代的司法审判活动中，平反的冤狱和实际存在的冤狱比较起来，实在是微乎其微。光绪元年，给事中边宝泉在奏疏中指出：“外省已经办成之案，虽经京控而发交原省审办，平反者百不得一，久已相习成风。”[①]

康熙与乾隆

清朝在统治上实行满蒙共治，因此历代皇帝都对满人和蒙人特殊照顾。旗人制度极其野蛮落后，内部有严格的等级秩序，甚至保留了许多奴隶制度。一些普通旗人因此常常遭到贵族欺压凌辱。雍正时期曾专门下发谕令：“八旗人员有为本旗都统、本管王公刁难苛索者，许其控诉。”[②]康熙二十三年（1684年），康熙口谕一等侍卫阿南达：“朕视外旗蒙古与八旗一体。今巡行之次，见其衣食困苦，深用恻然。尔即传谕所过地方蒙古无告者，许其来见，询其生计。”一时间，百姓“扶老携幼，叩首行宫门”。康熙一一接见，“详问年齿生计”，对贫困者，“给与银两布疋”。[③]

根据清朝律法，皇帝驾临期间，凡是百姓“闯入仗内喊叫，枉自呈奏，杖一百，流放三千里”。但康熙南巡时，宿迁的张抃和邳州的陈肇宪就向皇帝告御状。这两个秀才不仅没有被遭到处罚；相反，他们所有的请求都得到了解决。这二人还因此被以后的地方志树为“为民请命”的英雄，甚至被后世编入戏文而名垂千古。

宿迁自古以来流行一句话：不敢滚钉板就不要去告状。秀才张抃就是这样一个敢滚钉板的人。当时苏北一带赋税沉重，民不聊生，正如张抃

① 张铭新、李贵连《清朝命案选》，第2页。

② 《清史稿》。

③ 同上。

诗中所写："流民连岁不堪图，尤是今年景象殊。树已无皮犹聚剥，草如有种敢嫌枯？插标卖子成人市，带锁辞年泣鬼途。过往轮蹄多显者，谁传此语到皇都？"听说康熙路过宿迁，张抃便写了《民本》，准备递给康熙。由于康熙帝这一路上陆续收到了不少民本，也亲眼看到宿迁本地百姓过着贫瘠寒苦的日子，心中怜悯，就在宿迁城北七里的五花桥上，亲手接过了张抃的民本。康熙将《民本》交付户部议覆，"朕巡行至宿迁，亲见民生有劳苦情状"；户部后将宿迁蠲除流民缺丁、荒滩坍地、废地等三款，全县税赋因此减免了三分之一。

与康熙相比，乾隆时代京控、叩阍的数量大为增加，而且花样叠出，这从乾隆七年（1742年）修订的《大清律例》中的几条禁令可以看出：

一、擅入午门、长安等门内诉冤枉，奉职勘问得实者，枷号一个月，满日，杖一百；若涉虚者，杖一百，发边卫分充军。

二、凡跪午门、长安等门，及打长安门内石狮鸣冤者，俱照擅入禁门诉冤例治罪。若打正阳门外石狮者，照损坏御桥例治罪。

三、凡奸徒身藏金刃欲行叩阍，擅入午门者，不问所告虚实，立案不行，仍杖一百，发边充军。若违禁入堂子跪告者，杖一百。

四、其有曾经法司督抚等衙门问断明白，意图翻异，辄于登闻鼓下，及长安左右门等处，自刎自缢，撒泼喧呼者，拿送法司追究。教唆主使之人，俱杖一百、徒三年。其因小事纠集多人，越墙进院，突入鼓厅，妄行击鼓谎报者，将首犯亦照此例治罪，余人各减一等发落。①

乾隆皇帝对待京控的态度也要比之前的康熙严厉得多，"小民等如果实有冤抑，地方官不为审理，原不禁其赴京具控，但若稍涉虚诬，亦必加倍治罪。"②乾隆二十二年（1757年），乾隆南巡，路过夏邑，卸任江苏布政使的彭家屏迎谒。上谘岁事，家屏奏："夏邑及邻县永城上年被水灾独重。"在场的河南巡抚图尔炳阿则称"水未为灾"。乾隆过徐州，亲眼见饥

---

① 转引自：《中国上访制度史话》，第221页。

② 《钦定大清会典事例》，转引自：《清朝京控制度研究》，第77页。

《康熙出巡图》（局部）。

民困苦状，便派人去夏邑微服私访。乾隆北返时，遇夏邑灾民张钦和刘元德叩阍，控告地方当局隐瞒灾情和施赈不力。乾隆遂将图尔炳阿革职，夏邑永城两知县也一并坐罪。刘元德被送回夏邑后，供认路费由秀才段昌绪资助。即将罢官的夏邑县知县孙默意外地在段昌绪家里找到一份反清的檄文抄本，这场上访官司最终以文字狱结束。段昌绪被凌迟处死，彭家屏“从宽赐令自尽”，孙默和图勒炳阿破案有功，仍留原任。

乾隆四十三年（1778 年），井陉知县周尚亲鱼肉乡里、勒索无度。乡绅梁绿野为民请命，联合李望春、梁进文、李馥等人，到正定府控告周尚亲。知府方立经袒护知县，以梁绿野“挟嫌滋事，敛钱抗官”，上报直隶总督周元理，周又以此上奏朝廷。梁闻讯赴京告御状，尽管备受酷刑，仍坚持控告。乾隆派人核查后裁定：井陉知县周尚亲处绞刑；知府方立经和总督周元理革职；同时，将梁绿野、李望春等所有控告者以“哄诱村人，敛财聚众，抗官殴差”的罪名，全部斩首示众。

乾隆一生，对官僚组织的营造和管理堪称中国皇权模式的典范。在君主－官僚制度下，不可避免地存在一种权力冲突：即君主所代表的专制权力与官僚代表的常规权力之间的矛盾。在这种体制下，专制权力与常规权力其实共生关系，皇帝认为自己是整个官僚体系的主人，而非只是其中的一个齿轮，即使管官的“官”，而不是最大的官。为此，皇帝一方面要制定更多的规则来制约官僚，另一方面则是采用特殊渠道（如一些例外和偶然的事件等），来反复验证自己对官僚体系的操纵力。对官僚组织来说，他们希望一切都确定在自己权力控制之内，而上控事件导致结果则是非常规的、不确定的、不可控的，也是最令官僚体系不安的。对任何皇帝来说，太多官僚体制外的非正常诉求，必然会使整个官僚体系陷入混乱，所以皇帝不得不在这鼓励上控与打压上控之间，谨慎地寻求微妙的平衡。

杨乃武与小白菜

在帝国体制内，官吏集团内部构成复杂的利益关系，司法根本没有任何权威和独立性，这种京控的结构性缺陷是不言而喻的。同治时期，一件京控案件，少则需要三年两年，多则需要十几年、二十年方可审结，而审理的结果则以“申诉不实”、“捏词具控”者居多。到光绪年间，关于“近年各省京控,从未见一案平反”,或“州县承审京控上控各案,往往逾期不结”的记载便是极为常见了。

《铡美案》毕竟只是一出民间戏剧，但清末时代的“杨乃武与小白菜”则是中国告御状的经典案例。

杨案的大致过程是这样的：清同治十二年（1873 年），浙江余杭县民葛品莲因病亡故。葛品莲之妻葛毕氏颇有姿色，人称“小白菜”，之前葛品莲夫妻赁居于举人杨乃武处时，小白菜与杨曾传出绯闻。葛母疑儿子死亡有隐情，遂赴县衙喊冤。县令刘锡彤经过验尸，认为葛品莲系中毒而死。葛毕氏遭到严刑审讯，被迫供认谋害亲夫，毒药为杨乃武所给。官府据此判决杨乃武论斩、葛毕氏凌迟处死。清代的死刑案件需要逐级审核，在这个过程中，杨乃武屡屡翻供，同时写了许多申诉状，让家人到都察院京控。此案一时成为街谈巷议的轰动新闻。光绪元年（1875 年），朝廷派浙江学政胡瑞澜重审，维持原判。浙江官场明目张胆地结成一个利益同盟，这引起各界的强烈不满，特别是言官的抨击。刑部直接插手后，经过开棺验尸，验明葛品莲确因病身死。光绪三年（1877 年），此案总算水落石出，“凡三次上控，历四年而始白”。制造冤案的许多官员遭到惩处，浙江巡抚和浙江学政被革职，余杭县令刘锡彤被流放充军，“是役也，自巡抚、学政至司、道、府、县，夺职者十有六人；镌级撤任被议者又十余人”。小白菜因与杨乃武同桌共食，不守妇道，杖八十，被判出家为尼，法名慧定；杨乃武因不避嫌疑，与小白菜教经同食，被杖一百，举人身份不予恢复。

此案发展过程中，已非官民之争，而是官场的内讧，或者说是中央与地方的博弈。杨乃武姊妹与发妻一连两次京控，使越来越多的人牵扯到此案中；到了最后，此案几乎变成一场清廷上层的权力斗争。四川总督丁宝桢大闹刑部，声称如果这个“铁案”要翻，将来就没有人敢作地方官了。当时光绪的老师翁同龢任刑部右侍郎，他坚决支持“据实判决”；他说：刑名乃一国重典，岂可视为儿戏？像这样的冤案不平反，作为一个良心的大臣怎能心安？他见两宫太后时，一再“为此陈奏，力请湔雪”。那个冷酷无耻的县令刘锡彤最后技穷，大骂原负责尸检的“仵作”道：“尔当时如何验法？尔误我，尔误我！”仵作回道：“当时老大爷叫小的如此，小的将若何？”刑官笑指刘令说：“尚有何辞？”刘令乃语塞，低首无语。[①]

在此案中，杨乃武家人的京控其实并没有起到多大作用；相反，倒是言官颇有“一言九鼎”的力量。清朝的言官是可以“风闻言事”的，即他们以批评官员为职责，却不必要求言必有据。这种制度设计原是为打破官场的利益共同体，便于皇帝对官僚集团的操控，和对官僚的巨大威慑。当时言官弹劾办理此案的诸臣“藐法欺君”，“此端一开，以后更无顾忌，大臣倘有朋比之势，朝廷不无孤立之忧”，慈禧因此抓住不放，非要查到底。此外，杨乃武有举人的功名，对他刑讯逼供激起天下士子的公愤和舆论。

事实上，此案与其说是京控的成功，不如说是现代媒体在中国的第一次胜利。由英国商人美查创办的《申报》刚一年有余，1874 年 1 月 6 日以《记余杭某生因奸杀谋命事细情》为题，报道了这桩世人哗然的风

① 《近世中国十大社会新闻》，湖南人民出版社，1987，第 71 页。

流“奸杀”案。在此案复审期间,《申报》对该案进行了详细地全程追踪报道。4年间发表了70多篇相关文章,除转载《京报》有关此案的上谕、奏折等公文外,还有40余篇报道和评论,甚至公开刊载了杨乃武的几份上告状。

1874年(同治十三年)12月2日刊登的一篇题为《论余杭县案》评论中说——

> 设使此案实系杨乃武受屈,县官全不顾忌,放胆肆私,以枉例害民,古今天下之冤,实无甚于此也,可谓奇而益奇之冤也。查被屈者本有科名之人也,以枉例使有科名无罪辜之人陷法死于非命,又于死前极加五刑,使之七次昏绝,惨虐冤抑,更孰甚于此耶?……本馆屡经说及刑讯之弊,今犹不惮质言厥大事,盖今藉此大案以明刑讯之理实为枉也。夫临民各父母官内自有廉明公正者,顾人性不一,百官之内亦有其秕必矣,乃任之以刑讯之权,小民既每难于上控,故遇肆私之官,而犯人辄迫于忍屈吃亏而已。……现在民人参冤,则上司每委原问官复审,该民既已被原官刑迫,而使之再经其刑迫,此事实如杜禁上控。而特立此法者既于理不符,而未免有涉于忍矣,所谓回护者即为此也。中国刑讯之枉民,于此而尽包括其中。

《申报》对该案的关注,多少已经超越案件本身。作为一份西方背景的现代媒体,许多文章以西方国家的审案方式作对照,对中国官方习以为常的秘密审讯进行了批评,认为“审断民案,应许众民入堂听讯,众疑既可释,而问堂又有制于公论”,“惜乎审办此案,仍然秘密而不令人观瞻,上难副朝廷秉公为民之深忱,下难解浙省旁观众人之疑惑。……谣言又将大起矣。何也,因其秘密而不使人皆知也”,“吾因此案不禁有感于西法也。西国之讯案有陪审之多人,有代审之状师,有听审之报馆,有看审之万民。”值得一提的是,《申报》所刊发的文章,也是朝廷处理此案的重要信息来源。[1]

作为此案一个不为人注意的注脚,在尘埃落定的1878年(光绪四年),

① 可参阅:黄波《被打断的转型:晚清真相》,江苏文艺出版社,2011。

20 世纪 40 年代，上海广益书局出版通俗小说《杨乃武》。

《申报》主人美查特意聘请杨乃武担任《申报》主笔之职。[1]此案轰动一时，后来被多次改编为小说、戏曲、评弹、话剧和影视剧，甚至杨乃武本人也专门去看过这样的戏。

礼制与法治

古代中国是一个传统宗法社会。在宗法语境下，国与家是同构的；所谓国法（王法），不过是家法的放大版。清代的《李氏家法》中说："情以宽君子，法以治小人。"这实际也适用于《大清律例》；换句话说，《大清律例》就是《李氏家法》的国家版。

① 据《清末四十年申报史料》所载。

按照宗法传统，“子为父隐，父为子隐，直在曲中。”海瑞以“执法不阿”名垂青史,他关于解决复杂的司法诉讼有一个标准:“凡讼人之可疑者，与其屈其兄，宁屈其弟；与其屈其叔伯，宁屈其侄；与其屈贫民，宁屈富民；与其屈愚直，宁屈刁顽。事在争产业，与其屈小民，宁屈乡宦，以救弊也。事在争言貌,与其屈乡宦,宁屈小民,以存体也。”这个所谓的“体”就是宗法传统。

在宗法社会中，下者对上者要顺从恭敬。如果上者犯了错误，下者应当提醒诤谏,否则就是下者的罪过。而上者（长者）也应当善于自我批判。但是下者绝对无权惩罚上者，应为这不符合宗法，而且宗法的要义就是惩罚“犯上”。上者对错误或者罪恶唯一的合理结果是自我批判，只要表示忏悔和道歉即可。作为皇帝，应当下《罪己诏》;作为曹操，应当割发代首。这种方式属于“情”的范畴，以“情”的姿态表示对一种错误或罪过的歉意，就是对上者最大的和唯一的惩罚。因此，法不适用于上者。

在宗法制度下，上下对立不可调和，最后往往演变为死结。这种死结就是上者作恶而不受惩罚，下者无辜遭受伤害。当一个不自律的上者达到“恶贯满盈，人神共愤”的时候，中国文化将“报复”称为“报应”:“天作孽犹可违，自作孽不可活”（孟子语）。也就是说，这种以下犯上被认为是合理的。孟子说到暴君殷纣时讲到，人们杀死了一个混蛋而不是杀死了一个皇帝。“贼仁者谓之贼，贼义者谓之残。残贼之人谓之一夫。闻诛一夫纣矣，未闻弑其君也。”也就是说，只有当上者不再是“君子”的时候，法才具有惩罚性，甚至“人人得而诛之”，每个人都拥有执法权。

从某种意义上来说，中国的宗法实际上在维护一种等级秩序，这种秩序不仅要求下者顺从守法，也要求上者自律。如果上者不自律，那就是对秩序的破坏。这种破坏只能以暴力来解决，而没有其他任何可以协商妥协的余地。春秋时代的邓析或许是中国早期启蒙时代的一个另类，他出身贵族却同情庶民，他提出“刑名”理论：“天于人无厚，君于民无厚，父于子无厚，兄于弟无厚”,民众有权议政、诉讼，一时之间，郑国“民口讙譁”，令权力精英惶惶不可终日，邓析遂即遇害。消息传到鲁国，宣扬“内圣外王之道”的孔子拍手称快。

在中国传统中，儒家以礼为道德规范，法家以法律为行为规范。在儒家心目中，家族和社会身份是礼的核心，儒家思想以伦常为中心，讲究尊卑贵贱长幼亲疏。秦汉以后，儒家思想成为皇权统治的主流意识形态，“法出于礼”，“以礼入法”，由礼主导的法律体现的是礼的精神。“法律承认贵族、官吏、平民和贱民的不同身份，法律不仅明文规定生活方式因社会和法律身份不同而有差异，更重要的是不同身份的人在法律上的待遇不同”；也就是说，“使同一性的法律成为有差别的法律”。[①]

一部人类社会的历史，从某种意义上说，就是一部少数有权有势的富人压迫多数穷人的历史。历史显示，当剥削和压迫超过了一定的限度时，小民百姓不得不铤而走险、揭竿而起，其中受害最深、走投无路的贫困阶层和弱势群体，则成为一种破坏性极大的力量，沦为少数野心家改朝换代的工具，形成了一种革命产生暴君，暴君施行暴政，暴政制造暴民，暴民引发革命的恶性循环。[②]这实际上就是中国自古以来反复轮回的历史，中国人从来没有跳出这个轮回，所缺的或许是勇气、或许是智慧。五四运动过去将近一个世纪，“民主”与“科学”仍然只停留于口号层面，根本没有变成“可操作的民主”[③]。民主是需要细节的，“罗伯特议事规则”用程序和细节的力量体现了现代的法治精神，它的目的就是“要让强势的一方懂得，他们应该让弱势一方有机会自由完整地表达自己的意见；而让弱势的一方明白，既然他们的意见不占多数，就应该体面地让步，同时，他们仍有权利通过规则来改变局势”，最终在沟通与妥协中达成兼顾各方权益的较完善方案。

如果说传统帝国是暴力的产物，那么现代国家就是法律的产物，而政府的本质定义就是遵守法律。自从柏拉图在他的《法律篇》中向宙斯祈求开始，法律就是人类公共事务中的稳定力量。韦伯在分析传统中国“缺乏

---

① 瞿同祖《中国法律与中国社会》，中华书局，2003。

② 任东来、陈伟、白雪峰《美国宪政历程：影响美国的 25 个司法大案》，中国法制出版社，2004。

③ 寇延丁、袁天鹏《可操作的民主：罗伯特议事规则下乡全纪录》，浙江大学出版社，2012。

自然法与形式的法律逻辑”的原因时指出，“罗马法首先是自治的城邦商业活动的产物”；更进一步说，“古希腊、罗马和中世纪的自然法理论的前提，恰恰就是哲学假设或宗教假设同‘尘世’的紧张关系以及由此产生的‘原始状态’学说，这种学说显然不可能产生于儒教”。

公元前451年，罗马共和国由国民大会通过《十二铜表法》，构成了罗马共和国的自由的基础。这些法律中的第一部公法便规定："不能授予私人以特权或颁布偏利于某些私人的法规，而侵害其他人，因为这与适用于所有公民的法律背道而驰；这种适用于所有公民的法律，任何人，不论其地位如何，都有权运用之。”这部法律和后来的罗马法（查士丁尼《民法大全》）都规定，皇帝必须宣布自己接受法律约束。这部2400多年前的法律对中国传统礼法文化来说简直是不可思议的。1215年的英国《大宪章》确立了一种原则：不得依据无确证的指控使任何人受审；非经法庭的合法判决，每一个自由人都不能受到逮捕囚禁、抄没流放、褫夺公权之类的惩治。在这个宪政的法律原则下，独立司法机构和法定的司法程序成为“正义推进器”，使人类社会步入现代文明。从某种意义上，法律与法治是摆脱暴力革命的周期性动荡，实现宪政文明与和平稳定唯一道路。恩格斯就此将19世纪的英国与法国进行了对比——

> 英国宪法差不多150年来就一直是国家法律；在英国，任何一种变革都要通过法律手续，通过合乎宪法的形式进行；可见英国人对他们的法律是非常尊重的。而在法国，最近50年来，接二连三发生暴力革命，形形色色的宪法——从激进民主主义到赤裸裸的专制主义，各式各样的法律，实行很短一个时期以后，就被抛到一边，而为新的宪法和法律所代替。[①]

德国政治哲学家哈贝马斯指出，宪政民主的制度安排实现了法律制定者与法律接受者的重合，从而为民主和法治的联结提供了基础。“民主法治国家，就其观念而言，是一个符合人民要求的制度，并经过人民的意见

---

① 《马克思恩格斯全集》，第一卷，第581-582页。

和意志而实现了合法化。”[①]中国政法大学的江平教授曾经说过：“有法律不等于有法治，有宪法不等于有宪政。”毫无疑问，如果没有对穷人在司法和其他方面的援助，贫困阶层作为社会中的弱势群体，其合法利益将永远无法得到良好保障。

法的精神

启蒙时代的思想家孟德斯鸠在《论法的精神》中指出，人类社会有两种状态，战争状态和法治状态。战争状态是一种自然状态，人处于禽兽阶段，以暴力而不是伦理作为社会法则，每个人都想依靠自己的暴力来掠夺别人。当这种战争状态达到一种平衡时，也就是两败俱伤时，双方在理性的支配下开始谈判，最后建立契约，这就是文明的法治状态。如果强弱分明，就永远达不到法治状态，而是一种奴役性的战争状态。国家与国家之间，这种不平等战争状态可以称之为殖民或者征服，人与人之间则是奴役与压迫、统治者与被统治者。可以说，在去暴力化的、平衡稳定的法治社会建立之前，只是一种失衡的、拼命维稳的战争状态。

索尔仁尼琴在《古拉格群岛》中说：“一个内心对暴力未做准备的人，在暴力行使者面前总是弱者。”在暴力争斗中，胜利的永远是强者，失败的永远是弱者；强者永远不会将弱者视为值得尊敬的、可以平等谈判的对手。这样的社会就是一个战场，没有同情，只有眼泪和鲜血；无论勇敢或者恐惧，每个人都别无选择的是战士，或者俘虏。在谈判——法治开始之前，战争就不会结束。无论是传统京控还是现代上访，说到底，其实都是司法公正缺失的产物，其中始终伴随着残酷的暴力和伤害。

吴稼祥先生曾提出“权威强度”的概念，用它来指关系双方的不平等程度。不平等意味着在当权者和服从者之间，存在着社会和政治地位上的落差，即“权威落差”。权威落差越大，权威强度也越大；当权威落差趋于无穷大时，权威强度极大化，关系双方就是奴役与被奴役的关系，一方对另一方可以生杀予夺，这类似于战争法诞生前战胜者与俘虏之间的

① 哈贝马斯《后民族结构》，曹卫东译，上海人民出版社，2002，第77页。

关系。反过来，当权威落差和权威强度趋于0时，关系双方就是平等的和自由的。[①]

古罗马哲学家西塞罗说："为了自由，我们才服从法律"。只有法律才是自由的最大保障，而权力从来都是自由的反义词。从政治文明的角度来说，上访制度最终将被司法救济所取代。这里不妨可以借鉴美国著名的"吉迪恩案件"。

吉迪恩是美国佛罗里达州的一个穷人，只有初中文化。1961年，他因涉嫌闯入一家台球厅盗窃而被捕，被控从自动售货机中盗窃了一些硬币和罐装饮料。吉迪恩根本雇不起律师。庭审时，他要求州法院免费提供一位律师，遭到法官拒绝。在法庭上，吉迪恩只能自己为自己辩护。他既不懂法庭的诉讼程序，也听不明白检察官和法官嘴里的法律术语，更不知道如何依照法律法规，挑选对自己有利的陪审团成员。虽然他坚称自己无罪，但结果还是被判了5年有期徒刑。

吉迪恩一出法庭就被送进监狱，但他很不甘心。在服刑期间，他开始利用狱中的图书馆自学法律。经过一段学习后，吉迪恩鼓起勇气，用铅笔给美国最高法院大法官写了一份"赤贫人申诉书"，为自己鸣冤。吉迪恩声称，他因贫困而被州法院无理剥夺了宪法第六条修正案规定的律师辩护权。此外，依照宪法第十四条修正案的规定，各州政府"不经正当法律程序，不得剥夺任何人的生命、自由或财产"。因此，佛罗里达州法院违反了正当程序原则，判决是不公正的。

虽然文化水平不高，但吉迪恩的申诉书还是写出了相当高的水平。最高法院大法官看过申诉书之后，决定正式立案审理。

美国宪法能够沿用200多年至今，并被誉为"活的宪法"，依靠的是最高法院大法官们能够根据社会情势的变迁，通过灵活解释，不断赋予宪法条文以新的含义。美国宪法的正文和修正案原本根本没有对穷人可拥有"免费律师权"的条款。1963年3月，最高法院九位大法官一致裁决，贫困阶层的律师权属于公平审判的最基本内容，应当纳入宪法

---

① 吴稼祥《公天下：多中心治理与双主体法权》，广西师范大学出版社，2013，第66~68页。

第十四条修正案中“正当法律程序”的保护之列。布莱克大法官在判决书中指出：“在我们抗辩式的刑事审判体制中，任何一个被指控的被告，如果因贫穷请不起律师，就不会受到公正的审判，除非法院给他指派一个律师。对我们来说，这是显而易见的真理。”“在刑事法院，律师是必需品，而非奢侈品。”

最高法院裁决公布后，吉迪恩重新受审。因为有法庭指定的“免费辩护律师”为其辩护，吉迪恩最后被无罪释放。此案一出，全美各地监狱里有数千名与吉迪恩类似的在押犯人，因此都获得了复审的机会，许多人得到无罪释放。一时之间，吉迪恩成为令许多穷人仰慕的英雄。[①]警方后来抓到真正的犯罪嫌疑人，发现吉迪恩是清白的；当初急于破案，便把吉迪恩当成了替罪羊。穷人如果无法获得司法援助，他们就成为一切罪恶的受害者。“如果一个社会长期忽视保护贫困阶层犯罪嫌犯的合法权利，片面强调以恶制恶、以黑对黑、从重从快，则法庭和监狱有可能沦为贫困阶层诅咒社会黑暗不公，滋长反社会和暴力破坏行为的温床和教室。”[②]

1966 年，在著名的米兰达诉亚利桑那州案中，美国最高法院再次重申，各级联邦和州法院应当为穷人免费提供司法援助。美国警察在抓获嫌犯后，必须高声宣读“米兰达警告”中的第四条，即如果犯罪被告人请不起律师，法院将免费为其指派一位律师的规定，就是源于 1963 年对吉迪恩案的判决。

1972 年吉迪恩病逝后，美国民权组织出资捐赠了一块大理石墓碑，为这位在美国宪政史上留下独特痕迹的小人物树碑立传。碑文摘自吉迪恩《赤贫人申诉书》中的一句话：“我相信，每一个时代都会发现法律的改善。”此语虽然平淡无华，但却体现了一个朴素而深刻的宪政原则：法律只有不断改善，才能在不同的时代和历史条件下，在不同的社会阶层和利益集团之间维持一种微妙的平衡，缓和社会矛盾，促进社会公正。

---

① 可参阅：安东尼·刘易斯《吉迪恩的号角：一个穷困潦倒的囚徒是如何改变美国法律的？》陈虎译，中国法制出版社，2010。

② 任东来、陈伟、白雪峰《美国宪政历程：影响美国的 25 个司法大案》，中国法制出版社，2004，第 241 页。

“吉迪恩案提醒人们，即使在号称民主典范的美国，宪法中所规定的公民神圣权利也不是自动兑现的。宪政法治的实现，并非是把冠冕堂皇的高尚字眼儿和高级法原则载入宪法，便可一劳永逸，万事大吉。回顾美国法律保护贫穷被告律师权的历史进程，从 1791 年的宪法第 6 条修正案、到 1932 年鲍威尔案、1938 年约翰逊案、1942 年贝茨案，最后是 1963 年吉迪恩案，经历了一个长达 170 多年的宪政历程。这期间，没有穷人革命、枪林弹雨、改朝换代、血流成河；也很少听到经邦济世、解民倒悬、自由人权、道德正义之类的清谈。”①作为一个令全世界各国人民都趋之若鹜的国家，美国的最大优势或许就是法治与自由。在法律之外，言论自由提供了另一种公平保障，这从与吉迪恩案同一时期的“沙利文案”可以得到典型的体现。首席大法官查尔斯·休斯有一段经典的评述：

> 当报界轻率诋毁公众人物，谩骂诽谤恪尽职守的公职人员，并借用公共舆论对他们施加负面影响时，我们不能说媒体权力正被严重滥用，因为与开国先驱们当年遭受的人身攻击相比，这类言论根本算不上什么。如今，我们政府的行政架构已经叠床架屋，渎职、贪腐几率陡增，犯罪率屡创新高。玩忽职守的官员与黑帮分子狼狈为奸、包庇犯罪，将对公民的生命和财产安全构成极大威胁，因此，对勇敢、警觉的媒体之需要，显得尤为迫切，在大都市里更是如此。②

---

① 《美国宪政历程：影响美国的 25 个司法大案》，第 243 页。

② 安东尼·刘易斯《批评官员的尺度：〈纽约时报〉诉警察局长沙利文案》，何帆译，北京大学出版社，2011。

关中匪事

强梁者不得其死。

——老子

民国时期，特别是北洋政府的民国前半期，中国总体处于四分五裂的无政府状态。在这种弱肉强食的的乱局中，枪杆子就是硬道理，匪如蚁生，军阀四起；兵为大匪，匪为小兵，兵匪难分。军阀之间，年年混战，争夺势力范围；胜者为王，败者为寇。被打败的军阀成为流寇、土匪，割据一方，鱼肉乡里。

当时关中匪患四起，其中最大的两个土匪是党拐子和麻老九，分别割据东西两府，自成一体，与民国政府主流势力形成对抗之势。党拐子原名党玉琨，麻老九原名麻振武，二人均出自陕西靖国军。

1917年（民国六年），孙中山发起护法运动，以武力捍卫《临时约法》，试图推翻北洋中央政府的“假共和”。郭坚以此为借口，成立陕西靖国军，自任司令，“为国除奸”。1921年（民国十年），郭坚被杀，靖国军从此被分化、解散。党拐子和麻老九当时均为靖国军支队长，就此走上退守一方的土匪生涯。

关中刀客

所谓郭坚的靖国军，其实就是由一群刀客组成的。“刀客”可以被视为关中地方一种特殊的社会产物。关中“民情质实，悍而不流于狡”，性刚好斗，又尚公近义，虽然会因为“尺布斗粟，辄兴雀角，但一闻公家之令，即争先恐后，虽重困未敢稍违”。这种风气几乎可以远溯到秦汉时期的农战传统和游侠作风。

明代思想家王阳明曾说：“关中自古多豪杰，其忠信沉毅之质，明达英伟之器，四方之士，吾见亦多矣，未有如关中之盛者也。”

近代刀客的兴起，与晚清时期的关中战乱有密切关系。道光初年，刀客已经成为关中一种令人关注的社会现象。这些人主要活动在东府一带，随身带着一种三尺长的关山刀子，后来逐渐发展到带枪。刀客既为“客”，意思就是说没有固定的居所，也没有固定的职业；或替人寻仇，或保运押贩，或设赌械斗。

> 刀客主要是破产农民或手工业者，也有反抗地主豪绅被通缉的逃犯。刀客没有固定的组织和纲领，通常是以某个有威望的人为核心，结成团伙，习拳练刀，拒官抗税，打富济贫。[①]

在官方和士绅阶层眼中，这些“刀匪”与“会匪”一样，都是“地方大害”。道光十年（1830年），监察御史徐法绩在给清政府的报告中称，同州刀客势众。道光二十一年（1841年），蒲城知县朱大源捕杀刀客王敢鸣；在此之前，当地农民一直拒绝缴纳漕银。

道光二十六年（1846年），结束流放的林则徐被任命为陕西巡抚。他甫一到任，便将关中的刀客问题列为“首务”，决心“除暴安良”，“严缉捕以靖地方”。在给皇帝的奏疏中，林则徐指出，陕西“东北毗连晋豫，西南壤接川甘，道路纷歧，奸宄易于出没。如佩执凶器之刀匪，此拿彼逃，最为民害”。这些刀客“有窝巢以为藏身之固，有器械以为抵御之资”，“不独兵役避其凶锋”，即使州县营员亦“惜费惮劳”，“望而却步”。林则徐以“马得讽纠众夺犯伤差案”入手，“亲提研鞫”，共缉获146人，其中“刀匪”46

---

① 秦晖等《陕西通史》（明清卷），第275页。

人，均遭严惩。道光皇帝对林则徐大加赞赏，朱批“所办甚好”。[①]

跟鸦片问题一样，刀客问题也不是林则徐一人可以解决的。道光二十九年（1849年），新上任的陕西巡抚张祥河再次捕拿刀客105名。[②]不久之后，刀客在同治年间再一次发展壮大。从光绪、宣统到民国初期，中国社会发生巨变，大量刀客通过进入军队实现了身份“洗白”，成为主宰关中和陕西社会的精英力量。

晚清到民国，厘金制度使民众不堪盘剥，刀客一度成为农民和商人抗税的另一选择。光宣年间，朝邑刀客王振乾外号“王狮子”，就依靠护运商货而声名远播。“舟车所至，匪人畏王名，不敢犯；关卡皂役，亦慑其威，多予便利”[③]。他所运的盐、茶、鸦片等货物，闯关夺卡，偷税漏税，官方恨之入骨，莫可奈何，民间却尊称其为“王先生”。

随着南方辛亥革命爆发，关中刀客也蠢蠢欲动。劫富济贫的渭北刀客被人们称为“渭北十八娃”。朝邑刀客严孝全率众参加了西安的革命起义，之后担任陕西军政府第十标标统，在攻打礼泉县城时阵亡。郭坚纠集渭北刀客，“义气相结，远慕孙中山之革命，近愤陈树藩之祸陕，树立靖国军旗帜，据凤翔形势富庶之地，纵横渭河南北及关中全部地区，电掣雷轰，骁勇绝伦”。其“正义之处，颇为进步人士所推重”。作为传统时代的产物，刀客与现代军人存在明显距离。郭坚本人“刚愎自用，任性而好杀”，其部下亦毫无军纪可言，“部伍所至，拷掠绑票，怨声载道”[④]。郭坚最终被陕西督军冯玉祥以“鸿门宴”设计暗杀。

在“渭北十八娃”中实力最强的，是李虎臣（李云龙）、张凤鸣、南成祥、张明轩、丁增华、王志茂、李鸿林等人组成“渭北刀客”。1915年，李虎臣和续西峰、胡景翼、岳维峻、弓富魁、杨虎城、井勿幕、邓宝珊、宋哲元、樊中秀、续范亭、孙殿英等10余人在华山结盟。杨虎城在同州一带声名赫赫，年轻时做刀客，曾写诗曰：

---

① 刘仲兴、原志军《林则徐在陕西》。《西北大学学报》（哲学社会科学版）。

② 李之勤《西北史地研究》，中州古籍出版社，1994，第245页。

③ 《关中刀客》。《辛亥革命在陕西》，陕西人民出版社，1986，第253页。

④ 《凤翔县志》，王丕卿重修1965年本。

西北山高水又长，
男儿岂能老故乡，
黄河后浪推前浪，
跳上浪头干一场。

在后来的关中历史中，蒲城刀客杨虎城和临潼刀客李虎臣留下一段“二虎守长安”的美谈。

西安围城

1926 年 2 月至 11 月，发生了历史上有名的“西安围城”，这也是杨虎城与李虎臣的守土之战。

曾经统治陕西长达 8 年的河南镇嵩军司令刘镇华，在吴佩孚的支持下，以“打到西安去升官发财”召集了十万乌合之众，围攻西安城，10 余月终不能下。这期间，刘镇华分兵进攻咸阳、三原、泾阳、高陵诸县，烧杀抢夺，奸淫掳掠，拉丁征夫，无恶不作；所到之处，十室九空，导致 10 数万关中平民流离失所。

当时，被困在西安城内的 10 余万军民更是饥寒交迫，仅以麸糠、油渣、树皮果腹，甚至将牛皮制品煮了充饥，前后长达八九个月之久。其间，饿、病、冻、战死的军民有 5 万多人。由于不得出城安葬，只好在皇城东北角的空地上掘得两个“万人坑”，将死者草草掩埋。处此绝境，几乎每日都有死尸抬来，有时甚至上百。因为没有棺椁，坑小尸多，不得不层层叠压，其情状甚为凄惨。

曾亲历围城的赵文杰在《西安城坚守记》中描述：

10 月中旬，突降大雪，居民饥寒交迫，饿死者与日俱增；有一天路毙的竟达数百人。街头可以看到倚门而立的、坐于墙角的、躺于路上的，均系饿死之人。入冬以后，更是饿殍载道，无人收埋。这时，西安已经没有狗了。（入夜）除城上间有火光外，城内一片漆黑，形同死城。

当时守城的"陕军"不足万人，攻城的镇嵩军多达7万，且有吴佩孚、阎锡山给予的大量补给和支援。十面围城的西安城内，储备的粮食极其有限。刘镇华为了加重守城的压力，阻止一切城内饥民的外逃行为，对所有从城内逃出来的人格杀勿论。后冯玉祥遣孙良诚部援陕，西安始得以解围。西安解围之后，古城内外破坏严重，昔日还算繁华的街道一片瓦砾，满目疮痍。而死亡的五万之众，几乎占当时城内人口的一半，可谓万户萧疏，人影零落。西安各界，人人背土，填平万人坑，堆起两个墓冢，名为"负土冢"。所埋遗骨，按男左女右葬，东边为男冢，西边为女冢；两冢之间，建"革命亭"一座，并将该处辟为公园，即命名为"革命公园"。[①]

次年春，西安市民在"革命亭"举行大祭，追悼在此次守城之战中死难的军民。杨虎城手书一联：

生也千古，死也千古；
功满三秦，怨满三秦。

从某种意义上，此联确实道出杨虎城内心的痛苦与不安：庆幸守城成功，西安未遭屠城之灾；自责军力单薄，未将来犯之敌击溃，招致军民死伤惨重，城池毁坏，民怨满天。

西安兵败后，近乎解体的镇嵩军狼奔豕突，沿西安至潼关的大道向东溃退，互相践踏，途为之塞。刘镇华重新统治陕西的梦想破灭，只得前往开封投靠当年的结拜兄弟冯玉祥。在陕西人一片"杀刘"的诅咒声中，冯玉祥不顾众怒，反而将刘镇华任命为国民革命军第八方面军司令。[②]据说当初冯玉祥部突破刘镇华镇嵩军重围，将西安西北部城墙炸塌，从这个缺

① 宗鸣安《西安旧事》，陕西人民出版社，2002，第28页。

② 刘镇华在河南被称为"刘屠夫"，杀人如麻，作恶多端。其乡人找不到刘镇华报仇，挖其父母坟墓暴尸以泄愤恨。1936年，刘镇华精神失常，实乃天谴。

西安的城墙与城楼。

口攻入城内。后来在塌陷处修了城门，以冯玉祥的名字命名为“玉祥门”。

西安解围后，杨虎城率部撤离西安，不久便被冯玉祥任命为国民革命军第十路军总司令，竟与死对手刘镇华成了“战友”。此前冯玉祥犹在写给杨虎城的信中说：

> 嵩匪（指刘镇华的镇嵩军）祸陕，荼毒生灵，围扰西安，时阅数月，我同志孤城力守，坚忍撑持，卒获解围，远逐丑虏，功高劳苦，至深叹服。……[1]

冯玉祥从1926年在五原誓师后，取道陕甘开始北伐。在此后两年当中，冯玉祥陆续消灭了陕西境内靖国军的残余各部势力。这些武装争夺地区包括旅长麻振武的同州，旅长黄德贵、韩有禄等的富平，师长田玉洁、卫定一和旅长耿景惠等的三原、泾阳、高陵，旅长耿庄的朝邑、韩城、郃阳，旅长缑天相的蒲城和旅长党玉琨的风翔等等。其中又以围剿党拐子和麻老九的战事最为惨烈，时间也最长，死伤最多。

① 米暂沉《杨虎城传》，陕西人民出版社，1979，第37页。

麻老九

麻振武绰号“麻老九”，为陕西靖国军第一路郭坚所部的第十支队长。靖国军解体后，他一度归附刘镇华。1925年（民国十四年），麻老九联手吴佩孚据守潼关，使国民军的第二、三军几乎全军覆没。翌年，麻老九随刘镇华围攻西安。西安围解，刘镇华逃回河南，麻老九率部窜踞同州老巢，被冯部方振武的第五军跟踪追击，围困起来。两月后，方部奉命东调北伐，围攻同州的任务改由韩复榘的第八军接替。

麻老九原籍商州，幼随父逃荒，落户于渭南孝义镇赵家崖。少年时与陈家滩王英亭（老八）等结为异姓兄弟，麻排行第九，故称“麻老九”。宣统年，麻老九见世道崩乱，意欲起事，听说大地主武善人正在招雇长工，就前去应聘。武善人看麻老九身体强壮，就问工价几何。麻老九说：“我要求不多，一年8石高粱，不过是先给工钱。”因为他的工价较低，武善人就答应了，先给了他8石高粱。麻老九如法炮制，连续应聘了8家大地主。不几日，麻老九召集雇他的“东家”们，来他家见面。麻老九掏出一把“二十响”（手枪），对这些地主说：“这是你们给我的工钱，我麻老九要造反起义，非常感谢你们资助我，我将来忘不了你们的大恩。”这几个地主吓得目瞪口呆，麻老九就靠着这把枪拉起杆子，成为远近闻名的悍匪，并起了一个响亮的名字：振武。

麻老九纵横关中10余年，烧杀抢掠，无恶不作。麻老九自称“三不拿”：碾子不拿、磨子不拿、尿罐子不拿；“二不抢”：不抢老鼠、不抢麻雀。麻老九最大的爱好是糟蹋女人，他有6个老婆，除过大老婆是童养媳，其他的都是先奸后娶。麻老九最擅长的是绑票、撕票和破围子，这是他最拿手的谋财手段。如果哪个村庄进行抵抗，不让他烧杀抢，那他突破“围子”（村庄的寨墙）后，必定鸡犬不留。

同州即今天的大荔县，是关中一座历史名城，又是东路重镇；汉代时，同州为右冯翊地，清末民初都是府治，城坚池深，地势险要。

麻老九将同州据为自己的巢穴多年。为了能够久守，他对城池的防御曾经进行过一番悉心的经营：他在砖城之外加筑一道土城；土城之外的城壕深、宽都达三丈以上；壕外周围，每隔百米左右，修筑砖石炮楼或碉堡一座，下有地道通入城中。同州毗邻山西，麻振武又就近勾结阎锡山，以其搜刮来的大量民脂民膏，从山西换来各式各样的弹药、武器，城内的粮弹储备异常充足，无虞匮乏。

韩复榘率部围攻了近两个月，也未能把同州攻克。由于北伐战事吃紧，韩部不久亦奉命东调，乃以第二军刘汝明部继续围攻。刘又攻打了两个来月，损折了不少的人马，还是攻打不下。

1927 年夏，冯玉祥又加派新由甘肃天水调来的第十三军，去增强围攻同州的兵力；并以该军军长张维玺为同州攻围军总司令，刘汝明为副司令，限令在一个月之内攻克，逾期以军法从事。用两个军、四五万人的精锐之师，来收拾一个旅、五六千人的土著队伍，由此可见麻老九之强悍。

从 7 月初开始，张部由北、东两面，刘部由南、西两面，昼夜猛攻，炮火连天，越城壕，爬云梯，伤亡数以千计。但是一个月限期已过，而始终未能克奏肤功，张、刘二将受到革职留任、戴罪图功的处分。张维玺鉴于硬攻无效，乃决计改掘坑道从地下进攻。自 8 月初开始，四面同时挖掘了 10 条坑道，但其中有 9 条都在接近城脚时，被麻部守城部队发觉而破坏。只有靠近北城门西侧的一条坑道幸未被阻绝。

成败就在这个仅存的爆破坑道上。为了确保一次成功，用数口棺材一共填装 3000 公斤炸药。引爆之后，巨大的爆破力将北城墙炸开一道 80 米宽的口子。张维玺部的冲锋部队从豁口突入城内；刘汝明部亦在同时冲锋猛扑，爬梯登城。毕竟众寡悬殊，巷战进行了约一小时后，麻部 5000 余众，除战死近 2000 人外，其余全数被俘缴械。

麻老九本人，当城破时乔装为难民，企图混出城去，结果走到同州东南的仓头铺，就被人认出。刘汝明部赶到射击，麻老九身中 4 枪而死。

同州城克复后，第四方面军总指挥兼陕西省政府主席宋哲元，当时正驻守固原，督剿陕甘边境黄德贵、韩有禄等股匪。宋哲元急电张维玺，请他把负隅守城的麻部俘虏 3000 人全数斩尽杀绝，以儆效尤，冀使其他土著军阀闻风丧胆，知所畏惧，不敢再有守城抗拒的举动。张维玺为人敦厚，不忍杀戮，反而将3000俘虏全数释放，并按路程的远近，每人发给五至十元不等的盘缠，令其各回家乡，另谋生路。

党拐子

西安解围后，冯玉祥便任命手下五虎上将之一的宋哲元为陕西省主席兼剿匪总司令。宋哲元欲以武力统一陕境，在攻克东府大荔后，于1928年进军西府。

当时，北伐战事正紧，陕西境内的第二军刘汝明部和张维玺部陆续东调，留在陕西境内的，只有宋哲元所部的五、六个师和第十三军之一部，即第二十师（师长王和祥）和军直属的迫击炮团、炮兵团、坑道营。他们的任务是肃清陕西各地抗不听命的土著军阀队伍——换句话说就是土匪。宋哲元感到兵力不够，又从宁夏调来第二十四军马鸿宾部。

这年的上半年，宋哲元依靠这些部队，先后攻克了三原、泾阳、富平、高陵、朝邑、韩城、郃阳、蒲城等城池。关中战事趋于平息，仅余西府残余势力，而其中最为坚硬者就是凤翔的党拐子。

凤翔也和同州一样，自古以来都是一座地标性的著名城池，是关中西路的重镇，在汉代为右扶风地，唐宋以降直至清末民初，都是一个府治，素有“金宝鸡、银凤翔”的称号。凤翔城内地势远远高于城外，城墙既高且厚，坚固异常，城壕深宽各在三丈开外。城北有一个叫做“凤凰嘴”的塬头，有碗口般粗的一股泉水，长年不息地流入城壕，形成著名的东湖。1000多年前，苏东坡初出茅庐，曾来凤翔府任通判，并在此写有《喜雨亭记》。

党玉琨绰号“党拐子”，也是郭坚旧部。自1917年开始，党玉琨盘踞凤翔府整整12年，不论谁来担任陕西省的军政首领，一切军令和政令，他概不听从，实则是关中西府的土皇帝。党拐子常以铁血重典统治西府，他曾经说：“凤翔人有两条路可走，或者规规矩矩地听命于我，或者永远离开凤翔。”他的重典就是嗜杀：抢劫者杀、偷盗者杀、告状者杀、抽烟

者杀、打牌者杀……[1]

讽刺的是，熟读三国的党拐子常以诸葛亮自比，“苟全性命于乱世，不求闻达于诸侯”。在凤翔这个小王国境内，他还首创了证件制度，人们必须有五证：居民证、出门证、通行证、乞丐证和营业证。

和那一时期的普遍状况一样，党拐子的手下说是军队，实则胜过土匪，纪律废弛，苛索强搜，杀人越货，横行一方，民无宁日。加上党玉琨本人鸦片烟瘾特别大，烟、酒、嫖、赌，恶习俱全。

在这个乱世中，党拐子还是与孙殿英、靳云鄂齐名的民国三大盗墓贼之一。党拐子统治西府时期，大肆盗掘西府一带古墓葬，窃掠了大量自先秦至汉唐的珍贵文物，走私出卖，以供其挥霍和扩充武装实力。

与麻老九助攻刘镇华不同，党拐子曾参加西安守城战。西安解围之后，党拐子抗拒大军阀冯玉祥的命令，继续占据西府。1928 年初，宋哲元亲自督率所部三个师和一个旅围攻凤翔城。

10 年前，河南土匪白狼（白朗）曾经窜至关中，一度盘踞凤翔。[2]但党拐子并非流寇，他在凤翔苦心经营，做了 12 年的土皇帝，对民间的苛索搜刮和抢劫无所不用其极。他把这座城池当作他的万世家业，城内的囤粮可供城内驻军和居民三年食用，武器弹药也十分充足。宋哲元动用了 3 万多兵力，自春至夏，围攻达半年之久，官兵伤亡达四五千人，却始终未能打开凤翔城。

7 月间，北伐战争已经告一段落，宋哲元经过请示冯玉祥，把远在山东临清和河南滑县、道口一带的张维玺所部第十三军主力调回陕西。同时，泾阳、高陵、富平、朝邑、蒲城等地业已次第攻克，原先留在陕境归宋哲元指挥，并参加这一带攻城战的第十三军的一部，这时也归还了张维玺部的建制。8 月初，张维玺率领着全军 3 万多人，由西安开到凤翔东郊，参加攻城之战。

---

① 可参阅：西尔枭《西北大屠杀》，金城出版社，1994。

② 《凤翔县志》记载：民国三年三月，白朗入凤翔，毅军赵倜驰击之。初白朗西犯，凤翔空虚。官绅商邀甘军崔正午由千、陇移防。比匪薄城下，正午睹势危急，且惧截归路。乃返旆而西。知事缪延福仓皇西走，商民蜂拥出城。匪分数路西驰，所过掳掠殆尽。入城，未肆扰，即窜千陇。（转引自《马长寿民族史研究著作选》，第 406 页。）

张维玺基于上年攻打同州的惨痛教训，认为爬城硬攻，不仅牺牲太大，而且徒劳无功，乃决计立即采取挖掘坑道从地下进攻的战术。坑道是从“东湖”西北角的“喜雨亭”附近一家民宅院内开始掘进的，那里距离城墙只有 200 多米远。花费近半个月的时间，坑道顺利挖到城脚之下，里面埋藏了近 4000 公斤的炸药，并接上了电线。

宋哲元亲自指挥总攻，按下炸药电纽，随着山崩地裂一声巨响，城墙被炸开二十丈宽的大豁口。爆破的同时，枪炮齐发，炮声枪声号声和喊杀声震耳欲聋。城内的守军惊慌失措，完全陷入瘫痪状态。攻城部队像潮水一般，毫无阻碍地从城墙的豁口涌进城去。巷战不到一个小时，即告全部结束。

自比诸葛亮的党拐子本人，在乱军中被击毙，城内守军被打死、打伤约 2000 人左右，其余 5000 多人被俘。城内居民葬身在炮火之下的，约在万数以上。触目所及，皆是死尸和满身血污的伤者，城内的房屋大部分都成了一片焦土和废墟。

凤翔杀戮

攻克凤翔后的第三天，在宋哲元的强力说服下，张维玺接受了屠杀令。被生擒的党拐子手下 5000 名俘虏，将被全部处决。

这种大规模的处决行为——或者说杀俘行为，在近代史上极为罕见，至今引发的争议仍然很多。当时狼烟四起，匪患蜂聚，中国刚刚走出皇权专制时代，离现代社会依然遥远，军队与国家的关系很模糊，军人与土匪几乎没有多大的区别，信奉的都是血酬定律，当然也无什么军事法庭和人权意识。如果将党拐子部属作为战俘（军人），那么屠杀自然应受到谴责；如果将其视为土匪，则令当别论。毕竟这是一个暴力野蛮的时代，几乎难以奢谈现代文明。

颇有讽刺意味的是，这场屠杀或者说处决，被安排在凤翔城东八里纸坊镇东头的一座关帝庙前。宋哲元与张维玺坐在关帝庙门口，下令从手枪队拘押的 500 名俘虏开刀。处决过程是这样的：两个手枪队的大刀兵，从关帝庙西侧的院子，架着一名俘虏的两只胳膊，一路小跑，来到一眼枯井的井台，喝令俘虏跪在井口；这里预先安排了50名刽子手，也都是大刀兵，按顺序轮流行刑，行刑者用刀将人头砍落；人头落入井中后，行刑者再将尸体踢进井里。

宋哲元其实是设计了一个屠杀流水线：分工协作，每个人只负责屠杀的一部分；前面的一个刚完事，后面的一个又架上来，照样又是一刀，之后再踢一脚，好像走马灯一般，一个接一个，不断被投进枯井。但人毕竟不是机器，刽子手杀上十个八个，就已经浑身血污，同时又累又乏，感觉刀钝臂酸，手脚发软，这时就由后面的刽子手替换。

屠杀与死亡无疑是人类社会关于恐怖的终极体验；特别是对这些俘虏来说，这种处决远比战死更加可怕。有的俘虏被架到井台时，早已神魂离窍，浑身发软，刽子手无法下手，就直接一脚，将其踢入井中；有的俘虏不愿挨刀断头，连跪也不跪，就活生生地扑进井里。与枪毙相比，传统的斩首要复杂得多，甚至说是一件技术活儿；这既需要刽子手拥有相应的胆魄、力量和刀法，也需要受刑人的配合。有些刽子手很老练，一刀下去，干净利落，死者身首异处；有些刽子手则显青涩，举刀时心慌意乱，手腕发软，刀下去，只能砍进三两分深，这使被杀者遭到极大痛苦，哀嚎惨叫不已。有的俘虏脖子挺得直，下刀容易，少受痛苦；有的俘虏魂不附体，脖子发软，一刀不行，还要再补上数刀，凄惨哭号，令人不忍闻。

在屠杀过程中，久经战乱的宋哲元和张维玺若无其事地端坐在关帝庙门口，一面喝茶，一面谈笑，一切都如同一场游戏。

刑场周围戒备森严，但并不禁止成千上万的老百姓前来观看这场千载难逢的杀人游戏。有一个年轻俘虏被架出来，眼看就要丧命，突然从看热闹的人群中跑出一位老汉，一下子抱住那个年轻人，哭喊着“我的儿呀”。据老汉说：他是凤翔城外附近庄子的人，他的儿子本来在家务农，向来不会为非作歹；半年之前进城赶集卖柴禾时，被“党拐子”的队伍拉去当了兵；刚当上兵，凤翔城就被围起来。老汉最后哭诉：“我的儿并不愿意去当兵吃粮，他也没有造过什么罪，即便做过什么孽，也都应该上[①]在‘党拐

① “上”为关中方言，相当于“算”的意思。

子’的账上。你们要杀我的儿，真是天大的冤枉，那真是老天爷瞎了眼睛啊！”他说罢，死死地抱着自己的儿子不放，又说：“你们如果一定要杀我的儿子，那么就请把我先杀了吧！”他们父子俩被带到宋哲元、张维玺跟前。张维玺说：“就让他老子把他带回家去好了！”这爷父俩千恩万谢，头也不敢回地走了。

除过被他爹救走的“幸运儿”，这500名俘虏几乎全部葬身于关帝庙前的那口枯井。宋哲元遂即下令：“在各师、旅、团拘押的俘虏，限令你们都在今天夜里一齐把他们杀掉，一个也不许留，一个也不许放！”于是，另外的4500多名俘虏中，就有3000多名都在那天夜里遭到杀戮。唯独第十三军的第十七师赵凤林师长杀了不到100个老弱残兵交账，将其余1000多名青壮年偷偷释放。

这场骇人听闻的集体大杀戮，很快地传遍了陕西全境。在这种砍头如割韭的暴力震慑下，盘踞在陇州、郃阳、宝鸡、郿县等地的甄士仁和张九才等武装势力，惶惶不可终日，不几日就纷纷单骑来降。宋哲元的血腥暴力，居然使兵刀四起的关中从此走向平定，各种土著军阀和土匪势力陆续肃清。

宋哲元主政陕西期间，取消斗捐，以恤民艰。1929年关中大旱，遭遇年馑，粮价骤涨，特由陕西省筹款30万，再由河南省接济30万，汇往汉口，买米十万石赈灾。

关于那场充满争议的集体大屠杀中究竟杀了多少人，至今说法不一。1992年8月出版的新编《凤翔县志》，仅在《大事记》中记述：“城破，全歼党毓琨（玉琨）部。”在《军事篇》中记述说：“攻城军”按部署先绕城墙实行大圈包围，再分途逐街巷捕杀败兵，先后共杀1600多人，党毓琨死于乱军中。1992年12月出版的《陕西民国战争史》中记载，“1928年春，冯军宋哲元、张维玺两部，打开凤翔城，消灭了原陕军卫定一部的党玉琨混成旅，杀党玉琨、雷赤诚、曹耀南、杨云栋等多人，又将已缴械的官兵300余人，驱至纸坊村风女台畔，用机枪扫射，一律掩埋（内有未死的）。”

张宣武先生的回忆文章《宋哲元杀戮陕军俘虏五千人目击记》记述较为详细。张当时曾先后任冯玉祥部十三军直属坑道营、手枪营代理营长，并且在这场大屠杀中“负责指挥行刑”。因此，他的“目击记”应属信史。

民国十八年年馑

耕也，馁在其中矣。

——孔子

在这个世界，只有孩子的快乐与金钱无关。对一个孩子来说，每天都应当是快乐的，无论贫穷还是富裕，只要能填饱肚子。我关于童年的回忆也是快乐的，除过饿肚子的时候。

至少在15岁之前，我是不能放开肚子吃的，每顿饭都定量。碗里的饭吃完了，只好伸着舌头舔碗底，舔得跟洗过一般。如果还馋，就求着娘将锅底的锅巴铲出来。

关中盛产小麦，芒种时节，渭河两岸金黄一片，是看不尽的麦浪。只是这些麦子都是给城里人吃的，种麦子的农民无福消受。小麦几乎都给官家上交了，只留下一些坡地上红薯和秋粮作为俺们庄稼人的口粮。因此，我记忆中，麦面馍是过年时才可以喋上一两口，所谓过年，就是“麦面馍馍就葱”。事实上，直到我18岁来到城市，我才知道什么叫放开肚子吃饭，而且吃的是雪白的麦面馍。多少年以后，我关于少年时候的记忆已经变得越来越模糊，只有两个细节常常打动我，一是吃毕饭舔碗，二是拾麦颗。

我稍微长大的时候，已经没有什么忆苦思甜了。但实际上在家里，对于死里逃生的长辈们来说，他们仍会很自然地拿过去的经验来教育我们。

我婆[1]张嘴闭嘴都是“民国十八年年馑”如何，我爹则是“五八年低标准”如何，甚至有时候他们母子俩会为哪个“八年”更悲惨而发生争执。等我成人以后，我婆我爹他们母子俩都已经不在人世了，我常常努力去回想他们的音容笑貌，因为他们几乎没有留下什么照片。我总是担心，如果我哪天再也想不起来了的话，那他们就彻底地消失了。他们和我一样来到这个世界，在经历了那么残酷的岁月之后，匆匆离去了——除过自己，什么都没有带走；除过我，什么都没有留下。令我疑惑的是，为什么人们常常对帝王将相、独夫民贼的历史如数家珍，却常常对自己父辈祖先的历史一无所知。

波兰诗人切斯瓦夫·米沃什曾说：“人类是靠对自己的记忆而活的，即是说，活在历史中。”当我已经和我爹留给我的最早印象一样大的时候，我也曾经试图复原起我爹和我婆他们当年的生活片段，但最后发现一切都已经无法打捞。我只留下童年里记住的星星点点，但他们曾经的苦难岁月是那么漫长，这使我的记忆如同关于一场梦一般，显得不那么可靠。

在饥荒深重的1960年，柳青先生写作了著名的《创业史》，小说开篇写道：

> 一九二九年，就是陕西饥饿史上有名的民国十八年。阴历十月间，下了第一场雪。这时，从渭北高原漫下来拖儿带女的饥民，已经充满了下堡村的街道。村里的庙宇、祠堂、碾坊、磨棚，全被那些操着外乡口音的逃难者，不分男女塞满了。雪后的几天，下堡村的人，每天早晨都带着镢头和铁锨，去掩埋夜间倒毙在路上的无名尸首。庄稼人啊，在那个年头遇到灾荒，就如同百草遇到黑霜一样，哪里有一点抵抗的能力呢？

民国十八年年馑是指民国十七年（1928）至民国十九年（1930）持续3年的北方八省大饥荒。这场大饥荒导致1300多万人死亡，而其中又以

---

① 关中方言中，称祖母为“婆”，外祖母为“外婆”。

关中旱灾最为严重。因此一般关中人对“民国十八年年馑”最为耿耿于怀，这也是“万人坑”在现代关中人心中的出处。与30年后的饥荒相比，这是一场不折不扣的自然灾害，而且其规模之大，灾难之惨烈，在中国以及世界历史上都极其罕见。

据民国十九年底陕西省赈务委员会主席兼民政厅长邓长耀的灾情报告，全省有200多万人活活饿死，200多万人流离失所逃亡他乡，800多万人以树皮、草根、观音土苟延生命于奄奄一息。而且，祸不单行，在旱灾发生的同时，又有风灾、雹灾、虫灾、瘟灾、水灾、火灾、兵匪之灾，一同降临，使陕西全境92县悉数蒙难；八百里秦川，赤野千里，尸骨遍地，甚至人相食，惨绝人寰。

天府关中

渭河是黄河的最大支流。发源于甘肃渭源的渭河冲出秦岭，从汧山和陇山间进入一片平原。或者说，是渭河塑造了这片平原。亿万年来，裹挟的泥沙在步入黄河之前，在这里日积月累的囤积，最终形成东宽西窄、盆地型的黄土冲积平原。

这块“新月沃地”位于陕西省中部，介于秦岭和渭北北山（老龙山、嵯峨山、药王山、尧山等）之间。西起大散关，东至潼关，海拔约325 ~ 800米，长约300公里，面积约3.4万平方公里。因在函谷关和大散关之间（一说在函谷关、大散关、武关和肖关之间），古代称“关中”。春秋战国时为秦国故地，号称“八百里秦川”。

关中是中国文化和中国农业的主要发源地，相传炎帝在这里发明耒耜，黄帝在这里树艺五谷，后稷在这里教民稼穑，西周王朝在这里实行井田制。《禹贡》把关中的黄壤土定为上上等，即是最适宜种植农产品的土地。《诗经·大雅·绵》中赞美道：“周原膴膴，堇荼如饴。”意思是说周原这里土地肥沃，连堇和荼这样的苦味野草，尝起来也是甘甜的。渭河由西向东，横贯渭河平原，干流及支流泾河、北洛河等均有灌溉之利，中国古代著名水利工程如郑国渠、白渠、漕渠、成国渠、龙首渠都引自这些河流。再加上关中平原土地疏松肥沃，十分适宜耕作。“秦”字取“春”和“秋”各半，本意就是收获庄稼。经过周、秦、汉三朝的开发，以及秦、汉政府在关中大力兴修水利，使关中平原沃野千里，支援了关中都城的经济。西汉时，关中已是全国最富庶的地区，粟米的储备，牲畜的数量，均达到了前所未有的程度。司马迁在《史记》中说：关中占全国面积的三分之一，人口只占全国的十分之三，但却拥有全国十分之六的财富，充分显示关中在古代中国的经济地位。

关中不仅是陕西最富足的地方，也是中国最早被称为“金城千里，天府之国”的地方。“金城千里”指渭河平原四周为山原、河川所环抱，犹如一座规模庞大的天然城堡。关中南有秦岭，西有陇山，北面是黄土高原，再向北方和西北方，还有黄河天堑为屏障，东面也有黄河阻隔，四面都有天然地形屏障，易守难攻，从战国时起就有“四塞之国”的说法，所以汉代张良用“金城千里”来概括关中的优势，劝说刘邦定都关中。战国时期，苏秦向秦惠王陈说“连横”之计，称颂关中“田肥美，民殷富，战车万乘，奋击百贸，沃野千里，蓄积多饶”，“此所谓天府，天下之雄国也”，这比成都平原获得“天府之国”的称谓早了半个多世纪。特别是从郑国渠修好以后，“于是关中为沃野，无凶年，秦以富强，卒并诸侯”。

因为物产丰富，交通便利，四周又有山河之险，关中以其得天独厚的优势，成为帝王建都的风水宝地。从西周开始，历时千余年，先后有秦、西汉、隋、唐等10代王朝建都于关中。清初的地理史学家顾祖禹认为，无论是利还是害，陕西（特别是关中）都对中国历史具有举足轻重的影响——

> 陕西据天下之上游，制天下之命者也。是故以陕西而发难，虽微必大，虽弱必强，虽不能为天下雄，亦必浸淫横决，酿成天下之大祸。往者，商以六百祀之祚，而亡于百里之岐周；战国以八千里之赵、魏、齐、楚、韩、燕，而受命于千里之秦。此犹曰非一朝一夕之故也。若夫沛公起自徒步，入关而王汉中，乃遂收巴蜀，定三秦，五年而成帝业。李唐入长安，举秦凉，执棰而笞郑夏矣。盖陕西之在天下也，

犹人之有头项然。患在头项，其势必至于死，而或不死者，则必所患之非真患也。[①]

从历史兴衰来看，关中常以其“钜势强形”影响着中国的命运，“女真入关中，而宋室之中原遂不可复。蒙古入关中，而金人之汴、蔡遂不可保”——

吾国强盛之时，周、秦、汉、唐皆都于秦。朱温始迁大梁，宋遂承之，然太祖未尝忘西迁。开宝九年，西幸洛阳，既毕祀事，尚欲留居，晋王光义言迁都未便。太祖谓迁河南未已，久，当迁长安。并言：“吾将西迁者非它，欲据山河之险而去冗兵，循周汉故事，以安天下也。”以晋王力谏，乃止。但犹顾左右，曰：“晋王之言固善，然不出百年，天下民力殚矣。”后其言竟验。宋终以匮乏不振，致靖康之祸，迨后中原沦于异族。[②]

北宋灭亡后，陆游不仅认为关中乃中国的之根本，而且认为南宋应当迁都关中。他在诗中写道：“国家四纪失中原，师出江淮未易吞，会看金鼓从天下，却用关中作根本。”“王师入秦驻一月，传檄足定河南北。安得扬鞭出散关，下令一变旌旗色。”“鸡犬相闻三万里，迁都岂不有关中？广陵南幸雄图尽，泪眼山河夕照红。”但历史却让陆游大失所望，“三秦父老应惆怅，不见王师出散关”，“渭水岐山不出兵，却携琴剑锦官城。”

关中是中华文明的诞生地，这片沃土最早沐浴了文明之光。从 100 万年前的蓝田人，到 10 万年前的大荔人，直到半坡文明，关中的黄土文明源远流长。距今 6000 年前，半坡人就以种植谷物为食，将丝麻织成衣料，

① 顾祖禹《读史方舆纪要》。全书 130 卷，280 万字，“以史为主，以志证之”。顾祖禹（1631-1692）倾尽毕生精力，以史为经，以地为纬，“垂之后世，俾览者有所考镜”，历时 20 余年完成，是中国古代军事地理学集大成之作，被誉为“千古绝作”，“古今之龟鉴，治平之药石”。

② 出自李浩然为《西行记》写的序言。

营造房屋和墙垣，甚至养猪和制陶。在古老的《诗经》中，来自这片土地的风情数不胜数，“饥者歌其食，劳者歌其事”。可以说，关中平原直到战国时期,依然“山林川谷美,天才之力多”[①]。秦始皇统一六国后,大兴土木，修建阿房宫，向关中地区大量移民，导致关中森林面积迅速减少，垦荒和农耕使人口迅速增加，土地的负担也日益加重。

水的魔咒

从先秦开始，渭河和黄河流域依靠水利之便，成为中国文明的摇篮；另一方面，随着自然环境的恶化，周期性的干旱和洪涝也使农业这种高风险的经济模式,常常遭遇残酷的打击和磨难。特别是位于关中中部的乾县、礼泉、泾阳、三原4县，属于渭北黄土高原与关中平原过渡地带，这块东西长约100公里，南北宽约20公里的狭长地带，因为地貌复杂，生态环境脆弱，水土流失严重，自然灾害频繁，尤以干旱最为突出，常常被称为“旱腰带”。[②]

“关中国都地位的丧失过程，一定程度上就反映了关中自然环境逐渐失去优越性的过程”。[③]虽然关中土壤足够肥沃，但水却成为最大的制约因素，十年九旱几乎成为历史魔咒。北宋嘉祐六年（1061年），苏轼被任命为大理评事签书凤翔府判官，恰逢久旱甘雨，便欣然写了《喜雨亭记》。其中写道：

> 是岁之春，雨麦于岐山之阳，其占为有年。既而弥月不雨，民方以为忧。越三月，乙卯乃雨，甲子又雨，民以为未足。丁卯大雨，三日乃止。官吏相与庆于庭，商贾相与歌于市，农夫相与忭于野，忧者以喜，病者以愈，而吾亭适成。于是举酒于亭上，以属客而告之，曰：

---

① 见于《历史时期黄河中游的森林》，史念海，1981。

② 可参阅：王若冰《给渭河立传：中国“旱腰带”上的史诗》，《环球人文地理》，2015年第03期。

③ 刘俊凤《民国关中社会生活研究》，人民出版社，2011，第24页。

传统农业技术下，华北经常遭遇干旱威胁。

“五日不雨可乎？”曰：“五日不雨则无麦。”“十日不雨可乎？”曰：“十日不雨则无禾。”“无麦无禾，岁且荐饥，狱讼繁兴，而盗贼滋炽。则吾与二三子，虽欲优游以乐于此亭，其可得耶？今天不遗斯民，始旱而赐之以雨。使吾与二三子得相与优游以乐于此亭者，皆雨之赐也。其又可忘耶？”

宋明清时期，关中伐木业成为与江南纺织、佛山制铁、福建茶叶齐名的经济支柱，直接后果就是自然环境急剧恶化。洪武二十六年（1393 年），秦岭北坡、陇山和渭北沿线森林植被都被砍伐殆尽，屯垦达 3000 多万亩。道光时期，盩厔县东南“向来皆是老林，树木丛杂，人迹罕至。在招川楚客民开山种地。近年来各省之人俱有，虽深山密箐，有土之处，皆开垦无余”。森林植被破坏之后，水源便迅速减少，旱灾频发。在1470–1983年的500年中，关中的旱涝程度呈现递增现象；1915–1945年，共有旱灾17次，平均5.6年发生一次。

关于自然环境对中国的历史影响，美国汉学家费正清先生有过这样的概括——

> 中国人生活的根本问题，常常可以从空中一眼看出：受到侵蚀的棕黄色丘陵、浑浊江河泛滥的平原、百衲衣一般的绿色耕地，以及由简陋的茅屋、蛛网般的水渠和台阶般的梯田聚在一起的村落，这就是多少代人们弯腰驼背、累死累活、辛苦劳作的见证。那么多的人密密麻麻，聚集在狭小的土地上。可以说，中国人为了维持生命，耗尽了有限的土地资源，还有人的所有智慧和忍耐力。就整体而言，两面临海的华南雨量充沛，但雨水又常常会把农作物生长所必需的矿物养料带走，因此只有珠江和长江三角洲地区由于可以获得沉积物补充，相对比较适合精耕细作的水稻农业；反过来，远离海洋的华北地区（黄河流域）土壤非常肥沃，但平均降雨量只有500多毫米，而且每年之间变化很大，有时相差30%以上。因此在风调雨顺的正常年份，北方农民可以勉强维持温饱；一旦遭遇周期性的缺雨干旱，则形成无法摆脱的年馑。[①]

从很大程度上，明朝就是亡于旱灾引起的饥民暴动。1720年，时值清朝康熙五十九年。这一年，是圣祖康熙60年执政生涯的倒数第二年。从年初起，陕西、山西两省就遭遇严重自然灾害，直隶地区又发生地震，无数民众陷于水深火热的饥馑之中。而庙堂之上，为了迎接第二年的康熙登基六十大典，王爷大臣们正计划着庆贺事宜。这些计划最终都被康熙否决。康熙皇帝发布圣谕：山陕两年歉收，百姓有的四处逃难。这正是君臣

---

① 费正清《美国与中国》，张理京译，世界知识出版社，2000。

忧勤求治之时，有什么可值得庆贺的呢？在康熙的布置下，六月初四日，将河南开封等府现存仓谷二十万石运往西安，贮仓备用；初八日，又派官员往赈地震灾民；十月二十五日，再派官员往陕西分途赈济，由各部院司官十二员分三路携户部库银赈济灾民。兰州一路携银二十万两，延安、西安两路各十五万两；将陕西所属常平仓谷六十九万二千石，甘肃所属常平仓谷六十七万二千石，酌量动用散赈……

中国自古讲“民以食为天”，几乎所有的土地都被用来生产口粮，而不像欧美一样用来放牧。相对而言，生产粮食比放牧需要更多的劳动投入，但单位土地的能量产出也更高。同样的土地，水稻产量是小麦的2倍以上，而水稻的劳动投入也更高。对人多地少的中国来说，土地资本是最紧缺的，而人和劳动的价值很低。人们必须依靠有限的土地，尽可能生产出最多的粮食。相对洪涝严重的南方来说，华北地区则更是“看天吃饭”。华北自古“十年九旱”，这里的人们不得不世世代代接受旱灾和饥荒的诅咒。黄仁宇甚至认为，正是自然灾害的原因，中国才形成了中央集权的传统——

> 中国夏季风由菲律宾海的方向吹来，这气流中带有水分，但是并不能保障下雨，而需要由西至东，及至东北的旋风将这气流升高，以致温度降低，其水分才凝积为雨。这也就是全国农民的耕作物，全靠这两种气流适时碰头。假使它们彼此错过，则成旱灾；要是它们在一个地区经常碰头，则此地必有水灾，而有时水旱并至。只有庞大的帝国，才能对付这种问题。这情形也始于公元前。假使我们打开《左传》一看，内中有许多因灾荒而发生战争的情节。《汉书·食货志》所说：“世之有饥穰，天之行也。”姚善友从《图书集成》及其他资料计算，中国历史2117年，曾有水灾1621次，旱灾1392次，其程度之高，值得朝廷注意。这种情形与《孟子》里面经常提出的“老弱转乎沟壑”及“若大旱之望云霓”有关。[①]

① 黄仁宇《放宽历史的视界》，三联书店，2007。

关中蒙难

所谓“民国十八年年馑”，实际上从 1928 年（民国十七年）就已经拉开序幕。从南京去酒泉探亲的刘文海先生，于 1928 年 12 月路过陕西，就发现“沿路麦苗未安，灾民满目。在咸阳街上购食时，为饥民包围，不忍独饱，邀众共食”[①]。在 1928 年元月各县向省府的报告中，那些惨不忍睹的文字就已经宣告了一场人家浩劫的来临。

陇县：现在树皮、槐叶剥食无存，酸枣、草根搜掘殆尽。全县 6 区已实有灾民 8 万以上，逃亡的 5000 口以上。不时有饿死人的消息，请求省上立即救济。

泾阳：因缺乏食物而上吊自杀身亡的有：李坊堡的吴草娃、县东里的赵裁缝、瓦王村的王玉善、首张里的杨增全等 4 人；此外，夏村里的岳文夫妇，因为饥饿难忍，先把自己不满 3 岁的小孩子活活勒死，然后夫妻双双服毒自杀。现在（民国 17 年 1 月），全县已饿死的有男 45 人，女 20 人。

白水：草根树皮早已被剥食干净。每天大路上东来西往的尽是饥饿的灾民。到处都有饿死的人。县城北马家堡，有个叫陈老六的，因为饥饿痛苦实在难熬，有意在食料中放了毒药，把全家 6 口全部毒死。

三原：灾民吃的多是棉花叶、茨荆之类，大程镇附近的灾民，把房顶上霉烂的梁椽拆下来，捣碎磨细掺入棉花叶、麸皮中，做成饼子充饥。不时有人因吃了这种饼而致死。

西安：1 月 15 日天下大雪后，北风凛冽，寒气刺骨。省城内已无多少食品可吃，灾民又冻又饿。据公安局连日来的报告，北大街老菜市以东，东大街古物商店，盐店街风火洞口，新城南门外，北柳巷口，浸礼会门口等处，发现男女数十人的尸体。

关中西府，地处八百里秦川最西部，这里土地肥沃，气候温和，物产丰富。因为临近秦岭最高峰——海拔 3500 多米的太白雪山，这里大多数

① 刘文海《西行见闻记》，甘肃人民出版社，2003。第 3 页。

年份都降雨量充沛，堪比江南气候。这种得天独厚的地理环境，为西府人提供了极其优越的生存条件。因此，像民国十八年年馑这样的特大旱灾极其少见，也因此给西府造成的灾难更为深重。很多经历过那场旷世奇灾的幸存者，提起“十八年年馑”和“万人坑”来，仍不寒而栗。

民国十七年到十九年（1928—1930）的这场持续大旱灾，波及整个华北，但受灾最重就是陕西，而陕西的重灾区则是人口密集的关中，西府尤其灾难深重。往年风调雨顺的西府，连续三年没有下一滴雨，碌碡三年没翻身，路上的尘土厚得能埋人；三年六料庄稼，颗粒未收。

从民国十七年开始，西府全境就夏秋无雨，冬季无雪；麦种子下地如同架在楼上，根本发不了芽，夏秋连料绝收。苦不堪言的农民期盼改过年去，时来运转，风调雨顺，哪料民国十八年又遭遇了历史上罕见的大旱灾。这场雪上加霜的大旱灾，使很多家无隔宿之粮的贫苦人家顿时崩溃，一场席卷西府全境大饥荒铺天盖地而来。“十八年年馑”从此成为西府人心中最可怕的字眼。

据说当时，宝鸡县一带热风时起，自春至秋滴雨未降，大旱 12 个月，井泉枯竭，河道断流。宽阔的渭河往日可以通舟舸，而当年却在河道里行马车。甚至连根深叶茂的多年老树也大半枯萎。依靠杯水车薪的井水灌溉，夏粮勉强收成了不到两成，而秋粮干脆就颗粒未收。往年绿野千里的渭河平原，如今整个赤地千里，满目苍凉，令人惨不忍睹。

《宝鸡县志》记载：“民国十七年宝鸡亢旱十二个月，禾苗尽死，夏秋无收，粮价腾飞，人曾相食。”“民国十八年，天大旱，全年无雨，渭水涸竭，车马通行，禾苗枯死，颗粒无收，亩地换小麦一斗，草根树皮食之殆尽。灾民为了生存，拆房卖地，鬻妻卖子，换粮糊口。无奈中，壮者外逃求生，弱者坐以待毙，乞讨者甚多，饿殍遍野。”

《岐山县志》记载当时的惨状：“无麦无禾，麦仍失种，山童赤地，菜根亦断，拆房卖薪以糊口，然斗麦价七八元，房尽而粮仍绝。”当时囤积有粮食的豪门富户乘机抬高粮价，斗麦从四五角钱猛增至二十元（银元）。草根、树皮掘食已尽，许多村庄已经十室九空。郿县马家庄原有 31 户人家，竟有 28 户因灾绝户。

为了求生，灾民们纷纷涌入城市，白天乞讨于街头，晚间露宿檐台。不少人饥寒交迫，贫病交加，口吐黄水，断气声绝，陈尸道旁，填于沟壑，也无人收尸掩埋。鉴于此，政府只得在宝鸡市西门外挖了两个深坑，名曰“万人坑”，将尸体扔进坑内了事。

在扶风县，贫苦农民饿死者日有所闻。扶风县城和绛帐镇平均每日死亡者不下百口。廊檐、街道死尸横陈，时值炎夏，不及分别掩埋，遂掘坑集中掩埋，亦有“万人坑”。扶风全县原有人口 160415 人，当年死亡 52170 人，外逃 12337 人。县东乡的南寨子、南郡村甚至已经绝了人烟。

相比较为富庶的宝鸡、岐山、扶风，千阳、陇县和麟游县更是赤野千里，青草全无，苗尽枯槁，饥民盈野，草根树皮剥食殆尽，饿殍载道。凤县“饥民以树根、树皮为食，入山逃荒者络绎不绝，横尸遍野”。凤县西门外同样也挖了万人坑，以收集饿死饥民的尸体。

更为可怕和诡异的是，在这场持续巨旱的惨境中，扶风县在这年冬天竟然遭遇到了特大暴雪。这场暴雪并不是什么瑞雪，而是落井人遇到的从天而降的飞石，直接将苟延残喘的饥民置于绝境。民国十八年“十一月初，连降大雪十余天，平地深及人胫。腊月初又降大雪，气候极严寒，渭河、沣河全部封冻，冰厚近二尺，兽力于冰上行走畅通无阻。百年柿树、石榴树被冻死……正月十四、十五，又连降两天大雪，雪片大似铜钱。北部山区道路阻塞，狭口雪深丈余，无法行走。……贫民有冻掉手指、足趾的，……全县死人达六分之一”。

这年腊月，与扶风相邻的岐山县也“遭受大风雪，饥民多冻死”。

据陕西省“赈济会”当时的统计，凤翔、扶风、岐山、郿县，四县共受灾 306678 人，死亡 186322 人，出逃 43440 人。死亡率超过 60%。大灾之后，凤县人口减少了 6 万人。

这场灾难是漫长的。民国十九年，西府的干旱仍在继续，不少县甚至持续干旱到民国二十一年。在此期间，各县又发生了春寒、霜冻、暴风、冰雹、黑霜等自然灾害，收成大减。旱灾还没有结束，蝗灾又起。民国十九年六月，蝗虫成群，遮天蔽日，令人生畏；所到之处，禾苗被扫食殆尽，收成无望。

这场千古奇旱，最后在一场暴雨酿成的水灾中结束——当雨终于在人们的期盼中到来的时候，竟也是以灾难的形式降临。

民国二十年夏，头年遭遇暴雪的扶风，再次遭遇暴雨。渭河河水暴涨，溢出堤坝，渭河两岸水深过丈，秋庄稼悉数被淹，许多窑洞因暴雨淋浇而崩塌；劫后余生的农民几乎在劫难逃，死亡极其惨重。稍晚一些时间，眉县也连降暴雨，山洪爆发，冲毁庄田，平川一带尽成泽国；水涝所及，墙倒屋塌，人畜淹死者无数。宝鸡渭河南岸也暴雨成灾，洪水溢出清姜河两岸，益门桥被冲毁。麟游西部突降暴雨，杜水河涨溢，庄稼被淹 150 亩。凤县秋雨连绵，导致山洪爆发，嘉陵江水泛滥，冲毁农田 225 亩，冲毁房屋 123 家，死亡 26 人……[①]

根据乾县地方志记载，民国十七年，夏收后至冬，天道亢旱，秋禾无收，麦无法下种。民国十八年，大旱奇荒，夏无收，秋禾歉，斗麦价至六七元；是年冬，大雪盈尺，积久不消，树木多冻死，民绝生机。灾难之下，精壮远逃四方，老弱奄息待毙，甚至有全家服毒，同死于牖下者。当时因领赈款、吃舍饭，由乡村而奔于城内者甚多。白天乞食街头，晚间投宿庙内，饥寒交迫，日有死亡。十八年下半年，景况最为惨重，城内每天饿死者少则一二十人，多至四五十人。初，政府发芦席一领，掩尸一具。后来一领席长期使用，烂了再换。原先一人一穴，后数尸同葬一坑。饥民中抱养小孩的，有的常在夜间将孩子弃于富家或商号门前，或抛于路边，忍痛而去。当时，各慈善团体组织的儿童收容所，收容全活 250 多名。乾县原有 169498 人，年馑中死亡 30494 人，出逃 27893 人。

正如水是旱灾的唯一解药，粮食也是饥荒的唯一解药。从民国十七年起，关中粮价便开始飞涨。在粮贵的同时，干旱的耕地反而更贱。当时一亩地才卖一两块，三间大房的木料也只卖到十几块钱，其它农具财物更不值钱。田地卖完了卖房，最后卖儿女、卖老婆。灾荒刚开始时，人们吃麸皮、油渣、豆饼、干苜蓿，这本是往年的牲畜料；人们用铡刀切碎干苜蓿，在碾子上碾碎，再用粗箩一过，就当饭吃，又涩又糙，所以留下话说，

---

① 以上资料来源：宗鸣安《一场饿死二百万人的大灾荒：陕西“民国十八年年馑”史实汇录》，《中国减灾》杂志，2009 年第 1 期。

“干苜蓿糙，荞花（谷糠）扎，油渣好吃难消化，娃娃吃了巴（屙）不下。”这些东西吃完了，便吃谷糠、野菜和树皮。一家人七八口人，一顿饭一锅水，没有多少粮食，几乎全是野菜，野菜吃完了吃野草。老人们先尝，无毒才让年轻人吃。天旱得连野菜、野草也没有多少。“好出门不如歹在家”，最后不是饿死在家里，就是饿死在外头。

灾荒发生时，饿得眼发绿的饥民四处游荡，经常会发生抢食的事情。一块馍常常等不得吃，便被人抢走，你若去追赶，他便将馍扔进粪坑；你一走，他擦掉馍上的粪便再吃。一些饥民成群结队，闯进厨房或饭馆抢食，被打被抓都不在乎，甚至有饥民为活命而不愿出狱。

实际上，饥荒最悲惨的并不是死亡，而是“人相食”。当时派驻陕西的《大公报》记录了无数这样的惨剧：

> 食人惨剧，愈演愈烈，犬鼠野性，更为上肴。一部分灾民，自民国十七年秋季以来，恒以人肉充饥。初仅割食无名死尸，后虽家人父子之肉，亦能下咽。近则隐僻地方，往往捕食生人。
>
> 陇县南七新庄柳姓一家，死亡殆尽，最后其父将其12岁的女儿吃了。花石岩地方亦有被吃死尸一具。
>
> 郿县之井沟村，有郭氏夫妇二人，因绝食日久，无法生活。适正月望后，有逃难出山者三人行抵该村，饥疲已甚。一人进郭家乞食，余皆在外等候。逾时不返，二人进入室内窥看，此人竟被郭氏夫妇缚于柱上，手由塞口吧刀斫伤头部，血流如注。两臂之肉，已割煮X中。二人视之骇走，即狂奔槐芽镇向驻军报告。随即派队将郭氏夫妇拿回审问，该犯直言不讳云：食粮早绝，无以为生，已食死尸三具，活人两身，恳速枪决，免再受这饥饿之罪。又该县王村有杨姓者，亦因饥饿难忍，竟将一饿至奄奄待毙之人杀而食之。

赈灾救济

从民国十七年至民国十九年，不仅关中和华北，事实上全国各地都发生了不同程度的灾荒，各地为了有效地组织人力、物力，进行赈灾救济工作，从民间到政府纷纷成立了赈灾组织；陕西省于民国十七年成立了“陕西省救灾委员会”，并在各县成立了“救灾分会”。

民国十八年，南京政府成立“全国赈灾委员会”，并公布“民国十八年赈灾公债条例”，按票面九八折发行赈灾公债1000万元，利率月息8厘，由财政部指定在关税增加收入项下，拨给还本付息基金，10年内还清本息。当年9月，“全国赈灾委员会”派出“西北灾情视察团”赴陕。

视察团抵达西安后，陕西省赈务会（即原省救灾委员会）以及民政教育等政府官员陈述了灾情，期望得到国内外各界重视与支持，拯救陕西灾民，否则“陕西将有灭绝人种之危险。”视察团一行于次日来到西安附近的西北二乡、东菜园、含元殿、孙家湾、坑底寨、二府庄、大白杨、火烧壁、西十里铺等地视察。只见秋田枯萎，焦如火焚，玉米只有一尺来高，收获不足一成；地里的棉花也只有一拃高；农民家里吃的只有糠秕，有人甚至吃白土度日。

视察团的车子行驶了不到5分钟，遇见路旁饿死者就达10多个。行走中，一股奇臭扑鼻而来，才知是“万人坑”里死尸腐烂后发出的恶臭。走到“万人坑”，大家看到了更凄惨的景象，偌大个土坑，塞满了尸体；四乡仍不停地往这里运死人，都来不及掩埋。

目睹这番惨象，视察团先后向全国各大报馆多次拍电通报灾情——

12月1日电。上海日报公会，南京复旦社，天津《大公报》，北平《益世报》，前外茶儿胡同十四号马芷庠先生均鉴：关中友重各县，除渭滨滩地稍有收获外，余皆秋收毫无，麦多未种。行其野田地荒芜，蓬蒿没胫。草丛中不时发见破烂衣服与零乱骸骨，盖未经掩埋已被禽兽啄食净尽之路毙也！入其村但见室多泥门堵窗，无人居住，盖自入春以来，俄毙者先后相继，多至绝户。村人埋不胜埋，只泥堵其窗户，希图苟安于一时，以致近日各县疫病流行，死亡枕藉。传染既易，死者益多，尤以省西之眉县、乾县、礼泉、武功、扶风等县，渭北之大荔、蒲城、澄城、合阳、三原、泾阳等为最甚。现天仍亢旱，洼地麦苗且日已枯死，滨水之区亦尘深尺许、高原更可想见。且人秋以来、陕南兴、汉所属共五县，亦迭遭水、旱、蝗、雹、匪各灾，日加惨重。灾民除采自树皮草根水之浮萍外，并有掘食一种白土，俗名“观音粉”者。食用既久，往往腹中结成石块，膨胀以死，灾情如此、中外善士若不设法救济、全陕将不免有绝人之患。王淡如、蔡雄霆叩东。

次年2月6日电文：

顷据调查员报告！吾陕各县秋获未收，冬麦未种。兼之战争复起，交通又梗，灾民际此，惨痛愈甚。尤惨者，妇女被人贩卖者计达十余万，沦为娼妓者亦为数不少。长此以往，陕西人种将濒临绝境。又西安一带，于冬日落雪，厚二寸，但野无青苗，与灾无补，反令饥民冻馁，以故死者日益增加。王淡如、蔡雄霆叩鱼。

西北灾情视察团的报告中称：

武功人口十八万，饿毙七万余，逃亡五万余。近城四十里无人烟，只大堡一座，前有八百余户，现存者仅六家耳。人民求生不得，转而求死，故投河者有之，坠井者有之，吞烟悬梁者亦有之。如妇女被贩，在亚柏竟有人市，价格高者八元，低者三四元不等；妇女出卖后，小儿无人照管，街头巷口，呼爹喊娘，尽是无靠赤子……[①]

据陕西救灾委员会当年统计，在全省92个县中，发生旱灾的县达91个，除滨渭河各县略见青苗外，余均满目荒凉，尽成不毛之地。在91个灾县中，有特重灾县24个，重灾县27个，一般灾县15个，轻灾县25个。长安、武功、凤翔、扶风、乾县、岐山、郿县、兴平、咸阳、临潼、渭南、盩厔、蒲城、郃阳、宝鸡、陇县、澄城、淳化、长武、褒城、礼泉等县为

① 《陕人无唯类矣 各县人民死亡逃难者过半 武功县设有人市贩卖妇女》。《大公报》，1929年10月25日。

重灾区。全省 940 余万人口，饿死者达 250 万人，逃亡者约 40 万人。

饥荒发生时，最值钱的是粮食，最不值钱的是人。当时有 20 多万陕西妇女被卖往河南、山西、北平、天津、山东等地。妇女当时卖价每人二三元不等，儿童更低，一个人抵不上一升粮食。很多妇女为了活命，甚至分文不取，“谁引我，紧相连，不要银子不要钱”。

1931 年 1 月 19 日，国民政府监察院长于佑仁在南京国民党中央总理纪念周上，做了题为《陕灾述略》的报告。报告中指出，陕西饿死与逃荒者达 200 多万人，两年内陕西青年妇女被卖到山西的，仅风陵渡一处可查稽者达 40 多万人。之前于右任携 20 万元现金回陕救灾，目睹故里惨状，挥泪赋诗：

迟我遗黎有几何？
天饕人虐两难过。
河声岳色都非昔，
老人关门涕泪多！

由于陕西的灾情特别严重，引起了全国上下的重视，《大公报》还专门创办了一份募捐宣传的《陕灾周报》。在省内外无数绅士学者的奔走呼吁下，全国不少政府机关、民间团体及个人，纷纷捐款捐物，支援陕西赈灾工作。至民国十九年初，共收到赈款 1489500 元，其中南京政府、全国赈灾委员会、冯玉祥、于右任、胡次珊、宋哲元等人及上海红十字会、北平红十字会等慈善团体都捐献了大量善款。此外，还收到了从全国各地零星募捐来的款项，共计 37700 多元；其中，有捐几百几千的，也有捐几十的，有个捐款人署名“人民自卫团隐名氏”的捐了 1 元钱。

《同官（今铜川）县志》的“合作救济志”一章记载，“民国十七年，自夏至冬不雨。十八年，旱灾，大饥，斗粟七元余，人食树皮树根殆尽，死者无算。省赈会发赈二千元，面粉二百袋，华洋义赈会发洋一千元，省政府拨发种籽费三千元，地方捐赈六千三百六十八元”。

民国十八年这一年期间，陕西省赈务会代表奔走于南北诸省，一方面努力募捐，一方面从汉口和上海等地购买粮食。另外还获得赈灾公债 200 万元，实得 133 万元。这些钱物粮食等，对于陕西 800 万灾民来说虽是杯水车薪，但聊胜于无，多少还是解决了一部分灾民的困难。

同时，陕西赈务会在西安地区设立了妇孺收容所，收养流离失所的妇女和儿童。第一收容所在四川会馆，第二收容所在城隍庙，第三收容所在一家平民住所，第四收容所在红十字会，第五收容所在商县会馆，第六收容所在城南兴善寺。西安四周及各县也都设置了施粥厂，由赈务会发给受赈者食粥票，填明地址姓名，并造册给粥厂存查。施粥时，检票员查验食粥票，核对底册，然后饥民持竹签排队进厂，男女分列，老弱在前，少壮在后，每人一勺。为防止饥民饱食过度撑死，每人最多只能吃两勺。食粥后竹签收回，食粥票发还本人。

在办施粥厂和收容所的同时，省赈务会还积极进行了平粜、开渠、区田、凿井、筹赈等事宜。

民国十九年（1930），国民党元老、华北慈善会会长朱子桥来陕赈灾。在灾情最重的扶风县参拜法门寺，朱子桥在此起草了《重修法门寺真身宝塔义赈》，呼吁全国各界继续赈灾。

传统时代，一般遇到饥荒，民众多以典当借贷渡过难关。对贫困之极的农民来说，只能抵押土地、耕畜和农具，甚至卖妻鬻子。民国十七年，凤翔县抵押土地占 1%，到民国二十二年，增至 5%。相比之下，渭南达到 15%，绥德更是高达 58%。大灾之后，农民即使侥幸得活，也一无所有，导致大量耕地撂荒。根据当时的统计，关中被荒芜不耕的田地占总耕地面积的七成以上，岐山县稍低，也有半数土地荒废。渭河两岸多为肥沃水田，直到民国二十二年，还有 16 万亩无人耕种的荒地。

关中社会几乎是完全的农耕世界，基本没有多少生产节余，而工商业几近于无；一遇灾害，便毫无自救能力，除过坐等政府救济，没有其他任何生活来源。在死亡威胁下，农民只有卖掉牲口、家具、房梁、树木和农具。大灾过后，不仅人没有了，村镇、房屋和树木也都被毁灭殆尽；即使有幸存者灾后重返家园，也是贫困无着，连基本的农耕工具都付之阙如，恢复生产都很难。灾荒之后，劳动力大减，没有耕牛、农具和种籽，能够勉强进行耕种的，也只能以人代牛，“以两人扛一长椽，有绳系椽之中，下拖一犁，前者挽，后者推，行颇迟，数步一歇，汗如雨下，间有小孩帮耕挽犁者”。[①]

霍乱之乱

与西府相比，西安和东府的境况也好不了多少。

民国十五年，刘镇华围困西安 300 余日，饿死者过半。解围之后，西安人还没来得及恢复元气，一场大天灾便接踵而来，过去没有死于兵匪之患的人们，如今又在劫难逃地流离辗转，死于沟壑之中。这场大饥荒使官商云集的省会西安城中，到处都是没有人管的饥民饿殍。一波接一波的灾民逃难到城市，饥寒交迫的难民使西安陷于崩溃之中。当时的西安市长肖振瀛施行“以工代赈”的方法，召集灾民在尚仁路（今“解放路”）修建了一座“民乐园”，同时开放了破烂市场，灾民可以在此买卖旧货。

在宗鸣安先生的《西安旧事》中，有一段关于饥荒的记述。父母不忍孩子饥饿痛苦，有的一狠心就直接把孩子捂死。书中还有几张记录当时惨状的珍贵照片：有一幅照片上，几个饥民倒在人行道上，周围的人行色匆匆，仿佛没有看到一样；一幅照片是一个母亲和三个年幼的孩子，一个孩子只有上衣，另外两个全身赤露，一家就这样悲惨地饿死在街头。[②]

经历过大饥荒的老人们如此诉说饥饿而死的感觉：走着，走着，就跌倒了，人就死了，像是睡着了一样……如今再回首那一段不堪回首的苦难岁月，不得不悲叹，在大自然的淫威之下，人类的命运是多么卑微可怜，又是多么凄惨多舛。

在连续 4 年水深火热的人间浩劫之后，民国二十一年（1932）春夏之间，郿县、宝鸡、岐山、陇县、麟游接连遭受热风袭击，地里的庄稼在大风中成片枯死，甚至残破栖身的屋顶上的青瓦，都被风刮得如同树叶般飞落。连着热风又是黑霜，刚起身的麦子被黑霜一举打死；紧接着，又是冰

① 《中国救荒史》，第 147、155~157 页。

② 宗鸣安《西安旧事》，西安出版社，2009，第 32-39 页。

雹突降，庄稼地里跟磙子碾过一样，狼籍凄凉，惨不忍睹。凤县先是出现了二月春寒和霜冻，春苗都被杀死；紧接着，7 月在苇子坪、谷叉河一带突降冰雹，大如鸡卵，人畜被砸死、打伤无数，秋作物悉数被毁。而在凤翔、陇县和千阳则发生了水灾。

屋漏偏遭连阴雨。灾难并没有到此结束，灾难深重的西府被推入又一个深渊。大灾之后必有大疫。旱灾期间，由于大量尸体根本来不及处理或处理不当，随着温度升高，尸体腐烂。时人描述“当此春发之际，熏蒸尤奇臭气味，最足致疾，而号腹之灾民，难胜病磨之缠绕，是以死者日众”。各县“饿毙者十分之三四，而病死者十分之五六”。[①]按这个比例计算，仅当年死于瘟疫的人口数至少就达到了数十万。

民国二十一年六月之后，西府地区爆发了“真性霍乱”，又称“虎烈拉”，人们也叫“转筋霍乱泻”。这种传染病的最大特点是传播快、发病快、死亡快。因为是烈性传染病，亲友们也不敢探望，死者也不敢去掩埋。在瘟疫最严重时节，虢镇每天死于此病的多达四五十人，高家陵村 31 户病亡死绝。

虢镇的疫情最为惨烈，人们在南北两头挖了两个“万人坑”。刚开始，先死的人还用棺材成殓；等到越来越多的人感染死亡，棺材已经不够用了，只好用席子一卷；等到后来，很多人家全部死绝，最后死的人往往已经没有人去抬尸掩埋，暴尸于家中，无人过问。一群一群的野狗和狼，走街串巷，入村进户啃食死尸……如同世界末日一般惨不忍睹——

李四早上埋张三，
中午李四升了天；
刘二王五去送葬，
月落双赴鬼门关。

根据记载，陇县县城一天病死近百人，从东街到西街，死于疫情者

① 夏明方《民国时期的自然灾害与乡村社会》中华书局，2000，第 76 页。

饥荒中饿死的凤翔灾民。

达1200多人。千阳县城死于“霍乱”的也不下千人，城南平江营与三义庙处都有葬埋病死者的万人坑。

疫势之猛烈，各地方志都有记载：大荔县“民国二十一年六月上旬疫大作，西人谓之虎列拉，即中医谓霍乱症也，两旬之间，城内军民死者达千余人，而乡间不计也”;礼泉县“民国二十一年七月初旬，时疫霍乱盛行，得病者吐泻兼作，顷刻即死，计全县死者逾五千余人”。

旬邑县城有李某，以卖小吃为业，突染病，当日毙命，当晚其妻与一子也死去，剩下的奶娃随后也死。遂由该巷传染，至城内及县城周围，一起流行起来，来者甚速，再加上缺乏医药，感染的病人只能束手待毙，到处都是呼天号地的哭声，袒胸裸臂的死尸随处可见，尸体腐烂很快，全城臭气熏天。从早到晚，所见之人都面色苍白，一脸惊恐，一手捂着鼻子，一手持香。有的人祈求神佛保佑，有人门悬草人、红裤和白碗以辟邪。“最可伤者，父背其子尸，子抬其父棺，往来不绝，口内只叹道：上天收生，或云外人使汉奸下毒于井。众言纷纭，语论不绝，其情之惨，目不忍视，种种苦况，诸纸难宣。”[①]

因为南北都是山，当时关中地区经常有狼群出没。在瘟疫袭击之下，很多村镇人烟零落，死亡的气息引来狼群袭击。一些没有病死、饿死的老弱妇幼，最后又遭遇到了狼群的屠杀和残害。这种耸人听闻的惨剧，在当时几乎不绝于耳。

一般而言，青壮年男子所消耗的基本热量最高，所以一旦遭遇饥荒断炊时，男人往往很容易最先饿死。清末民初的中国，正是缠足陋习最为严重的时期，几乎每个女孩从五六岁开始，就被人为地折断脚趾骨，使其终身行动困难，沦为炕前灶头的生育工具和做饭机器。作为家庭主要支柱的男人一死，剩下的老人、女人和孩子往往没有多少求生能力，因此最容易招致狼群入户袭击。当时关中的乡村院落大多没有院墙，土坯房屋和脆弱的木格窗，根本无法阻挡狼群的侵袭。

根据史料记载，凤翔因瘟疫病倒 9000 多人，其中 6740 多人丧生；凤县亦有千余人死亡。在这场席卷西府各县的超大疫情中，灾后刚刚恢复绿色生机的田园，重新变得一片荒芜。渭河两岸，横尸遍野，野狗成队，野狼成群，村村无鸡鸣，户户少炊烟，到处一片死寂破败的末日景象，令生者欲哭无泪。

这场霍乱之灾过去之后，官方进行了统计，西府五县感染患病者共计 20194 人，死亡 12861 人；其中岐山病死 130 人，麟游县病死 89 人，凤翔县病死 6740 人，郿县病死 1189 人，陇县病死 4713 人。在近代瘟疫灾难中，这场被遗忘的霍乱，所导致的死亡人数之多可谓触目惊心、骇人听闻。在连续多年的自然灾害之后，无处不在霍乱所引发的社会恐惧，几乎摧毁了这里的一切。

在这场灾难中，八百里秦川，赤地千里，满目凄凉，关中西部尤为严重。关于陕西全省人口损失数量，至今说法不一。据国民政府有关资料统计，民国十七年全省 91 县（包括西安、长安）户数 210 余万户，1180 余万人，民国十八年灾荒波及 80 余县，同年 11 月全省死亡达 250 万人，外逃 40 余万，

---

① 马志超《对二十一年虎烈拉流行的所见到一段感想》，《陕西卫生月刊》第 2 卷第 6 期，1936 年 12 月。转引自：《民国关中社会生活研究》，第 114 页。

灾民535万余人，全省人口锐减至860余万。[1]据陕西赈务委员会事后调查，关中37县，在灾荒中离村人口超过200万，其中妇女达100余万，被贩卖的妇女达30万。在灾情较重的县份，人口大量减少，如武功人口从18万减至9万，扶风从16万减至10万，岐山从17万减至13万。[2]按照李文海先生的估计，连续三年的旱灾，再加上疫疠及流亡等原因，陕西全省损失了70%的人口。[3]

痛定思痛

关中与陕南山区、陕北高原并列陕西三大地理板块，而关中人口最为密集，也最为富庶。号称"八百里秦川"的关中，自古就是中国黄土文明的发祥地，也是中国皇权文化和大一统国家体制的摇篮。关中作为周、秦、汉、唐四大农业王朝的立国之基，其农业历史也最为悠久，几乎可以作为中国农业经济模式的一个典型标本来看待。虽然华北地区号称"十年九旱"，旱灾几乎是最常见的自然灾害，但渭河流域的关中盆地相对黄河上游和下游来说，灾害的频度要小得多；或许正因为如此，持续数年的连续灾害最终酿成极其惨重的民国十八年年馑。

如今，这场灾难已经过去80多年，回首这段历史，可以发现许多导致这场旷世灾难的肇因——

首先是生态环境的恶化。远古时代，关中的自然资源极其优越，几乎从无缺水之虞。关中平原有著名的渭河、泾河、洛水、灞水、浐水、沣水、滈水、潏水和涝水，还有鹤池、盘池、冰池、镐池、初池、糜池、蒯池、郎池、牛首池、积草池、东陂池、西陂池、当路池、洪池陂、苇埔、美陂、樵获泽等湖泊。由于河湖池沼众多，被称为"陆海"、"天府"或"天府之国"。[4]早期的渭河流量很大，著名如"泛舟之役"。从秦汉直到隋唐时期，

---

① 李振民《陕西通史·民国卷》，陕西师范大学出版社，1997，第165页。

② 《中国救荒史》，第110页。

③ 李文海《中国近代十大灾荒》，上海人民出版社，1994，第174页。

④ 王双怀《五千年来中国西部水环境的变迁》。《新华文摘》2004年第22期。

江南的粮食和其他物资，都是溯黄河而上，转渭河运入长安。唐诗中说渭河“风帆一片水连天”，还有“秦地有吴舟，千樯渭曲头”等。宋代以后，关中失去中心地位，水利失修，同时通过渭水将西部山区的木材东运。斜峪关曾有许多造船厂，年造木船 600 多艘。明清以来，一方面植被遭到严重破坏，秦岭和岐山一带的森林资源逐渐被消耗殆尽，盩厔到洋县的 300 里间，砍伐林木的人经常不下数万；另一方面渭水流量逐年减少，西安以上经年断航。这二者其实互为因果。[①]

其次，粮食产量限制。在传统农业经济中，单位土地的粮食产量几乎没有太大变化，“百亩之收不过百石”（晁错语），也就是说每亩产量为 120 斤。以关中的主要作物小麦来说，一般均产为百余斤。根据历史资料，民国十八年，全国平均小麦亩产为 146 斤；民国二十四年，渭南县平均亩产 88 斤；民国二十八年，华县平均亩产只有可怜的 34.7 斤。这尚且是没有遭灾的正常年份的丰收亩产。如此低的粮食产出，不仅跟今天无法相比，就是跟古代相比也存在很大差距。秦汉时期高产样板田的产量可达到近 300 斤，可见农耕早期土地肥力非常好。2004 年关中夏粮丰收，创历史最高纪录，岐山县 40 余万亩小麦平均亩产为 368.6 公斤，即 737 斤。

第三，农业技术落后。因为种子限制，2000 多年来关中农业一直延续稀植习惯，每亩小麦下种 10 斤，苗数 10 万株，成穗 20 万株，理想产量 200 斤。如今抗倒伏种子可以做到密植，下种和产量都翻了一番以上。农药技术和化肥技术在民国时期几乎还是梦想，仅有的人畜粪尿远远不能解决土地肥力下降的困境。同时，被人类彻底驯化的植物，其生存能力是极其脆弱的。有一点农业知识的人都知道，在粮食作物如水稻小麦拔青的季节，或者玉米抽穗的季节，不要说持续干旱几个月，就是干旱半个月，粮食减产都会非常严重；事实上，在民国十八年大旱中，连种子发芽都成为痴人说梦。

第四，灌溉技术限制。在持续干旱的情况下，一般只能采取人工灌溉技术。关中属暖温带半干旱半湿润季风气候，降水量不够充沛，季节性变率大，时空分布不均匀，水一直是制约关中农业的瓶颈。关中土厚而泉深，

---

① 史念海、曹尔琴、朱士光《黄土高原森林与草原变迁》，陕西人民出版社，1985。

郑国渠帮助秦国从这里崛起，这块“神皋沃区”在汉唐之后盛极而衰。“唐虽建都于关中，但渭北之渠，灌溉仅万顷，反而不如秦、汉。至于宋代的水利灌溉，在政府方面虽颇为注重，但灌溉事业的功绩也不如前代。”[①]隋唐时代，朝廷为了解决吃饭问题，不得不建立东都，常常去洛阳“就食”。自唐末黄巢之乱，大灾大旱的噩梦不断，人相食不绝于书。宋代张载写给苏东坡的诗中说：“生无定业田疆坏，赤子存亡任自然。”明成化二十一年（1485）前后，关中连岁大旱，百姓流亡殆尽，人相食，十亡八九。崇祯十三年（1640），陕西大旱，人相食，草木俱尽。“关中水利，今古艳称，而自清代乾嘉以迄咸同，兵事频兴，奇荒屡值，官民两困，帑藏空虚，河渠多废而不修，民间复规便种艺。”民国时期，土匪与战乱不断，关中原有的古代水利设施绝大多数已废毁；绝大多数农田已经退化成靠天吃饭的旱田。以1949年的东府为例，华县有耕地46.69万亩，可灌农田仅1.21万亩；渭南县142.59万亩耕地中，只有1.37万亩水浇地，大县大荔耕地面积为182.09万亩，水地仅有4万亩。可见关中地区水田仅占全部耕地的1~2%。如此微不足道的水田比例，若遭遇大旱只能仰天长叹了。民国政府经济部长翁文灏后来巡视西北时就说，“常记民国十八年，陕西曾患大旱，相传死亡者达百万人。此极惨之事，全由水利失修之故。”[②]

值得一提的是，水泵技术在当时仍停留于原始水车阶段，现代水泵尚未得到运用。由电力驱动的水泵要比人工汲水效率高得多，提取地下水以弥补降水量是现代普遍的抗旱手段。而在当时，由于渭河干涸，泉水枯竭，地下水位急剧下降，导致大多数水井干枯见底。在没有任何现代勘探技术和机械技术的条件下，挖掘深水井费时、费力且危险，成功率也不高。即使挖掘成功，极低的水位只能使用辘轳摇水，汲水实属不易。干旱到极点时，人畜饮水都困难，更不用说以水浇地了。

第五，政治腐败动荡。这场巨大灾难降临时，正是中国由北京的北洋政府向南京中央政府转换时期。连年的北伐内战引发了国内持续的政局动荡，刀兵四起，铸犁为剑。政府机构脆弱不堪，从国家到地方，官员如

---

① 《中国救荒史》。第381页。

② 翁文灏《开发西北经济问题》。

同走马灯一般极不稳定。灾难发生前的西安围城和全省性的“剿匪行动”，早已经使国家和社会弹尽粮绝，濒临崩溃。这场灾难发生时，朝不保夕的政府心有余而力不足，既无力提前警告，又无力灾后施救。民间不少富户豪强囤积居奇，不仅见死不救，反而大发国难财。老政府和新政府都缺乏有力的备灾备荒准备，无法进行有效的应对。相反，建立在农业经济上的税收政策使农民负担极其沉重，连年不断的破坏性的战争，将损失和成本都转嫁于农民；在层层盘剥之下，大多数农民在丰年可勉强维持，一旦发生意外灾难，毫无回旋余地和自救能力。虽然新成立的南京政府在赈灾过程中也有过相应的努力，但面对遍及全国的巨大的灾难，几无家底的中央政府对关中年馑所能提供的救助，不过是杯水车薪，象征意义大于实际意义。在连续的旱、涝、蝗、冰、疫五毒俱全的巨灾之下，大多数人的悲惨命运已经注定在劫难逃。

当时，野心勃勃的冯玉祥为中原大战筹措粮饷，税赋已使陕西农民近乎赤贫。“陕西自群獠盘踞以后，……九百万百姓喘息于恶魔毒爪暴虐之下，求死不得。而九百万奄奄一息之灾民，下令每亩捐麦一斗五升，不论贫富，按亩征收”[①]。1931年（民国二十年）5月19日，于右任先生在一份官方报告中批评道：“自民国开国后，不论北洋军阀势力如何顽强，但南有粤而北有陕，革命之势力总时时与军阀奋斗。总理所倡导之义举，陕西亦无役不从。当时在南方则地方富庶，尚有华侨供给，在北方则无一可恃。粮也要穷百姓供给，草也要穷百姓供给，军中一物一事。无不要穷百姓的汗血钱，故地方已精疲力尽。”

第六，交通困难。民国十八年时，陇海铁路尚未修到西安。汽车和公路在当时尚属新鲜事物，公路建设刚刚起步，且是土路，也不存在全国性的公路网。当时的运输工具主要靠船和马车。关中交通完全依赖渭河航运，[②]

---

① 转引自：赵楠、侯秀秀《1928-1930年陕西大旱灾及其影响探析》，《邢台学院学报》2012年9月。

② 在陇海铁路贯通关中之前，渭河是主要运输通道。当时宝鸡到咸阳一段，凡陇南的药材，四川的卷烟，汉中的茶叶，多于虢镇码头装船，或木筏东下。咸阳临近西安，兴平、武功一带的棉花、小麦也多自咸阳装船下运。西安至潼关，更是水运要道。西安城北的草滩码头分为上中下三类，非常繁忙。

但旱灾导致河道干涸，使船无法行驶。马车运输因为本身消耗大，效率极低，而且兵荒马乱，抓夫派差，使民间运输几乎断绝。地方势力的武装割据也使交通阻隔。交通困难，一则使难民无法逃离灾区、获得救助，二则使赈灾救助无法及时送到灾民手中。据当时的记录，往关中运去一石米的路费，竟然要花费 10 石米，如此高昂的交通成本也是造成灾荒恶化的一个重要原因。

对这场灾难，割据西北的大军阀冯玉祥难辞其咎，他为了中原大战筹措粮饷，陕西的税赋极其沉重；更为邪恶的，冯玉祥为了阻断交通，在饥荒爆发前的 1929 年，破坏了平汉铁路、陇海铁路，使陕西被彻底隔绝。于右任发现，赈粮山积于洛阳火车站，却没有火车将之运往西部。

当时南京政府新立，励精图治，也曾发动舆论，使关中饥荒引发全国关注。虽然各方人士捐募的粮款在外省待运，只可惜陕西交通环境恶劣，政治局势动荡不定，对救灾的态度有所保留。对南京中央政府来说，冯玉祥就是最大的敌人，因此借口为防止被地方军阀土匪劫掠，上海、徐州、蚌埠、丰台等地的赈粮，只能小批量地运往陕西，使灾荒迅速扩大。

第七，鸦片之害。鸦片最早作为权贵的奢侈品被英国走私进入中国，从而引发两次鸦片战争，最后导致清政府倒台。进入民国后，屡禁不止的鸦片已经成为大众消费品，中国也已经成为全球最大的鸦片生产国、消费国和出口国。清末时期，中国男子中瘾君子比例一度高达 70%；关中也是吸食成风，“乃至老少奔波，男女争嗜。始而城镇，继及农村；始而富豪，继及贫窭。倚枕燃灯，俾昼作夜。而通都大邑之间，有斯癖者，竟十居五六焉”[①]。从经济考虑，种植鸦片优于种植粮食，“如有田 2 亩，用以种粮，每年可得 20 元，尚不足以完税，如种鸦片，可得 100 元，即能盈余 50-60 元。”[②]早在清末，陕西就是中国鸦片的主要产地之一，民国时期种植面积进一步扩大，主要集中在关中地区。鸦片经济的兴盛，一方面使无数农民因吸毒而致贫致病，1901 年来陕西调查灾情的美国人尼科尔斯就发现，“在陕西的道路旁，会看到很多以乞讨为生的人，其中大多数是鸦

---

① 《续修陕西通志稿》卷三五。

② 董成勋《中国农村复兴问题》，世界书局，1935。第 48 页。

片吸食者”[①]。另一方面鸦片占用大量耕地，挤占本来就低至温饱的粮食生产。值得一提的是，当时尚未进入商品时代和石化时代，用于制作衣物的棉花同样需要占用大量耕地，使粮食空间更加受到挤压。

民国时期，鸦片税成为地方政府的主要税源，鸦片甚至还具有货币功能。1920 年，陕西督军陈树藩与省长刘镇华推行鸦片经济，每亩大烟可征收 30 元税金。此后，关中几乎无县不种鸦片，少则数百亩，多则数千亩，甚至上万亩。全省罂粟种植面积甚至一度达到农田总面积的 90%。[②]1925 年盩厔县植烟面积达到 30 万亩，全县的吸食者占总人口的 21%。[③]党晴梵于民国二十年在《陕灾月刊》上撰文指出："在关中西部的郿县，水田肥地皆种烟苗，农民大多吸食鸦片，致使粮食异常缺乏，而农民体力又弱，一遇旱灾，即束手待毙。村落为墟，田地荒芜。"埃德加・斯诺几年后来到陕西，沿途看见的都是等待收割的罂粟——

> 陕西长期以来就以盛产鸦片闻名。几年前西北发生大饥荒，曾有 300 万人丧命，美国红十字会调查人员，把造成那场惨剧的原因大部分归咎于鸦片的种植。当时贪婪的军阀强迫农民种植鸦片，最好的土地都种上了鸦片，一遇到干旱的年头，西北的主要粮食作物小米、麦子和玉米就会严重短缺。[④]

饥荒发生时，瘾君子无疑成为最早一批受害者。吸烟者一般为男人，一旦鸦片断绝，吸烟者顿时崩溃。失去男人保护，行动不便的小脚女人和老人孩子也随之陷入困境。

第八，马尔萨斯陷阱。人口学鼻祖马尔萨斯认为，人口呈几何级数增长，而粮食呈代数基数增长，因此人口的增长要快于粮食的增长；当人口

---

① 弗朗西斯・亨利・尼科尔斯《穿越神秘的陕西》，史红帅译，三秦出版社，2009。

② 《中国烟祸年鉴》（第一辑），第 8 页。

③ 化世太《陕西民国时期鸦片问题研究（1912~1927 年）》，《河南广播电视大学学报》，第 23 卷（2010 年）第 1 期。

④ 埃德加・斯诺《西行漫记》，三联书店，1979。第 25 页。

超过粮食所能供养的极限时，就会发生饥荒、战争和瘟疫，由此产生的大量死亡，导致人口减少，使人口与粮食重新恢复均衡。在传统农业时代，人类发展屡屡进入马尔萨斯陷阱，在“削减”掉大量人口后，重新回到太平盛世。如隋代原有人口八百余万户，隋末对外穷兵黩武，对内暴力杀戮，至武德有二百余万户。[①]天下死于役而家伤于财，“士卒死亡过半，耕稼失时，田畴多荒”，“黄河之北则千里无烟，江淮之间则鞠为茂草”，“万户则城郭空虚，千里则烟火断灭”；[②]不久之后，“天下大稔，流散者咸归乡里，斗米不过三四钱，终岁断死刑才二十九人。东至于海，南极五岭，皆外户不闭，行旅不赍粮，取给于道路焉”[③]，史称“贞观之治”。之后百余年，人口从贞观（627 年）时的 380 万户，发展到天宝（742 年）时的 1400 万户，“开元盛世”紧接着便是“安史之乱”，丧乱之后，户口凋残，又是“千里萧条，万室空虚”。[④]民国时期的中国刚开始工业化进程，但连年的战争使发展步履维艰，农业和传统手工业仍然是中国经济的主体，工业和商业所占比例极低。也就是说，90% 的人口都是生产粮食的农业人口，粮食剩余本来就极其有限，而且都被新增加的人口所消耗。

进入民国，中国人口增长开始加速。民国十八年，中国人口已经达到破纪录的 5 亿，在当时的生产力水平上，这无疑是一个人口极限。就陕西而言，民国十八年年馑之前，人口总量达到 1300 多万——这是 70 年后全省人口又一次超过 1300 万。同治元年（1862 年），陕西人口第一次达到 1394 万，不久关中即爆发了残酷至极的种族大屠杀，到光绪五年（1879），人口锐减至 772 万。短短 10 余年间，全省人口损失高达 622 万，有一半左右人口死亡。发生在光绪三年（1877 年）的大旱灾同样惨烈，“至咸道时，户口称极盛焉。同治初变起，杀伤几五十余万，亦云惨矣，重以光绪丁丑戊寅奇灾，道殣相望，大县或一二十万，小县亦五六万，其彫残殆甚于同

---

① 《通典·食货志》。

② 《隋书》、《旧唐书》。

③ 《资治通鉴》。

④ 转引自：王大华《崛起与衰落：古代关中的历史变迁》。

治初元”[1]。民国十八年年馑如同同治大屠杀的重演，只不过将人的屠杀换成了大自然的屠杀，活生生地将人口强制减少了一半。“陕西在民国二十二年所调查的人口总数，仅等于60年前（同治十二年，1873年）的96%。”[2]

一场巨大的灾难总是因为很多不祥的因素偶然地相遇在一起，我们很难说哪个因素不重要，或者哪个因素很重要。灾难的发生或者是一种偶然，但也意味着一种必然。灾难之所以发展得如此深重和残酷，是因为很多最糟糕的因素共同发挥作用的结果。顺着这个线索，我们还可以找到更多的原因，比如气象预报能力低，或者医疗水平落后等等。

如果我们将这场灾难同其它发生在关中、中国和地球上的类似悲剧相比较，或许我们就会明白老子曾经说过的那些话的良苦用心："人法地，地法天，天法道，道法自然";"天地不仁，以万物为刍狗"。在大自然面前，人类永远是卑微的、脆弱的。

在传统皇权年代，如果发生大型饥荒，地方官员有责任开仓放粮，或从外省调集赈灾粮，但在民国十八年，这一切救灾机制全部失效。即使到了民国二十二年（1933年），那场饥荒似乎已经过去了，但实际情况并没有多大好转。一个中国农村调查团在考察陕西期间的日志中记录了当时的惨景：

> 7月4日。我们调查了西碴磨村。西碴磨村有水浇地，水来自一条河。当干旱发生时，小河干涸，水浇地变成了旱地。在这片水浇地上常种植鸦片，县政府从这块地上收税。今年三月农民不得不吃树皮草根。五月以来，他们除了草以外，几乎没有任何东西可吃。他们还吃油料的渣滓和麸糠等等。现在正在收割小麦，他们才见到面粉。他们将面粉与麦糠混在一起，加上水做成汤，称为“盆汤”。一个人一顿吃不到两块面饼，有些天一人一天只吃一顿。饿死、病死、逃荒、卖身为奴，是为常事……[3]

① 《续修陕西通志稿》卷三一。

② 《中国救荒史》，第142页。

③ 《剑桥中华民国史》（下卷），第267~268页。

多灾多难

农业经济从来就是充满风险的，这种守株待兔、枯燥无味、极其辛苦的劳动模式，使中国人成为世界上最能承受和忍受的民族。人本来就是自然之子，而农业几乎全依赖自然的赏赐。即使在农业生产技术已经取得巨大发展的今天，自然变化仍是影响人类粮食生产，乃至农业波动的主要因素。

从历史上看，位于季风区的中国一直是一个自然灾害频繁的国家。依中国科技史专家李约瑟的统计，“中国每 6 年有一次农业失败，每 12 年有一次大饥荒。在过去 2200 多年间，中国共计有 1621 次大水灾，1392 次大旱灾，很多时候旱灾和水灾同时出现”。以黄河为例，这条养育了中华民族的母亲河，在民国以前的 2500 年间，决口 1500 多次，改道 26 次，真是三年两决口，百年一改道。一个以农业为主要谋生方式的民族，是无论如何对付不了如此密集、暴烈的天灾的。即使风调雨顺的年景，收成也有限，能挣个温饱就已经不错；一旦遭遇凶年，转眼间就会衣食无着，难以为生。随着自然灾害频繁地出现，人们时常遭受着饥饿和死亡的威胁。从某种意义上来说，中国传统的农业经济确实就是“糊口经济”，至少对大多数底层民众来说就是这样。

奇异的现象是，天灾似乎总是与人祸结伴而行。近代中国可谓灾难深重，虽然西方列强的入侵并没有造成大规模的直接杀戮，但国内白莲教、太平天国、捻军、白彦虎等大规模的起义和暴乱，清政府残酷的镇压与报复，由此形成的战乱此起彼伏，一波接着一波。与一场场人祸相伴而行的是天灾：光绪二年（1876 年）华北连续三年大旱，黄河中下游地区有 1300 多万人死亡；光绪二十二年（1896 年），一场台风和海啸扫荡了刚刚兴起的中国第一个现代城市上海，10 余万人遭遇没顶之灾。

当时中国人口出生率极高，一对夫妻动辄生七八个孩子，但人口却不见增长，原因是婴儿死亡率奇高，生的多，死的多；死的多，又必须生的多。在如此恶性循环中，人命如蚁。合阳县农民侯永禄曾经记录下他母亲的一段话：

> 我一辈子养过10个娃，现在只有你一个在我跟前，就你二姐五姐在世，那7个都不在了。你三姐贞芳结婚不几年患痨病死了，你妹子京叶5岁害病，让你去街上抓药，药还没抓回来人就死了。还有以前早生的那4个娃，连名字都没起就死了。[①]

进入民国时期以后，饥荒如影随形，已经成了中国人的家常便饭。据出生在中国的美国驻华大使司徒雷登估计，1949年以前，中国平均每年有300到700万人死于饥饿。如此估计，民国时代曾经饿死过2亿以上人口。

“江山千万里，家国四十年”。现代历史学家唐德刚在《战争与爱情》中写道：“我们生活的这个时代，实在也是人类有史以来最野蛮的时代啊。你会相信，哪儿还有人把闷死的幼儿，在锅里蒸着吃？你会相信，有人死了，家人不敢葬，因为葬下去，可能被挨饿的饥民偷去吃了呢？”[②]

1935年（民国二十四年），四川发生大饥荒。成都盆地各县都是灾区，受灾人口大约3700余万。四川省赈委会主席尹仲锡将一张人吃人的照片亲自交给蒋介石……埃德加·斯诺在《西行漫记》中记录了一份1937年5月15日的报纸（《民主》）新闻：“豫皖陕甘川黔各省灾情，续有所闻。全国显已遭多年来最严重的灾馑，已有千万人死亡。据最近川灾救济委员会调查，该省灾区人口三千万人，已有好几万人食树皮和观音土充饥。据传陕西现有灾民四十余万人，甘肃百余万人，河南约七百万人，贵州约三百万人。贵州灾区遍及六十县，官方的中央社承认是百年来最严重的一次灾荒。”

1942年（民国三十一年），“水、旱、蝗、汤（恩伯）”四大灾害轮番袭击中原，河南全省110个县、1000万众陷入灭顶之灾。在这场人祸天灾中，共有300万人饿死。经历过十八年年馑的关中，竟然成为河南人的诺亚方舟，有300万河南人挑着扁担，西出潼关流入关中，这也成为关中“河南担”的出处。刚刚修通的陇海铁路沿线，都是饿死、病死和扒火车挤踩摔轧而死者。妇女售价累跌至平时的十分之一，壮丁售价只及过去的三分之一。

---

① 侯永禄《农民日记》，中国青年出版社，2006。

② 唐德刚《战争与爱情》，人民文学出版社，1991。

铁路对减少饥荒死亡的作用是极其明显的，“据估计，至 1943 年 4 月初，豫籍灾民入陕求食者先后已达 80 万人。”关中沿着陇海线几乎所有的城镇，都有许多河南流民落脚，河南话成为陇海线的第一语言。如今西安市有将近四分之一的人，是当年河南流民的第二代和第三代；大约一半铜川人都说着河南话，关中因此几乎被河南化，成为第二个河南。

1942 年，隐居北平的画家蒋兆和先生正在创作一幅人物长卷。这幅高 2 米，长 26 米的巨幅国画，以轰炸、战火、饥饿、逃亡为主题，记录乱世中那些逃荒的农民、失业的工人、饥饿的孩子、横陈的尸骨……这幅《流民图》与《清明上河图》一起，构成了地狱中国与天堂中国的阴阳两界。在画室之外，位于中国之中的河南，正演绎着一场更为悲惨的现实版“流民图”。美国《时代》周刊记者白修德因为报道这场大饥荒而获得普利策新闻奖。

在这场饥荒过去整整 70 年之后，冯小刚将这一天灾人祸的历史悲剧搬上银幕。在这部电影公映之时，发生了这样一件事：当年有个叫王贵喜的灾民，和全家逃往陕西。走到巩义时，他爹就饿死了。他们搭乘火车，最后逃到蔡家坡。王贵喜的母亲不得不把 1 岁的女儿送人，换了两个馒头。后来王贵喜辗转回到河南，从此就与妹妹失去联系。电影勾起往事，已是古稀老人的王贵喜不由想起自己的妹妹，没想到经报纸报道后，他竟然真的找到了自己的妹妹。①

根据《中国灾荒年表》②记载，从民国元年（1912 年）到 1949 年（1949 年），每年都有各种各样的灾荒发生，没有一年没有大灾，而且旱灾、水灾、虫灾、疫灾和地震总是相伴而生；死亡动辄几十万上百万，灾民无以数计。在《剑桥中华民国史》中，一些大规模灾难包括：

1918 年大旱席卷了北方六个省，50 万人丧生，317 个县的庄稼严重受损。同年 2 月，陕西和甘肃发生大地震。1921 年，6 个省遭受大水侵袭。次年，台风袭击汕头；第三年，12 个省份经受水旱两种灾害。

---

① 《郑州晚报》，2013 年 10 月 10 日。

② 可参阅：孟昭华 彭传荣《中国灾荒辞典》之附录，黑龙江科学技术出版社，1989。

到1924年和1925年，自然灾害的范围更大，冲击加重，因为大量劳力被投入战争，不能动员起来准备自救。云南在遭受严重地震后又遇洪水。另有6个省的庄稼遭受虫灾，洪水在黄河流域泛滥。这些灾害，加上暴力与战乱，造成一个多世纪以来最大的逃亡运动，几百万人从北方各省逃往满洲。①

1920年（民国九年，农历庚申年）华北五省区（山西、河南、陕西、河北、山东）317县发生大饥荒，史称“庚申奇荒”；死亡1000多万人，灾民3000万（一说5000万）。其中尤以河南受灾最为严重。

1925年，川、黔、湘、鄂、赣五省发生大饥荒，死亡人数不详。

1928–1930年，北方八省大饥荒，即“民国十八年年馑”，死1300多万人。这是一次以旱为主，蝗、风、雪、雹、水、疫并发的巨灾，以陕西、甘肃为中心，遍及山西、绥远、河北、察哈尔、热河、河南八省，并波及鲁、苏、皖、鄂、湘、川、桂等省的一部或大部，灾情从1928年延续到1930年，造成的逃荒人流无法数计，倒毙在荒原上的饿殍大约1000万。陕西原有人口1300万，在三年大荒中，沦为饿殍、死于疫病的300多万人，流离失所者600多万，两者合计占全省人口的70%。全国难民估计达5000万左右。当时有记者报道河南灾荒：

> 鹿邑本境经股匪扰五月之久，庐舍为墟，粮米尽罄，鬻妻子以延生。……年幼妇女每人不值10文，十一二岁幼童仅易千文，孩提婴儿抛弃遍地……某妇买一馒头，卖馒头者索钱不得，小姑谓我宁不值一馒头，一卖烧饼者代偿馒头账而换得此幼女。②

1931年南方水灾。长江1931–1949年发生水灾11次，其中1931年、1937年两次水灾，死人都超过14万人；1931年灾民1亿人，水灾后因饥饿、瘟疫而死亡的人数，达300万人。

1934年全国大旱灾，导致饥荒，饿死超过600万人。

---

① 《剑桥中华民国史1912-1949》（下卷），第265页。

② 转引自：余世存《非常道·史景第一》，社会科学文献出版社，2005。

1936−1937 年川甘大饥荒。成都盆地各县外都是灾区，受灾大约 3700 余万人。四川全省饿死人数无精确统计，当时的报纸记载，万源县人口骤减三分之一；甘肃饿死人数目亦不详。

1941 年和 1943 年，广东接连发生大饥荒，数百万人冻饿而亡。蒋介石在 1943 年 4 月 11 日的日记中写道："华侨在粤，有鬻卖子女过活者。河南灾区饿殍载道，犬兽食尸，其惨状更不忍闻。"

1945 年，东北及湖南、河南、江西、山东、浙江、福建、山西、广东、安徽、广西等省遭灾，灾民达 1900 万人。

1946 和 1947 南方大饥荒。两年间，仅粤、桂、湘三省，就饿死了 1750 万人。饥民们始则挖草根、剥树皮为食，继以"观音土"充饥。1946 年春夏，湖南饥荒祸及 400 万人，仅衡阳地区就饿死 9 万余人……

暴力时代

民国时期是一个典型的暴力时代，暴力引发的血酬定律，成为那个多灾多难时代最明显的政治经济学。北洋政府时期类似春秋战国，大诸侯、小诸侯，还有袖珍诸侯，只要胆子大不要命，如果机缘巧合，在那个乱世中，眨眼间就一将功成万骨枯。今天拜把子，明日下刀子。到处都是饥民和流民，只要有饭吃，就可以招兵买马。农民就是土匪，土匪就是军人，军人就是炮灰，大小军阀们在这片不幸的土地上杀得昏天暗地，争地盘、夺权力。蒋介石在军队整编会议上毫不讳言地指出：

> 我们国家全年的收入，只有四亿伍仟万元，除每年由关、盐两税偿还国债一亿元外，只余三亿五千万元，而养二百万大兵，每年就要三亿九千六百余万元，就是把全国现有的收入拿来养我们的兵，还相差甚远。所以要天天募债，处处加捐，典当俱穷，搜刮净尽。现在总算国已破产，民不聊生了。①

① 赵楠、侯秀秀《1928-1930 年陕西大旱灾及其影响探析》，《邢台学院学报》2012 年 9 月。

北京改叫北平后，中国类似三国时期。农民的处境仍然没有大的改观。三方都在发展自己的暴力力量，都需要大量的粮食和人口。中国民众就在这种暴力与灾害的交织和纠结中，苟延残喘、可怜求生。民国十八年年馑无疑是一场灾难总爆发。

在天灾的同时，人祸也在蔓延加剧。本来民国时期国家机器就已经濒临崩溃，导致流氓暴力乘机泛起兴风作浪。和全国情况相似，关中各地的土匪和各种武装力量蜂起云涌，鱼肉乡里，残害民众。正如吴思先生在《血酬定律》中的描述，许多“土匪”其实都是破产的贫苦农民，他们因饥饿而铤而走险，聚众去抢富户的粮食。还有很大部分是一些民兵和地方武装，比如东西二府的党拐子和麻老九，他们把持一个地区后，就画地为王，如同土皇帝，残酷压迫百姓。

扶风：该县自被陈疯子盘踞后，一个月内，被土匪伤害致死的百姓就有 108 人，经济损失 60 余万元。泥门闭户、流亡他乡者，到处都是。

大荔：自麻老九（麻振武）盘踞后，早已敲骨吸髓，民不聊生。兼以战事频生，田园荒芜，农民全都失业。复又届此旱灾，城内成群的乞丐已由乞食而转为“抢食”。乡村里的灾民不等饿死，就已经开始寻死。

凤翔：自党拐子（党玉昆）余孽窃踞该县后，奸淫掳掠，惨无人道，被匪害破产的有 3000 余户，毙命的 1000 余人，妇女被掳的 300 余人。被土匪处死的 10 余人，钉死在城门上的 4 人。

武功：该县被土匪抢掠烧杀几遍。兵燹之后，瘟疫流行。初染瘟时头痛发晕，时寒时热，浑身酸痛，慢慢地就全身出疹，胡言乱语，手足抽搐，有时腹痛发呕并泄黑水，不久就毙命而亡。全县 10 镇几乎成了病灾之国，死人一个压一个，腥臭薰天，人骼兽骨，互相叠压，无人掩埋。

乾县：民国十七年前，虽几年收成较好，但乾地经常驻军，粮差不断，支应浩繁，农村粮食紧缺。民国十八年旱灾严重阶段，乾地土匪更为猖獗。匪旱交加，农村破产，田野荒芜，道路荆棘，一片惨象。当时天津《大公报》和西安《民意日报》调查，民国十八到二十年，弃耕土地占总耕地的 70%。

> 军阀混战酿成了连年饥荒。在一些省份，军阀强迫（农民）种植鸦片作为经济作物，因而减少了粮食作物的面积；减少维修水利和防洪设施的经费，造成数次灾难性的洪水泛滥。军阀的军队经常抢走农民的耕畜，不但给农民造成经济损失，还降低了农民的耕作生产能力。20世纪20年代中期和晚期几次毁灭性的饥荒，毫无疑问是军阀治理不善造成的。……美国红十字会当时拒绝参与在中国的饥荒救济，认为中国的饥荒是政治原因造成的，而不是自然原因造成的。[①]

可作为对照的是，光绪二十四年到二十七年（1898–1901年），陕西也发生了严重旱灾和饥荒，饿死者和流离失所者无以计数。当时恰逢庚子事变，慈禧太后挟光绪皇帝逃到西安，陕西极其“幸运”地获得了大规模的“官赈”，这个流亡朝廷还号召江南绅商施行“义赈”。在“官赈”结束后，来自美国的赈款又陆续抵达西安，由英国浸礼会传教士敦崇礼及其赈灾团体负责发放，这算得上是西方世界对中国内陆地区较大规模的赈济活动。纽约《基督教先驱报》记者尼科尔斯在西安“查赈”期间，向美国国内发回了大量关于中国灾情的报道，使这场巨大人道灾难引起全世界关注。[②]不幸的是，30年后，历史竟然以另一幅完全反动的场景重演，无论“官赈”还是国外援助均付阙如。

《剑桥中华民国史》中有许多关于当时中国崩乱境况的记载：在1925年至1928年间，暴力看来严重影响了大约15个省。山东遭到特别沉重的打击，每年有几十万农民由于害怕丧命而逃往别的省份。不仅到处有纵火、偷窃、强奸，犹如野兽在肆虐，而且谋杀和绑架是在光天化日之下干的。大灾之下，农田荒芜，但各路军阀却成为灾难的受益者，他们的队伍由于

① 《剑桥中华民国史》（上卷），第313~314页。

② 尼科尔斯后来所著的《穿越神秘的陕西》中，详细记述了此次“赈灾之旅”的前前后后，关于清末陕西的社会状况、风土人情、宗教信仰、城市景观、商业贸易、交通运输等，本书堪称极其珍贵的历史史料。可参阅：弗朗西斯·亨利·尼科尔斯《穿越神秘的陕西》，史红帅译，三秦出版社，2009。

增加了很多年轻人和老年人而膨胀起来。这些军队里的乌合之众和歹徒，像成群的蝗虫一样麇集在一起，掠过乡村，破坏沿途的一切。土匪和军阀的队伍逃走时鸡犬不留。人民流离失所，无以果腹，处境极为悲惨。他们离弃自己的家园；老人、青年和妇女都在向满洲和南方逃去。

灾荒引发的大规模移民，也体现在新兴城市的人口膨胀，从民国初年到民国二十六年（1937 年）的短短 20 余年间，很多城市人口都增加了 1 倍到 2 倍不等：北京人口从 80 万增加到 160 万；南京人口由 27 万增加到 100 万；上海由 100 万增加到 300 万。[①]

1938 年，为了阻止日军凌厉的攻势，蒋介石扒开花园口堤防，使黄河水一泻千里，淹没了 3 省（河南、江苏、安徽）44 县的 54000 平方公里，直接淹死者多达 89 万人，上千万人无家可归。当时国民政府编撰的《豫省灾况纪实》中这样记载“黄泛区”的灾难：

> 泛区居民因事前毫无闻知，猝不及备，堤防骤溃，洪流踵至；财物田庐，悉付流水。当时澎湃动地，呼号震天，其悲骇惨痛之状，实有未忍溯想。间有攀树登屋，浮木乘舟，以侥幸不死，因而仅保余生，大都缺衣乏食，魂荡魄惊。其辗转外徙者，又以饥馁煎迫，疾病侵夺，往往横尸道路，填委沟壑，为数不知几几。幸而勉能逃出，得达彼岸，亦皆九死一生，艰苦备历，不为溺鬼，尽成流民……因之卖儿鬻女，率缠号哭，难舍难分，更是司空见惯，而人市之价日跌，求售之数愈伙，于是寂寥泛区，荒凉惨苦，几疑非复人寰矣！[②]

显然，农业中国为这 30 年政治上和军事上的灾难付出了沉重的代价。蒋梦麟先生曾在抗战时期担任中国红十字会长。他在《新潮》一书中写道：“以我当时估计，在八年抗战期内，未入军队而死亡的壮丁，其数不下一千四百万人。”白修德在他后来出版的自传《寻找历史》中回忆当时的中国——

---

① 邓云特《中国救荒史》，第 111 页。

② 管志光《20 世纪河南重大灾害纪实》，地震出版社，2002，第 36 页。

在战场上的军队奉命可以征粮食和实物维持给养（一个军官告诉我说，“人民死了，土地仍是中国的；但是如果兵死了，日本人就要把土地拿走”）。军队吃空了农村的粮食；没有从有余粮的地区运进粮食来；不顾人民吃饭的需要。我发现军队所征的税往往等于一年的收成，有的地方还要更高，农民不得不出卖耕畜、农具和家具，以现款作抵。[①]

军阀暴力，一方面导致了饥荒的蔓延和恶化；反过来，饥荒也直接影响了各方暴力势力的此消彼长。民国时期，中国根本无力解决吃饭问题，每年都大量地进口粮食，由此产生了巨大的贸易逆差；再加上占财政支出 50~80% 的巨大军费开支，占人口绝大多数的农民根本无力改善自身处境，在灾难面前也无力自救。中国之所以在日本军国主义的冲击下如此不堪一击，正是混乱背后的中国，实际已经陷入深深的社会和经济困境中而无力自拔。遍地枪杆子和军阀土匪的中国，如同饥荒来临时一片灿烂的罂粟田，这种暴力瘾在强盛严整的日本人面前，不构成任何有效的战斗力。

民国十八年年馑正将华北民众推入万劫不复境地之时，冯玉祥联手阎锡山，发动了夺取中国最高权力的反蒋战争——中原大战。这是辛亥革命以来规模最大、死伤人数最多的战争，7 个多月时间，双方为此投入上百万军队，战争对贫困交加的中国农民雪上加霜。冯玉祥的西北军面对赤地千里的黄土噩梦，避之唯恐不及，众将士无不担心回陕西会饿死，韩石二将因此投蒋，导致冯阎的总统梦破灭。[②]在蒋冯大战爆发前，南京国民政府对西北灾情给予了关注，发行公债，并对赈粮运输的税费进行减免。战争爆发后，中央政府则改变态度，认为“救陕灾即等于济冯军”。江南富庶之地也畏于形势，不敢发起赈济活动。曾对民国十八年年馑做过专题

① 白修德《寻找历史》，董乐山译。《读书》杂志，1979 年第 4 期。

② 李玉才《冯玉祥与民国年间豫陕甘大赈灾（1928-1930）》，《中国农史》2006 年第 1 期。

研究的西北大学历史学者安少梅和王建军认为，这场大饥荒“人祸大于天灾”。[1]陕西的饥荒成为南京政府迫使冯玉祥就范的有效武器，这种态度直接影响了赈济活动。“在灾荒期间，陕西并没有纳入到全国整体性的政治与军事框架之内，只能凭借自己的力量来应对这次灾荒。”[2]换言之，饥荒变为一个不断敲响的警钟，提醒着人们国家依然处于分裂状态。[3]

> （鲁僖公十四年）冬，晋荐饥，使乞籴于秦，秦伯谓子桑：“与诸乎？”对曰：“重施而报，君将何求？重施而不报，其民必携。携而讨焉：无众，必败。”谓百里：“与诸乎？”对曰：“天灾流行，国家代有。救灾恤邻，道也。行道，有福。”丕郑之子豹在秦，请伐晋。秦伯曰：“其君是恶，其民何罪？”秦于是乎输粟于晋，自雍及绛相继，命之曰“泛舟之役”。翌年冬，秦饥，使乞籴于晋。晋人弗与。（《春秋左传》）

中国历史上素有秦晋之好的美谈，这其实来自于“救灾恤邻”的传统。常言说，三十年河东，三十年河西；在自然灾害面前，没有人能置身于外，所谓“天灾流行，国家代有”。春秋时期，晋国闹饥荒，向秦国借粮，秦国运输粮食的粮船从雍至绛，首尾相连，连绵不绝，史称“泛舟之役”。但第二年冬，秦国发生饥荒，晋国却拒绝救援。在陕西处于水深火热的民国十八年，山西的阎锡山在权衡蒋冯两方势力之后，同样做出了见死不救、作壁上观的决定，下令禁止山西粮食入陕救灾，使陕西灾情陷入更加孤立的残酷状态。事实上，当时山西也面临着严重的饥荒，“晋察绥存粮不足两月”。阎锡山投靠蒋介石后，发现国民政府也揭不开锅；阎锡山大失所望，遂联合冯玉祥反蒋。于右任指称，饥荒中无数妇女儿童遭到贩卖，而冯玉

① 安少梅 王建军《陕西“民国十八年年馑”巨灾的人祸因素分析》。《西安文理学院学报》（社会科学版），2008 年第 4 期。

② 史菁《1928-1930 年陕西大旱灾期间天主教组织的慈善救助活动》。《延安大学学报》（社会科学版），2011 年第 6 期。

③ 扬库《“天灾乎，人祸乎”：1928-1930 年西北大饥荒》，袁剑译，《中国学术》第 30 辑。

祥和阎锡山竟然通过从这种买卖中收税而获益。据说蒋介石为收买冯玉祥已经花费二百万元，但并没有花同样的钱来紧急赈灾。[①]

冯玉祥在中原大战中一败涂地，陕西落入杨虎城之手，冯玉祥系统遭到大清洗，但关于民国十八年年馑的许多政府档案之前都已被冯玉祥统统销毁。这使关于这场饥荒的第一手史料近乎缺失。

在北方发生大规模的饥荒的同时，也就是民国十八年前后，水、旱、风、雹、虫灾以及疫病导致25省严重受灾，“南京政权从一开始就陷入了无可自拔的社会危机”[②]。事实上，在20世纪上半叶这个最后的农业时代，犹如传说中的“天谴”一般，不幸的中国遭遇到旷古未有的大自然报复。“频仍的自然灾害袭击各个省份，其严重与频繁即使在古时的中国也是不平常的。”[③]夏明方先生将其称为“民国灾害群发幕”。[④]天灾伴随着人祸，大量流民导致社会和国家陷于崩溃的境地，这在很大程度上导致刚刚诞生的中华民国政府无可挽回地走向失败。

值得一提的是，因民国十八年这场年馑，人们不得不重新审视秦始皇时代的郑国渠。当时中国最优秀的水利专家李仪祉先生临危受命，在郑国渠遗址上修建了著名的泾惠渠。在他主持下，整个工程于民国十九年（1930年）底破土动工，历时两年完成。经过这次大饥荒，关中的交通问题得到前所未有的重视，铁路、公路建设在灾后便紧锣密鼓地开展起来，再加上大量灾民提供了充足的廉价劳动力，使关中的交通在很短的几年内便大为改观。[⑤]

民国二十一年（1932年），面对日本的咄咄气势，国民党四届二中全会通过决议，决定“以长安为陪都，定名为西京”，并成立了以张继为委员长的“西京筹委会”。

---

① 同上。

② 李文海《中国近代十大灾荒》。

③ 《剑桥中华民国史》（下卷），第263页。

④ 夏明方《近代中国的灾害、环境与乡村社会：1912-1949》。

⑤ 李喜霞《灾荒与关中交通关系研究——以民国十八年(1929)为中心》,《唐都学刊》，2011年第6期。

人类饥荒史

人类文明是从狩猎采集和游牧开始的。大约 10000 年前，地球已接近支持人类只靠游牧生存的资源极限。据人类学家估计，那时候地球上的人类数量在 1000 万人左右。在那不久之后，北大西洋出现的气流变化，使全球气温突然下降，亚洲西南部的两河流域（即美索不达米亚）陷入严重的干旱，干果歉收，食物骤减，人们不得不利用播种的知识来进行耕作；当地很常见的一种野麦草，就这样被驯化为农作物。经过几个世代之后，四处迁徙的游牧者，逐渐变为固守田园的农民，人类的生活形态永久地发生了改变。

事实上，从游牧到定居性的农业，人类更易遭到自然灾害（特别是干旱）的威胁，因为食物的储存总是有限的。据统计，在 19 世纪的 100 年中，全世界因为饥荒而饿死的人超过一亿人；在 20 世纪饿死的总人数则为 7000 万人，仅比地方病和流行病死亡的总数略少一些，相当于第一次世界大战加上第二次世界大战死亡人数之和，这并未计算因饥荒导致的生育的减少和营养不良而夭折的人数。

美国著名历史作家房龙曾这样概括说："人类的历史就是饥饿的动物寻找食物的历史。"长期来看，人与食物一直维持着一种动态平衡，而饥荒就是保持这种平衡的手段之一，当人口大于食物供给的时候，饥荒就不可避免。在 20 世纪以前，饥荒的主要原因还是粮食的生产赶不上人口的增长，也就是马尔萨斯的"人口论"在起作用。

从整个人类史来说，中国和世界都曾面临过严重的人口问题。"从 15 到 18 世纪，一切都随人口的增加或减少而变化。如果人口增长了，生产和交换就会增加；在荒地、树林、沼泽或高山的边缘地带的种植业就会发展；手工工场就会兴旺；村庄和城市的规模就会变大；流动人口会增多。人口增长的压力越大，人们作出建设性反应也越多。"①随着人口的空前增长，人们占有的地域、拥有的资源的关系也会发生变化，过重的人口负荷，

---

① 布罗代尔《15 至 18 世纪的物质文明、经济和资本主义》第一卷，三联书店，1992。第 31 页。

往往会超过社会的食物供应能力。人口在增长过程中要跨过几个“临界域”。每跨过一次，它的全部结构都势必改组，人口与资源会到达新的平衡。其途径包括：开垦更多土地；推广高产作物；提高地力（肥力）；经济作物（手工业）；向外扩张，移民和殖民等。在上述均不能奏效时，则借暴乱、战争、饥荒和瘟疫之手，消灭过剩人口，强行进行调节。之后，树木和野兽侵入以前繁华的乡村，少数幸存者重新获得大片可支配的荒地。经过一些年，人很快又大量繁衍，夺回被野兽、荒草侵占的家园，清除耕地中的石块，铲除树木，当人口增长到一定程度时，贫困就开始加剧。就这样，单调的历史重新开始轮回，计时器的沙漏倒转过来。这就是布罗代尔所说的“18 世纪以前纯属老生常谈的道理”[①]。

早在哥伦布发现美洲之前，有着发达农耕文明的玛雅帝国就在一场持续数年的旱灾中一朝崩溃。等到哥伦布 1492 年到达美洲时，玛雅文化已经成为一个遗失的往事，没人能了解这个谜。哥伦布给美洲原住民带来毁灭他们的瘟疫，却给欧洲和亚洲带回了美洲的玉米、马铃薯、花生和红薯。这些生命力顽强的高产作物，使欧亚大陆的粮食产量大增，随之也人口大增。

中国从公元 2 年人口达到 6000 万之后，直到哥伦布的玉米红薯来到中国之前，1500 年来，即使幅员辽阔如日中天的盛唐时期，中国人口几乎再也没有达到过这个数字。[②]但从明万历年开始，哥伦布却使中国人口以几何倍数增长：康熙时到达 1 亿，乾隆达到 3 亿，民国达到 4 亿。随着人口增多，饥荒的规模也呈几何倍数增长，一场场动辄导致数百万人死亡的饥荒比比皆是。

欧洲因为农业条件较差，基本以低产的燕麦为主食，人口一直增长缓慢，而且战乱和饥荒连年不断。那时，饥饿对欧洲人而言并不陌生。据法国历史学家布罗代尔研究，法国在 16 世纪到 19 世纪间，曾发生过 40 次全国性的大饥荒，相当于每 10 年就发生不止一次；英格兰则更为频繁。欧洲这片土地根本无法实现自给自足。哥伦布带回的马铃薯进入欧洲后，

---

① 同上。

② 有统计显示，宋朝人口曾超过 1 亿。

因为其极强的生存能力和高热量高产量，帮助欧洲人逃过无数饥荒，也使人口在短短100年间增长了3倍。特别是潮湿寒冷冬季漫长的爱尔兰，1728年因为燕麦歉收，爱尔兰有数千人因为饥荒而死；救命的马铃薯使无数穷人可以填饱肚子，从而逃过了饥荒，从此马铃薯在耕地奇缺的爱尔兰蔓延开来。

与种小麦或大麦所收获的粮食相比，18世纪农民种植马铃薯的收成能多出3倍左右。但1740年的严冬将所有储存的马铃薯都冻坏了，依赖马铃薯的爱尔兰人束手无策，至少有20-40万人饿死。之后的1780到1840的60年间，马铃薯帮助爱尔兰人口翻了一番，从400万到达800万。马铃薯成为爱尔兰劳动人民的唯一食品，马铃薯因此被欧洲人称为“爱尔兰苹果”。每个爱尔兰家庭都可以用一英亩地的马铃薯，养活6到10个孩子。①

19世纪初，爱尔兰被英国占领，爱尔兰人口达到其历史的顶点——830万。1845年一场马铃薯病（枯叶病），使爱尔兰遭到毁灭性打击。虽然爱尔兰自1728年来至少发生过24次欠收，其中1740年的饥荒程度也非常严重，而唯独爱尔兰被当时世界第一超级大国英国吞并后，却导致了100多万人死亡的大饥荒惨剧。②

很多历史学家认为，造成这场大饥荒的深层原因，是英国对爱尔兰全面掠夺的殖民政策所导致的贫困。当时英国国力为世界翘楚，而且正在筹办人类历史上首届世博会。灾难发生后，英国政府却无动于衷，任由灾情蔓延和爱尔兰人民抛尸遍野，甚至对各种自发的救助也横加阻拦。英国在大饥荒期间废除了《谷物法》，占有大量爱尔兰耕地的英国地主，将种植小麦改为经营畜牧业，更加重了饥荒的发展。而在饥荒最严重的几年间，爱尔兰仍然向英国本土出口粮食；而且整个饥荒期间，爱尔兰都是粮食净出口地区。

爱尔兰人在这场饥荒中开始觉醒，逐步走向民族解放和自决道路，并最终赢得独立；但这场大饥荒导致古老的凯尔特语几乎消亡。1997年，

---

① 祖克曼《马铃薯：改变世界的平民美馔》，李以卿译，中国友谊出版公司，2006。

② 可参阅：彼得·格雷《爱尔兰大饥荒》，邵明、刘宇宁译，上海人民出版社，2005。

英国首相托尼·布莱尔为英国政府对马铃薯饥荒饿死无数爱尔兰人正式道歉。2005 年，爱尔兰举行了盛大的纪念仪式，纪念大饥荒 150 年。

发生在 1943 年的孟加拉大饥荒，与爱尔兰大饥荒极其相似，甚至丘吉尔的英国政府比维多利亚女王时期更加冷酷。孟加拉当时属于英国的印度殖民地。1942 年，日本军队入侵并占领了英属缅甸；缅甸当时是世界上最大的稻米出口地，日军占领导致出口受阻，周边国家大米价格开始暴涨。印度的英国殖民当局也加紧囤积粮食。迅速蔓延的恐慌性抢购和投机性囤积，如火上浇油一般使大米价格疯狂飙升，进一步加剧了食物匮乏。更不可思议的是，英国殖民当局以防止日军攻击为借口，没收或毁掉了孟加拉地区大部分的船只和牛车，粮食分销渠道也遭到破坏，粮食更为稀有。随着饿死者增多，日益恶化的灾情在农村蔓延开来，嗷嗷待哺的人们，成群结队流浪到加尔各答。人们在大街上为抢夺变馊的残羹冷饭而大打出手，骨瘦如柴的母亲们奄奄一息，英国人和中产阶级的印度人，却在他们的俱乐部或家中享用着美味佳肴。

这场大饥荒中，有超过 300 万人被活活饿死。当英印当局的官员请求粮食援助时，英国首相丘吉尔道：“为什么甘地还没有死呢？”丘吉尔认为，大饥荒实是印度人自己造成的，因为他们“像兔子一样生一大群孩子”。从二战初期起，印度就被迫出口谷物，甚至大饥荒时期，大米也照样出口不误。长期研究孟加拉大饥荒的印度经济学家阿玛蒂亚·森认为，这场饥荒的发生是因为消费者的购买力发生崩溃所致。

饥荒的悖论

荀子云：“天行有常，不为尧存，不为桀亡。”人类永远无法避免自然的变迁，一场并不严重的自然变化，都有可能引发严重的人类灾难。从某种程度上，农业中国之所以走上大一统的专制道路，正是由于饥荒的威胁；只有在一种统一的大国之内，才有可能防止饥荒的威胁，所谓“河内凶，则移其民于河东，移其粟于河内；河东亦然”[①]。

① 《孟子·梁惠王上》。

在脆弱的农耕时代，人与自然始终保持着微妙的平衡，只有当这种平衡被破坏时，灾难才会发生。“不违农时，谷不可胜食也。数罟不入洿池，鱼鳖不可胜食也。斧斤以时入山林，材木不可胜用也。谷与鱼鳖不可胜食，材木不可胜用，是使民养生丧死无憾也。养生丧死无憾，王道之始也。”孟子指出，衣食温饱是实现王道的重要前提，“七十者衣帛食肉，黎民不饥不寒，然而不王者，未之有也”。[①]

可以说，所有的饥荒问题都是政治问题，所有的重大的饥荒都是因为战争或独裁专制，真正因为人口过剩和经济落后而饿死的不是最主要的。单纯的人口过剩和经济落后也会造成普遍的饥荒，但只能导致小规模的死亡。法国经济学家布吕内尔认为：饥荒之所以在一个群体中发生，是因为他们没有能力采取合适的措施，来应对其获取食物之能力的下降，无论是由于自然原因（如干旱）还是经济原因（如食品价格飞涨）。他将饥荒分为三种：被否认的饥荒、对外展示的饥荒和人为制造的饥荒。饥荒的发生，实质是食物权利的丧失。关中有句俗语：一只狗头上还顶着三分粮。获取食物的权利是人的基本权利，中国人信奉“民以食为天”——吃饭就是天理。当饥荒发生时，一个人获取食物的途径有四种：迁徙、出卖、受助、夺取。也就是说，只有当这四种途径都被切断时，饥荒才可能发生。[②]

一般来说，发生灾难时，越是社会地位较低的穷人，其死亡率就越高。饥荒发生时，穷人和家庭中地位较低者最先死亡。单纯饥饿一般很少直接导致死亡，而是饥饿所逐渐产生的身体虚弱、机体衰竭、免疫力丧失和病毒感染。从食物匮乏到大量人口死亡，往往需要一个漫长的过程：先是粮食储备枯竭、粮价暴涨，接着出现“代食品”（如野菜和糠皮等）、大量人口逃离，接着是各种财产贱卖。饥饿的迹象最先出现在孩子身上，孩子迅速消瘦；树木被砍光，家具被当做燃料，野生动物灭绝，宠物和牲口被人吃掉，种子也被吃掉，人们丧失生产能力，家庭关系自行解体；接下来就是尸横遍野，无人掩埋，瘟疫流行，活着的人丧失人性，不再彼此争斗，开始人吃人；最后麻木不仁，丧失饥饿感，人烟灭绝。

---

① 《孟子·梁惠王上》。

② 布吕内尔《饥荒与政治》，王吉会译，社会科学文献出版社，2010。

无论什么时候，人类生产的粮食总量，一直大于人类所消耗的粮食总量；唯一的问题是，不同地区不同阶层的人，获取食物的途径和权利过于悬殊，因此导致饥荒周期性发作。在传统社会中，大量的饥荒属于自然饥荒，即粮食绝收引发的食物短缺，在交通条件受限的情况下引发饥荒。在现代社会中，化肥和农业技术使粮食产量大大提高，铁路、公路、飞机、电话的出现，使交通和沟通条件得到极大改善，再加上国家人道主义思想的普及，自然饥荒基本已经消失。特别是 1948 年 12 月 10 日，《世界人权宣言》颁布："任何人都享有生命权、自由权和自我的安全权"，"任何人都享有足以保障本人及其家人的健康和福利的生活水平的权利……"

如果说人类斗争的根源在于权力，那么可以说，谁控制了食物，谁就掌握了权力。日本江户时代的独裁者德川家康就曾经这样总结权力秘诀："给予他们的食物应该刚好使他们可以活下去，让他们自生自灭，替我们劳动。预先要想好办法，要拒绝他们，以防他们强大起来反抗我们。"德川家康所说的"他们"指的是被统治的"普通老百姓"。

齐桓公问管仲："永远保有天下而不失去它，有什么根本措施么？"管仲回答说：只有一条，这就是控制住粮食。《管子》中说："凡有地牧民者，务在四时，守在仓廪"；"凡五谷，万物之主也。谷贵则万物必贱，谷贱则万物必贵。两者为敌，则不俱平。故人君御谷物之秩相胜，而操事于不平之间。故万物无籍，而国利归于君也"。也就是说，只要君王控制了粮食，全国范围内各行各业的根本大利，也就自然而然地归于君王掌握了。于是积谷就成为中国历代统治者实行集权的重要手段。

根据历史记载，隋文帝在卫州置黎阳仓，洛州置河阳仓，陕州置常平仓，华县置广通仓，"转相灌注，漕关东及汾晋之粟以给京师"，"天下储积，可供五十年"。后来隋炀帝又大建官仓，洛口仓延绵 20 余里，共 3000 窖，每窖贮粮超过 8000 石。这些粮食直到唐太宗贞观十一年（637 年）还没有用完。现代考古学家在洛阳发掘了大量的隋代粮窖，有的粮窖中还有年久碳化的谷子 50 多万斤。历代统治者都"不怜百姓而惜仓库"。《资治通鉴》记载，"开皇十四年大旱，隋文帝不许赈给，而令百姓就食山东，比至末年，天下储积可供五十年。炀帝恃其富饶，侈心无厌，卒亡天下。但使仓禀之积足以备凶年，其余何用哉！”贞观二年三月，关中大旱，饥荒蔓延，民众卖儿鬻女，唐太宗拿出皇家库藏的黄金丝绸，去赎回那些被父母卖掉的孩子。唐太宗对魏征说：“齐后主、周天元皆重敛百姓，厚自奉养，力竭而亡。譬如馋人自啖其肉，肉尽而毙，何其愚也。”①

老子说：“民之饥，以其上食税之多，是以饥。”这句话道出了饥荒的根本原因。大多数饥荒都是暴力劫掠和权力对农民的过度征收导致的。在人类历史中，许多统治者将剥夺食物作为控制民众的一种战略手段，因此饥荒与食物实际拥有量并没有太大关系。孟子谴责说：

> 庖有肥肉，厩有肥马，民有饥色，野有饿殍，此率兽而食人也。兽相食，且人恶之，为民父母，行政，不免于率兽而食人，恶在其为民父母也？仲尼曰：“始作俑者，其无后乎！”为其象人而用之也。如之何其使斯民饥而死也？②

事实上，这种“朱门酒肉臭，路有冻死骨”的人为饥荒从未停止过。很多时候，统治者常常将这种见死不救的“人为饥荒”归罪为“自然灾难”，孟子讥讽道：

> 狗彘食人食而不知俭，途有饿殍而不知发；人死，则曰：“非我也，岁也。”是何异于刺人而杀之，曰，“非我也，兵也。”③

因为在饥荒研究方面的卓越贡献而获得诺贝尔经济学奖的阿玛蒂

---

① 《资治通鉴》，第194卷。

② 《孟子·梁惠王上》。大意是说，厨房里有肥肉，厩里有健马，可民众面有饥色，野外有饿死的尸体，这就如同率领野兽来吃人！野兽自相残食，人们见了尚且厌恶，而身为百姓的父母，施行政事，却不能避免于率领野兽来吃人，这又怎能算是百姓的父母呢？孔子说过：“最初造出陪葬用的木俑土偶的人，该会断子绝孙吧！”这是因为木俑土偶明明像人的样子，却被用来殉葬。对人偶尚且珍惜，又怎么能让百姓们活活地因饥饿而死呢？

③ 《孟子·梁惠王上》。意思是说，富贵人家让猪狗吃本该人吃的东西，且不加制止，道路上有饿死的人，却不打开粮仓赈救灾民。民众饿死了，你就说：“这不是我的罪过，是年景不好造成的。”这种说法就好比拿着刀子杀人，把人杀死后，却说：“杀死人的不是我，是刀子！”

亚·森认为，食物拥有量的程度与饥荒的出现没有直接联系；换句话说，很多饥荒其实都是人为饥荒。1755年，4万多人死于里斯本地震，伏尔泰十分悲伤，而卢梭则讥讽道：大自然并没有把4万人集中到7层楼房里去。在同样级别的地震灾难中，2010年的海地地震导致数十万人死伤，而日本和智利的地震仅伤及数人。从某种意义上来说，在技术越来越发达的今天，天灾正越来越少，而人祸则越来越多。

阿玛蒂亚·森研究发现，饥荒政治实际是一种人为的短缺经济，它故意将目标人群长期置于食物（或住房、医疗、教育等必需品）严重供应不足，或者价格远远超出消费水平的状态，以此来控制他们，迫使他们陷入基本的生活满足中，苟延残喘，而无暇去组织和策划政治活动。许多自然灾害常常被作为政治手段被利用，甚至不惜以饥荒形式来达到政治目的。灾难和饥荒作为一种统治手段，可以清除异己，只需见死不救即可。同时，灾难和饥荒可以转移社会矛盾，加强社会统治，或者全国管制，或者营造"众志成城"的统治氛围。因为从政治权力的角度来说，如果生命没有经济价值也没有政治价值，那他就确实没有价值。

管仲曰："蓄积有腐弃之财，则人饥饿。"在20世纪中，人类经受有史以来最大的饥荒灾难，死于饥荒的人口是死于战争的数倍。因此，对待饥荒，仅仅以经济手段来预防是远远不够的，饥荒已经成为政治问题。或者说，饥荒不仅是自然的偶然产物，更是权力失控的必然结果。阿玛蒂亚·森说，今天的饥荒已经不再是经济困难和自然困难造成的不幸后果，而是源于人为的政治意图——

> 在这个世界的不同国家中，饥荒杀死了数以百万计的人们，却不曾杀死统治者。国王和总统、官僚和各级主管、军方的领导人和指挥官，他们从来不是饥荒的受害者。如果没有选举，没有反对党，没有不受审查的公共批评的活动空间，掌权者就不会因为防止饥荒失败而承受政治后果。①

① 阿马蒂亚·森《贫困与饥荒》，王宇 王文玉译，商务印书馆，2004。

饥荒在今天已经不是战争的结果，而是战争的前提。饥荒并不一定源于战争，但饥荒本身正成为一种战略。阿玛蒂亚·森认为，建立民主制度是避免饥荒的最佳途径。当自然灾害袭击民主国家时，政治人物比较倾向于采取行动，哪怕只是为了保住选民的支持。森写道：

> 不足为奇，直到独立之前，印度在英国统治下一直饥荒不断——我在儿时目睹最后一场饥荒发生于1943年，即印度独立的4年前，然而，一旦建立多党的民主政体与新闻自由，饥荒便突然消失无踪。[①]

正如阿玛蒂亚·森所指出的，没有公民权比没有粮食更容易制造饥荒。贫穷和饥荒对大多数人来说是一种灾难，而对追逐权力的政客来说，却是最好的借口和机会，有则利用，无则制造。1977年，联合国在《日内瓦公约》中加进了一条补充条款：禁止把饥荒当做针对平民的战争手段。

饥荒的终结

1993年3月26日，《纽约时报》发表了一幅名为《饥饿的小女孩》的照片：一只兀鹫虎视眈眈地盯着一个因饥饿而奄奄待毙的非洲小孩。一年后，这张照片的作者凯文·卡特获得普利策摄影奖。这张震撼世人的照片，引来诸多批判与质疑，人们纷纷打听小女孩的下落；遗憾的是，卡特也不知道。他以新闻专业者的角度，按下快门，然后，赶走兀鹰，看着小女孩离去。获奖两个月后，凯文·卡特自杀身亡，他留下一张纸条：

> 真的，真的对不起大家！

电影无疑比照片更加真实。对很多资深影迷来说，与其说电影《超越

---

① 转引自：《舌尖上的历史：食物、世界大事件与人类文明的发展》，第164页。

边界》是爱情片，不如说它是一部悲惨的纪录片。凯文·卡特镜头中的场景被这部好莱坞电影细致地再现，贫穷、疾病、饥饿、残忍和毫无人性……充满了触目惊心苦难和绝望。

如今是人类有史以来物质和食物最为丰裕的时代，但仍然不能避免每年有 8 亿人因为粮食短缺而营养不良，有 3000 万人遭遇饥荒而面临死亡威胁。与此同时，全世界肥胖症患者近 3 亿人。中国肥胖症人数增速位列世界第二。2005 年，中国的肥胖症人数仅 1800 万，2010 年已逾一亿，占总人口的 8%；超重人口达到 5 亿，占总人口的 39%。美国这一比例则是 74%，美国每年用于与肥胖相关疾病的医疗费支出就高达 1500 多亿美元。即使在存在大量营养过剩的同时，人类仍然无法消灭饥荒，这也证明饥荒绝非粮食问题，而是不良政治的产物。

对今天的人类来说，防止饥荒并不困难。因为运输费用大大地下降了，粮食储藏成本很低，信息传播非常迅速，国际性的饥荒救助到处可得，营养和医疗的知识也大有进步。在这种条件下大规模饿死人是非常特殊的事，它往往是和政治或战争相关。当代学者斯密就说，现代社会的大饥荒无例外地是政府滥用权力，采用错误的措施所造成，而且他们还想方设法掩盖真相。阿玛蒂亚·森教授甚至说，民主和饥荒是互不相容的，民主政治能够让信息不受障碍地传播，能够整治腐败，避免政府的权威被滥用；或者说，抵抗饥荒最有力的武器是自由，而不是增产粮食；更何况没有自由，粮食也很难增产。

从经济学角度来说，饥荒是一种严重短缺性的经济崩溃，当然这种短缺常常是人为的；或者说，饥荒是短缺经济的极致。如果饥荒是经济周期的谷底，那么经济反弹又导致严重的过剩与囤积。据经济学者程令国和张晔研究发现，残酷的饥荒经历已经严重影响了当代中国人的储蓄行为，使中国成为全世界储蓄率最高的国家之一。他们使用 2002 年中国家庭收入项目调查（CHIPs）数据，估计了大饥荒对家庭储蓄行为的长期影响。结果发现，在控制收入等其他因素后，那些早年经历较严重饥荒的户主家庭，表现出更高的储蓄倾向：饥荒程度每上升 1 个点，家庭储蓄率大约提高 23%–26%。

更大程度上，饥荒常常是最危险的人道灾难，它直接摧毁了人的生命体系，使其濒临死亡绝境。美国曾经有学者计算过早期在棉花地里劳动的黑奴每天的食物摄取量，这些黑奴每天摄入达 7000 卡路里的食物热量，却依然皮包骨头，可见其劳动量之大。一般人每人每天只需 2000 卡路里左右即可。二战期间，德国围困的列宁格勒（圣彼得堡）每人只能得到 300 克面包，相当于 500 卡路里；最艰苦的时期食物配给降至 125 克。德国围困 882 天，超过 150 万人死亡。电影《列宁格勒》对这场饥荒有极其逼真的再现，对一个饥饿的人来说——

> 突然你会发现，周围是无法克服的困难，台阶太陡，你爬不上去，架子太高，你够不着；凿开冰层取水太过困难。你只想躺下，然而当一个人躺下的时候，也意味着他到了生命的尽头。

很多人被波兰斯基的电影《钢琴师》深深打动，影片中饥饿的场景催人泪下。数百万犹太平民在二战中，被纳粹政府有组织有预谋在集中营中灭绝，其中以断绝食物的方式饿死的人最多。比起死于毒气室的“文明”来，人为制造的饿死更加令人发指。

在中国皇权专制时代，饥饿是最为常见的刑罚。具体的做法是给囚犯的脖子戴上一只四方的大木枷，或者将犯人装入“站笼”（立枷），犯人的手无法够到嘴，必须依靠他人喂食，同时犯人也无法躺倒睡觉。如果无人喂食，只需三两日，人便饥渴而死。

正因为饥饿对于人类严厉的震撼意义，绝食往往也成为一种最为严重的抗议手段。圣雄甘地和曼德拉等非暴力不合作主义者正是依靠绝食的手段，使强权者的良心最终战胜权力，为人类赢得了尊严。

在中国历史上，“白骨露於野，千里无鸡鸣”的大饥荒不绝于青史。有人说过，生活总是在改变，不是向坏变化，就是向好变化，过程和结果一样重要。伍迪·艾伦有一部电影名为《爱与罪》，其中有一句台词：“人类似乎有一种特殊的本能，去忘却令人悲伤的事实，并以此作为生存的手段。”电影《一九四二》在结束时有一首歌：“我要唱一首天上的歌，天上的乌云，心里的忧伤，全都洒落。”

在写作《一九四二》之前，刘震云从未听说过那场饥荒，“作为一个河南人，我竟然从不知道 1942 年曾经发生过这么严重的旱灾，更令我震惊的是，当我向这场灾难的亲历者和他们的后代问及这场灾难时，却发现他们无不选择了遗忘。”刘震云向他姥娘问起 1942 年大饥荒时，这位历经沧桑的老人说：“饿死人的年头太多了，你说的到底是哪一年？”对今天的许多河南人来说，他们不仅不相信河南发生过饥荒，甚至会愤怒地认为这是对河南的污蔑。事实上，当代河南人几乎无一不是那场饥荒中侥幸逃生的难民后代，甚至吃树皮、吃人肉就发生在他们父辈或祖父一辈身上。

法国大革命时期，法国的玛丽王后听说穷人没东西吃时，吃惊地问：“他们为什么不吃蛋糕呢？”《晋书·惠帝纪》记载：天下慌乱，百姓饿死，帝曰：“何不食肉糜？”司马衷陛下听见青蛙叫，就问“它们为什么叫唤，为公？为私？”司马衷有一次忘记吃饭，又听见自己肚子里有青蛙在叫，龙颜失色，急招众太医会诊；众人听罢多时，告诉皇帝这是“饿”。司马衷大惊：饿是一种什么病？可救还是不可救？什么药可以医治？

最后的关中

2013 年，关中作家张浩文先生出版了他的长篇小说《绝秦书》[①]。2014 年，张浩文凭借此书获得第三届《中国作家》剑门关文学奖。

在这个功利和娱乐的时代，历史越来越成为小说家的情怀，正如小说正在由一群记者和广告人在耕耘。从文学角度来说，《绝秦书》或许算不上名篇巨著，但从历史来说，《绝秦书》这本大书第一次使“民国十八年年馑”赫然地进入当代人的眼底，这无疑是一场迟来的祭奠。至少对每一个关中人来说，这本书是沉重的，每一个字字句句都值得珍藏。在白描淡写的笔墨下，每一个不幸的亡魂重新复活，有血有肉，有情有爱，而不再

① 张浩文《绝秦书》，太白文艺出版社，2013。

是史料和旧报纸上冰冷冷的死亡数字。

《绝秦书》如同一曲悲绝的乡村安魂曲，将最后的关中深深地雕刻历史碑记中。“文学的职责在于抵制遗忘”，这是张浩文写在后记里的一句话。

亚里士多德说过，诗比历史更富有哲学意味。从某种程度上说，小说是历史被垄断的结果，当历史沉默时，小说就成为历史的代言人。或者说，所谓历史，除了人名是真的，其它都是假的；在小说里，除了人名是假的，其它都是真的。《绝秦书》不是历史，却胜似历史。它以小说的身份介入到历史最幽暗的深处，正如米兰·昆德拉所说，小说不是作者的忏悔，而是世界变成陷阱时对人类生活的勘探。在历史中，民国十八年是一场灾难；在小说里，民国十八年是一场悲剧。与真正的历史相比，小说的力量在于细节——

民国十七年，久旱不雨，北山的灾民蜂拥到绛账，卖儿卖女。周家寨偷来龙王祈雨，为了显示诚意，从集市上买了两个12岁的“童男童女”，活活下油锅献祭……

周拴成趁灾年地价暴跌，用尽积蓄大量置地，终于成为周家寨第一号地主。随着灾情持续，竟然无米下锅，最后夫妻双双饿死……

随着饥荒的蔓延，树皮已经被剥光，草根也已经绝迹，实在无遗果腹的人们争相捡拾大雁粪。因为有一些未被消化的草籽，腥臭的大雁粪竟然成为人们眼中的美食……

灾民饥寒交迫，为了躲避夜里的风寒，争相挤进余温尚存的灶膛，到了早晨，“他们的尸体密密麻麻地插在灶膛里，就像香炉里插满了香头”……

饿殍遍野，地方只好组织收尸队，将尸体集中埋葬在万人坑。黑丑和毛娃为了挣一个救命的馍，参加了收尸队。他们抬一个瘦男人的尸体时，死人突然活了过来，“给我吃一点吧，我不想死。”毛娃答应给他一个糠团子，“我给你吃了，你就要去死啊，说话算数。”那个瘦男人果然咽下糠团子后就死了，“同时眼角里却渗出两行眼泪来”……

兔娃爹饿死了，兔娃妈带着兔娃走投无路，就把兔娃推进井里。兔娃没死，在井里苦苦哀求。兔娃妈泪如雨下，最后还是硬着心肠将一块块石头填进井里……

年过花甲的周有成不忍儿女艰难，一心求死，死在家里对儿女不吉利，死在路上会被人吃狗刨，便求单眼趁儿女外出背粮，将自己活埋在塬上……

单眼为了活命，偷偷从死人身上割肉煮食，后来嫌死人肉难吃，就暗地里劫杀老弱妇幼，专吃活人肉。因为与父亲口角，失手将父亲打死，“不吃就可惜了”，便把亲爹烹食了。周克文领着村里人来质问单眼，单眼毫无愧疚地用一锅肉来款待乡亲，乡亲们也大快朵颐……

史論

成住坏空
江河万古

官与史

一万年来谁著史，三千里外觅封侯。

——李鸿章

与整个人类史一样，中国的历史也是从神话开始，盘古开天地，三皇五帝创造了一个智慧的民族和这个中央之国。对智慧的崇拜，体现出人类相对其他动物最为特殊的优势。中国的神话历史，高度颂扬那些促进科技进步的能人，并将他们奉为首领、帝王甚至神灵：轩辕氏发明了轮子，有巢氏发明了房子，伏羲氏驯化了动物，神农氏驯化了植物，燧人氏发明了钻木取火，仓颉发明了文字，大禹治理了洪水……这种对智慧的推崇，是中国得以率先在地球村发迹的重要原因。“民愚，则知可以王，……神农以教耕而王天下，师其智也。”[①]

社会一旦形成，政治也就随之出现。有智慧和贤德的人，便会得到人们的尊重；这种尊重形成权力，所谓“神农无制令而民从”。[②]权力本身的规则是趋向自私的，因此权力会逐渐与智慧、贤德失去关联，这直接威胁到权力的合法性。为了权力的存在，就不得不维持智慧和贤德的存在；但有时候，暴力和恐怖也可以维持权力的存在，虽然这并不意味着合法性，

① 出自商鞅《商君书·弱民》。

② 《淮南子·汜论训》。

但却展现了其有效性。

皇帝与官吏都是暴力和权力的产物，但他们在权力分配方面却有相当的分歧——

> 古者，不传子而传贤，其视天子之位，去留犹夫宰相也。其后天子传子，宰相不传子。天子之子不皆贤，尚赖宰相传贤足相补救，则天子亦不失传贤之意。（黄宗羲《明夷待访录·置相》）

随着农业社会的逐步成熟，政治开始成为一种极其发达的社会主导力量，这已经与早先的部落自由时代完全不同。“神农之世，男耕而食，妇织而衣，刑政不用而治，甲兵不起而王。神农既殁，以强胜弱，以众暴寡，故黄帝作君臣上下之义，父子兄弟之礼，夫妇妃匹之合，内行刀锯，外用甲兵。”[1]人与人之间的智力差别，开始被贫富差别代替。“世知，则力可以王，……汤武致强而征诸侯，服其力也。”[2]孔子说，“古之学者为己，今之学者为人”；宋代二程接着说：“古之仕者为人，今之仕者为己；古之强有力者将以行礼，今之强有力者将以为乱。”

随着政治的继续进化，人成为一种等级化动物；人与人的主要区别，不再是智与愚、贫与富，而是贱与贵。权力逐渐从公义变成私利，贵族与贱民的分裂，使人类成为一个高度发达的氏族社会；每个人从来到这个世界的那一刻开始，就已经被别人的生殖器确定了命运：贵族的子女永远是贵族，贱民的子女永远是贱民。贱民与贵族之间的差异，在于他们父母，而不在于他们自身。氏族社会延续时间之长，以至于到了现代，人们依然无法彻底摆脱。即使先进如西方，政治世袭与遗产税的改革，始终困难重重。中国已经将氏族社会，进一步深化为家族社会。

早在传说的黄帝时期，官吏就在中国诞生了。“三代”时期，世袭制的国家就已经创立，传统官僚制度也初步完备。《礼记·明堂位》记载，“夏后氏官百”；《史记·夏本纪》补充道，“自虞夏时，贡赋备矣”。按照《礼

① 《商君书·画策》。

② 同上。

《徐显卿宦迹图》中的皇帝与大臣。

记·礼运》中的说法，从禹时代开始，“大人世及以为礼，城郭沟池以为固。礼义以为纪，以正君臣，以笃父子，以睦兄弟，以和夫妇，以设制度，以立田里，以贤勇知，以功为己。故谋用是作，而兵由此起”。西周实行“封藩建国”、“以藩屏国”，天子以下，渐次为侯、卿大夫、士，社会阶层分明；士为划分贵族平民阶层的分界点，士阶层以下的民人，没有直接参与政事的机会。

统治需要技术，国家也是技术的产物。就这点来说，真正进入管理化和官吏化的国家时代，应从秦灭六国始。

从周代封建制没落，到秦汉郡县官僚制出现，乃“天地间一大变局”，中国在政治、社会、经济和文化思想等各方面，都发生了巨变。“縣（县）”的意思就是悬挂或联系，即维系国君对民众的统治。没有庞大的官吏体系，像长城、阿房宫、秦陵和直道等这样的浩大工程，几乎是不可想象的，但依靠庞大的官僚机构，车同轨、书同文、行同伦，权力将这些都变为现实。秦始皇以武力结束了春秋战国的贵族时代，经过汉高祖刘邦和汉武帝刘彻的进一步完善，使外儒内法的家国体制臻于完美；从某种意义上来说，这种反政治文化在此后2000多年间从未动摇。政治作为一种社会化制度形式，在中国历史中亦打上深深的家族文化烙印。官吏阶层作为政治文化主要操盘手，他们在贵族与贱民之间，扮演着极其重要而微妙的角色。

官吏联盟对中国社会和传统文化有着极其巨大的影响，甚至可以说，是他们主导和左右了中国历史的车轮。在漫长的帝国时代，从秦汉到明清，官吏集团始终是最为引人注目的社会群体。这个精英集团几乎垄断了一切权力和暴力，同时掌握着所有法律，控制着巨额的人力、物力；它的所作所为，在很大程度上决定着中国社会的命运。

皇权下的官

孟德斯鸠、亚当·斯密、黑格尔、韦伯、马克思等许多欧洲思想家，他们从未到过中国，甚至也不懂汉语，但这并不影响他们对中国有极其深刻的理解。其中犹以黑格尔影响为大，他把中国想象成一个“帝国”：只有皇帝具有完全自由的个性，而其他官僚都是奴才。实际上，中国的皇帝很少介入基层官僚机构的运行，他更无法了解延伸在官僚体制之外的社会现实。

汉字是古老的象形字，从字面来看，“尹”是很古老的一种官职，表示这个官可以发号施令；“君”则“金口玉言”，他的命令叫做“圣旨”；“尚书”作为中央核心高官，首先表示担任该官职的人是一个喜爱读书的知识分子。事实上，作为官僚集团的领袖，“尚书”与“大学士”正是代表了官僚集团的知识分子精神。从这种意义上来说，传统中国政治的核心思想是知识分子思想，以知识分子的智慧主导和保证国家的文化特色与政治发展。

《尚书·立政》中说：“古之人迪惟有夏，乃有室大竞，吁俊，尊上帝迪，知忱恂九德之行”；“桀德，惟乃弗作往任，是惟暴德。罔后。”意思是说，夏朝的时候，诸侯争着选拔贤人，按照上帝的旨意行事，经过考察他们的作为，相信其具备一定的道德操行。桀做了夏朝最后一个国王之后，不再任用贤良旧臣，施行暴政，国家很快就覆亡了。选俊的标准就是所谓的“九德”。按照《尚书·皋陶谟》的说法，九德包括“宽而栗，柔而立，愿而恭，乱而敬，扰而毅，直而温，简而廉，刚而塞，疆而义”。用白话文来说，大概意思是说，态度豁达，放得开，又恭敬谨慎；性情温和，有主见；行为谦逊，严肃认真；有才干，做事不马虎；能接受建议，又不人云亦云，果断刚强；正直，但不失温和；大处着眼，小处着手；刚正而不鲁莽；勇敢而善良。[①]

先秦时期，官职基本都是贵族世袭。春秋末年，出身于平民的士人阶层崛起；战国纷争，各国争相延揽贤士。特别是秦国，以郡县取代分封，只有官吏没有贵族;所谓“英雄不问出处”,范雎、苏秦、张仪都是平民为相。刘邦建立汉帝国后，文武大臣跟皇帝大都出身布衣，甚至不乏屠狗、织薄、贩缯、挽车者。至此，“三代世侯、世卿之遗法始荡然净尽”。赵翼指出，“盖秦汉间为天地一大变局。自古皆封建诸侯，各君其国，卿大夫亦世其官，成例相沿，视为固然。其后积弊日甚，暴君荒主，既虐用其民，无有底止，强宗大族又篡弑相仍，祸乱不已。再并而为七国，益务战争，肝脑涂地，其势不得不变。”[②]

但真正实现官僚组织对平民的完全开放，还是在科举制度建立之后。自秦朝大一统社会形成以后，以一家一户为基本单位的小农经济，成为郡县制的经济基础。科举堪称农业中国的伟大创造,完美地整合了传统的士、农、工、商等社会不同阶层，形成国家精英的和平流动机制。“科举制的实质是用考试的办法，来进行公平竞争，尽管它有许多局限和弊端，但总比没有标准的恶性竞争好得多。”[③]吴晓波先生发现，晚清变革的失败与废除科举制有很大关系，“精英阶层从科举的既定轨道中散溢出去，很快衍

① 张耀南等《官场文化》，中国经济出版社，1995。

② 赵翼《廿二史劄记》。

③ 刘海峰、李兵《中国科举史》，东方出版中心，2004。

生了一股反对的、无从把控的力量”；而改革开放的成功则在于恢复高考制度，“将潜在的不满及反对力量纳入统治体系之内”。[①]

孔子曾说：“耕也，馁在其中；学也，禄在其中矣。”[②]进入科举时代，“耕读传家”对农家形成巨大吸引力。“耕”是生存之本，“读”是进身之阶，是乡民攀登社会阶梯的惟一途径。同时，科举制度也改变了乡村文化，回乡的退休官吏成为乡绅，取代了传统的“三老”。即使没有功名的读书人（士），同样受乡民崇敬。作为民间精英的乡绅，其实还是官（士大夫）。旧时宗谱里最常见的“门第常新，足兆三槐之瑞；人文蔚起，高拔五桂之芳”。

> 一个农民家庭如果企图生活稳定，并且获得社会声望，惟一的道路是读书做官。然而这条路漫漫修远，很难只由一个人或一代人的努力，就能达到目的。通常的方式，是一家之内创业的祖先不断地劳作，自奉俭约，积铢累寸，逐步上升到地主。这一过程常常需要几代人的时间。经济条件初步具备，子孙就得到了受教育的机会。……所以表面看来，考场内的笔墨，可以使一代清贫立即成为显达，其实幕后的惨淡经营则历时已久。[③]

“汉时取士无考试之法，皆令郡国守相荐举，故谓举人”。[④]两汉时期，中国官学与私学就极其盛行，教育的发达使优秀知识分子如过江之鲫。“罢黜百家，独尊儒术”，使传统的中国知识分子思想在儒教教义上产生了最大共识与凝聚力，考试制度开始形成。汉武帝设太学，置五经博士，“自此以来，公卿大夫士吏，斌斌多文学之士矣”[⑤]。对官吏的考核不外乎德与才，“文吏以事胜，以忠负；儒生以节优，以职劣”，“取儒生者，必轨德立化者也；

---

① 吴晓波《历代经济变革得失》，浙江大学出版社，2013。

② 《论语·卫灵公篇第十五》。

③ 黄仁宇《万历十五年》，三联书店，1997。

④ 赵翼《陔余丛考》。

⑤ 《史记·儒林列传》。

取文吏者，必优事理乱者也”。[①]后汉以降，知识分子频繁遭遇政治迫害。重德行的荐举制度日渐失控，产生了世袭罔替的垄断豪门贵族；无论孝廉制度还是九品中正制度，最后都造成“上品无寒门，下品无世族”的困局。三国、魏晋、直到南北朝，政治崩乱，甚至引发了五胡乱华的“永嘉之乱”。隋唐重新确立了完善的科举制度，宋朝理学兴起，八股渐成风气，一直延续到清末。内藤湖南将魏晋南北朝称为“贵族时代”，钱穆接着将宋以后的中国社会称为“科举的社会”。

科举与功名

《白虎通·辟雍篇》说：“古者，所以年十五而入大学何？以为八岁毁齿，始有识知，入学学书计，七八十五阴阳备，故十五成童志明，入大学，学经术。”孔子称“十有五而有志于学”，也是指进入大学，学习经术。《正义》引《尚书大传》曰：“入大学，知君臣之仪，上下之位。”对一个传统中国读书人来说，做官几乎就是他的唯一使命。“故君子者，以仕为道者也。”[②]在《礼记·曲礼》中，有这样一个典型而完美的人生规划——

> 人生十年，曰幼学；二十，曰弱冠；三十，曰壮，有室；四十；曰强，而仕；五十，曰艾，服官政；六十，曰耆，指使；七十，曰老，而传；八十、九十，曰耄；七年，曰悼。悼与耄虽有罪，不加刑焉。百年曰期颐。[③]

---

① 王充《论衡》。

② 王夫之《读通鉴论》。

③ 明代陶奭龄将士人的一生分为“五计”，即五个阶段：10岁为儿童时，为“仙计”，即如神仙一般，“依依父母，嬉嬉饱暖，无虑无营，忘得忘失”；20岁以后，为“贾计”，即如商贾一般。在这一阶段，他们“坚强自用，舞蹈欲前、视青紫如拾芥，骛声名若逐膻”；30岁至40岁，为“丐计”，即如乞丐一般，“利欲熏心，趋避著念，官欲高，门欲大，子孙欲多，奴婢欲众”；50岁左右，为“囚计”，即如囚犯一般，“嗜好渐减，经变已多，仆趋于斗争之场，享塞于险巇之境，得意尚有强阳，失意遂成枯木”；50岁以后的终老之年，为“尸计”，即如等死一般，“聪明既衰，齿发非故，子弟为卿，方有后子，期颐未艾，愿为婴儿”。

一千多年来，皇帝常常亲自主持对帝国官员的遴选与栽培，几乎所有的官员都来自民间知识分子。通过对他们儒家意识形态的统一，统治者尽可能选拔到最具才干的帝国精英，他们被称为“天子门生”。唐太宗李世民在一次科举考试结束后，站在午门城楼上，看着新进的进士们鱼贯进入朝堂，高兴得对左右说：“天下英雄尽入吾彀中矣。”宋真宗曾御笔亲撰《劝学文》：

富家不用买良田，书中自有千钟粟；
安居不用架高楼，书中自有黄金屋；
娶妻莫恨无良媒，书中自有颜如玉；
出门莫恨无人随，书中车马多如簇；
男儿欲遂平生志，六经勤向窗前读。

秦国自中央乃至郡县，官员无不实行选任，古代中国的官僚体制从此确立。“在汉武帝时，已确立了几项制度。一是教育制度，一是考试制度，一是选举制度。每一士人，皆须经过此三项制度之提拔与升迁，自社会下层而进达于政府之最高层。”[①]官僚制和科举制的确立，不但使平民入仕为官成为一种可能，更使普通民众由此产生做官致富的念头。在科举制下，读书不再是为了个人道德的完善和关心国家的安危，而是将《诗》、《书》视为富贵之籍，将学校视为利禄之场。“朝出耕田暮放牛，林泉风月共悠悠。九重虽窃阿衡贵，争得功名到白头。”

“科举之制，始于隋唐，行于五代，而盛于有宋……贵德行而贱浮薄，重寒畯而抑势家，乃宋世科举取士之二大精神也。”[②]宋朝320年间，18代皇帝任命了133位宰相，其中123位都是经过科举的科班出身。从某种意义上来说，科举也是一种程序正义的选举方式，对此钱穆先生多有褒扬——

---

① 钱穆《国史新论》。

② 金中枢《北宋科举制度研究》。转引自：刘海峰、李兵《中国科举史》，东方出版中心，2004。

中国传统，政府选举考试，汉唐一年一次，宋以后三年一次。政府人员不断新陈代谢。虽非民选政府，政府成员却都从民间来。[①]

朝为田舍郎，暮登天子堂。十年窗下无人问，一举成名天下知。从"秀才"到"举人"，再到"进士"，数年之间，往往只有寥寥人数可以成为帝国股肱，由此可见对官员素质要求之高。科举制度下，举人和进士名额极其有限，明清时期三年一次的进士考试，每科只录取 300 人。所谓"进士"，就是说已经进入官员（士）队伍。进士及第后，一般需要进入翰林院，寒窗苦读传统经典，这一过程往往要持续一二十年。寒窗孤灯，清贫布衣，这些是担任帝国重担之前必不可少的磨砺。进入中年以后，一个合格的官员才算诞生，由皇帝委任外放。

在古代所有选官制度中，科举算是最公平的。在理论上，这种体制设计似乎杜绝了庸人庸政，但实际操作中往往并不是那么回事。科举制度本身也有其无法克服的弊端，且不说八股之害[②]，即使文学与策论，考生的才能与其文采也不完全成正比。在一个家族化的人情社会，文采、才干与能否及第之间，并没有必然关系。"唐末五代，权臣执政，公然交贿，科第差除，各有等差。故当时语云：及第不必读书，做官何须事业。"[③]自唐至清，无数读书人在各级考场中消磨岁月，屡试不售，"赚得英雄尽白头"；而有的人通过关系和贿赂，却可以"少年科第足风流"。

正如民主是所有选择中"最不坏的选择"，在传统制度下，科举也是如此。科举为社会精英打开了一个正常流动的通道，使官员阶层日益平民化。从南宋两个年份的进士题名录来看，没有官员背景的占多数，一个是

① 钱穆《国史新论》，九州出版社，2012。

② 明清科举考试，考官主要摘录"四书"中的文句为题，应试者要用古人的语气，依据经书上的说法，贯串成文，称为代圣贤立言。文章的结构、字数、句法，都有严格的规定。每篇都由破题、承题、起讲、入手、起股、中股、后股、束股八部分组成；在起股到束股的四段中，每一段都有两股排比对偶的文字，合计八股，故称八股文。八股文往往内容空洞、形式呆板，严重束缚了应试者的思想和才能。

③ 南宋赵令畤《侯鲭录》卷四。《侯鲭录》为宋人笔记，记叙时人的交往、品评、佚事、趣闻及诗词之作。

56.3%，一个是 57.9%。[1]被列入《宋史》的官员中，46.1% 出身寒门。明代初期，中进士者多为南方人，便规定了“南六十北四十”的取中比例，从而保证了南北平衡。《大明律》还规定：“凡除授官职，须从朝廷选用。若大臣专擅选用者斩。若大臣亲戚非奉特旨，不得除授官职，违者，罪亦如之。”相比而言，“宋朝政治比元朝、明朝、清朝都要清明，原因就在于宋朝绝大多数官员都是通过科举考试而做官，而不像其他朝代，有很多特权人物无须公平、公正的科举考试就能做官。”[2]

宋帝国时代，中国知识分子的地位达到了顶峰，但一旦进入体制，身份就与知识分子本身的自由天性相去甚远。许倬云先生指出：

> 宋代优遇士大夫，胜于前后列朝。……不过，换一个角度看，士大夫一旦束带立朝，终身不得摆脱公务员的身份。以苏东坡为例，他一生负盛名，入仕之初，即为社会公认是宰相之材，但是仕运不顺，除了一度担任“知制诰”的学士（皇帝的秘书），终生在贬逐之中，甚至最后远贬琼密。若在别的朝代，他大可辞职高蹈，像陶渊明一样，不再在宦海沉浮。然而，宋代士大夫未有如此的自由。是以，宋代儒生出身的士大夫，虽受空前绝后的优遇，却也是依附政府豢养。③

官作为一种职业，在中国成为最显赫、最荣耀的职业，可以说是职业的王冠。学而优则仕，仕而优则官。做官则名利双收，其目的就是以非经济的方法，逐获经济上的利益。朱元璋曾对其侍臣说：“好功则贪名者进，好财则言利者进，好术则游谈者进，好谀则巧佞者进。”对传统的中国人来说，没有官帽的脑袋，简直不是一个完整的脑袋，丢了乌纱如同被扒了衣服；官服成为中国传统时代最精致、最华美、最尊贵的服装。

朱元璋出身社会底层，他对知识分子和官吏群体充满不信任，或者说极其痛恨。他制定了严酷的法律，将贪污 6 两银子的官员“剥皮揎草”，

---

① 转引自：何怀宏《选举社会及其终结》，三联书店，1998。

② 刘仰《超越利益集团：对宋朝史无前例的狠毒解剖》，中国书店，2011。

③ 许倬云《万古江河：中国历史文化的转折与开展》，上海文艺出版社，2006。

明清官服上的补子（四品文臣—云雁）。

树立于衙门。他还为官员的官服打上了一个显眼的补丁；在这个精美的补丁中，文官为禽，武官为兽。清朝沿袭了这种禽兽统治的官吏制度。[①]在漫长的帝制时代，官与民的区别如同人与动物的区别之间是深深的、难以跨越的鸿沟。

从官到吏

从某种程度上，中国传统教育的目的只有一个，就是为了培养官吏。学习是为了“选士”，选士“然后官之；任官，然后爵之；位定，然后禄

① “衣冠禽兽”一语源于明代官员服饰。据史料记载，明朝文官官服绣禽，武官官服绘兽，品级不同，所绣的禽和兽也不同：文官一品仙鹤，二品锦鸡，三品孔雀，四品云雁，五品白鹇，六品鹭鸶，七品鸂鶒，八品黄鹂，九品绣鹌鹑。武官一二品狮子，三品虎，四品豹，五品熊，六七品彪，八品犀牛，九品海马。

之”[①]。用刘再复先生的话说，儒家文化的精髓就在于它把中国封建宗法制度权力结构伦理化和神圣化，并把人的存在价值归定为这种宗法结构形式的服从和服役，即使掌握某种权力，也应当服从与服役于这种政治形式。[②]朱元璋曾说：“今朕统一天下，复我中国先王之治，宜大振华风，以兴治教，今虽内设国监，恐不足以尽延天下之俊秀，其令天下郡县并建学校，以作养士类。”[③]《礼记》中有一句话说：“大德不官，大道不器。”也就是说，真正有德行的人是不屑于做官的，就如同真理并不一定有什么实用价值。从文化上来说，官与吏的分野，来自中国传统的仁政理念，也就是“以德治国”思想。

传统中国政治的理想模式是“治教合一”，即在教化的基础上实行治理，而两者又相辅相成，不可或缺。“虽有其位，苟无其德，不敢作礼乐焉；虽有其德，苟无其位，亦不敢作礼乐焉。”[④]与其说官是统治者，不如说是布道者，官的重要职责是教化百姓，使民向善，这就是“以吏为师”。汉代贾谊说，“有教然后政治也，政治然后民劝之。”官为民之父母，官德首先要求“爱民如子”。在这种政教合一体制下，皇帝既是“人王”，同时也是“天子”，是人神合一的代表，类似西方的“教皇”；而对官的要求，则不仅是职务性的行政官员，同时他也是一位牧师。“愚民无知”，“群众”如同迷途的“羔羊”一般，需要官的引导和管束。“州牧”、“巡抚”、“司徒”等等，都是官职的名字，顾名思义，就可以知道官的主要使命。对较低级别的官来说，他的主要任务是“体察民情”，了解和知道实际现状是其核心工作，所以他们的官职叫做“知县”或“知府”。由士人组成的官员内部，是一种金字塔结构的严密组织。管理和监督一部分中低级官员的官叫“总督”、“巡按”或“监察使”。没有新闻媒体的古代，言官具有舆论监督作用；为预防施政错误，特意设置了“御史”和“拾遗”一类的谏官。

按照中国传统，道统是治统的合法性来源，“道统者，治统之所在也”，

---

① 《礼记·王制》。

② 刘再复、林岗《传统与中国人》，中信出版社，2010。

③ 转引自：刘泽华等《反思：专制权力与中国社会》，吉林文史出版社，1988。

④ 《礼记·中庸》。

康熙也承认，“万世道统之传，即万世治统之所系。”但实际上，德与位、道统与治统的统一，只是一种美好理想。“由三代而上，治出于一，而礼乐达于天下；由三代而下，治出于二，而礼乐为虚名。”[①]道统与治统分别由士人和君主承担，二者之间的关系并非总是融洽的，“君之视臣如土芥，则臣视君如寇仇。”

同样，官与吏也是完全不同的两个概念。

在两汉之前，官一般指政府，吏则指官员；“以吏为师，三代之旧法也；秦人之悖于古者，禁《诗》、《书》，而仅以法律为师耳。”[②]秦始皇曾下令“以吏为师”，其吏治的刻酷、刑罚的残暴，给人们留下了极为深刻的印象。这其实是以法统侵犯道统，最典型的体现就是“焚书坑儒”。两汉之后，儒家获得正统地位，官指较为高级的官员，吏则指低级的官员；或者说，只有那些朝廷（皇帝）任命的政府官员才可以称为“官”，而一般的办事人员则只能称“吏”,或者“俗吏”。黄宗羲在《明夷待访录》的“胥吏篇”中说：“古之胥吏者一，今之胥吏者二。”古代政府办事的人都是一群人，后来政府工作被分为士大夫和胥吏两个世界，则百弊丛生。

林语堂先生曾说，中国官僚制度的唯一可取之处，是使中国失去了等级制度与贵族阶级。[③]实际上,中国传统社会仍是一个极其严格的等级社会；而官与吏的分流，从某种意义上来说，也使中国传统政治发生明显的裂变。“官僚”集团与“胥吏”集团,形成一种严格的等级关系。官是吏的统治阶级，吏又是官不可或缺的左膀右臂。官对皇权负责，吏对官负责。皇权、官僚、胥吏，这种金字塔式的统治结构最下层，就是芸芸众生的平民百姓。

> 君者，出令者也；臣者，行君之令而致之民者也；民者，出粟米麻丝，作器皿，通货财，以事其上者也。君不出令，则失其所以为君；臣不行君之令而致之民，则失其所以为臣；民不出粟米麻丝，作器皿，通货财，以事其上，则诛。（韩愈《原道》）

① 《新唐书·礼乐志》。

② 章学诚《文史通义·史释》。

③ 林语堂《中国人》，郝赤东、沈益洪译，学林出版社，2007。

皇帝对官僚的倚重，使官员与皇帝的常常发生龃龉抵牾，甚至矛盾不可调和。这时候皇帝常常以吏代官，甚至以吏治官。司马迁将官员分为循吏、俗吏和酷吏——“俗吏”和“酷吏”事实上属于同一类的，只不过程度有别而已。他们都是“循吏”的反面。“循吏”不但对人民“先富之而后教之”，而且在“法令”和人民利益发生正面冲突的时候，他们甚至不惜违抗“法令”。[①]

秦汉时期，传统的贵族思想与官僚制度之间的矛盾，实质上反映了法家思想与儒家思想的冲突。刀笔吏作为“吏”，对贵族色彩的“官”构成极大的威胁。在两汉史书中，刀笔吏比酷吏更酷吏。许多声名显赫、出身高贵的高官往往宁愿自杀，也不愿接受刀笔吏的羞辱。如“飞将军”李广征讨匈奴，“失道”迷路，耻对兴师问罪的刀笔吏，引刀自刭；曾贵为太尉、丞相的周亚夫入狱后，“不食五日，呕血而死”；平原君朱建闻吏到门，自绝而亡。此类事件不胜枚举。

在当时人看来，吏（刀笔吏）是极其低贱的。李斯年轻时是上蔡县的刀笔吏，痛切地自比为“厕中之鼠”，发誓要成为堂堂正正的官，即“仓中之鼠”。实际上，即使刀笔吏受重用而位至三公九卿，仍会遭到鄙视。司马迁写萧何，就说“（萧何）于秦时为刀笔吏，录录未有奇节”。有人对御史大夫周昌说：御史赵尧有奇才，当重用提拔。周昌不屑地说：“赵尧不过是刀笔吏出身，怎能当大任呢？”汲黯曾当面骂时为廷尉的张汤：“天下人都说刀笔吏绝不能居公卿之位，果然如此！”讽刺的是，历史上真有“张汤劾鼠[②]”之事。

从秦始皇到汉武帝，与其说专制皇帝依赖官僚，不如说依赖酷吏，后者更能体现出权力的可怕。武则天用周兴和来俊臣等酷吏，对李唐王朝官僚集团进行大清洗，朱元璋、朱棣父子采用的锦衣卫和日后的东厂、西厂，

---

① 余英时《士与中国文化》，上海人民出版社，2013。

② 《汉书·张汤传》记载：张汤，杜陵人也。父为长安丞，出，汤为儿守舍。还，鼠盗肉，父怒，笞汤。汤掘熏得鼠及余肉，劾鼠掠治，传爰书，讯鞫论报，并取鼠与肉，具狱磔堂下。父见之，视文辞如老狱吏状，大惊，遂使书狱。

则更胜一筹。

不仅皇帝与官僚之间的斗争借用酷吏势力，而且官僚集团内部狗咬狗的权力斗争，也常常使酷吏得以渔翁得利，鸡犬升天。曾国藩趁满清朝廷危难之机，大开幕府，以自己的门生故旧为官，成为独霸一方的“封疆大吏”。曾国藩系统的官僚势力，基本都来自师爷、宾客和刀笔吏，胥吏势力强大的办事能力，使曾国藩集团在晚清变局中扮演起主导者的角色。天朝“贰臣”郭嵩焘①曾说：

> 汉唐以来，虽号为君主，然权力实不足，不能不有所分寄。故西汉与宰相外戚共天下，东汉与太监名士共天下，唐与后妃藩镇共天下，北宋与奸臣共天下，南宋与外国共天下，元与奸臣番僧共天下，明与宰相太监共天下，本朝则与胥吏共天下耳。②

胥吏的统治

宋代将文官制度发扬到极致，赵匡胤时期开榜8次，录取进士1475名，诸科共计4359人，比整个唐朝录取的士人还多。知识人的增多，大大加强了宋朝的官僚队伍。翰林学士王禹偁曾目睹，宋太祖在崇政殿一次就接见上万举子；他发现，原先只设刺史一名，司户一名，后来陆续设置了团练推官、通判、副使、监酒税算等，“州县不广于前，而官数倍于旧”。③

明清时期，官员的级别分为九品，每品又分正、从两级，自正一品的大学士到从九品的末秩，一共有十八级。除十八级之外，还有连从九品都够不上的官，叫做“未入流”。清人方大湜曾言：“兴除利弊，不特藩臬道府能所不能行，即督抚亦仅托空言，惟州县则实见诸行事，故造福莫如

---

① 郭嵩焘（1818–1891），进士出身，助曾国藩创建湘军，为曾幕府之骨干。后授广东巡抚等职，光绪年间进入总理衙门，出任清国驻英公使，并兼任驻法使臣，成为中国首位驻外使节。郭在《使西纪程》中盛赞西方和现代，被士大夫毁谤为“汉奸”和“贰臣”。郭生前著有《历史札记》，并曾言：“流传百代千龄后，定识人间有此人。”

② 《清稗类钞·胥役类》。

③ 《宋史·禹偁传》。

州县。”换言之，州县官是治事之官，而其他的府道、藩司、臬司和巡抚、总督等皆为治官之官。官之外，便是没有任何品级的胥吏。

韦伯谈到中国官制时说：“享受俸禄的中国官员们，通过对文学形式的经典化修改——这也是人们重视文学的原因，包括那些公牍，来确定自己的法定资格和威信。”理想与现实之间的差距，成为中国官僚体制的短板，官员熟读经书，然而所学却非所用，眼高手低。“身等仕途，端坐堂皇，吏日抱尺许厚牍以请判，据案署尾，茫然不知其中为何事”。晚清时代的法学家许梿就批评说：“夫自八股取士以来，为州县者，事皆入官而后学。彼厌弃秽恶，熏香高座，取办于仵人之口者无论矣。”[①]

与官僚的知识分子出身和文化背景不同，胥吏只是做具体事情的仆从，因此并不需要他们有什么德行甚至头脑。与官僚的“清高”、“高尚”相反，胥吏的社会地位从来都是极低的。在历代政治统治者眼中，胥吏常常与妓女、乞丐、戏子、挑客（阉猪者）等并列为“贱民”。狐假虎威、为虎作伥、有钱能使鬼推磨，等等，传统偏见一般都是针对胥吏而言的。

早在《周礼》中，就记载了六官之下各有一批府、吏、胥、徒。“吏”最早都是由奴隶担任，身份低于自由民。作为刀笔吏的一种标准字体，“隶书”成熟于官吏体制成熟的秦汉帝国时代。中国的政制传统就是贵官而贱吏。有人比喻说，官与吏的区别，就好比妻与妾的差别。吏不仅与官存在严格分界，而且吏的子孙后代不许参加科考；也就是说，祖上为吏者，子孙不得为官。如唐朝元和二年（807 年）下令:“进士举人，曾为官司科罚，曾为州县小吏，虽有辞艺，长吏不得举送，违者举送官停任，考试官贬黜。”[②]明清时期，这一禁令有所放松，对胥吏算是打开了“做官”的一线之门，“奴才”与“人才”（读书人）多少可以站到同一个起跑线上。

“衙役”是吏的典型职业，有时也叫做“差”，意思就是被奴役和被支配。他们一般也以“奴才”自称。从政治上来说，他们被完全地去人格化。用传统的说法，就是胥吏没有出身和流品。但权力并不必然与权力者的身份

① 魏丕信《中国帝制时代晚期如何学习为官之道》，吴旻译。《法国汉学》第八辑，中华书局，2003。

② 《旧唐书》卷十四。

有必然关系，用钱穆先生的说法，桌子底下的事情并不比桌子面上的事情影响小多少——

> 一切事情到了胥吏手里，铨选则可疾可迟，处分则可轻可重，财赋则可侵可化，典礼则可举可废，人命则可出可入，讼狱则可大可小，工程则可增可减。大抵中国政治界里胥吏所经管的，不外此七项，即铨选、处分、财赋、典礼、人命、狱讼与工程。其实政事之大者，在当时也只此七项。吏胥则是此七项的专业人，传统的专门家。他们是职业政治家而擅有专门知识的。但当时官场又看不起这些人，这些人也自认流品卑污，因此不知自好，遂尽量地舞弊作恶。[①]

2000 多年来的古代历史，其实胥吏是中国人的实际统治者，“县官不如现管”。杜甫的《石壕吏》就真实地描述了地方胥吏的可怕。商鞅变法，秦朝号称礼法森严，但实际执法权完全掌握在胥吏手中。项梁曾因犯罪被栎阳县衙逮捕，托人请蕲县狱属员曹咎致函栎阳县狱属员司马欣疏通，结果很快就获释。王夫之评论道：

> 项梁，楚大将军之子，秦之所尤忌者，欣一狱掾，驰书而难解。则其他位尊而权重者，抑孰与御之？法愈密，吏权愈重；死刑愈繁，贿赂愈章；涂饰以免罪罟，而天子之权，倒持于掾吏。[②]

在“官官相护”的背景下，无权无势的草民面对酷吏，如同牛羊对虎狼，既无法反抗，也无处申诉。常言说“天高皇帝远”，皇帝作为最高权力，只是一种统治的象征，所谓中国的专制政治，实际也就是“吏治”。因为“吏治”的严重溃败，使中国传统政治呈现出周期性动荡的恶性循环。“官无封建，吏有封建”，这句话基本概括了宋明以降中国政制的最大特点，即对官员严格的监督制度，使官员处于频繁调动之中，而吏则是从来不动

---

① 钱穆《中国历代政治得失》，三联书店，2001。

② 王夫之《读通鉴论》，中华书局，2013。

的，“官易而吏不易，足为政治之害”。顺天府宝坻县有个著名的书吏张润堂，他在县衙刑房干了40年，经历了4个皇帝，中间换了21个县官，几乎所有的刑事档案都出自他手。在《红楼梦》中，作为官的贾雨村上任伊始，就被吏给上了一课。这并不是小说家言，而是中国历史的现实。不仅是地方，就是中央朝廷同样也离不开胥吏，所有的公文和业务基本都由胥吏操办，官员一般只是签字画押而已。光绪时期的大学士翁同和就承认，自己每天的工作就是“画诺”；湖北巡抚胡林翼指出：“六部之胥，无疑宰相之柄。”

顾炎武在《郡县论》中写道：“所谓百官者虚名，而柄国者吏胥而已”，“州县之弊，吏胥窟穴其中”，“养百万虎狼于民间”，“天下有吏之法而无朝廷之法”。吏胥集团的世袭化，使流动性的官员根本无法抗衡。劣币驱逐良币法则，使好人被清洗出局，胥吏彻底流氓化。低贱堕落的酷吏集团，实际操纵了整个帝国，而眼高手低、清高虚荣的知识分子，在实际权力角逐中常常处于无奈的守势，甚至有时候被完全架空。作为一种高级书吏，幕僚不仅“代官出治”，甚至说是“玩弄本官于股掌之上”，常被称为“师爷”。在古代，这叫做“无幕不成衙”；在现代，则被称为“秘书现象”。

明清时代，师爷遍布大小衙门，这些师爷多出绍兴，“今户部十三司，胥算皆绍兴人”。晚清张集馨《道咸宦海见闻录》记载，咸丰年间，旗人乐斌任陕甘总督，对衙门之事全不知晓，把奏折、文案全部交给师爷彭沛霖——乐总督如果离开彭师爷，“便如水母，寸步难行”。彭因此狐假虎威，四处招摇撞骗，大小官吏对其趋之若鹜，如按察使明绪、兰州道恩麟、候补道和祥、同知章桂文等，都与彭称兄道弟，俨然同道中人。实际上，晚清所谓的中兴名臣，如胡林翼、左宗棠、李鸿章等，无一不是幕僚出身。左宗棠只有举人功名，但却在湖南巡抚骆秉章幕府说一不二，被人成为“左都御史”，一省的提督、总兵，哪怕一二品的大员，对左师爷也必须行跪拜大礼。

在清代作书吏的汪辉祖曾将其为吏经验著书传世，谓之《佐治药言》，亦称《官经》。其中写道：“衙门必有六房书吏，刑名掌在刑书，钱谷掌在户书。”地方官府其实是朝廷的缩影，皇帝有仪仗队，州县有皂隶；朝廷有六部，州县有六房。州县的衙役，包括皂隶、马快（步快）、捕役、民壮等。对官来说，幕僚虽以“友”居之，其实仍属吏，正如汪辉祖所说，

“若辈平日多与吏役关通，若辈藉吏役为护符，吏役借若辈为爪牙”[①]。历史学家瞿同祖发现，这些名目繁多的衙役有100多人。[②]实际上，“州县衙门的书吏经常高达千余人，他们都没有正规的收入”。[③]

> 衙役构成了一种有组织的力量，州县官依靠他们推行法律和政令。没有这些人供其驱使，州县官可能没有办法征收赋税和漕粮，也没办法征调人民从事修筑城墙、开铺道路、兴修水利之类的力役，或为官府供办车马及别的交通工具。承担警察职能的衙役也为政府所依赖，用于执行传唤或拘捕及其他经常性的警察职能。……实际上，多数衙役的命运并不总像其法律及社会地位所标示的那样可怜。因为他们居于可以滥用权力的岗位，所以能使百姓敬畏。[④]

胥吏既没有任期限制，也没有工作地点和部门的交流，更没有升降级的约束，长期盘踞一地，亲党胶固，所有官方的决定其实都是由这些胥吏执行，如催征钱粮、拘讯讼狱、抽分关税、簿书期会等等。嘉庆时期的梁章矩为进士出身，曾经先做地方守令，后任广西、江苏巡抚，并在军机处任过章京一职，他谈到胥吏时说：“上自公卿，下至守令，总不能出此辈圈牢，刑名薄书出其手，典故宪令出其手，甚至于兵枢政要，迟速进退无不出其手，一刻无此辈，则宰相亦束手矣。”[⑤]

在中国封建社会，一旦遇到官府方面的麻烦，常常要“托关系”，一般叫做“走门子”。清人赵翼说：“今世所谓门子，乃衙署中侍茶捧衣之贱役也”。其实“门子”这个词，既不始于现代，也不是清人发明，“门子之名，始于唐代”。“门子”虽然身份低下，但却没人敢有丝毫怠慢；“门子”也没有工资，他们的收入叫“门包”。“凡致送门包于阍人，其缄封之红签，

---

① 汪辉祖《佐治药言》。

② 瞿同祖《清代地方政府》，法律出版社，2003。

③ 刘典蓉《清朝京控制度研究》，上海古籍出版社，2011。

④ 瞿同祖《清代地方政府》，法律出版社，2003。

⑤ 梁章矩《制义丛话》卷七。

辄书‘门敬’二字，或曰‘门礼’”。《清稗类抄·奴婢类》有“阍人（门子）受门包”词条，让人读来无不感到讽刺——

> 门包之陋规，与二百六十八年之国祚相始终，而实肇端于吴三桂之出关乞师，欲求见摄政王多尔衮而不可得，乃以重资赂其左右，始开门接见，其后遂成为陋规，牢不可破。及宣统辛亥八月十九日之前，武汉起事，时杨洪胜等谋变，为武昌府某所诇知，谒鄂督瑞莘儒制军澄，将密告之。时值深夜，阍人索特别门包，某谓此何时，此何事，尚可循曩例乎？阍人不得已，始通报。事为瑞所闻，大斥之。及杨等破获，阍人犹向索赏犒。或谓本朝之得国以门包，其失国亦以门包，可谓奇矣。[①]

权力的失控

在中国古代政制中，宰相一直扮演着举足轻重的角色；从这个角度来说，中国传统政治并不见得完全是专制主义，至少不完全是皇权专制或者君主专制。钱穆先生便说过类似这样的话——

> 中国自秦以下两千年，只可说是一个君主一统的政府，却绝不能说是君主专制。…最近明清两代…似乎迹近君主专制，但尚绝对说不上黑暗。人才的选拔…刑罚的处决，赋税的征收，依然都有传统客观的规定，绝非帝王私意所能轻易摇动。如此般的政体，岂可断言其是君主专制？（《历史教育几点流行的误解》）

朱元璋杀掉丞相胡惟庸之后，“罢丞相不设，析中书省之政归六部，以尚书任天下事，侍郎贰之”[②]。朱元璋声称：“自古三公论道，六卿分职，自秦始置丞相，不旋踵而亡。汉唐宋因之，虽有贤相，然其间所用者，多

---

① 可参阅：刘鹏九《内乡县衙与衙门文化》，中州古籍出版社，1999。

② 《明史·职官志》。

有小人，专权乱政。我朝罢相，设五府、六部、都察院、通政司、大理寺等衙门，分理天下庶务，彼此颉颃，不敢相压，事皆由朝廷总之，所以稳当。以后嗣君并不许立丞相，臣下敢有奏请设立者，文武群臣即时劾奏，处以重刑。”[①]所谓“事皆由朝廷总之”，其实就是由皇帝独断乾纲，这无疑是“家天下”的极端体现。黄宗羲认为，天子之子不皆贤相，赖贤相加以补救，废相其实去取消补救机制，“有明之无善治，自高皇帝罢丞相始”[②]。

“士大夫从共存到共治，由股东降作伙计，已经江河日下了。到了明代，又猛然一跌，跌作卖身的奴隶，士大夫成为皇家的奴役了。”[③]从明初迄清初的 300 多年，政务全部出于内阁。虽然没有了丞相一职，但其实入阁的大学士们仍不失为集体丞相，尤其是年长资深的所谓“首辅”，“无宰相之名，而有宰相之实”；大臣们的奏章一般先送内阁进行“票拟”，也就是由内阁提供意见和建议，然后才呈给皇帝“御览”和“画红”。从这个制度安排来看，皇帝并不是大权独揽，甚至说有点“大权旁落”的味道。万历时代的首辅大学士王锡爵对皇帝说：“国家之事，人君事事可以独断”，“皇上之美，莫美于揽权独断”。但他同时又说：“今国家大事，莫大于建储”，“唯册主庆典，则前代皆以天子谦让”。[④]

到了雍正时代，这是一个权力狂皇帝；他借西北军务紧急为由，设立了军机处，这实际上就是皇帝个人的秘书处，完全受皇帝个人安排和指挥。“为军机大臣者，皆亲臣、重臣，于是承者、出政皆在于此矣。”[⑤]当所有政务都有军机处裁夺时，内阁便被架空了，成了一种有名无实的虚职。军机处的运行机制，说白了，其实就是以吏代官，用一群地位低下的书吏，取代正式的内阁作为权力中枢，大学士只剩下一个好听的头衔，真正的权力却掌握在“军机处行走”这些人手里。[⑥]

---

① 《明太祖实录》。

② 黄宗羲《明夷待访录·置相篇》。

③ 吴晗《朱元璋传》，陕西师范大学出版社，2008。

④ 转引自：卜正民《明代的社会与国家》，陈时龙译，黄山书社，2009。

⑤ 赵翼《檐曝杂记·军机处》。

⑥ 可参阅：袁灿兴《军机处》，民主与建设出版社，2015。

孔子曰:“善为吏者,树德;不能为吏者,树怨。概者,平量者也;吏者,平法者也;治国者,不可失平也。”中国文化与世界其他文化的最大差异,是从来没有巫师这样的独立的、超脱的神职人员,宗教信仰基本处于最原始的多神教阶段。佛教、道教、基督教,或者说所谓的儒教,要么成为官文化鞭策下的附庸,要么处于一种被驱逐的边缘状态,以避世无为来避免与官文化争锋。多神教在中国官文化的影响下,成为官文化的民间镜像,玉皇大帝、王母娘娘、土地爷、山神、城隍,不过是官的民间想象而已。

宋末思想家邓牧在《吏道》中写道:

> 与人主共理天下者,吏而已。内九卿、百执事,外刺史、县令,其次为佐,为史,为胥徒。若是者,贵贱不同,均吏也。古者君民间相安无事,固不得无吏,而为员不多。唐、虞建官,厥可稽已,其去民近故也。择才且贤者,才且贤者又不屑为。是以上世之士高隐大山深谷,上之人求之,切切然恐不至也。故为吏者常出不得已,而天下阴受其赐。后世以所以害民者牧民,而惧其乱,周防不得不至,禁制不得不详,然后大小之吏布于天下。取民愈广,害民愈深,才且贤者愈不肯至,天下愈不可为矣。今一吏,大者至食邑数万,小者虽为禄养,则亦并缘为食以代其耕,数十农夫力有不能奉者,使不肖游手往往入于其间。

如果说权力导致腐败,那么官场的腐败,其实主要是胥吏腐败;同时,对于一般民众来说,接触官员的机会要比接触胥吏的机会小得多。县官以下的三班六房、胥吏衙役大多都没有品级,并不在国家正式编制之内;换句话说,也就是没有“吃皇粮”的资格,他们全靠权力寻租和收贿、勒索维生。与官员相比,他们也就更加缺少制度和道德的制约,这使得腐败成为一种职业习惯。这些胥吏衙役往往父子相传,师徒相继,上下勾结,四处串通,在现实政治中,反而势力很大。章学诚在《与执政论时务书》中说:“州县有千金之通融,则胥吏得乘而牟万金之利;督抚有万金之通融,州县得乘而牟十万之利”；“官取其十，吏取其百”。

中国素有“一年清知府，十万雪花银”的说法，其实胥吏的非法收入并不比官员更少。晚清为筹集军费设立厘金局，马上成为炙手可热的肥差，一个小小的厘金局委员竟是正三品（知府为四品）。当时得一厘差，每年可获三五千金至万金不等；相比之下，一个知县的“岁俸”不过 45 两（养廉银为 1000 两）。[①]所以有俗谚说：“署一年州县缺，不及当一年厘局差”[②]。

北宋初期，吏员也是没有薪俸的。熙宁三年（1071 年）之后，开始发放吏禄，当时京师诸司每年支出的吏禄钱为 3834 贯；之后为了高薪养廉，大幅提高吏禄。5 年之后，这一数字超过 37 万贯，但吏员贪污索贿依然如故。《宋史·食货志》说：“承平既久，户口岁增。兵籍益广，吏员益众。佛老外国，耗蠹中土。县官之费，数倍于昔。”宋代的冗官冗费造成沉重的财政负担。宋神宗熙宁年间，国家财政收入为 5060 万，支出也是 5060 万，国库尽空。正如赵翼所批评，“财取于万民，唯恐其有余；恩逮于百官，唯恐其不足。”[③]北宋和南宋都呈现出“吏强官弱”的“公人世界”；这些吏员无法无天，在地方基层就是土皇帝和地头蛇。“巡尉下乡，一行吏卒是三五十人，逐日食用何所从来？不过取之于百姓而已。所过之处，鸡犬皆空，无异盗贼。”[④]南宋思想家陆象山一针见血地指出：

> 今日为民蠹者，吏也。民之穷困甚矣，而吏日以横。议论主民者，必将检吏奸而宽民力；或不得已而阙于财赋，不为其上所谅，则宁身受其罪。若其议论之主身者，则首以办财赋为大务，必假阙乏之说以削民；科条方略，必受成于吏，以吏为师，以吏为伍，甚者服役于吏。[⑤]

---

① 《内乡县衙与衙门文化》，中州古籍出版社，1999。

② 盛夏《厘金局当差一年胜过一个州官》，《大河报》，2011 年 4 月 26 日。

③ 赵翼《廿二史札记》。

④ 《名公书判清明集》。转引自：刘典蓉《清代京控制度研究》，上海古籍出版社，2010。

⑤ 陆象山《陆九渊集》。

古典小说《水浒传》的主题是“官逼民反”,其实是“官逼吏反”和“吏逼民反”。正如秦末之土崩，“诸郡县苦秦吏者，皆刑其长吏，杀之以应陈涉”[1]。在《水浒传》中，我们可以看到一幅酷吏群体的众生相:宋江、戴宗、李逵、武松、施恩、黄文炳、杨雄、蔡福等等，而宋江就是一个典型的刀笔吏。酷吏集团的流氓性与草根性，使他们形成中国传统的黑社会文化。在官场精英文化压迫下，这种黑色文化逐渐衍生出“只可意会不可言传”的“规矩”。吴思先生将其命名为“潜规则”。酷吏集团以“规矩”来对抗官僚文化的“制度”，最终官僚集团被完全“同化”，并逐渐接受了酷吏集团的“孝敬”。

酷吏集团无论在人数上还是具体事务方面，对官僚集团具有绝对的影响力和话语权。官僚意志最后以酷吏文化的方式体现出来。官僚沦为道貌岸然的伪善,而酷吏则成为炙手可热、生杀予夺的权势象征。古代社会中,行政与司法不分，官偏重于行政，而吏则在某种程度上垄断了司法。监狱自古就是酷吏的专属地盘，方苞在《狱中杂记》中有一段记述：

> 迩年狱讼，情稍重，京兆、五城即不敢专决；又九门提督所访缉纠诘，皆归刑部；而十四司正副郎好事者及书吏、狱官、禁卒，皆利系者之多，少有连，必多方钩致。苟入狱，不问罪之有无，必械手足，置老监，俾困苦不可忍，然后导以取保，出居于外，量其家之所有以为剂，而官与吏部分焉。中家以上，皆竭资取保；其次，求脱械居监外板屋，费亦数十金；惟极贫无依，则械系不稍宽，为标准以警其余。或同系，情罪重者，反出在外，而轻者无罪者罹其毒。积忧愤，寝食违节，及病，又无医药，故往往至死。

精英的没落

官文化随着二战后国家主义的兴起而泛滥于整个现代世界；以国家主权为切割线，人类前所未有地处于官僚集团的监视、统治和奴役之下。对

① 《史记·陈涉世家》。

权力和暴力的研究也因此成为新兴学科，韦伯、罗素、阿伦特等都是一时成名的思想家。

柏杨先生曾一针见血地指出，“中国官僚有他的特征，效忠的对象绝不是国家，也绝不是领袖，他只是效忠于给他做官的人。”[1]传统法家认为，官吏为君主的臣子，又为民众的君主，权力的运用讲究法、势、术，“无法则国不治，无势则法不行，无术则势不固”[2]。“国之所以治者三：一曰法，二曰信，三曰权。法者，君臣之所共操也；信者，君臣之所共立也；权者，君之所独制也，人主失守则危。”[3]也就是说，君主的权力来自官吏集团的支持，如果失去官吏的支持，君主也将不存在，而民众则是君臣共谋的“冤大头”。

北宋时期，神宗欲变法以振兴国势，结果立刻引起既得利益的官吏集团反对。三朝元老的枢密使文彦博说：“祖宗法制具在，不须更张以失人心。”神宗针锋相对：“更张法制，于士大夫诚多不便，然与百姓何所不便？”文彦博曰：“为与士大夫治天下，非与百姓治天下也。”文彦博其实是告诫神宗，皇帝永远只能与官吏集团（士大夫）合作。

吴思先生研究了中国历史中的大量官场案例，提出很多新名词，比如“潜规则”、“元规则”、“血酬定律”等等。他将人们对中国古代习惯上的“封建社会”定义为“官家主义”社会——

> 官家这个词，在古汉语里有三个意思：一是指皇帝，二是衙门，三是官吏个人。在秦汉以后的历史上，立法定规的，“主义”的，就这三个主体。皇帝立的是王法，衙门立的是地方法规或者部门法规，官吏个人立的是潜规则。这三个主体，不管内部怎么相互争夺地盘，但是当家作主、说了算的，始终是官家集团。[4]

---

① 柏杨《丑陋的中国人》，湖南文艺出版社，1986。

② 《韩非子》。

③ 《商君书·修权》。

④ 《我想重新解释历史：吴思访谈录》，复旦大学出版社，2011。

从古希腊的城邦制到古罗马的共和制，都是贵族垄断国家权力。在罗马共和国时代，贵族议会（长老院）推举最高执政官凯撒，甚至将他称为“第一公民”；而贵族之外的“普通老百姓”，则被完全剥夺了公民权，贵族们认为他们不是“人”。贵族是以精子来确定贵族身份，他们是天生的公民。只有公民才可以成为共和国的官员，但并不介意以奴隶为“吏”。伊索能说会写，寓言讲得特别好，但他只是一个奴隶（吏）。

> 在中国历史上，宦官祸国时有发生，究其本质，也是以吏代官的结果；甚至可以说，这是以吏代官、化公为私的典型。皇帝将本来属于政府官员的法定权力转授于太监仆从，甚至使有的太监具有皇帝的生杀大权。有明一代，大搞特务政治，由太监组建的东厂、西厂，几乎堪称官上之官，司礼监完全取代了政府内阁。锦衣卫本是皇帝的私人卫队，但后来却几乎垄断了明帝国的司法权，其众多达十五六万。[①]

因为是靠军事政变夺得皇位，永乐皇帝常将宦官安置在军队中，最著名的宦官便是率领帝国远洋舰队的回族阉人郑和。军事宦官对皇帝很有用处，因为他们可以使皇帝既密切注视安全形势，又不用受官僚们的影响。当然，官僚对宦官们往往既恨又怕，特别是这些宦官为皇室巧取豪夺，几乎拥有不受任何法律制约的权力。

对此弊端，古代士人更是深感痛切——

> 《明史》载太祖制，内官不许读书识字。宣宗始设内书堂，选小内侍，令大学士陈山教之，遂为定制，用是多通文义。数传之后，势成积重云。然考其致祸之由，亦不尽由于通文义也。王振、汪直、刘瑾，固稍知文墨；魏忠贤则目不识丁，而祸更烈。（赵翼《廿二史劄记》）

---

① 可参阅：丁易《明代特务政治》，群众出版社，2008。

明清时期流行的“官箴”，现存西安碑林。

吾以谓有宰相之实者，今之宫奴也。盖大权不能无所寄，彼宫奴者，见宰相之政事坠地不收，从而设为科条，增其职掌，生杀予夺出自宰相者，次第而尽归焉。有明之阁下，贤者贷其残膏剩馥，不贤者假其喜笑怒骂，道路传之，国史书之，则以为其人之相业矣。（黄宗羲《明夷待访录·置相》）

从某种程度上来说，明清两代的衰退和没落，与酷吏集团对中国破坏和桎梏有莫大关系；身处江湖之远的酷吏集团的势力和影响，要远远大于庙堂之高的官僚集团。[①]在中国传统的历史视野中，胥吏之害尽人皆知，但为了维护帝国的统治，又不得不依靠胥吏。“州县之弊，吏胥窟穴其中，父以是传之子，兄以是传之弟，而其尤桀黠者，则进而为院司之书吏，以挈州县之权。上之人明知其为天下之大害，而莫能去也。”[②]

在传统政治格局中，酷吏集团构成最具影响力的草根政治，与官僚集团的贵族政治，既有合谋又有算计，既互相利用又处处设防。传统政治一脉相承的是，官吏之间的界限从来泾渭分明，作为政治草根的酷吏集团想要进入政治贵族的官僚集团难如登天。“夫移风易俗，使天下回心而向道，类非俗吏之所能也。俗吏之职务，在于刀笔筐箧，而不知大体。”[③]

总体而言，这种中国特色的等级政治，使酷吏集团始终处于被利用、被鄙视，甚至被宰割的低贱地位，这也是他们人格堕落、良心沦丧、毫无底线的最大原因——“吏呼一何怒，妇啼一何苦。”柳宗元在《捕蛇者说》中写道：“悍吏之来吾乡，叫嚣乎东西，隳突乎南北；哗然而骇者，虽鸡狗不得宁焉”。孔子说：“苛政猛于虎”，其实中国历代都普遍存在“武吏以威暴下,文吏妄行苛刻,乡吏因公生奸”的现象,所谓“刀笔吏”、“奸吏”、“狗吏”、“幕恶吏”以及俗语中的“阎王好见，小鬼难缠”，所讽刺的都是这类酷吏。清代名臣阮元在《行赈湖州示官士》诗中说：

天下有好官，
绝无好胥吏。
政入胥吏手，
必作害民事。[④]

清末立宪运动，使持续了几代皇朝统治的科举制度被废除，但仍然不

① 可参阅：韩毓海《五百年来谁著史：1500年以来的中国与世界》，九州出版社，2009。

② 顾炎武《郡县论》。

③ 贾谊《治安策》。

④ 冯尔康《清人生活漫步》，中国社会出版社，1999。

能挽回立宪的失败和帝国的崩溃，随之皇权官僚体制也彻底崩盘。

毋庸讳言，中国传统的官僚体系体现了精英治国的人类普遍常识。知识分子精英与官僚精英的统一，使官僚组织保持着社会结构的流动性，出身贫寒的青年才俊亦有可能施展经邦纬国之才干。但随着时间的流逝，权力就无可挽回地走向堕落，世袭传统与阶层固化必将腐蚀制度的初衷。朱元璋曾规定："使中外文官，皆由科举而进，非科举者，毋得與官。"[1]按照传统，一般将科举出身者称为"正途"，其他为"异途"；每个王朝初期，官吏多出"正途"，后来便逐渐"异途"压倒"正途"，官吏阶层逐渐形成世袭罔替、坐地分赃的利益集团，平民和民间精英遭到排斥，从而形成一个庞大的反精英阶层，王朝由腐朽走向毁灭。

常言说，有钱就有势，有势就有钱。权力注定腐败，官职也就变为一种商品。南明宏光时，名器大滥，马士英、阮大铖鬻官卖爵，国事不可问，时人嘲讽道："职方大如狗，都督满街走。"乾隆时期，和珅悬称卖官；乾隆以后，干脆由政府出面，明码标价，直接捐官，做官变成一种赤裸裸的金钱交易和投资。实际上，早在汉文帝时，就诏令民众可以上交粟米而换得官位，如六百石粟给上造官，四千石粟给五大夫。晚清时期，朝廷财政江河日下，捐纳浮滥。"自咸丰至光绪，经三十年，无一日不需款，无一日不开捐，条例则日增月改，银数复一廉再廉，盖捐者寥寥，以减价广招徕也"；嘉道年间，捐纳一监生需 120 两，到清末已降到 33 两。[2]

在佛教中，世界总要经历成、住、坏、空四个阶段，即所谓"四劫"。在历史的轮回中，一切神圣的东西都会走向平庸。技术与历史之间的距离越来越远，人类在从贵族向精英发展了数千年后，精英重新向贵族屈服。继往开来，精英文化的落魄将开创一个漫长的平庸时代。

古代中国的官文化

中国的社会秩序自古以等级分，所谓礼，就是尊卑有序。"天有十日，

---

① 《明史》卷 70，《选举》二。

② 许大龄《清代捐纳制度》，北京大学出版社，1950。

人有十等。下所以共神也。故王臣公，公臣大夫，大夫臣士，士臣皁（皂），皁（皂）臣舆，舆臣隶，隶臣僚，僚臣仆，仆臣台。”[①]在金字塔结构下，每一个中国官吏其实就是一个小皇帝，权力层层相授；官吏的权力来自皇帝，小官吏的权力又来自大官吏。在这种权力格局下，民众与其说被排除在外，不如沦为猎物；或者说官为刀俎，民为鱼肉，只能任人宰割。

常言说，君子斗不过小人。在权力规则下，官吏群体的人格被彻底扭曲，要做人，就不能做官；要做官，就无法做人。官场如戏场，官场如战场，官场如商场，逢场作戏、趋炎附势、口蜜腹剑、阿谀奉承、攀龙附凤、望风希指，成为官场通则。在这种逆向淘汰中，只有一群厚颜无耻、心狠手辣的“仕途流氓”能够“小人得志”。

2000多年以来，官吏群体是中国的实际统治者；所谓“食肉者”、“劳心者”、“人上人”等等，都是对官这一阶层的崇拜。法家学者慎子说：

> 古者立天子而贵之者，非以利一人也。曰：天下无一贵，则理无由通，通理以为天下也。故立天子以为天下，非立天下以为天子也；立国君以为国，非立国以为君也；立官长以为官，非立官以为长也。[②]

明末清初思想家黄宗羲也说过类似的话，即官并非为君而设，而是为民所设。官员出仕，是为了天下之公，而不是报答君主的私恩。但后世之君主和官吏以公权而谋一家之私利，这种官本位无疑是对“民本位”思想的最大反动。

官文化的形成，似乎是在春秋时期，成熟于战国。学好文武艺，货与帝王家。在王侯争霸时期，人才市场逐渐形成庞大的官吏集团，门生、故吏、同乡，盘根错节的关系和繁琐隐晦的官场文化就此诞生。苏秦和张仪玩帝王于掌故间，一人以兴邦，一人以丧邦；商鞅可致秦灭六国，李斯亦可致秦自灭。大体的说，官基本上来自于士这一阶层，县令陈平甘愿做亭长刘邦的官，而韩信每天夹着宝剑乞讨，不过是为了做官。

① 《左传》昭公七年。

② 出自慎到《慎子·威德》。

刘邦素来看不起儒生，甚至把儒生的帽子当尿壶，但儒生叔孙通却为刘邦设计一个完整的官吏体制，将刘邦这只老虎关进黄金笼子里，他的权力由官吏们全权代理，皇帝只管享乐即可。刘邦穿上精美的新装，漫步于巍峨大殿之上，出入前呼后拥，不由感叹道：吾乃今日知为皇帝之贵也！后来董仲舒进一步完善了君权神授理论，给君权披上了一层神圣而又神秘的外衣。至此，擅长“傍大款”的中国官吏们找到了一条终南捷径。狼狈为奸、狐假虎威，两千年不倒。黄仁宇将中国政治称为“官僚政治”——

> 历史上强有力的君主以臣僚为他们的工具，多数的君主则是群僚的工具。官僚制度做到最好处，则是两者都不坚持本身利害，只维持体制的完美。[①]

明代政治特务化[②]，无论官与吏，都沦为太监淫威下的牺牲品。宦官汪直无论到哪里，地方都御使都要带领本地大小官员，跪迎于三百里外。汪直住在驿馆，这些地方大员端汤倒水，别说沦落为吏，其实就是当差的小厮了。宦官权势高涨，很多人放弃读书科举，干脆把自己阉了，或者把儿子阉了；当官的好处是如此之多，以至于这点代价根本不算得什么。《万历野获编》记述，此风之盛，连皇帝一再下禁令也挡不住。

延绵中国两千多年的中国官僚制度，不仅造就了一个官吏专制社会，还造就了一个权势熏天的特殊阶层——官吏阶层，使整个社会的政治生活、经济生活和文化生活，都不得不以官吏为中心。鲁迅先生批判每个中国人都有一个“官魂”——

> 中国人的官瘾实在深，汉重孝廉而有埋儿刻木，宋重理学而有高帽破靴，清重帖括而有“且夫”“然则”。总而言之，那魂灵就在

① 黄仁宇《放宽历史的视界》，三联书店，2007。

② 可参阅：丁易《明代特务政治》，群众出版社，2008。

做官——行官势，摆官腔，打官话。[1]

文化是制度之母。对一个社会的成功起决定作用的是文化，而不是政治；“一个国家能否繁荣，文化是一个重大的决定因素，因为文化影响到个人对风险、报偿和机会的看法”[2]。从某种意义上来说，中国官制完全是中国官文化的产物。“中国人没有宗教，如果说有的话，那就是做官。”这是乾隆时代前来中国访问的英国公使马戛尔尼的一句话。即使过去200多年，至今听来仍如此振聋发聩，一语道破了中国传统文化最深层的秘密。美国思想家霍弗则看到了中国历史的另一面：“古代中国的稳定性是官僚系统与文人紧密结合的结果。反之，大清帝国唯一有力的群众运动——太平天国起事——则是由一个在科举中屡次名落孙山的读书人所发动。”[3]

“天上星多月不明，地上坑多路不平，河中鱼多搅浑水，世上官多不太平。”这是天朝末日的一首民谣。美国传教士亚瑟史密斯在《中国人德行》一书中记载了一段话，这是“一位聪明的道台”对一个外国人讲的：“帝国的所有官员都是恶人，都应该杀掉，但是杀了我们是无用的，因为下一任会跟我们一样坏”。

当时，郑观应将他的书命名为《盛世危言》——

> 故今之巧宦，莫妙于阳避处分而阴济奸贪，一事不为而无恶不作。上朘国计，下剥民生，但能博上宪之欢心，得同官之要誉，则天变不足畏，人言不足恤，君恩不足念，民怨不足忧。作官十年而家富身肥，囊囊累累然数十万金在握矣。于是而上司荐之曰干员，同僚推之曰能吏，小民之受其鱼肉者，虽痛心疾首，籍口侧目，而无如何也。

---

① 鲁迅《学界的三魂》。《鲁迅全集》人民文学出版社，1973。

② 塞缪尔·亨廷顿、劳伦斯·哈里森《文化的重要作用：价值观如何影响人类进步》，程克雄译，新华出版社，2010。

③ 埃里克·霍弗《狂热分子：群众运动圣经》，梁永安译，广西师范大学出版社，2011。

权力的道德

一个人如果极力宣扬他自己都不相信的东西，那他就是做好了干任何坏事的准备。

——托马斯·潘恩

人是一种道德动物，道德源于人性。关于人性，自古就有善恶之分：孔子和儒家认为人性本善，荀子和法家则认为人性本恶。道德作为一种教化和教化的结果，其实是立足于性本善的，即认为每个人都应当做一个善良之人，对人也应从善良的角度来看待。

从某种意义上来说，“中国”是道德的产物。中国从先秦以来，就讲究“以德服人”、“德化天下”，人君进德善世，德溥天下，不用征伐，天下大化，“以仁统天下之善”；“近者说（悦），远者来”。“夫中国者，聪明睿智之所居也，万物财用之所聚也。贤圣之所教也，仁义之所施也，诗书礼乐之所用也，异敏技艺之所试也，远方之所观赴也，蛮夷之所义行也。”[①]

作为愚民时代的产物，德治的思想最早源自周公。周公否定了殷人崇拜的神秘天命，将周王朝的兴起，归结为周文王的德行——“惟乃丕显考文王，克明德慎罚，不敢侮鳏寡，庸庸祗祗，威威，显民。”《诗经·大雅·文王》云：“文王在上，於昭于天。周虽旧邦，其命维新。”由此开启了中国古代政治中重德的传统。

① 《战国策·赵策》。

从西周进入东周，青铜时代走向铁器时代，人口繁衍，技术进步，经济发达，城市兴盛；社会更加富于流动性和竞争性。这在一定程度上导致古老守旧的周室没落，新诸侯们纷纷崛起，称王争霸，礼崩乐坏。在此背景下，春秋战国时代的思想家们忧心忡忡，或怀念周公之礼，或追忆三代之治，甚至希望回到原始的愚昧无知状态。这其中，尤以孔子最为执着，以复周礼为己任。其实，无论孔孟之道，还是老庄之经，均不乏对道德的诠释和解读。“志于道，据于德，依于仁，游于艺”[①]，“汝为君子儒，勿为小人儒”[②]。道德作为一种不可或缺的价值支撑，不仅规范了人们的行为方式，还树立了人生目标，标明了人的价值本身。如孟子所说，“恻隐之心，人皆有之；羞恶之心，人皆有之；恭敬之心，人皆有之；是非之心，人皆有之。恻隐之心，仁也；羞恶之心，义也；恭敬之心，礼也；是非之心，智也。”[③]

道德的起源

在传统农耕时代，人们生活于一个由血缘和地缘构成的、几乎完全封闭的“熟人社会”[④]中；这其中，道德承担了最基本的文化力量，凡事都从道德的角度来评价。最典型的道德就是孝，所谓“百善孝为先”。在《二十四孝》的故事中，道德被提高到匪夷所思的地步。“孔融让梨”的故事，其实是讲兄弟之爱，兄友弟恭，推枣让梨。在传统宗族社会中，几乎没有陌生人的身份，因此也就不存在道德之外的伦理法则。

在古代，有“司马光砸缸”的救人美谈。这种传统社会的见义勇为，其实是完全发生在家族之内；司马光所救，多半是宗族内的兄弟。

孟子说：老吾老以及人之老，幼吾幼以及人之幼。孔子将宗族文化推而广之，“四海之内皆兄弟”，这样道德便成为天下法则。在传统伦理中，无论君臣还是师生，无论同事还是同窗，都以家族关系进行类比，或比作

---

① 《论语·述而》。

② 《论语·雍也第六》。

③ 《孟子·告子上》。

④ 费孝通《乡土中国》，中华书局，2013。

父子，或比作兄弟。因此，在一个传统中国人眼中，任何陌生人都可以依照年龄和社会地位，被称作老大娘、老大爷、老奶奶、伯母、叔叔、阿姨、大哥、兄弟等等；实际上，他们之间没有任何血缘和家庭关系。

与儒家不同，墨子的“视人如己”和基督教的“爱人如己”都超出了血缘关系。从社会学来说，道德产生于人与人的亲近感，一般只存在于最亲密的关系之间，随着关系的疏远，道德也就淡化和瓦解。比如父母对自己的孩子，就体现了人性中最善的一面，甚至为了孩子牺牲自己，但随着关系的疏远，这种善就逐渐消失；反过来，人性恶的一面逐渐显露，利用别人、欺骗别人、伤害别人，甚至杀害别人，就成为主要动机。

“所有的证据都显示，一个人之于其他的人，始终都是一只狼而不是别的。不过话又说回来，有人还是相信，人也可能是别的什么东西，而且这种想法从来没有改变过。”[①]狼的世界就体现了道德的这种典型分裂：狼群内部属于熟人社会，尊卑有序，兄友弟恭，君待臣以礼，臣事君以忠，是极其道德的；而狼群对外，或者说对待陌生人，则凶残暴虐、无所不用其极。这就是“群体的道德”[②]，对外杀人放火，无恶不作，对内奉献牺牲，不计名利；一面无比崇高，一面十分低劣。所谓的“狼图腾”其实也是这个意思。用“一代天骄”成吉思汗的话说，人生最大的快乐是掠夺他人的财富。如同狮身人面，成吉思汗在蒙古人眼中无疑是道德的楷模，而在其他被征服民族眼中，却是杀人的魔鬼。

“能够充分发挥道德的力量，而丝毫不受阻碍的地方只有家庭，一出家门，似乎就一筹莫展了。……道德只能行于人情所在的地方，而不能行之于法制的领域。”[③]这其实就是道德的局限性。孔子说，知耻近乎勇。既然知道羞耻是一件勇敢的事情，无耻与懦弱便是人之常情。道德往往只能局限于个人，无法扩展到集体，这就是中国传统所谓的“慎独”。吕思勉先生曾说：“天下只有天良发现之个人，无有天良发现之阶级，只有自行

---

① 哈罗德·伊罗生《群氓之族：群体认同与政治变迁》，邓伯宸译，广西师范大学出版社，2015。

② 古斯塔夫·勒庞《乌合之众：大众心理研究》，冯克利译，广西师范大学出版社，2007。

③ 福泽渝吉《文明论概论》，商务印书馆，1960。

觉悟之个人，无有自行觉悟之阶级。”

社会学家鲍曼认为，道德行为只有在共同存在、在“与他人相处”的背景下，或者在社交的背景下才可以想象；换言之，道德只在“亲近”和看到对方面孔的条件下才有生成的可能，“距离”会使道德迅速消失。[①]一个人人讲道德的社会是一个地狱，一个靠道德维系的陌生人社会是一场灾难。在古典小说《镜花缘》中，有一个两面国，这里的每个人都长着两张脸，一张善良随和，一张凶狠阴险。对自己人是一幅面孔，对外人又是另一幅面孔。还有一个君子国，每个人都很讲道德，但却人人过得都不好，每个人都得不到自己想要的东西。

道德永远是人类的一种理想，世俗化其实是一种反道德过程，必然导致道德的沦丧和道德的贫困。韩信落魄之时，既受过漂母之恩，也遭遇胯下之辱。苏秦失意之时，连自己的家人都无情无义——“苏秦未遇，归家时，父母憎，兄弟恶，嫂不下玑，妻不愿炊，然衣锦归故里，马壮人强，荣光彩布，兄弟含笑出户迎，妻嫂下阶倾己顾，苏秦本是旧苏秦，昔日何陈今何亲。自家骨肉尚如此，何况区区陌路人，抑犹未也。”[②]韩非子甚至指出，家庭之内也是利益关系——“父母之于子也，产男则相贺，产女则杀之。此俱出父母之怀衽，然男子受贺，女之杀之者，虑其后便，计之长利也。”[③]

常言说，夫妻本是同林鸟，大难来时各自飞。这其实就是道德的现实困境。在现实中坚守道德的人，无一不是失败者——至少是常人眼中的“失败者”。比如叔齐伯夷饿死首阳山，介子推抱树而亡，恪守军礼的宋襄公兵败身死，再比如放弃荣华富贵、慷慨赴死的文天祥等。孔子说，“不义而富且贵，于我如浮云。”但实际上，大多数“富贵”都源自“不义”。

基于原始血缘关系的中国宗族传统，至唐之后便逐渐分崩离析，传统的大家庭“财相况、事相诿、俭者不复俭而勤者不复勤，势不能以终日。反不如分居者，各惜其财，各勤其事，犹可以相持而不败也”。随着士族

---

① 郑莉《理解鲍曼》，中国人民大学出版社，2006。

② 吕蒙正《破窑赋》。

③ 《韩非子·六反》。

《二十四孝》中的《孝感动天》。

社会瓦解，宗族离散为小家庭。从宋代开始，这种现代性的世俗社会就已经初见端倪。“今士大夫以下，父母在而兄弟异财，十家而七矣；庶人父子殊产，亦八家而五亦。凡甚者，乃危亡不相知，饥寒不相恤，又嫉谤谗害，其间不可胜数。”张载描述关中社会“无百年之家，骨肉无统，虽至亲，恩亦薄”，“其心止欲得利禄纵欲，于义理更不留意。”[1]趋利避害、独立自由是人的天性，这种父子反目、兄弟阋墙、同室操戈的情景，多少证明了道德的无效和失败。

随着西方文化东渐，中国终于迈入现代的门槛，由血缘和地缘构成的传统的乡土文化走向解体，稳定的、有限（村庄）的熟人社会，被流动的、无限（城市）的陌生人社会取代；同时，“四世同堂”的大家族彻底瓦解为小家庭，甚至因为家庭生产（男耕女织）和生活（衣、食、住、行、育儿、养老等）功能的社会化，小家庭也日渐走向个人化。对门不相识，人

---

① 宣朝天《大家精要：张载》，云南教育出版社，2011。

与人形同陌路，道德因此失去了生存的土壤，传统的孝与忠沦为笑柄。所谓“老乡骗老乡，两眼泪汪汪”。

中国传统社会的核心文化是“家天下”——“人有恒言，皆曰‘天下国家’。天下之本在国，国之本在家，家之本在身”[①]。所谓“国（家）”，不过是“家（庭）”的放大和延伸，“大君者，吾父母宗子；其大臣，宗子之家相也。”[②]从某种意义上，中国是没有国家概念的；所谓“国”，只是一个更大的“家”。道德作为家的产物，进而延伸到国家和社会领域，对父母的“孝”引申为对君主的“忠”。所谓君臣父子夫妻兄弟朋友，忠与孝，仁与义，都纳入同一个礼法体系。在儒家的世界观中，亲子之爱被扩展到整个社会，“天地君亲师”五位一体，“三纲五常”等伦理，构成传统时代人际关系的准则。

在这种家国同构体中，国家是以皇帝家族为政治核心，以家庭和宗族为基本单元，从而形成礼治的共同体；作为宗族领袖的乡村绅士将地方与遥远的皇权联结起来，并由统一文官政府进行治理。这种国家统治没有明确和固定的边界，可以将任何不同地域和民族的家庭，都统统纳入一个家国同构的道德共同体，唯一的前提是只要接受儒家伦理。所谓“天下”，就是以中国为中心，以礼的亲疏原理构筑起一个同心圆的政治秩序，所有“外国”都根据道德层次高低，分成夷和藩，处在天朝帝国的周围。

礼治秩序将血缘关系与权力统治合二为一，也就是父权与治权相统，这严重混淆了家庭与国家、私人与公众、政治与亲情等完全不同领域的规则和边界。不仅权力将治下的民众视为未成年的儿童，而且每一层级的官僚都将自己的下属视为精神上的幼儿。礼治文化使成人儿童化，个体尊严和主体自由遭到剥夺。《二十四孝》[③]中，郭巨埋儿和戏彩娱亲就典型地体

---

① 《孟子·离娄下》。

② 张载《西铭》。

③ 《二十四孝》为中国古代宣扬儒家思想及孝道的通俗读物，元代郭居敬编录。故事大多取材于西汉刘向的《孝子传》，24 个故事包括：孝感动天、戏彩娱亲、鹿乳奉亲、百里负米、啮指痛心、芦衣顺母、亲尝汤药、拾葚异器、埋儿奉母、卖身葬父、刻木事亲、涌泉跃鲤、怀橘遗亲、扇枕温衾、行佣供母、闻雷泣墓、哭竹生笋、卧冰求鲤、扼虎救父、恣蚊饱血、尝粪忧心、乳姑不怠、涤亲溺器、弃官寻母。

现了这种弱智反智的儿童化倾向。孙隆基先生在《中国文化的深层结构》一书中，曾将西方文化称为“弑父文化”，而将中国文化称为“杀子文化”。面对父权和君权的压迫，西方的传统是反抗，中国的传统则是忍受甚至“享受”，所谓“温良恭俭让”。权力口中的“道德”，其实就是套在民众身上的“纸枷锁”。面对残酷的现实，儒家的道德教化很早就已经破绽百出，捉襟见肘，所谓“今之世，为人师者，众笑之”；“师道废久矣”；“周公没，圣人之道不行”；“圣人不仁，以百姓为刍狗”。道德流于伪善，被鲁迅一针见血地讽为“人吃人”。

礼法时代

从很大程度上，道德完全是中国宗法时代的产物。所谓宗法，就是以血缘为纽带，调整家族内部关系，维护家长或族长的统治地位，以及他们世袭特权的行为规范。在宗法体制下，道德以“准法律”的形式建立了一套完整的中国逻辑——“礼”。《礼记》云：“夫礼者，所以定亲疏，决嫌疑，别异同，明是非者也。”“礼者治辨之极也，强国之本也，威行之道也，功名之总也，王公由之所以得天下也，不由所以陨社稷也。故坚革利兵不足以为胜，高城深池不足以为固，严令繁刑不足以为威。由其道则行，不由其道则废。”[①]荀子的“礼治”其实通过每个人的道德自我完善，而实现社会文明，这无疑具有强烈的精英倾向。

“古代之所谓‘礼’，乃包括‘法’在内，《礼》云‘分争辩讼，非礼不决’。这个‘非礼不决’之礼，就是法律。故云‘礼者，君之大柄也’，‘安上治民莫善乎礼’。”[②]“礼”与“法”虽然都具有社会行为规范的意味，但二者有着本质的不同，“法”依靠国家暴力（惩罚）来维持，而“礼”则依靠尊长的权威（道德）来维持。如果说“礼”是从高端将人作为君子而提出“德”之要求，“法”则从低端将人作为利欲之物而论证“刑”之必要。换言之，“法”即“刑”，“礼”即“德”。“礼”是非暴力的，以德服人。

① 《荀子·议兵》。

② 萨孟武《中国政治思想史》，东方出版社，2008。

张载说：“礼即天地之德。”道德最大体现就是“礼”，维系传统秩序的是道德而不是法律；《礼记》中所谓的“刑不上大夫，礼不下庶人”，是说法律仅限于平民，即社会底层的“野人”，因为他们是没有道德的。“惟上智下愚不移”，没有道德的人必须接受有道德的人的统治，即“无君子莫治野人，无野人莫养君子”[①]。在传统文化中，法律是“不得已”的最后选择，法律并不意味着公正，而是指惩罚——

> 圣人之治天下，有礼有刑。礼也者，所以劝民之为善也；刑也者，所以禁民之为非也。五伦以为准，三物以为坊，渐而摩之，优游而自化之。邪慝不作，比户可封。圣人之心岂不甚惬？而势有不能。于是制为刑罚以驱之于后，使天下之人，悚然有所畏而不入于非彝，是刑之设也。圣人之所不得已也。其轻者伤肌肤，重者戕性命，天下之惨痛至刑罚极矣。[②]

《司马法·仁本》说：“古者以仁为本，以义治之，治之谓正。”《大学》中记载孔子的话说：“自天子以至于庶人，壹是皆以修身为本。其本乱而末治者否矣。其所厚者薄，而其所薄者厚，未之有也，此谓知本，此谓知之至也。”[③]《论语》中还说：“为政以德，譬如北辰，居其所而众星共之。”颇为讽刺的是，孔子的学说虽然后来受到中国历代王朝的供奉，但在他生前，却四处碰壁。并非人们不喜欢孔子的道德学说，而是这种设想在现实政治中往往沦为“屠龙之术”，显得荒诞不经。35 岁的孔子曾向齐景公推

---

① 《孟子·滕文公上》。

② 《康熙政要》卷二十。大意是说，圣人治理天下，有礼制也有刑法。礼制劝人为善，刑法禁民作恶。以君臣、父子、夫妻、兄弟、朋友五伦关系为准则，以六艺、六行、六德三种事物为防范，逐渐加以观摩，优游其中而自然得到教化，奸邪之事便不会发生，每家每人的德行都值得表扬，作为圣人岂不惬意？但现实中却做不到这一点，于是只能制定刑法在后驱赶，使天下之人害怕敬畏，这就是设立刑罚的原因。圣人不得已而为之，轻者伤害身体，重者丧命，这是天下最为惨痛的事情。

③ 其意为：上自天子，下至平民，一切都要以修身为做人处事的根本，如果不修身，连根本的修身都搞乱了，却想要治国、平天下那是不可能的；把切近的修身、齐家看得不重要，反而去高谈治国、平天下，从来没有这样的道理。

销他的为政之道："国君要像国君的样子，臣子要像臣子的样子，父亲要像父亲的样子，儿子要像儿子的样子。"景公听了很高兴，就打算把尼谿的田地封赏给孔子，但被上大夫晏婴阻止。晏婴说："儒家的人都能说会道，不受法律约束；他们高傲任性，自以为是，也不能为人所用；他们看重感情和礼节，为办丧事不惜倾家荡产。他们四处游说乞求官禄，但不能用他们来治理国家。自远古那些圣君贤相之后，周室衰微，礼崩乐坏。现在孔子讲究的那些繁文缛节，毕生不能穷尽，几代人也学不完。如果用它来移风易俗，对老百姓绝不是什么好事。"①值得一提的是，晏子（晏婴）后来导演的"二桃杀三士"②，可谓是对孔子所倡导的"礼"的最大嘲弄。

"文王行仁义而王天下，偃王行仁义而丧其国。是仁义用于古，而不用于今也。"③庄子在《胠箧》中，更是对儒家的道德统治予以强烈抨击，"圣人不死，大盗不止"；"所谓至圣者，有不为大盗守者乎？"庄子说，田成子虽然比盗贼更声名狼藉，但却享有比尧舜还安稳的地位，小国不敢非议他，大国不敢讨伐他，世世代代窃据齐国。这不就是盗窃了国家，并用国家的法规和制度来保卫他的盗贼行径吗？④所以庄子说："彼窃钩者诛，窃国者为诸侯，诸侯之门而仁义存焉。"有钱有势的人，天然地就拥有道德。

《史记》中记载：孔子适周，将问礼于老子。老子曰："子所言者，其人与骨皆已朽矣，独其言在耳。"对孔子的仁义道德学说，老子深不以为然：

---

① 出自《史记·孔子世家》。原文为：景公问政孔子，孔子曰："君君，臣臣，父父，子子。"景公曰："善哉！信如君不君，臣不臣，父不父，子不子，虽有粟，吾岂得而食诸！"他日又复问政于孔子，孔子曰："政在节财。"景公说，将欲以尼谿田封孔子。晏婴进曰："夫儒者滑稽而不可轨法；倨傲自顺，不可以为下；崇丧遂哀，破产厚葬，不可以为俗；游说乞贷，不可以为国。自大贤之息，周室既衰，乐缺有间。今孔子盛容饰，繁登降之礼，趋详之节，累世不能学，当年不能究其礼。君欲用之以移齐俗非所以先细民也。"

② 齐景公欲杀掉手下3个桀骜不驯的武士，即田开疆、公孙接和古冶子；晏子施计，齐景公赏赐二桃，让他们论功而食。二桃被公孙接和古冶子抢得，古冶子大怒。田开疆和公孙接甚感惭愧，对古冶子说："论勇敢论功劳，我们都比不上你，却拿了桃子。不礼让，是贪心；不自杀，是懦弱。"于是双双自杀。古冶子认为他人死而自己独生，是不仁；为人所言，是无耻；自夸其声，是不义；不死，是为无勇。于是也自杀了。

③ 《韩非子·五蠹》。

④ 《庄子·胠箧》。原文为：田成子一旦杀齐君而盗其国。所盗者岂独其国邪？并与其圣知之法而盗之。故田成子有乎盗贼之名，而身处尧舜之安，小国不敢非，大国不敢诛，专有齐国。则是不乃窃齐国，并与其圣知之法，以守其盗贼之身乎？

"大道废，有仁义。"墨子也对此持否定态度："儒之道，足以丧天下者四政焉。"孟子作为孔子仁政学说的传人，同时代的荀子认为他"是不及知人之性,而不察乎人之性伪之分者也。反性者,天之就也,不可学,不可事"。

在中国思想史上，孟子是将"仁"的道德原则扩展到政治领域的第一人，他想用"王道"的道德力量来代替"霸道"的野蛮和暴力，为此发明了"仁政"的概念。"三代之得天下也以仁，其失天下也以不仁。国之所以废兴存亡者亦然。天子不仁，不保四海；诸侯不仁，不保社稷。"[①]自先秦两千年来，孟子的"仁政"从未变成现实，反倒是横征暴敛、恃强凌弱、寡廉鲜耻几乎是中国儒家社会的常态，历朝历代也都不乏"人心不古、世风日下"的感慨；事实上，并不是社会出错了，而是儒家的道德主义误入歧途。儒家传统中最理想的社会被称为"大同"——

> 大道之行也，天下为公。选贤与能，讲信修睦，故人不独亲其亲，不独子其子，使老有所终，壮有所用，少有所长，鳏寡孤独废疾者，皆有所养。男有分，女有归。货恶其弃于地也，不必藏于己；力恶其不出于身也，不必为己。是故谋闭而不兴，盗窃乱贼而不作，故外户而不闭，是谓大同。（《礼记·礼运篇》）

按照《礼记》的说法,禹以前是"大同"之世,禹以后国家权力世袭罔替,乃"小康"之世，都是一种道德至上的乌托邦思想。毫无疑问，生活在东周晚期的孔子实际将西周和道德理想化了，"周之德可谓至德也已矣！"[②]宰予告诉鲁哀公说:夏朝种松，商朝种柏，西周种栗，目的是威胁人民，"使民战栗"。孔子责备宰予，说不应该把这个事实告诉别人："成事不说，遂事不谏,既往不咎。"[③]在现实中,儒家的"仁"常常沦为怜悯、恩情与施舍,通过消除尊重与自尊来强化等级秩序，而尊严的沦丧也必然导致道德的湮灭。从深层来说，儒学是建立在乐观主义人性理论基础上的；就教化本身

① 《孟子·离娄上》。

② 《论语·子罕》。

③ 《论语·八佾》。

而言，儒家思想的感召力也远不如西方宗教信仰那样令人敬畏。孔孟之道从未在实际政治中得到施行，道德最后沦为一种权力的牌坊和暴力的包装。“仁义道德”不但没有助人向善，反而使人为恶。“在中国古代，尤其是唐宋以后，孔孟道德在现实生活中扮演了一个非常丑恶的角色，权势者不但用它来钳制弱小者，还用它来做脂粉，打扮得自己像个为小民百姓谋幸福的救世主。”①

礼治使法律道德化的同时，也使道德法律化，从而导致了中国社会的泛道德主义，善恶没有确定的标准，将社会治理完全寄希望于道德重建。对权力来说，往往将腐败归罪于道德堕落。

暴力里面出权力

暴力是人类作为动物的天性。人类的历史始终伴随着连绵不断的战争，与其说战争是政治的延续，不如反过来说，政治是战争的延续。如果说民主政治是战争的终结，那么极权政治就是战争的开始。现代以来，人类进入了国家时代，而国家正是战争的产物。不同之处在于，有的国家是战争结束的产物，即和平的产物；而有的国家是战争胜利的产物，即征服的产物。前者实现了去战争化，使人类终于摆脱了暴力和恐怖的威胁，这就是所谓的文明国家；后者则以奴役延续了战争状态，使人类继续一个暴力、恐怖与死亡的噩梦。

作为一种严重惩罚，古代法律与战争有密切的关系。在古代社会，人是以一个家族身份存在的，每个人都受到家族道德的约束；从这个角度就可以理解古代株连法的深层原因。实际上，家族制度在古代社会是普遍性的。英国思想家梅因在《古代法》一书指出，人类最初分散在完全孤立的集团中，这种集团有对父辈的服从而结合在一起；早期的法律概念设定了一个组织比较广泛、有许多家族集团组成的联合体。孟德斯鸠在《论法的精神》中写道：“在中国，子女犯罪，父亲是受处罚的。秘鲁也有同样的习惯。……在我们的国家，父亲因儿女被判罪，和儿女因父亲被判罪所感

① 刘再复、林岗《传统与中国人》，中信出版社，2010。

到的耻辱，就是严厉的刑罚，严厉得像在中国的死刑一样。”

儒家学说只不过是传统时代小农社会的产物。人类进入理性时代的最大成果就是个体公民和现代法律的诞生，启蒙时代的思想家找到了打开暴力与奴役枷锁的钥匙。《论法的精神》充分体现了人类所能达到的最高智慧——“好人”和“圣人”是不可信任的。法律的力量使人类第一次不再相信杀戮和暴力。在战争和奴役之外,人类找到了一条通往自由幸福之路。基于公民陪审团的法律体制，使一切罪恶和邪恶第一次被阳光下的正义力量战胜。人类在法律的鼓励下，第一次走出暴力和恐怖的镇压与奴役。

在现代社会，一个基于全体公民同意和授权的法律体系，是区分野蛮与文明的唯一尺度。所谓野蛮，就是没有法律、没有正义、没有公平，只有暴力、只有恐怖、只有奴役；所谓文明，就是摆脱了暴力与战争。少数人的权力终于被多数人的权利所颠覆，这就是文明的胜利。与文明相反，野蛮状态就是一种战争状态，它是暴力征服的延续，它以权力的奴役方式呈现，因此不存在什么公平与正义，一切只基于你是征服者还是被征服者。对一个征服者来说，他天生就是胜利者，一个永远无法战胜的胜利者，他总是对的，而且是神圣不可侵犯的。对一个被征服者来说，他天生就是罪犯和弱者（弱势群体），是被镇压和被奴役的对象。[①]

从某种意义上，人类的发展是被战争推动的，或者说是人与人之间的压迫、奴役和屠杀。从残酷程度上，人类社会与动物的丛林社会并没有本质的不同，甚至说更加残忍和残酷。所以，当达尔文发现动物世界的优胜劣汰、适者生存的进化法则时，西方的资本主义拓荒者和先驱，立即竖起社会达尔文主义大旗，将自己屠杀和奴役原始土著民族的行为赋予上帝的旨意，而西方人不仅是顺应潮流的强者，而且是优等民族——其他人则是劣等民族。

马克思诅咒资本主义说：资本来到人世间，从头到脚，每一个毛孔都滴着鲜血和肮脏的东西。除过马克思以外，大多数研究资本主义的经济学家都坚持“去道德化”。资本主义发迹于奢侈品，而奢侈品本身就是反道

① 可参阅：《从征服到奴役》。《中国盒子》，中国广播电视出版社，2014。

德的标志。从酒、香料、茶叶、鸦片到烟草、枪炮，羊吃人的圈地运动、大量的雇佣童工和血腥剥削、还有贩卖非洲黑奴、对新大陆土著进行种族屠杀、对其他地区进行殖民统治、乃至两次席卷所有资本主义国家的世界大战……在奥斯维辛集中营，屠杀变得没有一丝血迹，这使人们连“动物性的同情”都消失了，更不用说道德。这些都可以被看作是资本主义高歌猛进的“征途”和“战绩”，几乎每一步都是罪恶的、反道德的，但都创造了极大的物质财富。

培根说，知识就是力量；福柯则说，权力就是真理。政治本质上是一种“魔鬼”的事业，马克斯·韦伯说：“凡是投身于政治的人，也就是说，将权力和暴力作为手段的人，都同恶魔的势力定了契约。”在韦伯看来，“政治的决定性手段是使用暴力”；无论我们的暴力具有怎样的正当性和合法性，暴力都只是一种政治手段，而不是道德目的。从现代以来，道德彻底变成一种装扮强权和暴力的面子文化，“面子与门面，顾名思义，是指表面的东西，而不是内里的东西，因此完全是摆给别人看的。”作为一种欺骗的手段，道德就变为反道德和不道德。上帝不过是一种施行罪恶借口——因为上帝总是会宽恕人类的一切罪恶。当尼采宣布“上帝死了”，法西斯主义则将这种“去道德化”发扬到极致。适者生存变成了强者生存、胜者生存，这种反道德思潮随着西方的炮火一起到来，将延绵 2000 多年的中华文明优越感扫荡一空，中国人陷入了前所未有的自我危机和道德危机。

易经有云：立人之道，曰仁曰义。中国传统语境中，从来没有独立自由的“公民”的概念，只有草民、臣民或子民。历史学家黄仁宇曾说，中国传统上总是以道德来代替法律，将法律道德化，将道德法律化。“以道德标准辅助刑法，中国缺乏结构上的实力足以成为一个现代国家，它缺乏必要的应变能力。提高人民生活程度不是它的宗旨，所以它所标榜的道德无非也带着泥土气息。”[①]黄仁宇在评价朱元璋时说：

洪武皇帝所推行的农村政策及一整套的措施，对本朝今后的历

① 黄仁宇《中国大历史》，三联书店，2007。

史影响至为深远。其最显著的后果是，在全国的广大农村中遏止了法制的成长发育，而以抽象的道德取代了法律。上自官僚，下至村民，其判断是非的标准是“善”和“恶”，而不是“合法”或“非法”。①

如果说法的精神是西方文化的核心，那么中国传统文化常常以道德为人之根本。当礼崩乐坏的历史根本不足以维持一个道德中国时，道貌岸然的“面子”文化便成为道德贫困时代的皇帝新装。在儒家看来，面子就代表尊严；当面子变成目的时，文过饰非、讳疾忌医便成常用手段。所谓“面子”，其实是一种伪道德和伪尊严，这是中国传统文化精髓，聪明者应用自如，迂腐者信以为真。道德礼法如同蛛网，粘住的是愚民大众，而对独夫民贼和恶官酷吏则网开一面。

无论如何褒贬中国传统文化，中西文化的差异之一就是中国传统的泛道德化色彩。如果说西方文化依靠理性的法律机制，中国文化则完全建立在道德机制之上。这其实是适用于宗族礼法社会的，但对现代社会来说，则显得非常可笑。现代伦理基本上是否认道德的，因为道德更多的属于个人和私人层面，甚至牵扯到自由权利和隐私问题。②

皇帝的新装

“上善若水，厚德载物。”传统中国是一个泛道德化的礼治社会。几千年来，中国依靠一整套极其具体而复杂的习俗和礼仪实现有序统治。“礼”作为一部“社会宪章”，为传统中国社会提供了统一的道德法则。③

梁漱溟先生认为，在文化比较上，西方走的是宗教法律之路，中国走的是道德礼俗之路。④道德的基础是人类的自律精神；相反，法治则是一

① 黄仁宇《万历十五年》，中华书局，1982。

② 在美国前总统克林顿的拉链门丑闻中，道德本身仅仅构成社会谈资，而克林顿撒谎则构成欺诈，这属于法律问题，因此遭到弹劾。

③ 张千帆《为了人的尊严：中国古典政治哲学批判与重构》，中国民主法制出版社，2012。

④ 梁漱溟《中国文化要义》，学林出版社，1987。

种典型的“他律”。颇为讽刺的是，西方文化因为“自私”而产生了公德，中国文化因为“无私”的“道德”而丧失公德。

以道德取代法律，所谓的以德治国，来源于“以吏为师”、“君师合一”的家天下思想，即将一个国家视为一个家庭，而皇帝就是大家长，“视四海之民如己之子”，皇帝的官吏乃“民之父母”，一切惟其马首是瞻，皇帝就是道德最完美的圣人。这也是中国最古老的神话，传说中的尧舜就是道德完美的贤者。这种以道德标榜的中国传统文化，使官场变成秀场，做官如演戏，老练的官吏们个个是作秀的高手，道貌岸然和男盗女娼做到天衣无缝。官吏群体不仅垄断了一切权力资源，更进一步试图垄断道德资源。对道德的急切需求，最后演化出畸形的道德焦虑。这种道德焦虑以道德敲诈、道德迫害、道德歧视、道德标榜和道德狂热为主要表现方式。这种道德综合症充分体现在“清官”海瑞的神奇经历中。

在荀子看来，人性都是不可信任的，“人之性恶，其善者伪也”，“尧、舜之与桀、跖，其性一也；君子之与小人，其性一也”。人性自古未变，改变的是人们对人性的认识。现代资本主义的到来，最大的成果就是推倒了道德这个贞节牌坊。在世俗化的经济社会中，任何金玉其外、败絮其中的“伪道德”都不堪一击。从仁政到宪政，自由主义思想告诉人们，皇帝没有新装，同时，皇帝也不需要新装。对自私正当性的承认甚至歌颂，宣告了现代中国人的解放。

作为日本近代最重要的启蒙思想家，福泽渝吉认为，道德和智慧是人类所独有；所谓“文明”，就是人类智德进步的状态。他将道德分为私德和公德；所谓“德治”，往往是将“私德”扩大到“公德”层面。这种德治往往只在民智未开的野蛮愚昧时代起作用，进入现代之后，思想解放，技术进步，道德必然失效，唯有法治才可以实现社会治理，因为在道德问题上，缺少可以检验理论和实践脱节的准绳——

> 中国自古以来称为礼义之邦，这句话好像是中国人的自夸，但如无其实，也不会有其名。古代中国，确有礼义君子，而且有不少事情是值得称赞的，就是在今日，仍然有不少这样人物。不过，从全国

的情况来看，杀人盗窃案件层出不穷，刑法虽极严厉，但犯罪人数并未减少。其人情风俗的卑鄙低贱，可以说彻底暴露了亚洲国家的原形。[①]

……

本来，孔孟的学说，是讲正心修身的伦常道理的，毕竟是讨论抽象的仁义道德的，所以也可以称为伦理学。道德是纯洁的，不应该轻视。对于个人来说，它的功能是极大的。但是，道德只是存在于个人的内部，与有形的外界事物接触并不发生作用。所以，如果在未开化的或人事单纯的社会里，它对维持人民的秩序是有用的。但是，随着民智的逐渐开化，它的功效必然逐渐丧失。假使现在还用古老的方法处理现代的事务，想用感情来统御人民，这未免太糊涂了！这种不考虑时间和地点的情况，恰似像在陆地行舟，盛夏穿皮裘一般，事实上是根本行不通的。事实证明数千年来一直到今天，从没有过由于遵行孔孟之道而天下大治的事例。[②]

"天行有常，不为尧存，不为桀亡。应之以治则吉，应之以乱则凶。"[③]从晚清到民国，中国进入现代的历程极其漫长，始终没有摆脱对道德的路径依赖。因权力而导致的很多法律问题，最后都变成了道德问题，不了了之。以道德取代法律，更多的意图是对官吏群体的庇护，使其逃脱法律的惩罚。在中国传统政治中，这种道德语境一般仅限于尊长，比如某个祸国殃民的大人物，用道德来说，就是犯了一些"错误"；但决不会用法律来指控其"犯罪"。用福泽渝吉的话说，"这类小人可以说是利用无形的道德没有测验的准绳，而出入道德之门，乘机贩卖私货的。这种情况，归根到底证明了道德的效能是不能控制人的。"[④]

道德本身是自私的产物，每个人都对自己的家人最讲道德，最讲奉献和无私，虎毒不食子，一个贪官，在家人和亲戚眼中，无疑是一个好人，

① 福泽渝吉《文明论概论》，商务印书馆，1960。

② 同上，第56页。

③ 《荀子·天论》。

④ 福泽渝吉《文明论概论》，商务印书馆，1960。

因为他给家人带来更多的满足。魔鬼的引诱比上帝的召唤更有力量。在利益面前——哪怕很小的利益——谁也不比谁更高尚，甚至说，人们只会一个比一个更卑鄙、更无耻。借用鲁迅的那句话，不惮以最坏的恶意来揣测陌生人。“为了煮熟自己的一个鸡蛋，不惜烧毁整个房子”。“房子”是别人的，“鸡蛋”是自己的；对别人来说，烧别人的房子是不道德的，但对自己来说，烧别人的房子煮自己的鸡蛋就很道德，因为省了燃料。从这里来说，道德也是相对的。世界上没有统一的道德，但世界上有统一的法律。或者说，这个世界上，只有法律是统一的。对道德的倡导，其实是对权力的推崇和不平等的赞赏。

在一切充满阴谋的宫廷政治中，结果正确可以证明手段正确；在拜金主义和功利主义大行其道之时，不择手段成为一种常用的手段。不受制约权力往往凌驾于道德和法律之上，“彼曾、史、杨、墨、师旷、工倕、离朱，皆外立其德，而以爚乱天下者也，法之所无用也”[①]。从某种程度上来说，当一个人，或一个群体，以道德来标榜自己时，他或者他们，就正打算或已经在作恶了。即使在现代社会，道德本身并没有错误，但对道德的推崇，其目的并不在于道德本身，而是意在去除法律，特别是使自己置身于法律之外，自己的所作所为不受任何法律制约，所有的作恶都不受法律惩罚。因此说，道德已经沦为权力和特权的借口，甚至说禁脔。

荷尔德林说：“总是使一个国家变成人间地狱的东西，恰恰是人们试图将其变成天堂。”道德解决不了权力的堕落。因为权力本身就来自于人性中的恶，做恶是权力的本性，使权力行善几乎是不可能的；唯一能做到的，就是阻止权力作恶，而这只能依靠法律。实际上没有法治就必然没有道德，没有法治的道德只是一种伪善。伪善的本质是恶，就如同权力的本质是暴力。去道德化与去法治化是一枚硬币的两面，社会的伪善化与国家的暴力化相辅相成。

传统的道德与仁政思想以目的取代手段，正如法家以手段取代目的，结果因为没有理性制度的保证，反倒模糊了国家和政府的最终目的。儒家

---

① 《庄子·胠箧》。

相信教化，法家相信暴力；儒家崇尚感情，法家崇尚技术，他们的目的都是完善统治，主体是统治者，而非人民。这种本末倒置是历代王朝都难以摆脱从兴盛到崩溃的结局，所有人都为此付出惨重的代价。在每一个王朝末日，传统道德大厦最先轰然倒塌，继之而来的是弱肉强食的社会失序。在权力游戏中，道德是靠不住的，这导致中国政治传统沦为一种没有“仁”的“仁政”。胡适先生一针见血地指出：“一个肮脏的国家，如果人人讲规则而不是谈道德，最终会变成一个有人味儿的正常国家，道德自然会逐渐回归；一个干净的国家，如果人人都不讲规则却大谈道德，谈高尚，天天没事儿就谈道德规范，人人大公无私，最终这个国家会堕落成为一个伪君子遍布的肮脏国家。”

“囚徒困境”和“公地悲剧”

一个良好的社会应当保持物质财富与精神财富的均衡发展。如果说科学技术是物质财富的基础和原动力的话，那么信仰和道德就是精神财富的原动力，由传统乡村构成的农业社会已经解体，人类从乡土的熟人社会走向城市化的陌生人社会，亟需重建一种文明的社会共识。传统时代的宗教与道德作为一种社会共识，面临着两种结局：要么得到继承发展，要么被抛弃废弃。与小国寡民自给自足的农业时代不同，工业化时代的发展模式的原动力来自于攀比和竞争，或者说得残酷一点，就是激活并放大人性中的贪婪与嫉妒，摧毁人类的智慧、平静和幸福，利益成为人与人之间最主要的关系。

在中国传统文化中，利与义几乎是对立的，“君子喻于义，小人喻于利”。孔子说，“放于利而行，多怨。”所谓利即私利。孔子很少谈论“利”，“子罕言利”。孟子尚义反利，更甚于孔子。“孟子见梁惠王，王曰：叟！不远千里而来，亦将有以利吾国乎？孟子对曰：王！何必曰利？亦有仁义而已矣。王曰‘何以利吾国？’大夫曰‘何以利吾家？’士庶人曰‘何以利吾身？’上下交征利而国危矣。”[①]孟子说：“人性之善也，犹水之就下也。人无有不善，

① 《孟子·梁惠王》。

水无有不下。”[1]但在司马迁看来，“利”比孟子眼中的“善”更接近人性本能。司马迁说：人之趋利，若水之就下，日夜无休时，不召而自来，不求而民出之。他在《史记·货殖列传》中写道：“天下熙熙，皆为利来；天下攘攘，皆为利往。”

在写作《国富论》之前，作为伦理学教授的亚当·斯密最早撰写了《道德情感论》。他在书中提出“道德人”的概念，他把人视为有“道德情操”和“同情”的“公正旁观者”。他试图用道德来分析社会，但最后却陷入对现代市民社会严重的道德焦虑。斯密对通过人类天性自发实现道德生活的可能性日益丧失信心，他在最后修订的《道德情操论》中写道：“不幸的是，通往美德的道路与通往财富的道路，二者的方向有时截然相反”。十多年后，他写出了颠覆人类历史的《国富论》，他重新将人定义为“经济人”，人对自身最大利益（私利）的追求，在市场上形成一只“看不见的手”，自然而然地使生产和消费达到平衡。现代自由经济理论从此诞生。

斯密指出，人的自私与道德并不完全对立。“我们所期盼的晚餐并不是靠博得肉贩、啤酒商或面包师傅的同情心而来的，而是他们对他们自己的利益追求而来。我们填饱肚子的方式，不是诉诸他们的同情心，而是希望他们自爱，也不是诉诸我们的处境，而是诉诸他们的利益。”这句话的意思是说，人人都为己的同时，也满足了他人和社会。斯密的伟大之处，就在于走出了道德陷阱，将人类带入一个自由世界。他论证了金钱是一种伟大的力量，是金钱和市场这只“看不见的手”，推动着人类社会向前发展，而不是什么仁义道德。从某种意义上说，唯利是图和去道德化是资本主义的本能和本质。

从某种意义上，斯密的思想与韩非子的见解并没有多大不同。“王良爱马，越王勾践爱人，为战与驰。医善吮人之伤，含人之血，非骨肉之亲也，利所加也。故舆人成舆，则欲人之富贵；匠人成棺，则欲人之夭死也。非舆人仁而匠人贼也。人不贵，则舆不售；人不死，则棺不买。情非憎人也，

① 《孟子·告子上》。

利在人之死也。”[①]“君臣异心，君以计畜臣，臣以计事君，君臣之交，计也。害身而利国，臣弗为也；害国而利臣，君不为也。臣之情，害身无利；君之情，害国无亲。君臣也者，以计合者也。”[②]“臣尽死力以与君市，君垂爵禄以与臣市。君臣之际，非父子之亲也，计数之所出也。”[③]

其实早在斯密之前，曼德维尔就在《蜜蜂的寓言》[④]一书中指出，如果想以道德说教为手段，并以“公共精神”为基础，来建立一个充满美德的繁荣社会，那纯粹是一种“浪漫的奇想”。一方面，“人生来就是一种自私、难以驾驭的动物”；另一方面，“人类的最高理性，就是人们能够认识到自己理性的有限性。”曼德维尔认为社会秩序会自发生成——不是人的美德和善良，而是制度性规则使品德不良的恶人也能为社会的福祉服务；而制约人们自私的恶行的绝大多数制度规则，则是在充满罪恶和欺骗的商业行为的人类实践中生成的。他把人类社会比喻为一个蜂巢，“这些昆虫生活于斯，宛如人类，微缩地表演人类的一切行为。”在这个蜜蜂的国度里，每只蜜蜂都在近乎疯狂地追求自己的利益，虚荣、伪善、欺诈、享乐、嫉妒、好色等恶德在每只蜜蜂身上表露无遗。令人惊异的是，当每只蜜蜂在疯狂追逐自己的利益时，整个蜂巢呈现出一派繁荣的景象。私欲的“恶之花”结出的是公共利益的善果；“人类的最高道德，映照在人们的私人恶德之中。”这就是所谓的“曼德维尔悖论”。同样，理查德·道金斯在《自私的基因》中也郑重指出：人类生来是自私的。任何生物，包括我们自己，

---

① 《韩非子·备内》。大意为：王良爱马，越王勾践爱人，是为了打仗和赶路。医生善于吮吸别人的伤口，口含别人的脓血，这并不是因为他和病人有骨肉之亲，而是因为利益被加在这些事上面，这样做可以获利。所以造车的人造了车子，就希望别人富贵；木匠打好了棺材，就希望别人夭折早死。这并不是因为造车的人仁慈而木匠残忍，而是因为：别人不富贵，那么车子就卖不掉；别人不死，那么棺材就没人买。木匠的本意并不是憎恨别人，而是因为他的利益在别人的死亡上。

② 《韩非子·饰邪》。大意为：君臣不一条心，君主靠算计蓄养臣子，臣子靠算计侍奉君主，君臣交往的是算计。危害自身而有利国家，臣子是不做的；危害国家而有利臣子，君主是不干的。臣子的本心，危害自身就谈不上利益；君主的本心，危害国家就谈不上亲近。君臣关系是凭算计结合起来的。

③ 《韩非子·难一》。大意为：臣下尽死力来换取君主的爵禄，君主设置爵禄来换取臣下的死力。君臣之间，不是父子那样的亲属关系，而是从计算利害出发的。

④ 伯纳德·曼德维尔《蜜蜂的寓言：私人的恶行，公共的利益》，肖聿译，中国社会科学出版社，2002。

都只是求生的机器。

在曼德维尔的寓言中，“蜜蜂”实现幸福有一个重要的前提，这就是平等和自由。曼德维尔指出，国家的繁荣和人民的普遍幸福，只有顺应人的利己本性才能得到实现，禁欲主义和专制主义是摧残人性的，强制人们牺牲自己，一个繁荣的社会就会变萧条而贫困。好逸恶劳是人的天性，政府应当设计一种能释放公民所有生产能量的制度结构，这种制度保护个人权利，“使财产得到神圣不可侵犯的保护，让所有人都享有平等的优待，不允许任何人违反法律，但允许每个人自由思考”。

美国政治学家爱德华·班菲尔德在《落后社会的道德根据》一书中，提出一种“去道德化”的社会形态。现代社会使人走向原子化和碎片化，因而形成“囚徒困境”和“公地悲剧”[①],这是现代人普遍的精神困惑。“去道德化”并非“不道德”。如果说“不道德”指的是有悖于通常道德标准的行为，那么“去道德化”则是一个中立的状态，一切都与道德无关。每个人信奉家庭主义，只顾及自己小家庭的利益，而完全置社会其他成员的利益于不顾的社会信条。在这种“去道德化”之下，社会被完全消解，因而社会“消失”了。这也是近年来中国思想界提出“保卫社会”和“重新发现社会”的原因。

从某种意义上，去道德化是实用主义和功利主义的极端化。在社会层面，去道德化导致了去社会化；没有社会，只剩下一个个彼此孤立的人或者冷漠的“群众”。在国家层面，去道德化导致去政治化，抽象的政治理念或意识形态，与人们的日常生活失去联系。所谓政治只是作为一种宫廷权术存在，胜者王侯败则寇，结果会证明手段的正确，这完全是马基雅维利式的。去道德化社会中的人们只相信眼前利益，而不相信未来；只看重

---

① “囚徒困境”和“公地悲剧”都是经济学上著名的博弈论模型。假设监狱中被隔离的两个共犯，如果两人都拒绝出卖对方，每个人都判刑一年；若有人叛变，则出卖对方的人可立即获释，而不愿出卖对方的人则被判刑五年；如果两人都选择背叛出卖，则都会被判刑两年。被隔离的囚徒无法信任对方，必然倾向于互相出卖，而不是共守同盟。从个人来说，背信弃义是最有利选择，但如果每个人都选择背信弃义，则使每个人都陷入极其糟糕的“囚徒困境”。对于公共资源（比如牧场、海洋渔业、河流和空气等），从个人来说，必然会选择过度使用，所谓“不用白不用”，但如果每个人都选择过度使用，公共资源就会很快消耗殆尽，使所有人都失去这种公共资源。这无疑是一场“公地悲剧”。

个人利益，而漠视公共利益；只相信金钱，而漠视道德和尊严。

在《道德的人与不道德的社会》①一书中，基督教哲学家尼布尔指出，道德是个人的，不存在集体的道德。他继而推论道：群体的道德低于个体的道德，“特权集团的道德态度是以普遍的自欺和伪善为特点的。”道德主义者们最大的缺陷在于，他们没有认识到，群体行为和建立在个体私利和群体私利的权力都具有残忍的特性。在社会中，理性很大程度要受利益的支配；社会的不公正不能单靠道德与理性的劝告就能得到解决。

用虚构的榜样来提升道德的行为，貌似在标榜道德，实际正好走向了道德的反面。特权集团的最大动机是维护其既得利益，道德只是其用于伪饰的外衣，从这个角度而言，权力阶层无疑是高喊道德而最不道德的人群。道德最容易引发人们非理性的同情，因此道德常常成为一种统治技术。

尼布尔解释说：“慈善行为把真正的怜悯与权力的炫耀结合起来，而后一种因素正好解释了有权者为何总是易于显示慷慨，而不是着眼于实现社会公正。”尼布尔认为，人类最高的道德理想不是无私，而是公正。这里的公正，即所有人寻求机会均等的公正。“每个人都有一种基于正义的不可侵犯性，这种不可侵犯性即使以社会整体利益之名也不能逾越。”②如果一个社会，大力宣扬违背人性的无私而逃避公平公正，那么显然，恰恰证明：这是一个不道德的社会。

法的精神

在中国传统中是没有“社会”一词的，比较接近的是“天下”。社会的失败即“亡天下”，顾炎武说：“有亡国，有亡天下。改姓易号，谓之亡国；仁义充塞，而至于率兽食人，人之相食，谓之亡天下。”在《乡土中国》一书中，费孝通先生认为，传统中国社会范围是一种“能放能收，能伸能缩”的差序格局。“中国传统社会里一个人为了自己可以牺牲家，为

① 莱茵霍尔德·尼布尔《道德的人与不道德的社会》，蒋庆等译，贵州人民出版社，1998。

② 罗尔斯《正义论》，何怀宏、何包钢、廖申白译，中国社会科学出版社，2001。

了家可以牺牲党，为了党可以牺牲国，为了国可以牺牲天下”，这和《大学》所谓修齐治平“在条理上是相通的，不同的只是内向和外向的路线，正面和反面的说法”，都是差序的“推浪形式”，于是公私成了相对概念，“站在任何一圈里，向内看也可以说是公的”。[1]《吕氏春秋》中说：“天下乃人人之天下，而非一人一姓之天下。”这与顾炎武的“天下兴亡，匹夫有责”说的是一回事，即社会与国家无关，社会是属于每一个人的。

国家诞生的过程，其实是对社会驯服的过程；换句话说，社会诞生的过程也是对国家驯服的过程。当国家成为“利维坦”时，社会就沦陷了，国家意志必然取代社会道德，这就是权力的胜利；或者说，这是暴力的胜利。从根本上来说，社会是道德的，而国家则是暴力的，这二者是完全对立的。

霍布斯在《利维坦》中，指出人类社会经历过漫长的“自然状态”，道德沦丧，“人与人是狼”；近代以来，产生了绝对主义国家，君主的意志构成国家的主体；每个人都屈服于君主专制的“利维坦”之下。对霍布斯来说，人类的道德目标是不能被先验设定的。吉登斯在《民族国家与暴力》中，从历史角度指出，人类发展是从封建国家，或者说从“阶级裂变”的国家，向绝对主义国家，再向现代国家转型的过程，而现代国家的基础便是法治。

现代意味着工业化、城市化和全球化，国家与社会发生残酷分裂的同时，物质与精神之间的强烈落差，成为当今世界区分先进与落后，甚至文明与野蛮的一种新尺度。虽然现代福利社会几乎就是孟子“仁政”思想的实现，但它并不是统治者的恩赐，而是制度的产物。“正义作为社会制度的首要价值，就好比真理是思想体系的首要价值一样。”[2]在公正的法律和法治缺失的情况下，道德往往只能沦为作恶的工具；要在这种社会生存，只能一个比一个更无耻和更丧尽天良。

文字无疑是人类历史上最典型的文明样式，文字代表着“教化”。有人以文字为标志，将人类社会分为无教化社会和有教化社会。无教化社会

---

① 费孝通《乡土中国》，北京出版社，2005，第 38-39 页。

② 郑莉《理解鲍曼》，中国人民大学出版社，2006。

属于口语化的前文字时代，有教化社会为文字社会。无教化社会依靠一套建立在习俗与传统基础上的评判体系，有教化社会则依靠立法体系。就道德而言，无教化社会的道德取决于个人之关系，有教化社会的道德则依附于成文的法律。大部分无教化社会都是在亲属关系的基础上组织起来的，只有有教化社会才会倾向于成为国家。

人天生对自己人好，这其实是一种生存策略。人的道德受感情影响，这也是动物本能决定的。道德要求人把他人当作人，而不是当作工具算计利用。“修养私德，本来也是为自己，而不是为他人，如果是为他人而修德，这就要成为道德家所讨厌的伪君子了。”①正如鲍曼所说，真正的道德应该是“为了他者”的道德。也就是说，道德现象只有优先于目的考虑和得失计算时，他们才是道德的。道德的特点是不规则、不重复、不普遍和非社会的、非理性的，因此无法被任何法律和制度所穷尽。②现代社会是一个由理性原则指导的、认知空间占主导地位的社会，理性取代情感，它不仅通过流动的责任和道德中立化而侵蚀了道德空间，而且它使坚定地坚守道德的人的生活变得艰难而且没有报偿，道德被理性化的法治取代。

现代社会所要处理的一个关键问题，是严复所说的“群己权界”问题，严复将穆勒的“自由”(liberty) 翻译为“群己权界”，是以中国自己的语言非常准确且实质性地把自由的精义表现出来了。因为中文的“自由”一词，在传统意义中并没有“群己权界”的意思。英文的 liberty 一词，作为现代社会的核心意涵，关涉个人与他人尤其是个人与社会的关系，或者说关涉个人与“群”的权利 (及权力) 边界问题。两人以上就形成了群，群即社会，有了社会，就有了社会的 power(权力)，政治也就出现了。所谓的“群己权界”，指的就是 right（权利）与 power 之间的 rule(规则) 问题，这个群己权界就构成了自由的核心原则：一个社会的权力应该是一种基于规则的 (具有正当性来源的) 权力，其要义是通过划分政府权界，尊重并保障每个个体之人的 right。③

① 福泽渝吉《文明论概论》，商务印书馆，1960。

② 郑莉《理解鲍曼》，中国人民大学出版社，2006。

③ 高全喜《再读穆勒》，《读书》，2011 年第 6 期。

现代社会之所以出现，是理性精神的胜利，换言之，也是法治与规则的结果。同时，现代文明也是一个权力祛魅的过程；或者说，权力被揭去了道德的遮羞布，被置于法律、常识和良心的审视之下。道德作为一个社会的基本共识，营造了一个信任的人群合作机制；特别是陌生人的城市社会，信任是道德的基本表现，也是一个社会文明的基础。事实上，这种信任来自于法治而非道德。也就是说，没有法治，也就没有真正的道德。西方有一个典故，对在桌球游戏中，欺诈者的惩罚是让他在凹凸不平的球桌上，打椭圆形的球；对诚实者的奖励是在很平滑的桌上打很圆的球。平滑球桌的出现，并不是因为人们诚实，而是严惩欺诈者的结果。

权力本身具有虎狼般的侵略性，道德常常为权力这只恶狼披上貌似温良的羊皮，只有法律才是囚禁权力的笼子。所谓"德治"其实就是"人治"和"权治"；权力者如同上帝一样，凌驾于整个社会之上，为所欲为，不受任何制约。权力社会常常是一个反法治社会，不正义的实用主义成为一种常态。在法治丧失的同时，道德被祭上神坛。道德成为粉饰乱伦和不正义的廉价脂粉，被四处擦抹。在权力游戏中，人们常常为达到目的是不择手段的，但用不正当手段达到的目的，也不可能是正当的目的。在电影《锦衣卫》中，大太监贾精忠说："当别人看到你成功的光芒后，就会忘记你手段的黑暗。"也就是说，道德也不过只是一种手段罢了。杀一个人是杀人犯，杀无数人则是伟人，所谓"窃钩者诛，窃国者侯"。拿破仑和马基雅维利也都说过类似的话，即人都是忘恩负义的；换言之，（陌生）人都是没有道德的。马基雅维利认为应当用赤裸裸的暴力和欺骗来维持社会的稳定，而拿破仑则主张用法律——文字胜过刀剑。

"法国大革命让人类重生，并赋予人类第二个灵魂——人权。"作为启蒙运动和法国大革命的精神继承者，《拿破仑法典》公正地解决了自古以来"私"与"公"的矛盾，"不得强迫一个人出让所有权，但为公共利益并事先给予公正的补偿例外。"获得诺贝尔经济学奖的哈耶克认为：法治并不是指当权者或政府以法律为手段来治理社会，即"rule by law"，而首先且必定是政府及其领导人先遵守法律；换句话说，法治首先就意味着政府本身和任何公民一样，要受预先制定的法律规则尤其是宪法所约束。这才是“the Rule of Law”。[①]

从某种意义上来说,美国就是作为道德理想国建立的。将近 400 年前，一群高尚的清教徒乘坐“五月花”踏上这块蛮荒之地，只因为这里没有丑恶的权力和专制的统治。事实上,《五月花公约》成为这个道德传说的最好注脚。美国宪法之父麦迪逊说 :“无论个人还是群体，都不会将道德古训当回事。如果毁誉褒贬落在一个群体身上，由他们共同分担，人数越多，就越与品德无关。良心作为一杆秤，它对于个人尚且靠不住，对一个群体就更加没有意义。”

罗素指出，法律与道德并不矛盾，都是保护人的良心，使人按照自己的良心行事。

值得注意的是，最成功的一些革命——1688 年英国的以及 1776 年美国的革命——是由对法律深怀敬意的人完成的。如果没有这种敬意，革命就容易导致无政府状态或者专制。因为遵从法律，尽管不是一项绝对的原则，也是一项必须被高度重视的原则，只有在很少的情况下，在深思熟虑之后，才允许存在例外。[②]

西方谚语说 :“上帝的归上帝，凯撒的归凯撒。”道德是上帝的事情，法治是凯撒的事情。道德与法治是古代与现代的最大区别。道德在中国，来自于儒家伦理 ; 道德在西方，则来自于中世纪的天主教信仰。宗教裁判所其实就是道德裁判所，并不是什么司法机构。

萧伯纳认为，宗教是世界上惟一真正的动力。宗教的意义在于承认人性的不完美。孟子曾说 :“人之所以异于禽兽者几希。”对于信仰传统缺失的中国来说，以实用逐利为核心的功利社会已经持续了几千年，“天地不仁以万物为刍狗，圣人不仁以百姓为刍狗”。人是魔鬼与天使的组合，具有兽性和神性 ; 人的本性是兽性的，神性的一面只有宗教才可以赋予他。从性恶论的观点来说，所有的道德都来自于宗教。索尔仁尼琴将当今世界道德勇气缺乏的原因归咎于宗教感的丧失，是有一定道理的。事实上，信仰的缺失与偶像的神话，早已成为中国社会生活中最为吊诡的现象。孔子

---

① 哈耶克《通往奴役之路》，王明毅、冯兴元译，中国社会科学出版社，1997。

② 伯特兰 · 罗素《权威与个人》，储智勇译，商务印书馆，2012。

曰：敬鬼神而远之。然后孔子就被尊为神，有时候也被斥为鬼。“本性上对最深奥的宗教真理的绝对淡漠是中国人最悲哀的特征，比如接受一个没有灵魂的肉体，接受一个没有心灵的灵魂，接受一个没有原因的和谐，接受一个没有上帝的宇宙。”[①]

“天道无亲，常与善人。”按照金岳霖的说法，如果秦始皇是英雄，那么陶渊明就是圣人。纵观人类历史，可谓英雄无数，而圣人则寥寥无几。英雄大多是暴力的产物，圣人则是心灵的结果。正如信仰是人性的提升，道德是道理的提升，道德的根本是善，这与宗教是一脉相承的。德国思想家鲁道夫·沙泽曼说：“我们不能自由地选择历史，但我们可以从历史中自由地选择学习的榜样。太多的人向威胁和利诱屈服了，太少的人有坚贞不屈的勇气。只有信仰才能给人这样的勇气。”

道德的专制

道德是前现代的最大命题，现代性的前提是人的现代化，需要通过祛魅来完成。在这个偶像的黄昏，一切神圣都被否定，人们必然会产生对“生命的意义”的追问。既然人只能“一次性的”活在当下，没有什么永恒和不朽，那么又何必坚守道德？责任又有何意义？面对这种困惑和悖论，有人想回到传统，有人在编造“永恒”，有人将迷信当作宗教，有人把梦想当未来，更多人沉迷在物欲与虚无中……

在中国，每年的 3 月 5 日都是学雷锋纪念日，但很少有人知道，这一天也是遇罗克的忌日。对于权力主导的中国社会，金观涛先生提出“超稳定结构”的概念。所谓超稳定结构，是指意识形态与社会结构一体化。中国传统社会由三个层面控制：上层是由天人合一、儒家意识的皇权统治，中层是由县以下的士绅精英控制，下层则是由宗法宗族思想观念的家族控制。这三个层面构成中国古代王朝的超稳定结构。实际上，这三个层面的控制形式都体现为道德—权力。金先生还指出，儒家成熟的仁爱思想和积极入世的现实主义精神，讲求和谐与实际的处事原则，都是成功的。但它

① 亚瑟·史密斯《中国人德行》，张梦阳译，新世界出版社，2006。

本身却是先验的，不允许批判的，它是一个扼杀个性的保守主义体系。只要我们承认某种理论学说和道德规范里有着不能检验的核心，那它迟早就会沦为迷信。[①]

在中国历史上，有一个“李离伏剑”的故事：李离是晋文公的狱官，他误听属下之言而判人死罪，因此便以身殉法。晋文公劝道：“官有贵贱之分，处罚有轻重之分，下级官吏有错，不是你的过错！”李离说：“我担任的官职是长官，并不让位给下级官吏；享受俸禄多，不和下属平分利益，现在我错误地听从了下级汇报而判人死罪，却把罪转嫁到下级官吏身上，是没有听说过的。”晋文公说：“你如果自以为有罪，我也有罪吗？”李离说：“狱官遵守法纪，错误地判刑，应判自己的刑，错误地判人死罪，就应判自己死罪。您因为我能审察不明显的和判定疑难案件，所以让我当狱官，现在我错误地听取下吏的汇报而判人死刑，罪责应当死。”于是他坚决不接受晋文公的宽恕，毅然以剑自刎。应当说，李离之死实质上是基于道德而非法律，或者说是道德大于法律，是李离本人自律与自省的结果。

同样被司马迁列为“循吏”的石奢，因其杀人，亦自刎而亡。石奢说：“杀人者，臣之父也。夫以父立政，不孝也；废法纵罪，非忠也；臣罪当死。”“不私其父，非孝子也；不奉主法，非忠臣也。王赦其罪，上惠也；伏诛而死，臣职也。”[②]

虽然政治学家福山认为中国是世界上最早建立现代国家的文明，但他同时又指出，“这个国家不受法治限制，也不受负责制机构的限制，中国制度中唯一的责任只是道德上的。没有法治和负责制的强大国家，无疑是一个专制国家，越是现代和制度化，它的专制就越是有效”[③]。在儒家意识形态之下，中国古代的法律实质上都是道德的体现，法律的目的并不是实现社会正义，而是想创造一个人人向善的大同世界。所谓善恶，都是权势

---

① 金观涛、刘青峰《开放中的变迁：再论中国社会超稳定结构》，法律出版社，2011。

② 《史记·循吏列传》。

③ 弗朗西斯·福山《政治秩序的起源：从前人类时代到法国大革命》，毛俊杰译，广西师范大学出版社，2012。第145页。

者说了算，权力不仅是法律的化身，也是道德的代言人。新文化运动的代表人物吴虞先生曾说："吾国之法律，根本于儒家，不重成文之法典。以为古代圣王，准理以制义，即用理以止刑"；"苟无一定依据之法文，而随情与势为转移，则情有厚薄，势有强弱，人各应其情与势而利用之，将有法律与无法律等，民无所措手足"[①]。

贾谊认为秦朝的灭亡是因为以法制取代道德的结果，"商君遗礼义，弃仁恩，并心于进取，行之二岁，秦俗日败。故秦人家富子壮则出分，家贫子壮则出赘。借父耰锄，虑有德色；毋取箕帚，立而谇语。抱哺其子，与公并倨；妇姑不相说，则反唇而相稽。其慈子耆利，不同禽兽者亡几耳。……以礼义治之者，积礼义；以刑罚治之者，积刑罚。刑罚积而民怨背，礼义积而民和亲。故世主欲民之善同，而所以使民善者或异。或道之以德教，或殴之以法令。道之以德教者，德教洽而民气乐；殴之以法令者，法令极而民风哀。哀乐之感，祸福之应也。……汤武置天下于仁义礼乐，而德泽洽，禽兽草木广裕，德被蛮貊四夷，累子孙数十世，此天下所共闻也。秦王置天下于法令刑罚，德泽亡一有，而怨毒盈于世，下憎恶之如仇，祸几及身，子孙诛绝，此天下之所共见也。……今或言礼谊之不如法令，教化之不如刑罚，人主胡不引殷、周、秦事以观之也？"[②]实际上，秦朝的暴政并不是真正意义上的"法治"，而是反法治的"权治"和"人治"，如赵高犯罪，被蒙毅依律判处死刑，但却被秦始皇一句话就赦免了，因为权力大于法律。"昔秦法繁于秋荼，而网密于凝脂。然而上下相遁，奸伪萌生，有司治之，若救烂扑焦，而不能禁。"[③]秦朝之所以道德崩溃，恰恰是法治缺失的结果，正如商鞅所说："法之不行，自上犯之。"

金克木先生《蒙族皇帝论法治》中有一段元仁宗的话："夫法者，所以辨上下、定民志。自古及今，未有法不立而天下治者。使人君制法，宰相能守而勿失，则下民知所畏避，纲纪可正，风俗可厚。其或法弛、民慢，怨言并兴，欲求治安，岂不难哉！"这段话中，"宰相能守而勿失"之"守"字，

---

① 《吴虞集》，四川人民出版社，1985。

② 贾谊《治安策》。

③ 《盐铁论卷十 · 刑德》。

无疑是对先秦法家“生法者君也，守法者臣也，法于法者民也”的最好注解。“中国的法制从未完成过法律应尽的使命：约束权力在规则之下运行，即法治。皇权下所谓的‘法’，不过是治国之器物、侍奉权力之律令而已。”[①]

在中国历史上，法律仅仅是把统治者的命令编纂成文，法律所反映的只是统治者的利益，而不是治人者和被治者作为共同体的共同价值，也不具有超越性的权威。正如政治学家福山[②]所说，没有儒者相信对皇帝的权力和权威应当有正式的、制度化的制约——像英国《大宪章》那样，于是，对皇权的制衡只有依靠其道德自律。制度化的现代政治责任的缺失，使得中国历代政治体制都无法解决“坏皇帝”的问题，也无法解决“坏官吏”的问题。中国的德治体制，要求自身必须不断地产生好的皇帝和官吏，但却无法提供任何保障，只能听天由命；结果是经常一个坏皇帝领着一群坏官吏，不受制约的权力导致一次又一次灾难性后果，这种灾难累积到一定程度，便发生一次总爆发，一切都被推倒重来。正因为这种对社会动乱的焦虑，儒家伦理的核心命题就是一种“秩序情结”，追求“秩序的优位性”。[③]

实际上，中国传统的法家思想与真正的法治精神相去甚远。从这个意义上，古代中国是没有法治和法律的；“自古所谓法律，不过是刑律，为礼俗之补充辅助，不得已而用之。其本旨是备而不用的。事实上亦很少用。”[④]换句话说，法律就意味着刑罚和暴力，或者说，就是以暴力代替法律。韩非子认为，远古时代人民质朴，依靠道德就可以统治，后来人民变得聪明了，就需要用阴谋，而后来则只能依靠暴力。[⑤]东汉王充将道德和暴力奉为国家的支柱，“治国之道，所养有二：一曰养德，二曰养力。养德者，养名高之人，以示能敬贤；养力者，养气力之士，以明能用兵。此所谓文武张设，德力具足者也，事或可以德怀，或可以力摧。外以德自立，内以力自

---

① 方钦《皇权——中国的逆现代性》，《读书》杂志，2009年第2期。

② 可参阅：弗朗西斯·福山《政治秩序的起源：从前人类时代到法国大革命》，毛俊杰译，广西师范大学出版社，2012。

③ 张德胜《儒家伦理与社会秩序：社会学的诠释》，上海人民出版社，2008。

④ 梁漱溟《中国文化要义》，学林出版社，1987。

⑤ 《韩非子·五蠹》。原话为：“上古竞于道德，中古竞于智谋，当今竞于气力。”

备。慕德者不战而服，犯德者畏兵而却。”[①]中国传统的“阳儒阴法”，余英时先生认为是“儒学法家化”，瞿同祖先生说的“法制儒家化”，其实就是“人治”和“权治”，外表道德，内在暴力，正如《汉书·刑法志》所说：“外在轻刑之名，内是杀人。”这其实是所有专制帝国的一种常态，所谓道德只不过是一个谎言罢了。索尔仁尼琴在谈到苏联时就说：“在我们国家，谎言已不仅属于道德问题，而是国家的支柱。”

“克己复礼”的孔子说过一句很特别的话：“己所不欲，勿施于人。”这被很多西方人视为法治、自由和民主精神在中国的体现。这句话的特别之处，在于它似乎跳出了道德的逻辑，因为道德往往是一种强加的东西——“己所不欲施于人”，或“己所欲施于人”。按理说，道德凌驾于权力之上，但实际上，权力不仅垄断了道德，还垄断道德的解释权。权力不仅以道德的名义获得合法性，还以道德的名义行使权力。与法律相比，道德不具有任何契约性，因此道德常常沦为一种暴力和恐怖。罗伯斯庇尔做律师时认为，“要堵塞犯罪的道德，就应该借助明智的法律”；当他成为大权在握的独裁者时，却处处标榜道德的力量——“没有美德，恐怖是有害的；没有恐怖，美德就显得无力。恐怖是迅速的、坚决的正义，从而它是美德的表现。”[②]

“人之初，性本善，性相近，习相远，苟不教，性乃迁。”道德与善本身都是教化的结果。从伦理学来说，道德是不自然的，不道德才是自然的。作为一种智力动物，欺骗是人的本能，人也是最容易被欺骗的。当你看到一个人在浇花，你怎么知道他浇的不是开水？晚清时期来到中国的美国传教士亚瑟·史密斯，将中国人的性格和品德总结了27种特点，优缺点各半，13种缺点括不守时、不精确、擅长拐弯抹角、智力混沌、神经麻木、缺乏同情心、缺乏诚信、缺乏公共精神和相互猜疑等。[③]人人皆舜尧，从来都是人类的一种美好的梦想。“各取所需，各尽所能”的共产主义乌托邦，之所以跟永动机一样无法实现，就是因为它的基础来自于道德（所谓的“觉

① 《论衡·非韩》。

② 转引自：袁伟时《文化与中国转型》，浙江大学出版社，2012。

③ 可参阅：亚瑟·史密斯《中国人德行》，张梦阳译，新世界出版社，2006。

悟”)，而不是法律。没有法治，道德只会走向伪善和崩溃。捷克前总统哈维尔曾深刻地反省道:“在我谈到崩溃的道德环境时，我是指我们每一个人。因为我们全都顺从了这个制度，都把它当做不可改变的事实，从而维持了它的运转。换言之，我们每个人都不同程度地对这个制度的存在负有责任，没有什么人只是一个受害者。是我们所有人制造了这部机器。”

中国基本上没有什么宗教传统，虽然自古号称“尊礼重德”的“天朝上国”、“礼义之邦”，但其实只有一个无远弗届的权力帝国。梁漱溟先生认为，中国的宗教就是道德，“在中国代替宗教者，实是周孔之‘礼’。”在“礼制”之下，只有习惯法而没有成文法。[①]同时，因为“宗教偏于强制，道德偏于自律”[②]，道德成为宗教的结果，使道德变成一种“暴力”。这样一来，权力主导的专制体制就以道德代替法治，政治往往衍变为残酷的道德法庭，所有的人性都成为一种罪恶，专制权力以道德的名义将每个人置于被告席。“专制国家的原则是恐怖；其目的是求得平静。但是这种平静完全不是和平。”[③]外儒内法的专制体制下，每个人都是有罪的，至少都是潜在的犯罪者。商鞅便将道德视为统治的最大敌人，称仁义、礼乐、诗书、修善孝弟、诚信贞廉和非兵羞战为“六虱”。[④]专制之恶，就在于它试图垄断道德，垄断做好事的权力：它只准自己做好事，不准别人做好事；或者只许人们在它的许可下做好事。专制权力对罪恶的恐慌和焦虑不仅营造了社会恐怖，而且进一步激发其可怕的道德狂热，使伪善、反智、暴力和冷漠成为一种社会常态。法国思想家贡斯当指出，专制权力会毁灭社会道德，因为缺乏安全感就不会有道德；“在受到瘟疫袭击的城镇中，道德会出现突然的堕落，垂死的人掠夺垂死的人。专制权力对道德的影响，就像瘟疫对人的影响。每个人都会抛弃同命相连的受难伙伴，每个人都会公开放弃他们过去生活中的契约”。

在一个崇拜权力和信奉暴力的社会，不会有常识与理性的容身之地；

---

① 梁漱溟《中国文化要义》，学林出版社，1987。

② 同上。

③ 孟德斯鸠《论法的精神》，张雁深译，商务印书馆，1961。

④ 《商君书·靳令》。

换言之，没有契约精神的专制社会是不存在真正的法治的，正如亚历山大所说:在剑的世界,法律是行不通的。“在专制政体下,权威总是摇摆不定的。即使是最低级的官吏的权威也不比君主的权威更为稳定。在政治宽和的国家里，法律到处都体现着明智，并且都是家喻户晓；所以即使是职务最低的官吏,也能够有所遵循。但是在专制国家里,法律只是君主的意志而已。即使君主是英明的,官吏们又如何遵从某个他们所不知道的意志呢？那么,官吏们理所当然地遵从自己的意志了。”①

法律的底线

存在主义哲学家萨特有句名言："他人即地狱。"在陌生人社会中，因为利益和竞争，利用和不信任是一种基本的人际关系，人性的善被抑制到最小的空间，甚至仅限于自身，"各人自扫门前雪，哪管他人瓦上霜"，"拔一毛而利天下不为也"。甚至说，每个人内心都有以邻为壑的强烈企图。卢梭说:“无论何物,只要出于自然的创造,都是好的,一经人手就变坏了。”

流离失所的战争状态是最典型的陌生人社会，所谓礼崩乐坏，人与人之间互相抢劫、强奸、杀害，弱肉强食。人性之恶赤裸裸地显现出来。在非战争状态下的陌生人社会中，人与人之所以不再抢劫、强奸和杀害，并不是他不想这样做，而是因为对法律的恐惧。法律的根本意义，在于抑制人性的恶，即惩罚恶行，所有恶行都将受到法律的惩罚，因此，人性恶被抑制到最小程度。也就是说，现代社会完全是依靠法律和法治来实现文明和秩序的。

从传统走向现代,是一个“由信仰维系社会”到“由世俗技术维系社会”的过程，英语国家（主要指英国和美国）的最大贡献在于找到了有效治理手段，既保证了经济持续发展，又维系了整体道德水准。②

什么是法治？英国思想家洛克说：个人可以做任何事情，除非法律

---

① 孟德斯鸠《论法的精神》，张雁深译，商务印书馆，1961。

② 沃尔特·拉塞尔·米德《上帝与黄金：英国、美国与现代世界的形成》，涂怡超、罗怡清译，社会科学文献出版社，2014。

禁止；政府不能做任何事情，除非法律许可。在西方人眼中，近代日本和中国一样，都是“没有法律的”。作为亚洲第一个走向现代的国家，日本的明治维新最大的进步就是实现“法治”；福泽渝吉的“脱亚入欧”思想，其实也是以法治取代道德，以民主取代专制，以现代取代古代——

> 在今天的社会上，虽然有普遍施行的文书、契约、政府的法律和各种国际条约，其中有民法刑法之分，以及为了同时也包括不少维持事物秩序的规定，但从其一般用途来看看，显然都是防恶的工具。因为一切法律的精神，都是把利害得失同时提出，使人按照自己的意愿去选择。……人心如此卑鄙，法律又如此无情，从其外表骤然看来，的确令人吃惊，但是进一步考察产生这种法律的原因，以及它给人们带来的好处，则绝不是无情的，而是今日世界上最完善的东西。……就目前的情况而论，促进世界文明的工具，除了法治以外，并无其他更好的办法。①

福泽渝吉进一步指出：

> 在从前，由政府制定法律，以保护人民；而在今天，则是人民制定法律，防止政府的专制，以保护自己。如果用古人的眼光来看，似乎是冠履倒置，纲常扫地，但稍微把眼光擦亮，眼界放宽，就可以发现，现在自有其颠扑不破的道理，不论政府和人民，双方都没有丧失体面的顾虑。在如今的世界里，要想发展国家文明，保持国家独立，这是唯一的方法。②

卢梭在《社会契约论》中说：“政治共同体的基础，是它的成员们的公约。”这个“公约”便是法律。公正的法律是社会的底线，在这个底线之上，人才可能正常地生活下去。触犯这个底线，应当受到惩罚，违法行为必须

① 福泽渝吉《文明论概论》，商务印书馆，1960。

② 同上。

得到法律的矫正。这个底线的缺失，使每个人都失去最后的屏障，甚至说，生命时刻处于危险之中。在某种程度上，强权者可以不需要法律，对他来说，权力就是保护自己和自己特殊利益的法律。正义只有在不确定时才有意义，如果强权者坚信自己永远占有强权，那么他就不需要正义，所谓正义，只是相对于弱者才有其价值。对没有权力的大多数民众来说，当法律无法实现正义时，正义就只能靠每个人自己去争取。失去法律支持，一个弱者捍卫正义的唯一武器就是生命，不仅自己的，甚至连同他人的。没有法律的底线，就只剩下生命的底线。

事实上，无论什么时候，政治的最终追求都是道德。中国近代以来常说的“中学为体，西学为用”，所谓“体”就是传统道德，“用”就是现代法治政治。前者为目的，后者为手段。诚如哈维尔所言，政治的终极理想是正义与良心，但追求善的过程中，常常会陷入恶的洪流，因此，如何抑制恶的泛滥便成为政治的首要原则。

在政治中，暴力是一种必要的恶，权力也是一种必要的恶，我们所要做的，就是在承认它们的前提下，做好应对其后果的准备，以一种理性的态度和要求，避免对它们的滥用，为它们产生的各种后果负责。“社会是由我们的欲望产生的，政府是由我们的邪恶产生的。前者使得我们能一体同心，从而努力的增加我们的幸福；后者的目的则是制止我们的恶行，从而消极的增加我们的幸福。”[①]在潘恩看来，无论国家还是政府，都是一种不得已的恶，即使最文明的民主政治，也只是“最不坏”而已。孟德斯鸠认为世间万物皆有主宰它们的法，而人有局限的，这个世界并没有道德完美的人。法律是如此重要，因为国家本身就是建立在法律之上的。美国有世界上最完善的法律和最多的律师，人们仍然不放心，持枪权作为捍卫自己权利的最后保障始终没有放弃，因为只有自己才懂得自己生命的价值。法律是社会和国家的生命，生命是衡量社会与国家文明程度的法律。一切应先从底线做起。人不能失去底线，社会、国家也是如此。“大自然迫使人类去加以解决的最大问题，就是建立起一个普遍法制的公民社会。”[②]

---

① 托马斯·潘恩《常识》，何实译，华夏出版社，2004。

② 康德《历史理性批判文集》，何兆武译，商务印书馆，1990。

“我们可以说，所有进步社会的运动，到此为止，是一个‘从身份到契约’的运动。”[①]法的精神其实也就是契约精神。契约意味着平等和非暴力，只有契约才能生成信任，而信任是社会存在的基础。在中国古代，商鞅“立木取信”和刘邦“白马之约”，体现的都是契约精神。没有契约，也就没有信息对称和权利对等，也就不存在所谓的“法”；社会就只能依靠暴力（或暴力支撑的权力）来维持。简单点说，人类社会或许只有两种状态：要么是暴力社会，要么是法治社会。所有道德到了最后，都会从伪善的说教变成赤裸裸的暴力。暴力往往将人类带回弱肉强食的丛林世界；在欧洲中世纪，无数底层妇女被诬蔑为女巫，遭到残酷的迫害。法治社会中，只要是法律没有禁止的，你都可以做；在道德化的社会中，只要是权力要求，你都必须做。上有所好，下必甚焉，“楚王好细腰，宫中多饿死”。

法律只有被信仰，法律才会发生作用，否则不过是一纸空文。从道德到法律，往往意味着启蒙和现代的历程。一个停留在道德阶段的国家就如同一个未成年的婴儿，从根本上是无法独立，甚至无法自理的；国家走向法治的过程就如同一个人走过青春期，意味着从心智上走向成熟，公与私形成明显的边界。在中国将道德作为中小学生基础教育时，其他现代国家普遍以“公民”和“法治”作为儿童启蒙。早在五四新文化运动中，很多知识分子就对内省式的传统道德提出批评，胡适、傅斯年和陈独秀等一代思想家，都主张“国民训练”和“约律主义”；即只有用规则体系来限制和规范，才能创造一个现代文明社会。

从文明的角度来说，汉谟拉比法典比金字塔要伟大得多。现代文明在本质上，其实是启蒙取代传统的道德。具有儒家文化传统的日本和韩国，依靠民主和法治步入现代文明。“作为完全发展成熟的整枝体系，民主是一种现代现象；它从来没有出现在中国，而且也不可能从儒家思想本身发展出来，尽管我们在审视儒家伦理时可以发现某些民主因素。”[②]作为一个以华人为主体的现代国家，新加坡提供了一个典型的示例。李光耀毫不讳言：“新加坡成功的关键，是英国人留下的法治制度和精神，而不是什么

① 梅因《古代法》，沈景一译，商务印书馆，1959。

② 杜维明《新加坡的挑战》，三联书店，1992。第151页。

儒家文化。”金耀基先生指出：“儒家要为现代中国建立秩序，必须放弃旧范典，另建新范典，而这个新范典是不能不以民主、法治这些观念与制度因素为核心内涵的。”

权力的终结

道德是人类文明的基础，道德本身代表了人类对美好的向往与理想。孔子说：德不孤，必有邻。康德说：在这个世界上，有两样东西值得我们仰望终生：一是我们头顶上璀璨的星空，二是人们心中高尚的道德。与法律相比，道德是一种更高的要求——

> 道德是社会规则（就像法律是强制性的行为规范一样），充当社会告诫者的角色，借以劝诫其成员和团体，在行为上要和社会的秩序、安全和发展相一致。所以，1600年以来，散居在基督世界的犹太人，靠着严格而细致的道德准则，保证他们的连续性以及内部和平，几乎不需要从国家和法律中获得帮助。①

2010年12月，美国国会众议院通过议案，向印第安土著和美国黑人支付46亿美元，作为历史上种族歧视的赔偿。其中，印第安人将得到34亿美元，美国黑人将得到11.5亿美元。此前美国政府已经向1.6万名黑人农民支付了超过10亿美元，他们中的大多人都得到了大约5万美元的补偿。内政部长萨拉扎尔表示，现在是美国政府纠正过去错误的时候。他说：“这是美国历史上的一天。也是对最早来到美国的印第安人的重要日子。”作为美国人最重要的感恩节，就是用来感谢印第安人对早期移民的帮助的。

《圣经》说，智慧的产生超出了上帝对人的期望，他害怕智慧之花会结出愚蠢之果。上帝按照自己的样子造出了人类，人类如今已经拥有了和上帝一样的能力——造（克隆）人。自从两千万年前与类人猿分裂以来，今天的人类正走向第二个道德分岔点。无数现代思想家警告人们，在工业

① 威尔·杜兰特《历史的教训》，倪玉平等译，四川人民出版社，2015。

化的失乐园，人类正从神圣时代跌入世俗时代，每个人都无处可逃地沦为一个失去信仰的孤独者。没有任何终极关怀可以将碎片化的生活拼接起来，这是人类文明世界“三千年未有之变局”。物质的丰裕使道德、政治、文化、信仰的贫困与危机更加触目惊心。

一种新的社会制度会要求一种新的道德，同时把一些旧的道德视为罪恶。反过来，一些新的道德也常常会被传统观念认为是不道德的。在某种意义上，道德是一个历史命题，农业社会的道德规范如今已经失去了存在的基础，而工业社会的文明尚未成熟，在这一历史转型时期，与其说社会走向败坏，不如说是一种充满痛苦和希望的破茧成蝶过程。

法国国王路易十四有句名言：“我死后，哪怕洪水滔天。”在巴尔扎克笔下，无论在巴黎还是外省，无论是政界、工商界或文艺界，每一场角斗都是精明狡猾、阴险毒辣的一方占上风，忠厚老实者只能吃败仗。巴尔扎克承认，恶的力量和成王败寇的法则注定要统治整个社会和绝大多数人的思想。[①]实际上，在真实的历史中，道德同样注定成为一切“失败者”的最大“弱点”。但对一些正人君子来说，道德才是他要达到的目标，“成功”或者“富贵”并不是，所谓“志士不饮盗泉之水，廉者不受嗟来之食”，乃至“舍生而取义”。

在工业时代早期，面对道德的“幻灭”，梭罗说：“从今以后，别再过你应该过的人生，去过你想过的人生吧。”巴尔扎克嘲讽说：“拿破仑的榜样，使多少平凡的人狂妄自大，成为 19 世纪的致命伤。”历史学家常常告诫人们，不要用私人道德去评价历史人物，这会使你陷入庸俗的感动或嫉妒。从道德来说，拿破仑是一位无耻的骗子、独裁者和暴君，他并没有解决法国社会的问题，但法律做到了，从此确立了“个人最大限度的自由，法律最小限度的干涉”的个人主义、自由主义的民法原则。拿破仑自己最后这样说：“我的光荣不在于打胜了四十几个战役，滑铁卢会摧毁那么多的胜利……但不会被任何东西摧毁的，会永远存在的，是我的《民法典》。”[②]

① 可参阅：巴尔扎克《幻灭》，傅雷译，人民文学出版社，1978。

② 刘植荣《〈拿破仑法典〉：法国送给人类的礼物》。《新金融观察》，2015。

弯曲的膝盖

争你们个人的自由，便是为国家争自由；争你们自己的人格，便是为国家争人格；自由平等的国家不是一群奴才建造得起来的。

——胡适

跪的来源

从某种意义上说，从站起来那一天开始，人类才算彻底脱离了动物。又经过二百万年的发展，人这种直立行走的双足动物才成为高贵的人类。站立本身就是人类文明的证明。天地之间，人类几乎是唯一直立行走的动物，并没有跪的任何动物性理由，因为跪这种姿势，仅仅出现在牛羊一类食草性的哺乳动物中，灵长目并没有跪的习惯。牛和羊是非常相似的动物。小牛小羊落草初生要吃奶，往往前腿下跪，接受牛妈妈羊妈妈哺乳。当牛羊被人类屠宰时，牛羊因为恐惧，也常常会不自主地下跪，甚至哀鸣着流出眼泪。

鲁迅说过：中国人是“最能研究人体、顺其自然而用之的人民。脖子最细，发明了砍头；膝关节能弯，发明了下跪；臀部多肉，又不致命，就发明了打屁股……”中国人最早应当是以跪代替坐，跪就是坐。因为没有家具，以跪的姿势坐在自己的脚后跟上，直起身子，这就是常见的半休息状态。后来随着孝文化的滥觞，跪逐渐被引申为四种意思：

第一种是崇敬感恩。人类仿模牛羊的跪，以表示感谢对父母的哺育之恩。牛羊孕期衔草,幼雏降生落到柔软的干草上。中国也有“跪草”的传统，即丧母时需跪在干草上，守灵七日，以谢母亲生育哺乳之恩。这种感恩推而广之，就出现了跪的滥用，任何感谢都要下跪，才能显示诚意。第二种是尊重。中国新人拜天地中“夫妻对拜”、江湖儿女的兄弟结拜、中国传统礼仪中的单腿跪地“请安”、西方骑士时代的求爱之跪，都属于尊重和郑重的礼仪。第三种是祈求。这种跪常见于宗教活动中。在负罪请求谅解时也会以跪来显示诚意。廉颇对蔺相如的负荆请罪，就属于道歉认错。第四种是羞辱。如果说前三种跪都是自发的、主动的，那么第四种就是强加的、强迫的。以对方下跪来显示一种奴役、惩罚和征服，使下跪者显示出其臣服之心。这种跪是前三种跪的引申，由自觉转向不自觉，由自愿转向被迫；由感恩、乞求转向被羞辱。下跪使其比正常身高“矮下半截”，如果再加上双手拄地、俯身叩头，那么跪着的人几乎成为一个四肢动物，一个站在他面前的人，可以一下子使自己得到一种“人”的尊严感和被尊重感。这种羞辱，最典型就是岳飞庙前的秦桧跪像，人们以跪着的秦桧塑像，来羞辱秦桧。中国传统上，处决犯人也是让其跪着，如引颈就戮。

中国人的跪，从感恩、尊重、道歉开始，逐渐还发展到乞求，羞辱的意味开始变浓。跪至此成为权力时代一种不可或缺的“礼数”。中国人被分为“小人”和“大人”，自称“小人”的人，向“大人”下跪。

人是一种尊严动物，用孟子的说法，尊严是人的本能和天性，或者说是本心。孟子说：“一箪食，一豆羹，得之则生，弗得则死。呼尔而与之，行道之人弗受；蹴尔而与之，乞人不屑也。万钟则不辩礼义而受之，万钟于我何加焉！为宫室之美，妻妾之奉，所识穷乏者得我与？乡为身死而不受，今为宫室之美为之；乡为身死而不受，今为妻妾之奉为之；乡为身死而不受，今为所识穷乏者得我而为之：是亦不可以已乎？此之谓失其本心。”[①]

尊严的确立，形成了中国的“礼”，中国传统其实是一种礼教文明。

① 《孟子·告子上》。

对中国古人来说，“礼”首先是一种文明和秩序，但并不必然象征着不平等。在礼文化中，尊严依然是一种奢侈品，并不是每个人都能拥有尊严，有时候尊严必须用生命来换取。“礼”是文明的产物，或者说是反暴力的，但却常常需要用暴力捍卫“礼”。《史记》中记载了一段“礼”与暴力的遭遇：因“怒发冲冠”、“完璧归赵”而成名的蔺相如，“跪请秦王”，亦不能打动其心，“秦王不肯击缶”。但当蔺相如怒道，“五步之内，相如请得以颈血溅大王”——在暴力面前，秦王终于认输了。这证明了一个道理，至少在死亡面前，人类是平等的，生命也因此而显得高贵。

一株植物如不能按自己本性生长，则会死亡；一个人也同样如此。对人类来说，死亡常常体现了最后的正义。海明威在《老人与海》中有一句名言：“人是可以被打败的，但人永远不会被征服！”宁为玉碎，不为瓦全，有人奋不顾身，如同堂吉诃德冲向风车，用自己的生命去证明人的高贵和权力的无耻。

春秋战国时期既是一个礼的时代，也是一个暴力时代，这也是中国文化最为灿烂的出处。尽管“春秋无义战”，但那时的中国是正义的中国，舍生取义者不计其数。当其之时，即使贵为国王太子，对“国士”亦当以礼相待。《史记·刺客列传》中记载：“荆轲遂见太子，言田光已死，致光之言。太子再拜而跪，膝行流涕，有顷而后言曰：‘丹所以诫田先生毋言，欲以成大事之谋也。今田先生以死明不言，岂丹之心哉？’荆轲坐定，太子避席顿首曰：‘田先生不知丹之不肖，使得至前敢有所道，此天之所以哀燕而不弃其孤也。’”

《战国策》中有一名篇《唐雎不辱使命》——

> 秦王曰：“布衣之怒，亦免冠徒跣，以头抢地尔。”唐雎曰：“此庸夫之怒也，非士之怒也。夫专诸之刺王僚也，彗星袭月；聂政之刺韩傀也，白虹贯日；要离之刺庆忌也，仓鹰击于殿上。此三子者，皆布衣之士也，怀怒未发，休祲降于天，与臣而将四矣。若士必怒，伏尸二人，流血五步，天下缟素，今日是也。挺剑而起。秦王色挠，长跪而谢之……”

在动物界中，弱者以匍匐表示臣服，人类社会同样如此。在人类社会中，下跪作为一种臣服姿态，几乎是没有国界的，可以说是一种人类共同语言。总体而言，中国传统社会中，“士、农、工、商”的等级观念根深蒂固，礼教不仅强化了这种贵贱等级，也强化了权力的本身。

膝盖的进化

在锯子发明之前，人类几乎是没有家具的。因为制作一块平整的木板极其艰难。在春秋战国之前，连铁器都尚未普及，更何况家具。当时中国人坐的标准姿势，实际是跪，即坐在自己的脚后跟上。《释名》云：“跪，危也，两膝隐地体危阢也。”正襟危坐实际就是跪得笔直，以示严肃。孔子说，“席不正，不坐。”古人的坐，其实就是跪在席子上，所谓“席地而坐”；引身而起，即为跪拜。

跪在礼仪中并无屈辱含义，只表示礼节与尊敬，臣拜君，君也还拜；礼尚往来，体现了一种平等。这种坐姿一直延续到唐朝的胡床传入。随着佛教的兴盛，盘腿坐逐渐取代了跪式坐姿。宋代以后，木工工具已经完备，家具式样发生革命性变化，人们的双脚也离开了地面，椅子桌子上都有放脚的踏板，甚至出现了所谓的“东坡椅”。从《韩熙载夜宴图》可以得知，凳子和椅子类的坐具已经非常普遍，彻底改变了当时人们生活，人类文明似乎已经达到一个前所未有的高度。

“床前明月光，疑是地上霜。”汉唐时代的床类似现在的凳子或沙发，坐在这种“床”上叫做“踞”；与正式的“跪”坐相比，“踞”坐是极为不雅的行为，孟子甚至因为妻子踞坐而想要休掉她[①]。《史记》中记载，“沛公方踞床，使两女子洗足。郦生不拜，长揖，曰：‘足下必欲诛无道秦，不

① 据《韩诗外传》卷九载，孟子妻独居，孟子入户视之。白其母曰：“妇无礼，请去之。”母曰：“何也？”曰：“踞。”其母曰：“何知之？”孟子曰：“我亲见之。”母曰：“乃汝无礼也，非妇无礼。礼不云乎：‘将入门，问孰存；将上堂，声必扬；将入户，视必下。’不掩人不备也。今汝往燕私之处，入户不有声，令人踞而视之，是汝之无礼也，非妇无礼也。”于是孟子自责，不敢出妇。

宜踞见长者。’于是沛公起，摄衣，谢之。”在当时，踞床见客是极其无礼的，更何况还在洗脚。由此可见刘邦是多么缺乏教养。

事实上，物质的文明并不必然导致精神的文明。“礼”兴起于春秋时代，然而“礼”的基本原则却是“尚往来”，文明必须相对于文明才有意义。“礼贤下士”是中国“礼时代”的基本社会文化。实际上直到盛唐时代，臣下对君主施礼，君主也是要还礼的。所谓“君使臣以礼，臣事君以忠”。汉刘邦为了聘请穷书生韩信，需要斋戒沐浴更衣，筑台拜帅，才能显示其诚意。刘备“三顾茅庐”，聘请一个“山野村夫”，更是成为千古佳话。

中国古代有“乡饮酒礼”的传统。“乡”本为“饗”，《说文》释义曰：“饗，乡人饮酒也。”《礼记·乡饮酒义》载：“乡饮酒之礼，六十者坐，五十者立侍，以听政役，所以明尊长也。”也就是说，在传统饮酒礼中，只有六十岁以上的人才有资格坐。“乡饮酒礼”在汉以后消失，但后来所谓的“三老五更”其实也属于乡饮酒礼的传承。北周保定四年（564年），北周武帝在太学对于谨等元老大臣举行“三老五更”[①]仪式。《周书》记载，于谨等入席而坐，“皇帝跪设酱豆，亲自袒割”；吃毕饭，皇帝又“亲跪授爵以酳”。[②]

> 古者君之待臣也，臣拜，君必答拜。秦、汉以后，废而不讲，然丞相进，天子御座为起，在舆为下。宰相既罢，天子更无与为礼者矣。（黄宗羲《明夷待访录·置相》）
>
> 古者，天子听朝，公卿正谏，博士诵诗，瞽箴师诵，庶人传语，史书其过，宰彻其膳。犹以为未足也，故尧置敢谏之鼓，舜立诽谤之木，汤有司直之人，武王立戒慎之鼗，过若豪氂，而既已备之也。[③]（刘安《淮南子》卷九《主术训》）

---

① “三老”原为乡官之名，由50岁以上德高望重的老者担任；“五更”是指年老致仕、经验丰富的老臣。“三老五更”仪式是为了表达君主尊养老人之情。

② 澹台卓尔《椅子“改变”中国》，中国国际广播出版社，2009。

③ 大意是说，古代的时候，天子上朝听政，有公卿正面进谏，博士朗诵读歌，乐师规劝告诫，平民百姓的街市议论由有关官吏报告君主，史官记载天子的过失，宰臣减少天子膳食以示思过，尽管这样，天子对这些监督仍嫌不足。所以尧设置供进谏者敲击的鼓，舜树立了供人们书写意见的木柱，汤设立了监察官员，武王备用了警戒自己谨慎的摇鼓，哪怕出现细微的过失，他们都已做好了防备的措施。

唐宋之际，椅子逐渐普及，中国人改变了席地而坐的习惯，礼节也随之发生了变化。当时，人际之间已极少用跪礼，包括臣见君，通常情况下不需要跪，作揖即可。宋人王楙在《野客丛书》中说过这样一段话：

> 古者拜礼，非特首至地，然后为拜也。凡头俯膝屈手动，皆谓之拜。按《周礼》辨九拜之仪，一稽首，二顿首，三空首，四振动，五吉拜，六凶拜，七奇拜，八褒拜，九肃拜。注：稽首拜，头至地也；顿首拜，头叩地也；空首拜，头至手也；振动，以两手相击也；奇拜，一拜也；褒拜，再拜也；肃拜，但俯下手，即今之揖也。何尝专以首至地为拜耶？

《资治通鉴》记载，唐朝初创，李渊建议官员们与他一起商议政事时，平起平坐，直呼名字即可；结果遭到刘文静等大臣们的反对，他认为这样会乱了君臣纲常。沈括在《梦溪笔谈》中，记载宋朝皇帝常常请大臣们进宫，参加皇室御宴，与普通人家的家宴并无不同。宋仁宗时代的一次朝会中，寇准对皇帝出言不逊，皇帝气得拂袖而去；寇准竟然冲过去，抓住皇帝的袍子将他拽了回来，直到朝会结束。仁宗亦无可奈何。

《宋史·唐介传》记载，御史唐介弹劾宰相文彦博，指责仁宗用人不当，说文彦博乃“因贵妃而执政”。仁宗很生气，要罢唐介的官，唐介回道：“臣忠愤所激，鼎镬不避，何辞于谪？”后来唐介虽遭贬，但却得到举国赞誉。仁宗怕唐介想不开，专门派出宦官，一路陪伴他到英州就职，不久又提拔到知谏院。[①]

在今天人们印象中，那种动辄跪倒磕头的屈辱场面，始自蒙古征服的元朝。从这一点上说，中国的古典文明时代从崖山之后彻底结束。

文天祥被俘到元大都，元帝国丞相博罗召见，文天祥长揖，翻译命他

---

① 《宋史·唐介传》原文：“……帝怒，却其奏不视，且言将远窜。介徐读毕，曰：‘臣忠愤所激，鼎镬不避，何辞于谪？’帝急召执政示之曰：‘介论事是其职。至谓彦博由妃嫔致宰相，此何言也？进用冢司，岂应得预？’……贬春州别驾，王举正以为太重，帝旋悟，明日取其疏入，改置英州，……又虑介或道死，有杀直臣名，命中使护之。”可参阅：晏建怀《御史唐介的底气》。《天下阅读》（第六辑），刘霁主编，吉林出版集团，2014。

跪下，文天祥说："南之揖，即北之跪；吾南人，行南礼毕，可赘跪乎？"拒不下跪。《元史》载，臣下向皇帝表奏时，需要"跪读表，读毕，俯伏，兴，复位"。这一跪拜制度强化了君尊臣卑，后为明王朝所承习，"凡百官奏事，皆跪；有旨令起，即起"。流风所至，官吏不仅要跪拜皇帝，下级官吏对上级官吏也必须跪拜。

明朝结束异族统治，朱元璋为了恢复中华传统，大兴官学，特别规定为师者在府学见上官，可以拜而不跪。只是后来官风日坏，士人为五斗米折腰，斯文扫地。海瑞初入官场，朝廷任命他南平教谕（学官）。御史到学府视察，作为下属的学府官吏都跪地拜见，唯独海瑞只作长揖，御史疑惑，海瑞解释说："如果去御史府拜见，作为下属应该行跪拜礼，这里是学堂，师长教学生读书的地方，不应该下跪。"[①]作为官场的另类，海瑞因此事留下"海笔架"的典故，左右皆跪伏而他独立，如同笔架一般。

明清时期，虽然有师道尊严，但侍读的大学士给皇上或太子讲课时，仍然必须下跪，根本没有站的资格。纪晓岚就曾因在陪太子读书时未下跪，而遭到了乾隆皇帝的训斥。

明朝继承了许多蒙元的陋习，比如臣子上朝时站立，奏事时跪下。《大明会典》记载："凡百官奏事皆跪，有旨令起即起。"在跪的基础上，明朝还继承了蒙元帝国野蛮而极具羞辱性的笞杖，而且这一惩罚并不对士人豁免。"笞杖最易激起的是人的耻辱感，古代刑法专家早就指出，使受刑者感到耻辱，正是笞杖惩罚的内容之一。他们似乎没有考虑过，耻辱感原本是人类最需呵护的宝贵品格。然而，在当时政治家看来，笞杖是小人之刑，对于贱民，用不着谈什么尊严。"[②]按照孟德斯鸠的说法，如果一个国家，刑罚并不能使人产生羞耻之心的话，那就是由于暴政的结果——暴政常常对于恶棍和正直之士使用相同的刑罚。可以想象，如果唐介在明朝做御史，他倒不一定会死于鼎镬，但多半会被死于廷杖。正德十四年（1519年），"谏南游"的168名大臣遭到廷杖的刑罚，其中15人被活活打死；嘉靖四年（1525

---

① 见《明史·海瑞传》。原文如下：御史诣学宫，属吏咸伏谒，瑞独长揖，曰："台谒当以属礼，此堂，师长教士地，不当屈。"

② 主客《臀部的尊严：中国笞杖刑罚亚文化》，花城出版社，2002。

年），因为“争大礼”，又廷杖 134 人，杖毙 17 人。[1]

明朝尚不乏逆龙鳞的直臣，而到了清朝，满朝大臣，就已经尽是唯唯诺诺的奴才了，“主上之遇大臣，如遇犬马，彼将犬马自为也”[2]。清袭明制，在跪礼上更加变本加厉，变五拜三叩为三跪九叩的拜天之礼，甚至朝贡之国觐见之时也要如此。清代皇帝与大臣议政，臣必须下跪。大臣上奏也必须“跪，口奏某事几件”。御门听政，众臣跪在硬地上，“动辄逾刻”，甚至一跪就是半天。明代君臣议事，还只是奏事者下跪，其他人站着；满清皇帝召对，则所有大臣都得跪倒在皇帝脚下，“朝见长跪，夕见长跪”[3]。

唐宋时皇帝坐着，大臣站着，身体不好的，往往会站得头晕眼花；到了清代，大臣就不乏跪死的。清人昭梿的《啸亭杂录》记载，乾隆十三年（1748 年），年过七旬的协办大学士刘于义，因为奏事，在养心殿跪了很久，起身站立时，踩住了自己衣袂，一下子仆倒，头撞在乾隆的御座上暴卒。这样官高位重的的一品大员，竟然因为下跪而死在皇帝面前。这让 30 多岁的乾隆无比感动，下诰敕五道，谕祭、谕葬，并赐刘于义谥号“文恪”，大有号召全国学习其“跪得伟大，死得光荣”之意。曾亲眼目睹刘于义最后“壮烈”的总管内务府大臣傅恒赞曰：“刘相公今死得其所矣！”

晚清时代的“帝王师”翁同龢，每日在家里练习三跪六拜九叩头，几乎把跪拜当成了广播体操。恩科状元张謇刚做翰林时，和全体京官迎接慈禧太后，在路边跪了半日，偏赶上风雨交加，个个都变成了泥母猪。张謇一气之下挂冠而去，回家创业，成为中国早期著名的实业家。另一个翰林蔡元培干脆投奔了革命党。在蔡元培看来，尊严要比生命更珍贵，何况面包和富贵。

元、明、清三代，知识分子作为一个民族的精神支柱几乎被彻底打垮。明清时期，以椅子为代表的中式家具达到巅峰；讽刺的是，正因为椅子的普及，跪这种身体语言也被发扬到极致。在没有家具时代，人们可以坐着；如今，坐却成为一种特权，跪成为常态。庙堂之上，只有权力最高的皇帝

---

① 李国文《中国文人的非正常死亡》，人民文学出版社，2002。

② 《龚自珍全集》，上海古籍出版社，1999。

③ 同上。

可以坐，因此便有了“坐天下”之说。据说乾隆皇帝读史书，看到“三老五更”之礼，想试一试，马上遭到大臣张廷玉的反对——皇帝向臣子行跪拜礼，做臣子奴才的哪里受用得起……

> 椅子时代以前的皇帝，臣子跪拜，自己跪坐，因为自己双膝着地，也就意味着自己并没有比臣子高出多少，因而就能压抑住自己内心的自尊与傲慢；而在椅子时代，皇帝整天面对着一群对他行自我贬损的跪拜礼的臣子，自己则垂足而坐，像个大爷似的。这巨大的不平等，使皇帝的自尊心得到巨大满足的同时，也越发地傲慢起来，自我意识中反复提醒自己：天下唯我独尊，我比臣子们高出不止一等，而是千万等。天长日久，皇帝们就会越来越自大，越来越狂妄、越来越傲慢，自尊心也就会越来越膨胀，在受用臣子们的卑贱的同时，为了满足更加膨胀的自尊心和傲慢，皇帝就会加强这种礼仪的卑贱性。[①]

明清家具之所以达到登峰造极的程度，并不完全是一种生活的需要，而是极大的心理慰藉。以坐具为主的明清家具，几乎成为一种宗教圣物。对当时的中国人来说，坐成为一种奢侈品，坐是一种极为高贵的人生姿态。罗素曾说，自从人类发明了奴隶制，有权势的人就以为，他们的幸福可以通过给他人造成痛苦来获得。[②]人们对坐的敬畏和崇拜，最后转化为对椅子的崇拜，这种恋物癖导致了极为诡异的明清官帽椅文化和太师椅文化。换言之，一个跪着的人群对坐的羡慕，最终转化为对椅子的崇拜。

马戛尔尼的灾难

从某种意义上来说，西方的崛起，与其说是物质财富的崛起，不如说是精神财富的崛起。从文艺复兴、启蒙运动到民主革命，他们将人类政治文明带到了一个前所未有的高度。

---

① 澹台卓尔《椅子“改变”中国》，中国国际广播出版社，2009。

② 伯特兰·罗素《权威与个人》，储智勇译，商务印书馆，2012。

马戛尔尼使团拜见乾隆皇帝。

1793年，刚刚进入工业革命的英国，第一次向中国派出外交使节，试图让东西两大“世界帝国”联手，创建一个WTO式的世界贸易体系。中国最完美的皇帝乾隆对此非常重视，指派和珅专事接洽，结果双方为了下跪问题僵持不下。中方一定要英使马戛尔尼行三跪九叩大礼，英国人认为三跪九叩表示英国臣服于中国，因此断然拒绝。

公元前481年，斯巴达人司佩尔提亚斯和布里斯面见波斯王薛西斯。他们此行是为了给11年前被其斯巴达同胞抛下山谷自寻“水和土”的波斯使节偿命。虽然命运未卜，但当卫兵要求他们匍匐下跪时，他们毅然拒绝了。①

在西方文化中，并没有这种对世俗权力下跪的文化。“希伯来、希腊文明传统下西方文化中的膝盖，一直警惕世俗的恐吓与侵蚀，只谨慎但虔诚地跪拜于其神圣的上帝或三位一体的耶稣面前，通常只跪彼岸不跪此岸。如司佩尔提亚斯和布里斯所言，他们没有给凡人跪拜的习惯。希腊人、罗

① 在奔赴薛西斯营帐的途中，一位亚细亚沿海居民的统帅叙达尔涅斯劝司佩尔提亚斯和布里斯鼓动斯巴达向波斯投降，他得到了这样的回答：“如果你尝过自由的味道，那你就会劝我们不单是用枪，还要用斧头来为自由而战。”

马人跪拜的是超越尘俗之上以宙斯（朱庇特）为首的奥林匹斯山上诸神，不跪国王，不跪执政官。这些传统都导致了他们信仰眷顾的人格自守、人格平等的自由精神。”[①]在路易十四的宫廷里，每人按自己的身份就座：国王坐扶手椅，王储坐靠背椅，王族坐加高的凳子，大公和重臣坐普通凳子，公爵坐折叠凳，朝臣们坐方垫子。

为了不辱使命，马戛尔尼一度表示，愿意向中国皇帝叩头，但是要求中国官员也要对英王乔治三世的画像叩头，以表示平等。这同样遭到中国的拒绝。最后乾隆选择了非正式的接见方式。马戛尔尼在觐见时，行的是单膝下跪的英国骑士礼——中国传统上称为“雅拜”。因为下跪问题，双方不欢而散。从1656年到1795年的140年里，俄国、荷兰、葡萄牙、罗马教皇和其他一些欧洲国家派遣使节觐见清朝皇帝达17次之多，马戛尔尼出使可能是唯一没有行三跪九叩礼的一次。乾隆皇帝的不满是不言而喻的了。远涉重洋浩浩荡荡的英国使团，除了花费掉东印度公司的8万英镑之外，几乎什么也没有得到。乾隆在给乔治三世的信中说：“天朝物产丰盈，无所不有，原不藉外夷货物以通有无。”

二十多年后，英国又一次派出外交使团来访，仍然希望与清朝建立国际贸易关系。嘉庆专门颁发圣旨道：“尔使臣行礼，悉跪叩如仪。”但英国人还是像上一次一样拒绝下跪。在正式会见前夕，负责外事接待的国公和世泰，竟然采取中国惯用的强制手段，在圆明园硬是摁着英使下跪叩头。这个无耻无畏的“丑闻”使这次中英会谈彻底失败。作为这两次失败和屈辱的外交使团成员，斯通爵士在后来英国议会决定是否与中国开战时，毫不犹豫地投了赞成票。他说：“中国听不懂自由贸易的语言，只听得懂炮舰的语言。”

刘再复说：“世界让他跪着的时候，他却要站起来，这就是人；世界让他站着的时候，他却要跪下去，这就是奴才。”从前是大清要英国下跪，英国不跪，后来大清却给英国跪下了。英国满怀希望两次跑来敲门，但大清始终拒绝开门，然后英国就把门给踹开了，甚至是把门也踹掉了。这场

① 萧瀚《历史中的膝盖》，《财经国家周刊》，2010年7月19日。

为了建立贸易合作关系的通商战争被中国称为“鸦片战争”。但实际上战后签订的《南京条约》所规定的条款，几乎都是当年马戛尔尼谈判时提出双方平等共享的商业利益，对鸦片只字未提。

1860年，又是圆明园，英国使节巴夏利被孔武有力的僧格林沁摁着下跪，最后引发了火烧圆明园的报复性行为。罗素曾经就此事评论道：“当我们不把磕头当作一件可笑的事情时，我们才能真正了解中国。”从那一段历史来说，中国的一切，最后都凝聚到一对折断的膝盖下。跪或者被跪，被权力绑架的人们似乎不知道什么是平等。这场因下跪而引发的灾难以《天津条约》而结束，行免冠鞠躬礼的“国际惯例”被写入条约。同治十二年（1873年），同治皇帝举行亲政大礼，俄、英、法、德、美等国驻华公使联名发出照会，要求以“国际惯例”参见觐见。这让天朝又恨又怕，恨其“破坏祖制”，怕其再度开战。最后御史吴可读以“阿Q胜利法”帮助天朝完成了历史的考验——

> 洋人无异于禽兽，使其行三跪九叩之礼，有如强禽兽而行五伦之礼。能使其行，不为朝廷之荣；不能使其行，亦不为朝廷之辱。各大臣以为不能使各国使臣从中国之礼，为中国之羞；臣窃以为，使各国使臣行中国之礼，反为中国之羞。①

这次觐见之后，官方的《京报》报道说，英国公使虽然没有下跪，但在中国儿童皇帝的“天威”面前，“五体战栗”、“双手颤抖”、“双足不能移动”、“汗流浃背”云云。恭亲王教训这些洋人“禽兽”说：“吾曾语尔等谒见皇帝，非可以儿童戏视，尔等不信，今果如何？吾中国人，岂如尔外国人之轻若鸡羽者耶！”②

在此前相当一段时期内，很多中国官员甚至认定，洋人的膝盖不能打弯。林则徐在给皇上的奏折中说，“夷兵除枪炮之外，击刺步伐俱非所娴，

① 萧功秦《儒家文化的困境：近代士大夫与中西文化碰撞》，广西师范大学出版社，2006。

② 陈恭禄《中国近代史》，商务印书馆，1936。

而腿足裹缠，结束严密，屈伸皆所不便，若至岸上更无能为，是其强非不可制也”；他们只长于海战，但膝盖极其脆弱，“一仆不能复起”，白来送死。讽刺的是，无论在历史上还是在国际上，中国与瓷器从来都是同一个词：China。

在著名的童话《绿野仙踪》中，有一个“脆弱的瓷器（China）城”，这里所有的东西都是瓷器：瓷地面、瓷房子、瓷牛、瓷马、瓷猪，连人也是瓷的。多萝西和她的朋友稻草人、狮子、铁樵夫来到这里，惊恐的瓷牛踢翻了瓷桶，撞倒了瓷女孩，打烂了瓷宫殿……多萝西同情地说：“它们实在是太脆弱了。”

中国历史常常将稳固的统治称为“铁桶江山”，既不怕内部折腾，也不怕外部打击；但实际上，中国从来都是一只瓷器。从材料学的角度来说，瓷器的硬度不比钢铁差，只是分子间的结合很弱，也就是通常所说的“脆”。对这种“瓷器”，无论是来自内部的击打，还是来自外部的震荡，都容易造成破碎，且一碎就是粉碎。孙中山说中国人从来都是一盘散沙，因为散沙无论如何是无法挑战瓷器的。尽管瓷器很脆弱，但对散沙而言也强大无比。这种畸形的稳定并非因为“杯具”的坚固，只是因为散沙的无力。

一个世纪之前，梁启超批判腐朽的清朝：“今日之中国，报馆有禁，出版有禁，立会演说又有禁，倡公理则目为邪说，开民智则诬为惑人。坐是种种，而中国国民之种子绝，即中国人求为国民之心死。故父以戒子，师以率徒，兄以诏弟，夫妇朋友之相期望，莫不曰安分、曰韬晦、曰柔顺、曰服从、曰做官、曰发财。”回看历史，不能不感叹百年如一梦。

跪的隐喻

哲学家们认为，一个人有两个生命，一个是肉体的生命，一个是精神的生命。肉体是兽性的，精神是神性的，而人就是半兽半神的自然杰作。只有这两个生命都健康，一个人才会享受健康的人生。对一个健康的人来说，他不仅懂得捍卫自己的肉体生命，更懂得捍卫自己的精神生命，甚至有时为了后者而放弃前者，这就是“舍生取义”。对精神的神圣捍卫，体现了人脱离动物层面的伟大意义。一个失去精神生命的人，只不过是一只行尸走肉的动物而已，他已经失去了人的内涵。孙隆基在《中国文化的深层结构》中认为，中国人几乎没有超越肉体阶段，从而获得精神生命。对“苟活”的人来说，精神生命从来都是可望不可即的奢侈品，仅靠肉体生命，他仍然可以活得无比滋润得意。

人类社会的历史，是一部反抗不平等的历史，正如法国大革命时期那句响亮的口号:“巨人之所以显得巨大，是因为我们跪在地下，站起来吧！”当年武训为了办学，行乞下跪，成为中华圣人。下跪本身不是野蛮，或许还是一种文明。但如果作为现代文明，至少下跪的最终诉求应当是一种尊严和平等。

“人类是需要治理的，但在无政府状态存在的地方，人们开始只愿意服从专制主义”；对愚昧时期的人类社会来说，“平等合作远比专制难以实行，远不及专制符合人的本能”。[①]哪里有专制，哪里就有愚昧；同样，哪里有愚昧，哪里就有专制。如果说人性是恶的，那么权力就是恶的平方；用马克思的话说，“专制制度具有兽性，和人性是不相容的。”托克维尔说：“没有自由的民主社会可能变得富裕、文雅、华丽，甚至辉煌”，但在专制社会中“绝对见不到伟大的公民，尤其是伟大的人民的”。

权力统治只能依靠把人愚化、劣化和侏儒化来维系，只有把所有人变成精神白痴和智力脑残，只有打断所有人的精神脊梁和骨气、摧毁所有人的自尊和勇气，只有把社会环境败坏成高尚者的地狱、卑劣小人的乐园，它才是安全的。这就是朱学勤所说的“有罪恶，却无罪感意识；有悲剧，却没有悲剧意识”；就这样，“人”被消灭了，正义也就被消灭了。

清代的女真统治者以剃发和下跪，打断了中国人的脊梁；反过来，剃发和下跪也成为一种传统的羞辱性惩罚行为。文革时期，剃头之风席卷中国，无数“四类分子”被剃为光头，连女人也不例外，有的甚至被剃成为阴阳头；而下跪则演变成为一种集体狂欢，革命小将们还发明了“坐飞机”等各种跪法。

---

① 罗素《权力论：新社会分析》，商务印书馆，1991。

在一个侏儒的国度里，一个正常人要么下跪，要么就必须锯掉双腿。经历过那个疯狂时代的王小波，用他的黑色幽默解构了中国式的下跪，甚至从中发现了 SM 的隐喻：

> 洋鬼子见到中国人给人磕头，心里兴奋得难以自制：真没法想像有这么性感的姿势——双膝下跪！以头抢地！！口中还说着一些驯服的话语！！！他以为受跪拜者的心里一定欲仙欲死。听说臣子见皇帝要行三磕九叩之礼，他马上做起了皇帝梦：每天做那么快乐的性游戏，死了都值！总而言之，当时中国的政治制度在他看来，都是妙不可言的性游戏和性仪式，只可惜他是个洋鬼子，只能看，不能玩……[①]

“一切服从的现象，根源都在于恐惧，不论我们所服从的领袖是人还是神。”[②]在某种意义上说，权力社会是一个弱肉强食的动物世界。在无坚不摧的权力面前，人的一切尊严都被席卷一空；人变成了一种没有尊严、没有人格、没有灵魂的行尸走肉。下跪将人类的最后一块遮羞布撕去，留下一个貌似人的低等动物。如果说强者对弱者的容忍是一种美德，那么弱者对强者的容忍只是一种苟且。一般而言，权力社会要经历三个不同的阶段：先是令人心醉神迷的乌托邦般的天堂理想，从而诱发狂热；而狂热则导致大规模的恐怖和人间地狱；最后狂热与恐怖被耗尽，变成玩世不恭、麻木不仁的犬儒主义。

吉卜赛人有一句著名的谚语：“在我死后，请将我站立着掩埋，因为我跪着活完了一生。”对有些人来说，虽然身体已经直立起来了，但是在精神上仍然没有进化到直立行走。一双双跪倒的膝盖，正映照了当下社会的残酷与冷漠，折断的膝盖并不能换取一丝同情和悲悯。

如果探究一下家具的历史，就会发现，人类在大多数时间都是极其贫穷的。欧洲工业革命时期，无数失地农民涌进城市，他们像动物一样，在地上铺上干草，就可以睡觉，而很多人甚至连干草都没有。锯子在欧洲出

---

① 王小波《洋鬼子与辜鸿铭》，《王小波全集》，云南人民出版社，2006。

② 罗素《权力论：新社会分析》，商务印书馆，1991。

现得特别晚，直到中世纪晚期，贵族们才可以得到平整的木板，用来做珍贵的家具。在煤炭和石油发现之前，衣、食、住、行等等，全部依赖阳光下土地的生长，再加上燃料问题，更使木材在全世界都极度短缺，因此家具从来都是奢侈品。

随着家具在近代的普及，中国人逐渐失去了蹲的传统，与西方人一样学会了坐，甚至连出恭也可以坐着处理，因为有了抽水马桶。恰恰是在这个家具普及的时候，中国开始出现跪的回潮，“下跪事件”层出不穷。这让人想起，明清的椅子文化繁荣之下，中国的流氓和精英们同样将下跪文化发扬到极致。法国社会心理学家勒庞指出：“一个民族并没有真正改变其各种制度的能力。毫无疑问，以暴力革命为代价，它可以改变其名称，但是其本质依然如故。……决定各民族命运的是它们的性格，而不是它们的政府。”他还说，“在群体的灵魂中占上风的，并不是对自由的要求，而是当奴才的欲望。他们是如此倾向于服从，因此不管谁自称是他们的主子，他们都会本能地表示臣服。”①

1935 年 12 月，上海学生为声援北京的“一二·九运动”，而跪在市府前请愿，此事令鲁迅十分痛心。在 12 月 21 日致台静农的信中，鲁迅说：“上海学生，则长跪于府前，此真教育之效，可羞甚于陨亡。”鲁迅认为大学生的“长跪于府前”，比国土陨亡还令人羞耻。然而历史总是一遍遍地重演。

在此之前的“三·一八惨案”中，“执政段祺瑞在知道政府卫队打死徒手请愿的学生之后，随即赶到现场，面对死者长跪不起，之后又处罚了凶手，并从此终生食素，以示忏悔。”周作人先生说：“当灾难来临时，只有跪下来顺服的，没有站起来抗争的；当一个灾难过去后，只有站起来控诉的，没有跪下来忏悔的。这大概也是我们民族的一个特点吧。”从这一点来说，段祺瑞是可贵的。因为无知，所以恐惧；因为懂得，所以悲悯。

---

① 古斯塔夫·勒庞《乌合之众：大众心理研究》，冯克利译，广西师范大学出版社，2007。

史話

经国济民

食货天下

微盐大义

在古代汉字中，“鹽”（盐）字由“臣”、“人”、“卤”、“皿”四个部分组成。“臣”代表官吏，“人”指工人，“卤”指卤水，“皿”就是煮盐的器皿。作为象形字，“盐”字本身形象地表现了中国古代皇权对盐的垄断。

生物学家认为，人类作为动物，无疑是从海洋动物进化而来的，而吃盐是人和动物从海洋中带出来的一种习惯。在早期的狩猎采集时代，人类可以通过动物蛋白直接获取身体所需的盐分。从茹毛饮血开始，直到火的发现，人类开始进入熟食阶段，而盐作为一种调味品进入人类的生活，实际是农耕时代的事情。农业使人们的饮食结构发生变化，肉食大大减少，植物性食物因为缺乏盐分，因此人们需要以食盐来补充。

世界盐业，莫先于中国。中国盐业，发源最古。在昔神农时代，夙沙初作，煮海为盐，号称盐宗，此海盐所由此。煎盐之法，尽始于此。[①]

在中国历史上，山西运城的河东盐池最为古老，有长达4000多年的开采史。河东盐池在中国盐业生产中一直占有其重要的地位，辉煌时代，

---

① 左树珍《中国盐政史》。

《解州盐池图》

仅此一地的盐税，就占到全国财政收入的 1/8。钱穆先生在《中国文化史导论》中这样说 :“解县附近有著名的解县盐池，成为古代中国中原各部落共同争夺的一个目标。因此，占到盐池的，便表示他有各部落共同领袖之资格。”为了争夺河东盐池，黄帝分别与蚩尤和炎帝进行了两场战争，即历史上著名的涿鹿之战和阪泉之战。这两场战争的胜利，使黄帝牢牢控制了河东盐池，控制了中原地区的食盐命脉，最终成为各部落的首领，乃至获得“中华始祖”的崇高地位。[1]

根据一些历史记载，直至中国夏朝，盐还是一种仅限于贵族享受的奢侈品。但到了商代，盐已经为人们所熟悉，人们意识到盐的重要性，“以咸养脉”。周之后，盐已经成为人们生活的必需品，“无盐则肿”。食盐作为烹饪的核心原料，《汉书》则称之为“食者之将”。从某种意义上来说，盐是支撑生命的基本物质，任何人都不可或缺。六朝时期曾经有一种风俗，就是居丧期间，不仅不能吃肉沾荤腥，甚至不能吃盐。古籍中记载，许多

① 肖明《盐湖：催生中华文明，创造壮美风景》。《国家地理杂志》，2011 年第 3 期。

严格恪守孝道礼节的士人守孝三年，“不啖盐酢”，“不进盐菜”，结果导致“坐卧于单荐，因虚肿不能起”，甚至有人毁瘠成疾，“未期年而卒”。

在传统农业社会，虽然大部分生产和生活资料都能自给自足，但盐却必须从外界获得；不像粮食，只要有土地和水，就能生产。盐的自然储量大，开采、贮存和运输都很容易，理论上成本极其低廉，而且虽然每个人都需要，但也需求量极其有限。对人来说，食盐固然不可或缺，但从技术上或经济上来说，食盐本身并无太大价值，可怕的是垄断。任何东西一旦被垄断，社会就会出现不可避免的疼痛感。为了缓解这种疼痛感，人们愿意付出的代价，就会远远超出它本身的价值。

事实上，在2000多年的中国历史中，食盐对个人是重要的，但对帝国更加重要。换言之，帝国财政就建立在每个人的舌尖之上。

官山海

夏商周三代之时，中国还没有完全进入国家阶段。周以降，盐作为一种重要的特殊商品，引发一系列政治变革；依靠民众供养的贵族，迅速发现了这一财政蓝海，周天子开始设立盐官。

春秋战国作为中国的黄金时代，政治、经济、文化都走向早熟。随着盐的普及，盐的来源日益广泛，以崤山（潼关）为界，东面以海盐为主，西面以岩盐和池盐为主，南方则多为土盐。四川自贡以井盐而闻名，江南甚至以盐城命名。在列国竞争的背景下，产盐的地区和国家依靠这项自然资源，大发横财。与此同时，一些商人也依靠盐而平地暴富，如猗顿就依靠贩卖河东池盐，成为春秋时期第一代富可敌国的大盐商。猗顿还被后人奉为盐商始祖。范蠡弃官下海后，同样以盐起家，“与王者埒富”。“舜发于畎亩之中，傅说举于版筑之中，胶鬲举于鱼盐之中，管夷吾举于士，孙叔敖举于海，百里奚举于市。”[①]这些历史人物其实都与盐有关。

到了春秋中期，法家崛起，提出“利出一孔”思想的管仲，率先在齐

---

① 《孟子·告子下》。

国对食盐实行官方专营，开创了中国历史上长达2000多年的食盐财政之先河。“量其重，计其赢，民得其七，君得其三”。夺私有为官有，变税收为垄断，官府的垄断权力，从政治延伸到经济领域，财政汲取能力大大增强，巨额财政利益达到了富国、弱民、抑商的多重效果。宋末史学家马端临说：

> 管夷吾相齐，负山海之利，始有盐铁之征。观其论盐则虽少男少女所食，论铁则虽一鍼一刀所用，皆欲计之，苛碎甚矣！……其意不过欲巧为之法，阴夺民利而尽之矣。(《文献通考》)

作为法家的代表人物，管仲以他的政治实践，奠定了一种“东方式”的统治模式。“民可使由之，不可使知之。”他认为，牧民之术也就是愚民之术，管仲反对明目张胆地对民众收税。常言说，拿人手短，吃人嘴短。收了民众的税，民众自然要提出权利要求。最好的办法是虽然收了税，但民众却不知道自己被收了税。

管仲的思路体现了一种传统的经济思想。他在《管子·海王篇》中说，国家征房屋税，人们会毁掉房屋；征树木税，人们会砍掉树木；征六畜税，人们会杀掉牲畜；征人口税，人们会拒绝生育。只有国家垄断食盐，人民才无法逃避。因此，盐就成为最理想的税收工具。人人都离不开盐，这就决定了谁也逃不了税收。

管仲专门为齐桓公算了一笔账：十口人十人吃盐，百口人百人吃盐。一个成年男子一月吃盐五升半，女人三升半，小孩二升半。一釜盐是一百升，每升盐价提高半钱，一釜可收入五十钱；每升加一钱，一釜可收入百钱。每升加二钱，一釜可收入二百钱。十釜为一钟。按一千钟算，就是二百万钱。一个万乘的大国有几千万人口，如果每天收入二百万，十日就是二千万，一月可得六千万钱。相比之下，一个万乘的大国，可征税的人口不过一百万人，每人每月征税三十钱，总共也不过三千万。你看，我们不用向大人小孩直接征税，就有了两倍的税收。但如果公开说：我就要对全国大人小孩直接征税了，那就一定会民怨鼎沸。现在采取食盐财政之策，哪怕获得百倍的税利，也没有人逃得过。[①]

管仲食盐官营的“官山海”计划出笼后，齐国的盐价飞涨至它国数十倍。在盐专卖制度下，盐的生产、销售和定价都由官府组织执行，导致其商品属性退化。盐再贵，人还是要吃盐，民众的财富通过盐这个媒介，迅速流进齐桓公的金库。司马迁在《史记》中评价道：“齐桓公用管仲之谋，通轻重之权，徼山海之业，以朝诸侯，用区区之齐显成霸名。”

盐铁论

从齐国始，食盐成为国家统治的根本，秦时盐利更是二十倍于古。一个偌大帝国，在接下来的长达2000多年的时间里，竟然依靠普罗大众每日必需的小小调味品来支撑，这不能不说是人类历史上的奇迹。正如司马光在《资治通鉴》中所说：

> 天下之赋，盐利居半，宫闱、服饰、军饷、百官俸禄皆仰给焉。

汉武帝时，由于连年对外征服战争，国库空虚，武帝用大铁商孔汉和大盐商东郭咸阳为大农丞。这二人深知盐铁之道，给汉武帝上疏道：“山海天地之藏，宜属少府，陛下不私，以属大农佐赋。”汉元狩三年（公元前120年），汉武帝正式实行盐铁专卖政策，“笼天下盐铁”，由政府募民煎盐，食盐官收、官运、官销。在27个郡共设盐官36处，主要分布在沿海、西北和西南产盐区。凡是杯葛盐铁国策者都受到打压，御史大夫卜式被贬逐，而颜异竟以“腹诽”被诛。

---

① 见于《管子·海王》。节选如下：桓公曰：“何谓官山海？”管子对曰：“海王之国，谨正盐策。”桓公曰：“何谓正盐策？”管子对曰：“十口之家十人食盐，百口之家百人食盐。终月，大男食盐五升少半，大女食盐三升少半，吾子食盐二升少半，此其大历也。盐百升而釜。令盐之重升加分强，釜五十也；升加一强，釜百也；升加二强，釜二百也。钟二千，十钟二万，百钟二十万，千钟二百万。万乘之国，人数开口千万也，禺策之，商日二百万，十日二千万，一月六千万。万乘之国，正九百万也。月人三十钱之籍，为钱三千万。今吾非籍之诸君吾子，而有二国之籍者六千万。使君施令曰：吾将籍于诸君吾子，则必嚣号。今夫给之盐策，则百倍归于上，人无以避此者，数也。”

商人出身的桑弘羊，在汉帝国历任大司农中丞、大司农、御史大夫等重要职务，掌管天下财政大权 40 余年，成为后来盐铁国策的主要策划者。他在盐铁专营的基础上，还对商人实行苛刻的均输法和算缗政策；有人评论："汉初商人不得为吏，而商业反兴；武帝时，商贾得仕宦，以至于大农，而商业反衰。"①

始元六年（公元前 81 年）二月，在汉昭帝的主持下，从全国各地赶来的 60 多位民间知识分子，与御史大夫桑弘羊就盐铁官营展开辩论，这就是著名的盐铁会议。贤良文学批判说：盐铁官营是"与民争利"，"昔文帝之时，无盐铁之利而民富，今有之而民困乏，未见利之所利也，而见其害也。且利不从天来，不从地出，一取之民间，谓之百倍，此计之失者也。"士大夫则讥讽说："宇宙之内，燕雀不知天地之高，坎井之蛙不知江海之大，穷夫鄙妇不知国家之虑，负荷之商不知猗顿之富。"

这次盐铁会议，其实是法家与儒家的辩论，结果是鸡同鸭讲，没有达成任何结果；唯一的收获，或是作为会议记录的《盐铁论》。"外不障海泽，以便民用；内不禁刀币，以通民施"，儒士们所提出这种自由经济主张，与司马迁在《史记·货殖列传》中体现的商业思想一样，完全吻合 1800 多年后亚当·斯密的自由市场和小政府理论。

从齐桓公到汉武帝，官府对盐铁的垄断，不仅是为了掩盖经济上对人民的野蛮掠夺。《管子》说："民，予则喜，夺则怒。民情皆然。先王知其然，故见予之形，不见夺之理，故民爱可洽于上也。"桑弘羊说：商鞅相秦，外设百倍之利而民不见赋税之增，"利用不竭而民不知，地尽西河而民不苦"。官营经济以超额的垄断价格，代替利税的征收，国家源源不断地攫取暴利，而民众却不知觉。垄断造成的高价掠夺，使民众苦苦挣扎，因此还可抑制民间力量的成长，"今意总一盐铁，非独为利入也，将以建本抑末，离朋党，禁淫侈，绝并兼之路也。"

由于盐铁是朝廷的主要产业部门，其盐课收入在朝廷财政收入中，居于举足轻重的地位，为防止灶户私煎盐货与朝廷争利，于是实行极为严密

① 张耀南等《官场文化》，中国经济出版社，1995，第 20 页。

的官给灶具政策。官给灶具，始于汉代的“官给牢盆”，由此成为后世皇权统制盐铁业的基本制度。[①]

三国时期，魏、蜀、吴在政治军事和经济上斗争不断，食盐几乎被视为国家的生命线，“夫盐，国之大宝也。”两晋以后，盐业专卖制度进一步加强，《晋令》载：“凡民不得私煮盐，犯者四岁刑期，主吏二岁刑。”

唐朝的盐利收入达到了“中央实际总收入的二分之一，或至少达到五分之二”。为了筹措军费，镇压安史之乱，唐朝始立“榷盐法”（榷的意思是独木桥），将盐户生产的盐全部低价收购起来，然后再高价卖给民众。“尽榷天下盐，斗加时价百钱而出之，为钱一百一十”。实行民制、官收、官运、官销的严厉盐政制度，严禁私煮私贩，违者一斤一两，皆处极刑。

榷盐法实施后，盐价惊人上涨了 36 倍，每斗达 370 钱，而官府因此可获得 120 倍的超额利润。唐代刘晏任盐铁使之初，盐课岁入 40 万贯；大历年间，天下财政收入为 1200 万贯，而盐利占其大半，盐税是国家岁入的一半。[②]即使安史之乱平定后，榷盐法仍在继续，其他物价都在回落，只有盐价逆市日涨。韩愈批评道：“国家榷盐粜于商人，商人纳榷粜于百姓，则是天下百姓无贫富贵贱，皆已输钱于官矣，不必与国家交手付钱然后为输钱于官也。”

盐政与盐商

宋帝国曾为当时世界最富有者，盐利贡献最大。庆历年间的盐课高达 715 万余贯。南宋政府财政中，“鬻海之利居其半”。

在食盐财政之下，北宋时期出现了“盐钞”和“交子”。作为一种信用票据，盐钞就是“用钞请盐”。对南宋朝廷来说，包括军费在内的一切费用，悉取于盐钞，故时人有语“南渡立国，专仰盐钞”。“交子”由四川的 16 家盐商联合印发，一交为一缗，这成为世界上最早的纸币。宋代的盐钞制度，其实就是明代盐引制度的前身，这标志着民间商人已经全面介

① 刘森《明代盐业经济研究》，汕头大学出版社，1996。第 86 页。

② 赵启林、张银河《中国盐文化史》，大象出版社，2009。第 203 页。

入到盐业专卖中，传统的榷盐制度宣告瓦解。

元朝政府盐课最多时，为766万余锭，财政支出的十之七八，依靠盐利。元代的盐政更加苛刻和严密，“国家财赋，盐利为盛”，“国之所资，其利最广莫如盐”。史家有“元代之亡，亡于盐政紊乱”之语。

元代杨维桢的《盐商行》诗云：

人生不愿万户侯，但愿盐利淮西头。
人生不愿万金宅，但愿盐商千料舶。
大农课盐析秋毫，凡民不敢争锥刀。
盐商本是贱家子，独与王家埒富豪。
亭丁焦头烧海榷，盐商洗手筹运握。
大席一囊三百斤，漕津牛马千蹄角。
司纲改法开新河，盐商添力莫谁何。
大艘钲鼓顺流下，检制孰敢悬官铊。
吁嗟海王不爱宝，夷吾策之成伯道。
如何后世严立法，只与盐商成富媪。
鲁中绮，蜀中罗，以盐起家数不多。
只今谁补货殖传，绮罗往往甲州县。

元末盐商叛乱，张士诚、方国珍等成为割据一方的大军阀。朱元璋在其控制地区设立“盐法。置局设官以掌之。令商人贩鬻，每二十分而取其一，以资军饷”[①]。明帝国建立之后，军费一直居高不下，“国家财赋，所称盐法居半者，盖岁计所入，止四百万，半属民赋，其半则取给于盐荚”。明朝政府借鉴宋朝的盐钞，以“盐引”为控制食盐专卖。商人每给边关运送200石粮食，官方就给一张引票；凭此引票，商人就可以在两淮或河东换盐去卖，其中的差价就是商人的利润。“自中盐之法兴，虽边陲远在万里，商人图利，运粮时至，于边陲不为无补。”[②]

① 《明太祖实录》卷九。

② 《明太祖实录》卷一九七。

实际上，开中法并不仅限于边防卫所补充军粮，它开创了一种国家与民间的证券交易方式。“召商中盐”在此后逐渐被扩展到赈灾、建设等很多方面，甚至被用来支付官俸和军饷。只要军国所需，朝廷以盐利即食盐运输权为交换条件，即可吸引民间商人投入开中。为了获得军马，还在陕西实现纳马中盐制度，“上马一匹，与盐百引；中马一匹，与盐八十引，听于陕西地方鬻之。”[①]

简单的说，自刘晏创立民制、官收、官卖、商运、商销的就场专卖制以来，沿用855年，至明万历时代，被民制、商收、商运、商销的商专卖制所取代，开启此后绵延300余年官督商销、权力寻租的红顶商人时代，陕商、晋商和徽商等民间商帮因此而崛起。“自利官之设，三业之起，贵人之家，云行于途，毂击于道，攘公法，申私利，跨山泽，擅官市，非特巨海鱼盐也”。[②]明朝中叶之后，由于官商勾结，通同作弊，私盐充斥，专卖制度紊乱。

正统九年（1444年）四月壬辰，敕户部曰：

> 朝廷令人易纳马草，开中盐粮，本期资国便民。比闻各场纳草之人，多系官豪势要及该管内外官，贪图重利，令子侄家人伴当，假托军民，出名承纳。……各处所中盐粮亦系官豪势要之家占中居多，往往挟势将杂糙米上仓，该管官司畏避权势，辄与收受，以致给军，多不堪用。及至支盐，又嘱管盐官搀越关支，倍取利息，致无势客商，守支年久不能得者有之。丧赀失业，嗟怨莫伸，其弊不可胜言！[③]

明朝初期在食盐管理上实行“计口授盐”的原则，严格按照州县人口统计数字，进行食盐配给，以防止食盐供应过剩导致贬值。盐税也就是人口税，“盐口之税，每吏每口十二斤，市民六斤”[④]。为了吃盐，民众每月

---

① 《明英宗实录》卷三八。

② 《盐铁论·刺权》。

③ 明英宗睿皇帝实录卷之一百十五。

④ 顾炎武《天下郡国利病书》卷八四。

必须缴纳盐粮，“大口月二升，小口一升”。据《明太祖实录》记载，仅山西河曲、太原等县，“居民岁纳盐粮米六万五千九百余石”。后来食盐逐渐市场化，但盐粮并没有取消，而是被改为盐银。“国朝颁户口食盐于天下，而岁收其钞，曰户口钞，盖乃盐课钞也。今盐不颁已数世矣，而民岁折银钱户口钞如故，天下咸病。”[①]也就是说，食盐人户上纳户口盐银，实际上并无盐支给，这部分盐银即作为“正赋”，列入国家财政岁入。这一不合理的税收，终明一代，未予减免。

晚明时期，国库空虚，盐税之上的各种加派多不胜数。“担负明朝廷财政收入一半以上的盐业发生严重混乱，势必危及明王朝的统治基础。”[②]

清朝实行官督商办，就是国家只出售限量的许可证，而不直接买卖食盐。在完全的垄断体制下，乾隆时代食盐的购价与销价相差三、四倍，年利润率则高达 194.1%。因此，孟森先生说，“盐务之坏，坏于高宗之侈心。”据乾隆年间统计，两淮产盐在当地每斤值钱十文，加上税银七文，每斤成本值钱十七文；而运销到湖北等地，每斤可以卖到五六十文不等。

有清一代，虽然表面上说“永不加赋”，但实际上官府并没有从民众身上少收一分钱，不过这些钱都是经过盐商掠夺来的。所谓“商人捐办，不碍务本之民”，盐商成为不穿官衣的帝国税吏。正如孟森先生所言，“国取润于商资，商转嫁于民食，国取其什一，商耗其百千。”[③]

清代的盐商垄断盐引的情况远比明代严重得多。依靠对食盐的特许经营权，盐商完全有别于普通商人，他们与朝廷和官府的关系要密切得多。“盐商时邀眷顾，或召对，或赐宴，赏赉渥厚，拟于大僚，而奢侈之习，亦由此而深。”[④]一方面，扬州盐商以专利而暴富；另一方面，上至皇帝，下至盐务和地方官吏，皆以盐商为利薮，竞相分肥，这导致食盐成本越来越高，食盐越来越昂贵。晚清改良运动，一度图谋变革盐务官制，遭遇到官商既得利益者的坚决抵制，直至天朝覆亡，史称“专商积弊与清代相终始”。

---

① 倪元璐《国赋经略·盐钞》。

② 刘淼《明代盐业经济研究》，第 306 页。

③ 孟森《明清史讲义》，中华书局，1981，第 616 页。

④ 《清史稿·食货志》。

晚清时期，为了镇压南方叛乱，从咸丰三年（1853 年）实行盐税抽厘，以供充军费。盐厘其实只是“雁过拔毛”的厘金之一种，具体征收由各省自行掌握，并无统一标准，因此导致盐厘远大于盐税。与此同时，盐税也不断上调，还有各种附加税；这其实就是增加人头税。在清末的 10 余年间，盐价几乎上涨了近一倍。

1931 年 5 月 30 日，国民政府公布新《盐法》。“盐就场征税，任人民自由买卖，无论何人，不得垄断。”从春秋战国直到满清，中国用了 2000 多年的时间才走完了食盐财政的历史过程。从各个王朝正史的食货志及相关文献记载来看，盐利收入与田赋相当。就征收赋税和实施盐专卖两种做法比较而言，后者的社会成本数倍于前者，全社会为之付出高昂的福利损失代价。盐专卖制度获利的隐蔽性，充分满足了统治者搜刮民众财富与保证政权稳定性的双重目标。最能表现盐专卖制度品格的无疑是“民不知”三字；古人说，“民不知而谋其利，实与贼无异也。”帝国政府就是这样大肆窃取民众之财富。

自管仲开始盐铁官营，食盐税利一直是中国历代王朝的财政支柱。中国的制盐、采盐技术也令人惊叹。“1835 年，自贡钻探到一口新井，叫做深海井。在钻到 2700 英尺时碰到了天然气。在钻到 2970 英尺时碰到了盐水，可是钻探仍旧进行，直到 3300 英尺，成为当时世界上钻得最深的井。而 24 年后，美国人却还在为宾夕法尼亚洲泰特斯维尔 69.5 英尺的井欢呼。”[①]一个常常被人们忽略的关键是，美国人开采的是石油，而中国人开采的仍是盐。

官盐与私盐

从唐宋到明清，作为帝国命脉的食盐财政，使运河源头的扬州成为东方大都市。明清两代的国家盐运使公署就设在扬州，而当时中国最大的商业资本集团也都是麇集扬州的两淮盐商。乾隆时，两淮每年的赋税占全国

---

① 马克·科尔兰斯基《盐：品味食物中沉淀的文化，触摸历史中隐含的细节》，夏业良译，机械工业出版社，2005。

商业税收的一半，其中主要是盐税，可谓“关系国库，最为紧要”。其时，扬州垄断了最为富庶的两淮食盐市场，城内富商云集，侨居者达数万之众。“富者以千万计，百万以下者皆小商。”乾隆多次南巡扬州，也不禁感叹：“扬州盐商拥有厚资，其居室园囿无不华丽崇焕。”

> 扬州繁华以盐盛，两淮额引一千六百九万有奇，归商人十数家承办。中盐有期，销引有地，谓之纲盐。以每引三百七十觔计之，场价觔止十文，加课银三厘有奇，不过七文，而转运至汉口以上，需价五六十不等，愈远愈贵，盐色愈杂。霜雪之质，化为缁尘，乡曲贫民，有积日累旬，坚忍淡食者矣，此非正课致之，而商人积弊累之也。（《清稗类钞·度支类》）[①]

盐商在盐业垄断专营中，积累了巨额的商业资本，特别是清乾隆时代，全国人口倍增，盐商的资本总额也随着比明朝时期增加了数倍，用富可敌国来形容丝毫不为过。[②]盐业暴利带来畸形繁荣，盐商竞相炫富，“侈靡奢华，视金钱如粪土，服用之僭，池台之精，不可胜纪”，“衣服屋宇，穷极华靡，饮食器皿，备求工巧；俳优会乐，恒舞酣歌；宴会戏游，殆无虚日，金银珠玉，视为泥沙；骄奢淫佚，相习成风。各处盐商皆然，而淮扬尤甚”。[③]

清代乾隆时期的食盐财政所产生的“扬州现象”，不过是一个政治垄断下的经济怪胎。食盐的开采与贩运并非任何革命性产业模式，与欧洲同期发生的蒸汽机工业革命不可同日而语。扬州的红顶盐商作为一个显赫的政治集团和财富集团，他们已经从某种意义上把持了一个国家的经济命脉；而由他们敛聚出来的巨额两淮盐税，也成为上至皇族、下至胥吏的腐败支出来源。因此盐商与官府结为利益同盟，狼狈为奸，沆瀣一气，官府无限

---

① 《清朝野史大观》，第1238页。

② 据明人宋应星估计，万历时，扬州盐业资本约为三千万两；入清后，汪喜孙估计为七八千万两。乾隆三十七年（1772年），中央户部库存银为七千八百余万两。也就是说，扬州盐商手中积累的商业资本几与此相等。

③ 可参阅朱福炷《扬州史述》，苏州大学出版社，2001。

庇护盐商的胡作非为、哄抬盐价；反过来，盐商投桃报李，慷慨资助官府和官员一切“特殊开支”。

官府与盐商之间的另一层亲密关系，还体现在科举入仕方面。盐商子弟不仅被准许在行商省份附籍入试，还享有另立学额的优遇权；这样一来，盐商子女的中举率要远远高出常人许多。盐商也往往不惜重金资助艺术家和学者，有些盐商除过营造寺院、会馆和园林，还斥巨资修建书院和藏书楼。当然，建戏楼、养戏班更是普遍，这甚至使扬州一度成为中国的戏曲中心——

> 梨园演戏，高宗（乾隆）南巡时为最盛，而两淮盐务中尤为绝出。例蓄花、雅两部，以备演唱，雅部即昆腔，花部为京腔、秦腔、弋阳腔、梆子腔、罗罗腔、二簧调，统谓之乱弹班。（钱泳《履园丛话》）

常言说，无君子不养艺人。徽商养徽班（京剧），西商养乱弹班（秦腔），中国主要的两大代表剧种几乎都与盐商有关。

徽商在扬州，西商在四川。四川是重要的产盐地区，千年产销史促进了“川盐古道”的形成。该古道起于四川（包括今重庆）东部及南部产盐区，跨越川、鄂、湘、黔、滇各省，几乎贯穿中国中部与西南腹地，经过数千年间，逐步成为庞大的综合运输网络。古道还促进了包括自贡、凤凰在内的一系列古镇的形成。[①]

与盐商的富有相反，真正煮盐的灶户和运盐的船民则贫寒至极。乾隆三十五年（1770），仪征盐场一场大火，烧毁运盐船130多只，多达1400多船民遇难。汪中撰《哀盐船文》曰：

> ……是时盐纲皆直达，东自泰州，西极汉阳，转运半天下焉。惟仪征绾其口。列樯蔽空，束江而立，望之隐若城郭。一夕并命，郁为枯腊，烈烈厄运，可不悲邪？

---

① 谭洪安《川盐古道荆棘路：四川井盐如何外运》，《中国经营报》，2015年4月13日。

"盐是土人口下血"。[1]在帝国的食盐财政体制下，本是生活必需品的盐一直是一种奢侈品，历史上"积日累旬，坚忍淡食"之事屡见不鲜。在北方许多地区，穷人们常常从盐碱地里拾取苦涩的盐碱食用；即使这个辛酸的举动，也招致官府严厉的打击，借口竟然是食用盐碱有害健康。

那么古代的盐到底有多贵，不妨以嘉庆时期为例：当时汉口盐价是每斤四十多个钱，一年人均五斤盐，共需二百多钱；一个粮船水手的工钱是一两二钱，合一千二百钱，仅吃盐的开支占其工钱的百分之二十左右。有些时候和有些地区盐价奇高，吃盐的开支甚至会占到收入的小一半。如果考虑到养家糊口，盐价之高，几乎足以使底层民众破产，"农民粜终岁之粮，不足食盐之价"。在高不可攀的盐价面前，穷人只好少吃盐，甚至不吃盐，或者买私盐。

与官盐相比，私盐的价格就低多了。

官盐贵则私盐盛。南宋时期，福建路便遭遇这种局面。当时不仅官盐价高，而且官盐中还掺入大量灰土，使人民不堪食用。这使建州、南剑、临汀、邵武等四州民众，成群结伙地到广东的循州、梅州、潮州一带贩运私盐。由于路近、价廉，又不掺杂，私盐几乎将官盐赶出市场。官府因此四处巡查缉捕，最终导致暴力对抗，发生了大规模的"范汝为起义"。后来不得不调来韩世忠大军，围攻建州，造成数万人死亡。

在中国历史中，私盐如同现代毒品一样，一直遭到官府的严厉打击，不仅生产、运输、贩卖私盐有罪，连吃私盐也同样犯罪。但实际上，巨大的暴利使私盐屡禁不绝，而且往往倍于官盐，就连官船、军船也参与其中。"当商力充裕时，军船回空过淮，往往私带盐斤。"南宋末期，奸相贾似道运用权势大量贩卖私盐，时人写诗讽曰：

昨夜江头长碧波，

---

① 出自元代陈椿《自题<熬波图>》。全诗为：钱塘江水限吴越，三十四场分两浙。五十万引课重难，九千六百户优劣。火伏上中下三则，煎连春夏秋九月。严赋足课在恤民，盐是土人口下血。

满船都载相公鹾。
虽然要作调羹用，
未必调羹用许多。

明代的刑罚极其严厉，《大明律》中，专门有惩处贩卖私盐的条款："凡犯私盐者，杖一百，徒三年；若有军器者加一等；诬指平人者加三等；拒捕者斩，盐货车船马匹并入官；引领牙人及窝藏寄顿者杖九十、徒二年半；挑担驮载者，杖八十、徒二年。"①

有这样的真实故事：山东有丁氏四兄弟，分别叫丁一、丁二、丁三、丁四。因为务农艰难，交不起税赋，他们兄弟就贩卖私盐。丁一串通灶户于某，终于搞到了一千斤盐，但出了盐场后，遭到官兵追查。盐被没收，丁三因拒捕被杀，其他人四散奔逃。于某后来被官府以"脱籍"处斩；丁一走投无路，做了太监；丁二流落做了海盗，死于非命；丁四在家务农，年馑时饿死。②

按照开中法原则，盐引作为商人行销官盐的重要凭证，这就意味着商人在盐场凭盐运司发给的盐引支领官盐。自此之后的整个行盐过程中，其盐货与盐引不得分离，有引则为官盐，无引则为私盐。

开中法刚施行之时，朱元璋就特别颁发禁令，"凡公侯伯及文武四品以上官，不得令家人、奴仆行商中盐，侵夺民利。"但后来盐引发放逐渐失控，各王府、内外官和军人都争相奏讨盐引，并发展到直接贩卖私盐。成化二十一年（1485年），内官熊保奉命往河南，"多载私盐，强抑州县发卖。"时人描述势要人等贩盐的情景，"此辈一得明旨，即于船首揭黄旗，书'钦赐皇盐'字样，势焰煊赫，州县驿递官应酬少误，即加笞辱，至于盐商灶户，虽凌辱万状，谁敢诉冤？"③万历时期，经营食盐销售的盐店业发展迅速，"今天下盐商不止数万家，天下盐店不止数万处"。这些盐店分为官盐店和民盐店，而皇室成员和官宦之家开设的特权盐店数不胜数。

① 蒲坚《中国法制史》，光明日报出版社，1987，第195页。

② 李连利《白银帝国：翻翻明朝的老账》，华中科技大学出版社，2012，第27页。

③ 王世贞《弇山堂别集》。

在食盐市场混乱的背景下，官方对民间私盐的打击，往往会导致私盐商贩的暴动和起义，而民众往往会在这场争斗中迅速成为官府的敌人，这几乎成为中国历史最令人惊叹的一页。

考唐以前榷盐之法，偶行辄罢，不为经制。刘晏以善理盐筴著名，置十三巡院以捕私，私之名始见于史。继晏者更累加盐赋，而私之利益厚。积私贩为枭盗。而为他劫掠之盗，民必仇之，助官踪迹除患；为枭道则与国争利，无累于民，民反得廉价购盐之益，故不加嫉视，或反阴庇之。至秕政更多，善良失业，倚盗为生者益多，则大乱成矣。黄巢之亡唐，张士诚、方国珍之亡元，皆最著之盐枭。明之倭寇，清之海盗，倚海为巢，即依盐以活。官盐价平，制私盐无利而枭自散，无所用其捕也。以捕胜私，则为盗练抵抗之力，使由小盗为大盗而已矣。①

食盐进军

在古希腊时代，荷马和柏拉图都将盐视为“神赐之物”。事实上，这种食盐暴政绝不是中国历代统治者的独创，在世界历史中同样屡见不鲜。

在君主时代的法国，盐税非常重，一个农民一整年的收入中，至少有1/8用来买盐；盐的售价中，绝大部分都是税。盐税最令人愤恨的不仅是税高，而且各地的税率还不统一，这使得私盐在法国极为常见。贩运私盐的不仅有男人、女人和孩子，还有经过训练的狗。国王对私盐犯的惩罚极其严厉，包括鞭笞、烙印和处死，但后来到了法国大革命时期，国王和那些负责征收盐税的官吏受到了更严厉的报复，他们一个个都被送上了断头台，其中就包括著名的化学家拉瓦锡，他进行化学实验的经费便来自盐税。②

① 孟森《明清史讲义》。第615页。

② 戴维·考特莱特《上瘾五百年：烟、酒、咖啡和鸦片的历史》，薛绚译，中信出版社，2014，第214页。

甘地的“食盐进军”雕塑。

在英文中，社会的精英常常被誉为“the salt of earth（地球之盐）”，而“soldier（军人）”也是由盐来衍生出来的，因为古代用盐来支付士兵的薪水。[①]

英帝国殖民印度时期，也实行这种食盐垄断专营。虽然食盐税只占英国从全印度征缴的8亿英镑中的2500万，但为了民族独立，圣雄甘地将抵抗英国的食盐垄断作为斗争手段，他率领印度人徒步走向海边，号召人们自己煮盐，不买“英国盐”，这种壮举成为击垮英国殖民统治的致命一击——

> 在任何有可能的地方，都应该发动对《食盐法》的文明不服从。这些法律可以从三种途径来违背。在有设备的地方制造盐，是一个违背。拥有和贩卖走私盐（包括天然盐和盐土）也是一个违背。购买这种盐将同样是犯罪。把海滩储存的天然盐运走，也是对法律的破坏。

---

① 马克·科尔兰斯基《盐：品味食物中沉淀的文化，触摸历史中隐含的细节》。

兜售这种盐也是一样。简而言之，你可以运用其中之一，或者所有的办法来打破食盐垄断。[1]

印度东海岸的孟加拉湾，有许多优良的海滩盐场，特别是奥里萨邦生产的一种叫“潘咖”的海盐，质地纯净，价格低廉。18 世纪到 19 世纪时，潘伽盐在英国海外殖民地市场享有广泛的盛誉。英国政府为了保护本土制盐业和垄断海外食盐市场，在印度殖民地采取了一系列不合理的强权措施，以立法和增加盐税的方式对潘伽盐进行打压，使其生产和销售都陷入困境。无数盐业工人因此而失业，民怨因此越积越大。这就形成了一种可怕的社会危机。

甘地见此情景，对英国殖民当局提出严厉抗议。他认为，食盐政策是英国在印度所实施的错误殖民政策的恶果之一，它严重危害到印度人民的根本利益。但英国政府对甘地提出的改革呼吁并不以为然，弃之不理，这迫使甘地和他的 78 名忠心追随者发起了著名的“食盐进军”。

他们不顾炎炎烈日，徒步走向 380 公里开外的海边盐场，时间是 1930 年 3 月 12 日。

随着“食盐进军”的社会效应逐渐放大，越来越多的人加入进来，进军的队伍就像滚雪球一样。经过 25 天的行军，甘地一行人终于于 4 月 5 日到达了印度洋的海滨城市丹迪。这时，他们已经从出发时的 78 人变成数千人。面对印度洋，甘地站在海水中为印度进行祈祷。“除非印度获得自由，当局不再实行《食盐专营法》，否则，就永远住在海边。”

当清晨的太阳升起时，甘地走向盐滩，弯腰捡起一些盐。后来，这些盐以班尼亚的方式，被附近一个出价最高的投标者以 1600 卢比买去。

这貌似简单的举动，却饱含着甘地一贯倡导的“非暴力不合作”的反抗精神。因为在英国殖民制度下，印度人是被禁止“私自”制盐的。甘地此举无疑公开打破了英国的“禁盐令”。

甘地和他的追随者在丹迪海边坚持了 20 天。他们每天除过集体祈祷，

---

① 埃里克·埃里克森《甘地的真理：好战的非暴力起源》，吕文江、田嵩燕译，中央编译出版社，2010，第 397 页。

就是用海水制盐。在甘地的带动下，印度各地人民纷纷自己动手制盐，随着抵抗狂潮席卷全印度，食盐这种“违禁品”也在各村庄和城镇公开销售。虽然甘地再次被捕入狱。但最终，英国殖民政府不得不释放了甘地和他的追随者，并承认沿海人民有自己煮盐的合法权利。甘地出狱后，受邀去总督府做客。甘地从随身的包裹中取出一包免税盐，倒进自己的茶杯，微笑着对欧文总督说：“这使我们想起了著名的波士顿茶党。”

“食盐进军”是甘地发起的印度独立运动中最具代表性的反抗活动，并且取得了成功，这使印度向摆脱英国殖民统治迈出了重要一步。

甘地以苦行僧的姿态介入政治，他的存在是为了提醒人们一个比盐更重要、更离不开的东西——良心。丘吉尔和希特勒都不喜欢甘地，区别只是丘吉尔能允许甘地的存在。

爱因斯坦这样评论甘地：后世的子孙也许很难相信，历史上竟走过这样一副血肉之躯。鲁迅认为甘地是一个“只在印度能生，在英国治下的印度能活的伟人”。奥威尔在《甘地随想录》一文的结尾写道：

> 你可能反对把圣人当做一种理想，因此感到甘地的基本目标是反人性的和反动的：但是，仅仅把他看做一个政治家，而且把他与我们时代的其他政治领导人物相比，他留下的气味是多么干净。[①]

---

① 转引自：朱生坚《另一个甘地》，《读书》杂志，2009年第3期。

茶叶与鸦片的战争

百草之首，万木之花，贵之取蕊，重之摘芽，呼之茗草，号之作茶。贡五侯宅，奉帝王家，时新献入，一世荣华。

——《茶酒论》

人类在很大程度上依赖植物而生存；因为植物，文化和文明诞生了。经济史学家布罗代尔指出，植物的机遇也是一种文化的机遇——“烟草的迅速传播，并非因为它一开始就有某个生产市场充当后盾，我们指的是有一种文明作凭借，如胡椒在其遥远的起源地印度，茶在中国，咖啡在伊斯兰国家，甚至巧克力也曾在新西班牙依托一种高度发展的文化。”[①]

从“哥伦布大交换”[②]开始，300多年来，植物一直处于欧洲的权力和贸易中心。从香料、烟草、甘蔗、茶、罂粟到棉花、橡胶、金鸡纳，植物构成殖民的最大动机和目的。[③]“哥伦布大交换”本身就充分证明了植物可怕的影响力。与玉米、红薯、花生、土豆等粮食作物相比，上瘾性植物对历史和世界格局的改变更加直接。毫无疑问，在中国传统文化和文明中，茶就是一种独特的植物。而在中国近代史中，鸦片则扮演了远甚于茶的历

① 费尔南·布罗代尔《十五至十八世纪的物质文明、经济和资本主义》（第1卷），顾良、施康强译，三联书店，1992，第309页。

② 可参阅：克罗斯比《哥伦布大交换：1492年以后的生物影响和文化冲击》，郑明萱译，中国环境科学出版社，2010。

③ 可参阅：马斯格雷夫《改变世界的植物》，董晓黎译，希望出版社，2005。

史角色，以至于鸦片几乎成为近代史的代名词。

南方嘉木

中国是最早进行动植物驯化的古老民族，茶在中国的历史非常久远。“武王既克殷，以其宗姬于巴，爵之以子……上植五谷，牲具六畜，桑、蚕、麻、苎、鱼、盐、铜、铁，丹、漆、茶、蜜……皆纳贡之”，“园有芳蒻香茗”[①]，如果这一记载可信，那么中国茶的历史从周武王算起，至今已有 3000 多年。如果根据传说，那么还可以再上推到史前的神农时代，所谓“神农尝百草，日遇七十二毒，得茶而解之”。

最迟从先秦时代期，茶叶就已进入人们的生活。顾炎武在《日知录》中说：“自秦人取蜀而后，始有茗饮之事”。就南方而言，巴蜀是中国较早开发的地区，从秦汉到两晋，四川一直是主要的茶叶产地。

饮茶真正成为社会风气，大约始于盛唐之时。“茶，古不闻食之，近晋宋以降，吴人采其叶煮，是为茗粥，至开元、天宝之间，稍稍有茶；至德、大历遂多，建中已后盛矣。”[②]进入唐代，特别是自从陆羽《茶经》问世，“天下益知饮茶矣”。

“自从陆羽生人间，人间相学事春茶。”《茶经》开篇第一句说：“茶者，南方之嘉木也。”茶叶全部产自南方，特别集中在安徽、浙江、湖南、四川、福建和云南等数省。饮茶的兴起，或许与中国文化中心的南移有很大关系。先是五胡乱华导致“永嘉南渡”[③]，后来安史之乱，中原再现南渡浪潮，“四海南奔似永嘉”。随着北方进一步没落，南方迅速成为中国历史的主要舞台。正是这种地利风土原因，“南人好饮之，北人初不多饮。开元中，泰山灵岩寺有降魔师，大兴禅教，学禅务于不寐，又不夕食，皆许其饮茶，人自

---

① 东晋常璩《华阳国志·巴志》。

② 唐代杨华《膳夫经手录》

③ 西晋永嘉（307—313 年）战乱，出现了空前规模的民族大迁徙浪潮，北方汉族人民为逃避战乱和民族冲突，纷纷举族南迁，大量人口从中原迁往长江中下游，史称“永嘉南渡”，又称“南渡之变”。《晋书·王导传》曰：“洛阳倾覆，中州士女避乱江左者十六七。”

怀挟，到处煮饮，从此转相仿效，遂成风俗”[1]。关中法门寺出土的光彩夺目的茶具充分说明了茶在当时中国的普及程度。[2]

因为隋炀帝的营造，南北大运河构成一个比较完善的水运体系。白居易在《琵琶行》中写道：“商人重利轻别离，前月浮梁买茶去。”唐时南方茶叶已经被大量运销北方，许多大都市都有茶馆，茶已经进入社会各个层面。时人感慨饮茶之盛，“古人亦饮茶耳，但不如今人溺之甚，穷日尽夜，殆成风俗。始自中地，流于塞外……自邹、齐、沧、棣，渐至京邑城市，多开店铺，煎茶卖之。不问道俗，投钱取饮。其茶自江淮而来，舟车相继，所在山积，色额甚多”[3]。

从唐到宋，是中国茶文化走向成熟和普及的关键时期。喝茶无疑是凡勃伦所说的“有闲阶级”的产物；有闲阶级在心理上与劳动阶级不同，他们处处要显示自己的优越地位，他们不仅要过着有闲的生活，而且要通过生活方式的“炫耀性消费”[4]，来显示自己的富足与阔气。

或许是财富与文化的极度繁荣，宋代的茶叶产量和质量都远远超过了唐代。唐代多把茶叶加入水中煎服，而宋以后则烧开水后再注入茶叶；这样一来，喝茶的程序被大大简化。从“吃”茶到“泡”茶，说明了“人类与自然分野的步步深化”[5]。至此，茶已经成为“举国之饮”。伴随着将“吃茶”转变为“品茶”的过程，同时也实现了由吃茶的实用性向品茶的审美性的转移。

茶的出现，使喝水这件事从生活中独立出来，变成一件重要的事情。甚至说，喝茶与解渴之间并没有太大关系，喝茶本身成为精神的需求，这与吃饭构成身体的需求类似。故而唐人李珏说：“茶为食物，无异米盐，於人所资，远近同俗，既祛渴乏，难舍斯须，田闾之间，嗜好尤切。”对唐代的人们来说，“累日不食犹得，不得一日无茶也”；入宋之后，此情更甚。

---

① 唐代封演《封氏闻见记》卷6《饮茶》

② 梅维恒、郝也麟《茶的世界史》，高文梅译，商务印书馆（香港），2013。

③ 唐代封演《封氏闻见记》卷6《饮茶》。

④ 凡勃伦《有闲阶级论》，蔡受百译，商务印书馆，1964。

⑤ 王日根、林璧属《历史的分野：天威与人力》，中州古籍出版社，1994，第84页。

王安石曾言："夫茶之为用，等于米盐，不可一日以无。"即使穷人，也必"粗茶淡饭"，意即宁可没有盐，也不能没有茶。用茶待客也随之成为一种风俗，"客至则设茶，欲去则设汤，不知起於何时。然上自官府，下至闾里，莫之或废。"

宋时商业兴盛，经济发达，文化繁荣，民间奢靡成风，特别是城市的兴起，使茶楼和茶坊成为三教九流会聚之地——

> 大凡茶楼多有富室子弟、诸司下直等人会聚，习学乐器，上教曲赚之类，谓之挂牌儿。人情茶肆，本非以点茶汤为业，但将此为由，多觅茶金耳。又有茶肆专是五奴打聚处，亦有诸行借工卖伎人会聚行老，谓之市头。大街有三五家开茶肆，楼上专安著妓女，名曰花茶坊，如市西坊南潘节干、俞七郎茶坊，保祐坊北朱骷髅茶坊，太平坊郭四郎茶坊，太平坊北首张七相干茶坊，盖此五处多有炒闹，非君子驻足之地也。更有张卖面店隔壁黄尖嘴蹴球茶坊，又中瓦内王妈妈家茶肆名一窟鬼茶坊，大街车儿茶肆，蒋检阅茶肆，皆士大夫期朋约友之处。巷陌街坊，自有提茶瓶沿门点茶，或朔望日，如遇吉隐二事，点送邻里茶水，倩其往来传语。又有一等街司衙兵百司人，以茶水点送门面铺席，乞觅钱物，谓之龊茶。①

正如老舍作品所呈现的，茶馆是传统时代中国市井文化的典型象征，甚至有说法"戏曲是用茶叶浇灌起来的一门艺术"。北京的茶馆史，也是中国最后一个王朝史的缩影。

就地域而言，北方人饮茶远不如南方人那么普遍和讲究；或许是运输距离的缘故，南方人多喝绿茶，北方多喝红茶。北方有些地区还要在茶中加入其他调料和佐料，如盐、姜、奶等，蒙古的奶茶和西藏的酥油茶就是这样。苏辙曾说："北方俚人茗饮无不有，盐酪椒姜夸满口。"茶叶在宋时已经传播到北方边远地区，比如当时的记载，"蕃部日饮酥酪，恃茶为命"；

---

① 宋代吴自牧《梦粱录》卷16《茶肆》。

“戎俗食肉饮酪故贵茶，而疾於难得”；“蕃戎性嗜名山茶，日不可缺”；“宁可一日无油盐，不可一日无茶”，等等。这里的“蕃戎”是指西藏和北方的辽金。当时“辽人相见，其俗先点汤后点茶。至饮会亦先水饮，然后品味以进”[①]。河北宣化辽墓壁画中的茶事图，对当时契丹人烹茶、饮茶的境况，有非常细腻而逼真的描绘。金朝为了获得南宋的茶叶，每年需费银30余万；元光二年（1214年），金宣宗以国蹙财竭为由，颁布茶叶禁令，但仍然无法阻止人们饮茶。

《神农食经》说，“茶茗久服，令人有力、悦志。”茶叶不只是一种饮品，更重要的是一种瘾品。茶叶中有含量较高的咖啡因、茶碱等，这些导致中枢兴奋作用的生物碱类化合物，会使人产生幸福感和愉悦感；因为刺激精神的作用短暂，所以必须不断地进行补偿。按照经济学理论，瘾品无疑是最完美、最理想的商品，“瘾品这类产品本质上就会促使消费者不断掏出钱来，对作用短暂的瘾品上瘾的人更是如此”；此外，“瘾品的吸引力不但在于能刺激脑内的奖励机制，也在于社交方面的用处”。[②]这可用下面这个因茶破家、因茶结缘的荒唐事来作为证明——

潮州某富翁好茶尤甚，一日，有丐至，倚门立，睨翁而言曰:“闻君家茶甚精,能见赐一杯否？”富翁哂曰:“汝乞儿,亦解此乎？”丐曰:“我曩亦富人，以茶破家。今妻孥犹在，赖行乞自活。”富人因斟茶与之。丐饮竟，曰:“茶固佳矣，惜未极醇厚，盖壶太新故也。吾有一壶，昔所常用，今每出必携，虽冻馁，未尝舍。”索观之，洵精绝，色黝然。启盖，则香气清冽，不觉爱慕。假以煎茶，味果清醇，迥异于常，因欲购之。丐曰：“吾不能全售。此壶实值三千金，今当售半与君。君与吾一千五百金，取以布置家事，即可时至君斋，与君啜茗清谈，共享此壶,如何？”富翁欣然诺。丐取金归,自后果日至其家,烹茶对坐,若故交焉。[③]

---

① 孙洪升《论唐宋时期的茶叶消费与茶文化的发端》，《古今农业》，2006年第4期。

② 戴维·考特莱特《上瘾五百年：烟、酒、咖啡和鸦片的历史》。第128~130页。

③ 《清稗类钞》。

以茶易马

茶叶的兴起，不仅极大地影响了社会层面，也在一定程度上通过经济变革，改写了传统政治格局。汉代以来的“盐铁”官营制度，在唐宋之后很快便由“盐茶”专卖取代。作为中国独有的物产，茶叶一跃成为国家战略物资，茶叶不仅使中国得以羁縻边远落后民族，而且通过以茶易马，即所谓“茶马”贸易，中国得到了自古以来极其紧缺的马匹。对于强调华夷之别的中原文明来说，“彼得茶而怀向顺，我得马而壮军威”。

唐太宗贞观十五年（641年），文成公主出嫁藏王松赞干布，把饮茶的习俗带到西藏。百余年后的唐肃宗至德和乾元年间（756~759年），饮茶之风就已经传遍整个西北边疆。这些地区向来都是良马产地，随之，茶马交易成为一种典型的“华夷”交流方式。从历史来看，这种交流始终伴随着双方在经济、文化、政治等诸方面的博弈。

自唐宋以来，茶叶作为西北游牧民族的必需品，完全依赖于中原地区供给；从某种意义上，中央王朝因茶叶而掌握了“华夏边缘”[①]地区的命脉。“盖西边之藩篱，莫切于诸番；诸番之饮食，莫切于吾茶；得之则生，不得则死。故严法以禁止，易马以酬之：禁之而使彼有所畏，酬之而使彼有所慕；此所以制番人之死命，壮中国之藩篱，断匈奴之右臂，其所系诚重且大，而非可以寻常处之也！”[②]

据《明史·食货志》记载：“番人嗜乳酪，不得茶，则因以病。故唐、宋以来，行以茶易马法”。洪武初年，明朝政府“设茶马司于秦、洮、河、雅诸州，自碉门、黎、雅抵朵甘、乌斯藏，行茶之地五千余里。山后归德诸州，西方诸部落，无不以马售者”[③]。当时有“用‘汉中茶’三百万斤，可得马三万匹’”之说。明朝政府为了垄断茶马贸易，在产茶区设置茶课司；同时，还建立茶叶的专卖制度，商人贩茶，必须持有“茶引”或“茶由”；

---

① 王明珂《华夏边缘：历史记忆与族群认同》，浙江人民出版社，2013。

② 《明经世文编》卷一〇六，梁材《议茶马事宜疏》。

③ 《明史》卷八十，《食货志·茶法》。

“若茶无由引，及茶引相离者，听人告捕”。

洪武三十年 (1398 年)，安庆公主的驸马欧阳伦以都尉之职，“数遣私人赐茶出境，所至骚扰，虽大吏不敢问，有家奴周保者尤横”；朱元璋知道后大怒，将欧阳伦赐死，周保等尽皆伏诛。由此可见当时对茶叶管制之严厉。朱元璋曾说：“国家榷茶，本资易马。边吏失讥，私贩出境：惟易红缨杂物，使著人坐收渔利，而入中国者少，岂所以制戎狄哉？”[①]

在某程度上，对茶叶的控制比之食盐有过之而无不及。这或许是因为内外之别，盐专卖对内，茶专卖对外。对于贩私茶者的惩罚确实比贩私盐要重得多，“私茶出境者斩”，对于边境守将也是死罪。早在元至正二十年（1360 年），当时朱元璋还刚起事不久，在制定盐法之前，朱元璋就制定了茶法，规定三十而税一。后来《大明律》进一步明确茶叶由国家专卖，商人须向官府交钱购买“茶引”，才许按照茶引贩卖茶叶；如伪造茶引，本人处死，家产没官；贩卖无引茶叶者，惩罚同于贩私盐，犯者一般杖一百，徒三年。[②]当时，不仅严禁茶叶自由买卖，还禁止民间囤积茶叶，“所蓄不得过一月用，多皆官卖。茶户私鬻者，籍其园入官”。

大明初兴的洪武、永乐年间，茶马贸易曾经盛极一时。“洪武中，川陕皆置茶马司，收巴茶易马，颇获其利”，同时“茶法通行，而无阻滞之患，番马茂盛，岁至万余之多”。明廷垄断茶马贸易以后，操纵茶马比价，“将茶价涌贵，番人受制，而良马亦有不可胜用者矣”。顾炎武诗云：

骏骨来蕃种，名茶出富阳。
年年天马至，岁岁酪奴忙。
蹴地秋云白，临垆早酎香。
和戎真利国，烽火罢边防。[③]

---

① 转引自：周重林、太俊林《茶叶战争：茶叶与天朝的兴衰》，华中科技大学出版社，2012，第 31 页。

② 蒲坚《中国法制史》，光明日报出版社，1987，第 195 页。

③ 顾炎武《从大同至西口》之三。

垄断而无竞争的官营体制无法摆脱官僚的低效与腐化，一方面故意提高茶叶价格，另一方面大大压低马价。明太祖洪武年间，上等马一匹最多换茶叶 120 斤；明万历年间，则定上等马一匹换茶三十篦，中等二十，下等十五。依靠茶马剪刀差，明廷一度获利颇丰。但这种不公平交易，使茶马贸易迅速衰落，造成大批茶叶壅积。洪熙元年（1425 年），官仓中的茶叶大量过剩，朝廷不得不将大批“积茶折官俸”。

宣德（1426 年）以后，吏治日益腐败，私茶盛行。“查得洪武、永乐年间兴贩私茶者处死，以故当时有蹈之者，间有一二私贩者，包藏裹挟，不过四五斤十斤而止，行则狼顾鼠探，畏人讦捕，岂如今之贩者，横行恣肆，略不知惮，沿边镇店，积聚如丘，外境夷方，载行如蚁”。景泰（1450 年）、成化（1465 年）以后，官府对贩私茶几乎已经无能为力，只能睁一只眼闭一只眼。既然无法禁止，只好选择有条件地允许其合法化。

弘治十七年（1504 年），督理陕西马政的杨一清给皇帝的奏疏中算了一笔账：

> 用 1570 两银子收购 78820 斤茶叶，可换得 900 多匹马；如果直接买马的话，至少需要 7000 多两银子。现在一斤茶叶的价格是 0.02 两银子，一匹马的价格是 7.78 两，每匹马折成茶叶为 389 斤。而在这次交易中，每匹马仅需 87 斤茶叶，折算成白银为 1.74 两，净利 6.04 两，利润率达 347%。[①]

在杨一清等人的推动下，明廷开放“茶禁”，传统的茶叶官营改为“招商中茶”，“令陕西巡抚并布政司出榜招商中，给引赴巡茶御史处挂号，于产茶地方收买茶斤，运赴原定茶马司，以十分率，六分听其货卖，四分验收入官”。茶马贸易正式从官营改为民营；也就是说，茶商一次可以贩运 30 引（3000 斤）的茶叶，其中 1200 斤交给官方，其余可以自由贩卖。茶马贸易由此再度繁荣起来，在通往边疆地区的交通线上，“商贾满于关隘，

① 李连利《白银帝国：翻翻明朝的老账》，第 40 页。

而茶船遍于江河”。

明代茶叶产量增长极其明显，洪武年间茶叶产量约为6800万斤，嘉靖五年达到12730万斤。茶叶是中国传统商帮的特色商品之一。明清之际，陕商一直执西北茶叶买卖之牛耳；清乾隆时取消茶马互市，陕商基本垄断着四川边茶。晋商主要将茶叶贩往西域和俄罗斯；徽商依靠水运之便，主要经营华北和东北市场，清代北京的茶叶市场也基本为徽商所垄断。

茶叶本身是带给人愉悦的美好东西，但茶叶的历史却充满无尽的痛苦和悲伤。在茶叶经济的巨大利益面前，明廷自然也加大了对茶叶产区的压榨和盘剥。正德年间（1506年），韩邦奇任浙江按察司佥事期间，愤于镇守太监王堂等人强征富春江的渔产和富阳一带的茶叶，写了一首《富春谣》：

> 富春江之鱼，富阳山之茶。鱼肥卖我子，茶香破我家。采茶妇，捕鱼夫，官府拷掠无完肤。昊天何不仁，此地一何辜！鱼胡不生别县，茶胡不生别都！富阳山，何日摧！富阳江，何日枯！山摧茶亦死，江枯鱼始无。于戏！山难摧，江难枯，我民不可苏！[①]

茶叶与瓷器

早在秦汉时代，中国与西方就被“丝绸之路”连为一体。唐宋以来，海路取代陆路，连接起东西方；在丝绸之外，茶叶和瓷器成为新的奢侈品。在开往西方的商船上，瓷器是必不可少的压舱物。

喝茶要用到壶、杯等多种器具，还有一系列复杂的程序，器具之多，礼仪之繁，非其他任何一种饮料可比。唐宋时期，中国在瓷器技术上日臻完美，各种精美的细瓷为饮茶提供了物质前提。

> “茶汤在青花瓷盏里散发着热气。茶神站立在里面，犹如一位

① 转引自：《陕西通史》（明清卷），第480页。

隐形的女神。青花瓷就这样跟茶叶构成奇妙的互生关系。它们是彼此印证的，仿佛是天然的联姻。”[①]

明清以后，随着大航海而兴起的早期全球化运动，中国逐渐成为世界贸易中重要的一环。“在明清间出口贸易中占据第一位的丝货，尤其是生丝，到了康熙（1662–1722）末叶，或1718年，因为茶叶出口激增，其地位却给茶叶抢夺了去，以后茶叶在海外贸易中都高居第一位。”[②]1517年，最早来到中国的葡萄牙人，从海上将中国茶叶带回欧洲，茶叶迅速取代香料，成为欧洲最热衷的“东方香草”。在整个17世纪，茶叶缓慢但不可逆转地从葡萄牙传到荷兰、英国、法国，又相继传到德国、瑞典、丹麦、俄罗斯等国。到18世纪，饮茶之风已经风靡整个欧洲。伴随着移民运动，欧洲殖民者又将饮茶习俗带入南北美洲和澳洲；中国茶叶就这样传遍了全世界。

事实上，在整个西方资本主义扩张过程中，其真正的动因会令许多人感到不可思议，这些冒险者并不是为了生存必需品，而是为了奢侈品，说白了就是为了发财。连接起现代世界的是亚洲的胡椒、香料、茶与鸦片，是美洲的烟草、砂糖、黄金和白银，是非洲的奴隶和钻石；所谓探险、发现、征服、贸易等等，最终都是为了这些东西，这其中几乎没有一样是生活必需品，反过来，倒不乏毒品和罪恶，比如鸦片与贩奴。从道德意义上，现代和全球化差不多是以邪恶的面孔出现的。

随着茶叶越来越成为国际硬通货，人们以为洋人嗜吃牛羊肉，若无中国的茶叶，就会因消化不良而死。林则徐在给道光皇帝的奏疏中就说：“茶叶大黄，外夷若不得此，即无以为命。”中国茶叶被欧洲人视为不可或缺的“香草”，宾汉在《远征中国纪实》的序言中写道：

① 朱大可《茶、瓷、丝的三位一体：华夏帝国的器物贸易》。《孤独的大多数》，中国书籍出版社，2012。

② 全汉昇《鸦片战争前的中英茶叶贸易》。《中国近代经济史论丛》，中华书局，2011，第220页。

中国是因为茶叶而卷入全球化大潮。

> 中国一直把西方人当作半开化的野蛮人，用一种“香草”交换我们的产品，这种香草如今已成为我们生活中的必需品，它的芬芳充满了使人欢快而不使人迷醉的茶杯。

从某种程度上，中国是因为茶叶而卷入全球化大潮。世界离不开茶叶远甚于离不开中国；或者说，世界可以没有中国，但不能没有茶叶。18–19 世纪恰逢中国清朝的中后期，在当时政府财政收入中，茶叶税收占有非常重要的地位。同时，茶叶贸易也极大地刺激了中国传统经济。在清中期，仅瓯宁一邑，茶厂就不下千家，大者百余人，小者数十人，茶工上万。崇安县在“乾隆间，邑人邹茂章，以茶叶起家二百余万（两）”。[①]

在整个 18 世纪的世界贸易中，茶叶主要来自中国东南的武夷山，而茶叶出口交易只能通过广州粤海关“十三行”[②]进行。茶叶从大山深处离开

---

① 同上。

② 为了限制对外贸易，清代设立了“公行制度”，类似于前朝各代的“市舶司”。即所有进出口贸易均由官府指定的几个牙行（洋行）经营，并将其组成“公行”，也叫“十三行”，但其实并非只有 13 家牙行，最多时达 26 家，最少时只有 4 家。外商被禁止与中国官府直接交往，一切命令和文书均需经过公行转达。

枝头，被烘焙加工后装箱，然后经过水陆和陆路，翻山越岭、千里迢迢地运往通商口岸。这一路上既需要木筏、小船和大船，也离不开人力搬运和长途驮运。有人计算过，从茶叶产地到广州口岸，这趟茶叶线路长达2885里,费时50天至60天,中间要换7次船,要交4次税。一担（100斤）武夷茶,从产地到广州的运费大约为3.8两银子,对欧洲商人的售价为9两,十三行的行商可坐地从中获取5两，可谓是暴利。①

乾隆五十八年（1793年），英国为了建立与中国的通商关系，派遣使节马戛尔尼对清朝进行了首次正式访问，茶叶无疑是最令他们关心的事情之一。

> 在一切所见所闻中，令我最为吃惊的，是种茶人的劳动所获得的那么微薄的回报。在制作一些精细茶叶时，据说每片茶叶都必须用手一片一片揉搓，特别是那些出口欧洲市场的茶叶。除此之外，还要经过许多工序，例如，茶叶从茶树上一片一片采摘下来后，需要进行浸泡、晾干、翻转和包装。然而，在产茶叶的省份，一英磅茶叶的最初生产成本不能超过4便士到2先令，因为人们认为东印度公司对普通茶叶的收购价格每磅不超过8便士，最好的茶叶也仅仅是2先令8便士一磅。没有什么能够比为市场生产配制茶叶，更能说明中国人勤勤恳恳坚持不懈的工作态度了。一群在英国的商人竟然为一个蔑视商人、对通商设置种种障碍的国家的100多万人提供了就业机会，这不能不说是一种奇特的现象。②

进入19世纪后，中国茶叶出口继续平稳增长。直到鸦片战争前，广州每年出口英国的茶叶达35万担，价值9445万银元，占中国出口货值的70%。③

---

① 庄秋水《武夷茶的黄金年代》，《看历史》，2010年第9期。

② 约翰·巴罗《我看乾隆盛世》，第426~427页。

③ 庄国土《茶叶、白银和鸦片：1750—1840年中西贸易结构》。《中国经济史研究》，1995年第3期。

直至19世纪中后期，茶叶一直是中国占第一位的出口商品，其出口值甚至一度占中国总出口值的80%以上。对当时摇摇欲坠的天朝来说，茶叶的重要地位是毋庸置疑的。即使英国在对华大量输入鸦片后，中国茶叶出口的优势仍可以使中国对外贸易保持顺差，基本能弥补因鸦片进口而造成的大量的白银外流。[①]

茶叶在地方财政中同样扮演着不可取代的支柱角色。同治三年（1864年），湖广（湖南与湖北两省）将近70%的政府财政收入来源于商业税收，而主要就是茶厘；光绪十一年（1885年），湖北征收的茶厘银达20余万两，由此可见茶税对地方政府的重要性。

当茶叶遇见糖

在16世纪后半叶，咖啡、茶、巧克力，这三种异域饮料几乎同时进入英国；“蔗糖作为甜味剂，是与其他三种进口货联系在一起以后而大放光彩的，而其中茶成为了英国最重要的非酒精饮料。……在英国，茶最终几乎完全取代了家酿的淡啤酒，甚至对受人喜爱的含糖酒类以及杜松子酒等烈酒也构成了挑战。”[②]作为印度阿萨姆茶园种植主的后代，麦克法兰在《绿金：茶叶帝国》一书中认为，与咖啡和可可相比，“只有茶叶成功地征服了全世界”。

布罗代尔认定：“任何文明都需要奢侈的食品，和一系列带刺激的‘兴奋剂’。”1757年，乔纳斯·汉威发表了《论茶、糖、白面包等现代奢侈品》，义正辞严地批判茶这种“奢侈品”，会损害人们的健康、腐蚀人们的意志、浪费时间与金钱，甚至破坏英国的经济。休谟认为，奢侈是“满足感官享

① 在1867–1894年，中国仅出口的茶叶价值即大致与进口的鸦片价值相当。1880–1891年，清政府茶叶关税收入总计5338.9万两，年均449万两，相当于同期海关出口税收的55.4%左右。在19世纪中后期，中国全部出口商品所换得的外汇有半数以上来自茶叶，中国全部进口商品所需要的外汇有半数以上要靠茶叶去支付。

② 西敏司《甜与权力：糖在近代历史上的地位》，王超、朱健刚译，商务印书馆，2010，第113页。

受的极大精美"[①]；经济学家桑巴特认为，所有的个人奢侈都是从纯粹的感官快乐中生发的，任何使眼耳鼻舌身愉悦的东西，都趋向于在日常用品中找到更加完美的表现形式；说白了，奢侈"就是任何超出必要开支的花费"。毫无疑问，茶叶是典型的奢侈品。但桑巴特认为，奢侈品不仅不会损害经济，事实上恰好相反，资本主义完全是奢侈的产物，"奢侈促进了当时将要形成的经济形式，即资本主义经济的发展"。[②]

经济史中有一种现象，就是任何奢侈品最终都会发展成为必需品。英国人从17世纪60年代接触到中国茶叶。当时葡萄牙公主凯瑟琳嫁到了英国，因为她喜欢喝茶，饮茶之风便很快成为英国宫廷和贵族的时尚，喝"下午茶（Afternoon Tea）"甚至成为高贵的象征。一旦喝茶成为富裕家庭的固定习惯，比他们低的大众阶层便会群起而效仿。当时有人这样夸赞："茶，提神并使人宁静，是沉默寡语者的天然饮品，它喝起来也方便，是一件给世上最糟的厨子们的天赐之物。"[③]

从1739年起，中国茶叶已经成为荷兰东印度公司船舶自东方运欧的价值最大的商品。开始时，英国人从荷兰进口茶叶；1689年（康熙二十八年），英国东印度公司首次将茶叶从中国运到伦敦。1699年，英国的茶叶进口量只有6吨，一个世纪之后就达11000吨；如果算上走私的话，大概还得再翻上一番。与此同时，茶叶进口税大幅下调，每磅茶叶的价钱则降到了100年前的1/20。到1750年左右，茶叶已经代替酒类，成为英国人的全民饮料。[④]在1757年的英国，人们对喝茶已经司空见惯，"夏日里，经常可以在里奇蒙的某个胡同看到乞丐端着杯子在喝茶，修路工人在喝茶，

① 克里斯托弗·贝里《奢侈的概念：概念及历史的探究》，江红译，上海人民出版社，2005。

② 桑巴特《奢侈与资本主义》，第160页。

③ 西敏司《甜与权力：糖在近代历史上的地位》。

④ 和许多商品一样，茶也经过了从少数人的奢侈品到大众必需品的过程。中国茶刚进入英国社会的时候，其售价大约为每磅3英镑。当时一位熟练技工的周薪尚不到1英镑，而一般体力劳动者只有40便士。因此对中国茶的消费仅限于上层贵族的小圈子。整个18世纪，100年时间，英国人的茶叶消费量大涨200倍。到了18世纪末，一个英国普通工人每星期要购买2盎司（28克）的茶叶，如果再加上购买白糖，喝茶的费用占全部家庭收入1/10，几乎跟吃肉的支出相反，相比之下，啤酒支出仅占1/40。

赶灰渣车的车夫在喝茶，还可以看到晒干草的工人在买茶”。[①]到 19 世纪，连监狱的囚犯也喝上茶了。

事实上，英国人喝茶与中国人喝茶完全是两回事，或者说与唐宋之前的中国喝茶方式相似；只不过当时中国人是往茶里加盐，而英国人则往茶里加糖。对英国人来说，喝茶跟吃饭是一回事，或者说是吃饭的一部分——“一周两盎司的茶，花费为 8 便士或 9 便士，这就可以使一顿冷冰冰的晚餐变得热腾腾的”[②]。英国人的茶杯里，不仅有茶叶，还有糖和牛奶，甚至还有鸡蛋；在一品脱茶里打上两个鸡蛋，是“劳累一天后最好的营养，喝下去马上就有饱餐一顿的感觉”。[③]

进入 18 世纪，英国的茶叶消费量剧增，这导致在同一时期食糖消费量也大幅增长。英国每年输入食糖，至少有一半用于饮茶；茶叶与食糖之间的关系是如此紧密，以至于人们常用食糖的消费量来计算茶叶的消费量。18 世纪下半叶，零售茶叶的业务被从药店转移到了食品杂货店，这反映了茶的角色从药品到饮料的转变。[④]“在我们的商贸系统中，茶从远东世界运来，而糖则来自西印度，……但它们混成了一种比啤酒更为便宜的饮料。……茶和面包一起，每天构成了一个家庭的一餐饭，平均下来一周的花费也不会超过一个先令。”对工业革命早期的无产阶级来说，“这是他们生活的必需，如果现在把这些剥夺掉，那么他们便只剩下面包和白开水。喝茶并非穷人苦难的原因，而是结果。无论在欧洲哪个国家，普通民众居然不得不把地球上遥远的两端所进口的两种物品，当作他们的日常饮食，这都是非常奇怪的事”。[⑤]

在近代史上，茶叶和糖微妙地将世界联为一体，而英国就处于这个世

---

① 西敏司《甜与权力：糖在近代历史上的地位》。

② 同上。

③ 大约 1750 年前后，英国中产阶级的早餐中，已经少不了茶佐。当时“大部分人喝茶时都会加入一些奶油或加糖的牛奶。伦敦城里的仆人们，早餐已经基本上是黄油加面包，配奶茶，至于乡下，大概就只有根据不同条件，不同人家享用不同的早餐了”。茶一旦可以充饥，加上糖、牛奶、鸡蛋，就成为英国人的饮食结构中的必需品。

④ 罗伊·莫克塞姆《茶：嗜好、开拓与帝国》，毕小青译，三联书店，2010，第 44 页。

⑤ 西敏司《甜与权力：糖在近代历史上的地位》，第 119 页。

界体系的中心。从某种意义上，这也是现代化和全球化的先声。

“当茶叶和蔗糖在人们的日常生活中变得愈加重要起来时，维持它们的供给就成了一个重要的政治问题以及经济问题。”[①]中国的茶叶彻底改变了英国人的生活方式，甚至英国国会要求东印度公司必须保持一年的茶叶存货量。自从中国茶叶来到英国之后，喝茶便在一定程度上逐渐取代了饮酒，甚至引发了后来的禁酒运动。茶叶因此也改变了英国社会粗鲁好斗的风气，使精英和大众都养成彬彬有礼的绅士风度。

“一杯甘甜温热的茶可以让人心情舒畅，重新恢复精力。在以人力为中心的工业化时代，一杯美好的茶已经成为人们工作的重要推动力，它的重要性犹如非人力机械时代的蒸汽机”，麦克法兰甚至宣称，“如果没有茶叶，大英帝国和英国工业化就不会出现。如果没有茶叶常规供应，英国企业将会倒闭”。艾德谢在《世界史中的中国》(China in World History) 一书中说：

> 1800年至1833年间，茶进口量从年平均20000担涨到35000担；茶在英国，像在西藏与西伯利亚那样，变成一种食品：家用浓茶，加许多牛奶与糖，成为早期工业革命时代长劳动时间与高出生率的社会生活的一种简单有效的基本营养品。

绿色黄金

西方人在20世纪以前所寻求的中国商品中，只有茶叶在长期居于支配地位。可以说，茶叶对大英帝国的方方面面都构成一种促进力量。

茶叶使英国成为世界贸易中心，茶叶贩运推动了英国造船业；甚至因为砂糖需求的激增，使美洲殖民地的甘蔗园经济和贩奴运动蔚然成风。在某种程度上，是茶叶贸易促进了英帝国在全球的迅速扩张，以英国为龙头的“世界贸易体系影响越来越大”——

> 一个必然的结果就是殖民地越来越重要，因为殖民地的产品，

① 同上。

尤其是咖啡、糖、茶，在欧洲生活中越来越普及。这些商品的重要影响不仅在政治上，也表现在社会生活的结构上，影响不可估量。且不说贸易给整个国家带来的巨额资本与政府的高额税收，仅欧洲各首都的那些咖啡店，作为政治、商业、文化的交流中心或策源地，影响就非同小可。总之，没有这些产品，茶、咖啡、糖，西欧国家的文化与社会，就不是现在这个样子。①

茶叶为西方贸易商带来了巨额利润，他们认为："茶叶就是上帝，在它面前其他东西都可以牺牲。"1715 年，英船"达特莫斯"号前往广州，茶叶仅占货值的 1/10；但从次年起，茶叶就成为中英贸易的重要商品。当年有两艘英船从广州返回，所装载的 3000 担茶叶价值 35085 镑，占总货值的 80%。②18 世纪 20 年代以后，北欧的茶叶消费迅速增长，茶叶贸易成为所有欧洲东方贸易公司最重要的、盈利最大的贸易，一位法国商人说："茶叶是驱使他们前往中国的主要动力，其他的商品只是为了点缀商品种类。"③

"英国最初可能成为一个喝咖啡的国家，而东印度公司竟奇迹般地将其变成喝茶的国家，而这一切都是在那么短短的十来年间完成的。"在某种程度上，无疑是茶叶贸易成就了英国东印度公司。在结束对华贸易垄断权的 1833 年之前，"东印度公司每年获利在 100 万镑至 150 万镑之间，其利润全部来自华茶贸易"④。同时，"茶叶贸易长时间以来一直是英国政府获益最大的税收来源"；茶叶每年带给英国国库 330 万镑的税收，这占全部岁入的 1/10。茶叶税从 1660 年的 1 加仑 6 便士，发展到 1695 年的每磅 1

① 德国史学家阿诺德·贺林之语。转引自：周宁《茶与鸦片：污染世界现代化历史的毒品根源》。国学网，中国经济史论坛。

② 18 世纪，英国通过东印度公司进口茶叶的数量：1668 年，100 磅（不到一担）；1710 年，1420 担；1731 年，8168 担；1761 年，26192 担；1784 年，86083 担。（桑巴特《奢侈与资本主义》，第 171 页。）另外一组由中国输入英国的茶叶数据为：1760-1764 年，每年为 42065 担；1785-1789 年，每年平均为 138417 担；1800-1804 年，每年平均为 221027 担；1830-1833 年达 235840 担。（《中国近代经济史》上册，人民出版社，1976。第 46 页。）

③ 在 18 世纪欧洲国家，如法国、瑞典、丹麦等国的对华贸易中，茶叶所占的中国货值比率也高达 65%-75% 不等。

④ 全汉昇《鸦片战争前的中英茶叶贸易》。

先令，1745 年的每镑 4 先令；在 1784 年大规模下调茶叶税之前，茶叶税率高达 120%。拿破仑战争爆发后，英国再次将茶税提到按价 100%。“到 19 世纪 40 年代，即使最便宜的中国茶，也被课以 400% 的重税”[①]。1760 年，茶叶关税超过 500 万英镑；到 1800 年，仅仅合法进口这一块的税入就超过 2000 万镑。[②]在相当长的时期内，茶税一直是英国政府的财政支柱。实际上，英国政府从茶叶贸易中所得到的利益，远比中国从中得到的高得多。

作为英国最早的公司之一，东印度公司“垄断了与中国茶叶贸易，完全控制了货源；限制英格兰的进口量，从而决定了价格。它不仅建立了世界上规模最大的茶叶垄断贸易，还使得茶叶成了英国人的标签”[③]。但实际上，东印度公司所提供的中国茶，无论在数量与价格上，都不能满足英国市场的需求。在 18 世纪中叶的英国，人们所消费的茶叶有一半来自于走私。[④]

与中国古代的食盐一样，走私是高税收、垄断经营的必然产物。由于英国茶叶进口税高达 100%，许多欧洲公司通过向英国走私中国茶叶获取暴利。走私茶大多来自荷兰，[⑤]为了与英国东印度公司竞争，荷兰东印度公司大量倾销茶叶，每镑只要 7 便士，即使最好的茶也才 11 便士，这使得整个英国海岸都在走私中国茶。当时的英国经济学家亚当・斯密在他的《国富论》中认为，走私的存在虽然违法国家法律，但并不违反“自然正义”。[⑥]

---

① 西敏司《甜与权力：糖在近代历史上的地位》。

② 同上。

③ 同上。

④ 1784 年上任的英国首相小皮特认为，英国人每年消耗的 1300 万磅茶叶中，只有 550 万磅缴了税。后来他将茶叶税率从 119% 砍为 12.5%。

⑤ 从 18 世纪 20 年代到 90 年代，茶叶均是荷兰从中国输出的最重要商品。在这一时期，茶叶占荷兰进口的中国商品总值的 70~80%，有些年份甚至超过 85%。

⑥ 亚当・斯密在《国富论》中的原话是：“走私者违犯国法，无疑应加重惩罚，但他常常是不会违犯自然正义的法律的人，假若国法没把大自然从未视为罪恶的一种行为定为罪恶，他也许在一切方面，都可以说是一个优良市民。在政府腐败，至少犯有任意支出、滥费公币嫌疑的国家，保障国家收入的法律，是不大为人民所尊重的。所以，如果不干犯伪誓罪而能找到容易安全的走私机会，许多人是会无所迟疑地进行走私的。假装着对购买走私物品心存顾忌，尽管购买这种物品是明明奖励人家去侵犯财政法规，是明明奖励几乎总是和侵犯财政法规分不开的伪誓罪，这样的人，在许多国家，都被视为卖弄伪善，不但不能博得称誉，却徒使其邻人疑为老奸巨滑。公众对于走私行为既如此宽容，走私者便常常受到鼓励，而继续其俨若无罪的职业。”

既然无法禁止走私，英国国会遂于1784年通过抵代税条例，即《茶与窗户法案》，茶叶消费税从119%骤降至12.5%；茶叶减税造成的损失通过窗户税（按每户家庭的窗户数量征收）来弥补。降税之后，茶叶走私现象随之烟消云散，茶叶也更加廉价。通过海关进口的茶叶，从1784年的500万磅猛增至1875年的1300万磅。一本《英国人的茶》的书中写道：

> 我们终于告别了茶叶走私分子，或许为了庆幸正常茶叶贸易的到来，还会冷不丁冒出一句"谢谢"。得益于贸易公司坚持不懈的默默进取，也得益于茶税的大幅下调，饮茶的风俗传到了联合王国最遥远的乡村，为生计发愁的人家也能喝上几杯热茶。①

此后的茶叶贸易基本为英国东印度所垄断。

对东印度公司来说，其90%以上的利润都来自茶叶贸易，有时甚至是100%，在茶叶贸易中，利润率从来不低于30%。东印度公司每年从中国茶叶获得的利润高达350万英镑。从1775年到1799年，东印度每年进口的中国茶叶从22574担猛增到157526担。②特别是在它垄断中国贸易的最后几年，茶叶几乎成为唯一的进口商品。

"英国东印度公司除了在东印度拥有政治垄断权外，还拥有茶叶贸易、同中国的贸易和对欧洲往来货运的垄断权。"③东印度公司的运茶船非常之大，如同古堡与库房的奇异组合。船在每年年初离开英国，绕过非洲好望角，然后乘着东南季风航行，到达中国时正好是秋季。这时茶叶已经收获，他们完全可以将茶叶填满船舱，然后在年底前返航。在帆船时代，航行是以年来计算的。即使一路顺风，中国茶叶到达英国也需要将近一年的时间；英国人即使吃到最新鲜的茶叶，也往往是去年的。这使得销往英国的茶叶基本都是红茶；为了品尝到新鲜的绿茶，后来出现了专门的快速帆船（Tea

---

① 梅维恒、郝也麟《茶的世界史》，高文梅译，商务印书馆（香港），2013。

② 仲伟民《茶叶与鸦片：十九世纪经济全球化中的中国》，三联书店，2010。

③ 《马克思恩格斯全集》。

Clippers）和运茶竞赛（Tea Race）。①

当茶叶从少数人的奢侈品沦为大众的日用品后，只有难得的新茶多少还保留着奢侈品的色彩。19世纪的英国上流阶层，喜欢用重金购买从中国运来的第一船新茶；这种购买常常是通过拍卖获得，因此具有极大的炫耀感。每年中国新茶上市时，“中国茶叶飞剪船”就呈现出“千帆竞渡”的盛况，这种特意设计的快速运茶船可以将航程提前两个月，从而让英国人喝上当年的中国茶。1849年，美国人制造的快速帆船“东方号”从香港到伦敦，全程只用了97天。每当中国新茶到港，整个伦敦为之兴奋；第二天，几乎每家商店里都会摆上最新鲜的中国茶。因为航行时间的缩短，从1855年到1860年，运往英国的茶叶，由1579万磅激增到4000万磅。②

对英国人来说，茶叶贸易就是白银贸易。就跟英国人只要中国的茶叶一样，中国人也只要英国人的白银。18世纪的中国，既是茶叶的起点，也是白银的终点，甚至被称为“白银的坟墓”。对当时的中国人来说，几乎没有人关心这些白银是怎么来的。实际上，这些巨量的白银，几乎全部来自那个被哥伦布“发现”的“新大陆”，而且它们大多是英国人通过向美洲贩卖黑奴换来的“黑钱”。③

茶叶与鸦片

从1760年到1800年，英国与中国的贸易额增加了10倍以上；在中国与西方贸易总量中，英国占78%。④在接下来的将近一个世纪中，茶叶与英国，鸦片与中国——两种上瘾品与两个国家的命运发生了诡异地嬗变。

1834年，英国的茶叶消费量已经达到5300万磅，巨额的茶叶贸易完全是靠白银贸易来平衡的。在白银时代，英国的“三角贸易”是向美洲贩

① 川北稔《砂糖的世界史》，郑渠译，百花文艺出版社，2007，第154页。

② 庄秋水《武夷茶的黄金年代》。

③ 在加勒比海的英属殖民地中，白人不足6万人，与之相对，黑人奴隶有46万；毫无疑问，这些黑人全部来自非洲。每年有三四万黑人被贩运到美洲，常常有一半人死于运输途中。

④ 林满红《银线：19世纪的世界与中国》，詹庆华等译，江苏人民出版社，2011。

鸦片行制作鸦片。（图片来自《伦敦新闻画报》1858 年 12 月 18 日。）

运非洲黑奴，从美洲向中国输入白银，中国向英国输入茶叶。随着白银时代的结束，东印度公司在印度找到了白银的替代物——鸦片。罂粟原产于南欧及小亚细亚，鸦片是从罂粟的蒴果中提炼而来，主要将其作为药材使用，但这种洋药却迅速风靡中国。鸦片创造了一个新的三角贸易，在这个三角贸易中，英国仍居于主导地位，"印度鸦片输给中国，中国茶叶输给英国，英国统治印度"。

早在 1773 年，英国商人就开始将印度鸦片运往广州。"在 1767 年以前，由印度输出的鸦片数量不超过 200 箱，每箱约重 133 磅。中国法律许可输入鸦片供医疗使用，每箱纳税 3 美元左右。"[①] 1780 年，东印度公司像垄断茶叶一样垄断了鸦片贸易；在 10 年之内，东印度公司运往中国的鸦片就翻了两番，从 1000 箱扩大到 4050 箱。到 1800 年，印度每年出口的鸦片已超过 24000 箱，主要是运往中国。乾隆时访问中国的马戛尔尼使团发现，作为一种奢侈消费，鸦片在中国上流社会已经非常普遍——

广州道在他最近颁布的一份公告中指出了吸食鸦片的种种害处，

① 马克思《鸦片贸易史》。《马克思恩格斯全集》第 12 卷，第 586 页。

声称“外国人用这种卑鄙方式,以污秽不堪之物从中华帝国掠去厚利,而吾同胞竟盲目追逐这一破坏性的恶习，中计而不自知，至死而不醒悟，实乃可憎而又可悲”。可是，这位广州道台每天都从容不迫地吸食他的一份鸦片。[1]

应当指出的是，在鸦片之前的一段时间，棉花曾对茶叶贸易平衡起到一定的作用。“直至 1823 年，棉花都是自印度输华价值最大的商品；自 1824 年起，鸦片输华激增，其价值开始超过棉花。”[2]因为鸦片的出现，使英国—印度—中国之间的三角贸易在近代国际贸易史上占有突出的地位。从此以后，中国茶叶换回的不是白银，而是鸦片（还有棉花）。没用多久，鸦片在中国的流通程度就已经赶上了之前白银。

印度的鸦片虽然在全世界范围内销售，但似乎只有在中国获得了成功。中国人将鸦片作为享乐性的奢侈品，从而迅速在中国上层社会普及。茶叶和鸦片这两种外来物品，进入英国和中国社会生活的过程极其相似：从药品到奢侈品，再到大众消费品；从皇室显贵到富家子弟，再到下层平民。虽然都是上瘾品，但它们的后果却截然相反：茶进入英国社会，在民生、道德、经济、政治等各方面，都对现代文明进程产生了积极作用；鸦片进入中国后，则促使中华帝国更深一步地滑向腐朽与沉迷。正如布罗代尔所言：

致命的打击从 1780 年开始，印度鸦片运到中国，中国贸易收入从此划为袅袅青烟。……大致在 1820 年左右，贸易盈亏颠倒了过来，那时的世界形势（1812–1817 年）也出现转折，直到 19 世纪中叶，始终处于风雨飘摇之下。[3]

正像当年茶叶在英国的增长一样，19 世纪前 40 年，输入中国的鸦片贸易量增长了 10 倍；1839 年达到 3 万多箱，英国占 300 万英镑总交易额

① 约翰·巴罗《我看乾隆盛世》。第 113 页。

② 全汉昇《鸦片战争前的中英茶叶贸易》。

③ 布罗代尔《15~18 世纪的物质文明、经济和资本主义》第 2 卷，第 225 页。

的 80%。[1]鸦片远比茶叶更易成瘾，利润更高，而且中国市场也比英国更大，鸦片贸易的利润高达 900%，这比贩奴贸易更加暴利[2]，东印度公司获得极大贸易出超。英印政府按鸦片成本的 300% 征税，此项税收占其财政收入的 10% 以上。[3]此外，与合法的茶叶贸易不同，所有鸦片几乎都是通过走私进入中国的。东印度的"成功"引发了中国的不安，一则是持续贸易入造成国内白银紧缺，二是鸦片走私造成大量关税损失。

英国想要中国的茶叶，中国却不想要英国的鸦片。金钱战胜了道义，这场贸易争端最后以一场战争结束，中国人"在安危之间而不是是非之间选择了一条道路"。中英双方为鸦片而开战，但在《南京条约》中却将鸦片问题付之阙如。艾略特·宾汉——这位牧师的儿子作为英国海军军官参加了这场战争，他在《远征中国纪实》中写道：

> 目前许多人心理，都对我们目前在中国的行动的正义性发生怀疑，实际上，鸦片战争，这个流行的名字本身就是错的，这是中国人的观点，他们声称厉禁鸦片贸易，是因为鸦片坏人心、败风俗，可事实上中国人民的道德与健康并不是真正的原因，真正的原因可能是，"中华白银外流"。[4]

确实，茶叶与鸦片的此消彼长，极其准确地体现在白银的变化上：19 世纪第一个 10 年，英国向中国出口 983 吨白银；而战争后的第一个 10 年，中国反而向英国出口了 366 吨白银。[5]真可谓"三十年河东，三十年河西"。

---

① 马丁·布斯《鸦片史》，任华梨，海南出版社，1999。

② 马克思在《鸦片贸易史》中，援引美国人蒙哥马利·马丁《论中国的政治、商业和社会》中的一段话说："同鸦片贸易比较起来，奴隶贸易是仁慈的；我们没有摧残非洲人的肉体来为我们的直接利益要求保持他们的生命；我们没有败坏他们的品格，没有腐蚀他们的思想，没有扼杀他们的灵魂。可是鸦片贩子在腐蚀、败坏和毁灭了不幸的罪人的精神世界以后，还折磨他们的肉体；贪得无厌的摩洛赫时时刻刻都要求给自己贡献更多的牺牲品，而充当凶手的英国人和吸毒自杀的中国人彼此竞争着向摩洛赫的祭台贡献牺牲品。"

③ 王询、于秋华《中国近现代经济史》，第 55 页。

④ 转引自：周宁《茶与鸦片：污染世界现代化历史的毒品根源》。

⑤ 《茶：嗜好、开拓与帝国》，第 69 页。

在荷马史诗中，一个女人引发了一场战争。[1]在许多所谓的宏大叙述中，伟大的历史常常离不开一些微不足道的细节，这在后人看来，既荒唐又可悲。大清帝国与大英帝国，这两个位于地球两端的帝国之间，竟因为茶与鸦片——这两个生活中本来最无足轻重的物品，而发生了改变世界近代史的不幸战争。一个帝国的成功，也意味着另一个帝国的失败。所谓鸦片战争，其实是茶叶与鸦片导致的贸易战争。没有茶叶贸易，也就没有鸦片贸易；茶叶使英国欲罢不能，鸦片使中国不能自拔。后来，英国已经不再需要中国的茶叶，但中国已经离不开英国（印度）的鸦片。当初白银因为茶叶而源源不断地流入中国，后来则因为鸦片而流出。对英国来说，《南京条约》标志着鸦片这种帝国战略的成功。

"如同其他成瘾性消费品一样，茶叶和鸦片既是早期经济全球化的产物，也是早期经济全球化的推动因素，19 世纪中国社会经济与这两种特殊商品密切相关。"[2]清朝不仅在武力对抗中不堪一击，在商战中也同样一败涂地。鸦片进口税率一直比出口茶叶税低。以光绪十一年（1885 年）为例，鸦片进口税为 7.3%，茶叶出口税分别为红茶 9.9%、绿茶 11.55%、砖茶 12.45%，茶末更高达 27.1~54.2%。

正如唐德刚先生所说，"鸦片贸易"为当年英伦朝野，国脉民命，生计攸关，不可或缺之国际贸易。[3]对一个沉疴遍地的天朝来说，鸦片扮演了特殊的角色：一方面，可以说清朝因鸦片而亡；另一方面，也可以说清朝又因鸦片而苟延。在 19 世纪后半期，巨额的鸦片税成为帝国财政的主要支柱。直至清朝灭亡为止，每年的鸦片厘金都在 300 万两以上，1888 年高达 656 万多两。具有讽刺意味的是，晚清开展的许多"自强"项目，或多或少与鸦片税厘有关，甚至就是靠鸦片税厘来建设的。

天朝末年，鸦片消费几乎已经成为全民行为，从娼妓乞丐到官吏士兵，乃至慈禧太后，所谓"上自官府缙绅，下至工商优隶，以及妇女僧尼道士，

---

① 在迈锡尼时期（公元前 12 世纪左右），希腊与特洛伊因为美女海伦发生了 10 年的围城战争，最终以"木马计"攻陷特洛伊城。

② 仲伟民《茶叶和鸦片导致中国 19 世纪的全面危机》。

③ 唐德刚《晚清七十年》之"鸦片战争"与"茶叶战争"。

随在吸食，置买烟具，方第日中”。同治年间，中国吸烟人口达 4000 万，将近总人口的 1/10。很多人因此陷入困境，“竭其终岁之操作，不足偿暗室之一灯”。中国以世界 25% 的人口，消费了全世界鸦片产量的 85%。美国传教士卢公明来到福州，他发现这个城市的居民竟有如此多的瘾君子。据他说，1863 年（同治二年），福州进口货物总值超过 1050 万美元，其中 500 多万元是用来购买鸦片的。红茶是唯一重要的出口商品，而鸦片则是最大宗的进口货。福州的鸦片馆甚至比米店还多。卢公明写了一本中文小册子《劝戒鸦片论》，试图用上帝来取代鸦片在人们心中的位置。这让人想起马克思那句名言——“宗教是人民的鸦片”。

早些时候，美国人德拉诺在广州依靠茶叶贸易赚了上百万美元，回到美国几年后破产；1860 年，他又回到中国，靠鸦片贸易东山再起。这位美国总统罗斯福的外祖父，在当年从中国写给家人的信中说：“我无意从道德与慈善的观点为鸦片贸易之诉讼辩护，但身为商人，我要强调这是公平、正当、合法的生意；如果从坏处说，这项贸易可能比葡萄酒、白兰地等烈酒进口到美英等国，更易遭到强烈地反对。”[①]

在中国人眼中，鸦片贩子德拉诺无疑是个恶棍。但事实上，第二次鸦片战争之后，鸦片贸易就在中国合法化了；既然无力阻止鸦片贸易，则不如堂而皇之的征税。咸丰八年（1858 年）起开征“洋药税”，每百斤纳银 30 两；[②]光绪二年（1876 年），进口关税加厘金，每百斤鸦片纳银增至 110 两。[③]

跟茶叶当年在英国的发展类似，中国每年进口的鸦片迅速增加，从 1839 年的 2700 吨增长到 1879 年的 6800 吨。以 1855 年上海海关为例，进口货物总值 1262 万两白银，其中鸦片占 72%，价值 911 万两。在数量增加的同时，价格也直线下降，鸦片从富人的奢侈品变成大众消费。对农业中国来说，种鸦片并不是什么难事。实际上，鸦片的种植和加工都比茶叶要简单得多，而其利润却比茶叶高得多，且南北皆宜。与进口鸦片相比，国产鸦片增长更快，到光绪初期已经达到 14500 吨，超过进口鸦片的两倍。

---

① 戴维·考特莱特《上瘾五百年：烟、酒、咖啡和鸦片的历史》。第 39 页。

② 《茶叶与鸦片：十九世纪经济全球化中的中国》，第 212 页。

③ 马丁·布思《鸦片史》，任华梨译，海南出版社，1999。第 167 页。

19 世纪末，印度鸦片基本被挤出中国市场，中国不仅实现了鸦片的自给自足，还开始出口。

与此同时，中国的鸦片消费也达到茶叶也没有达到过的程度。就全国而言，犹以四川鸦片为盛，四川的罂粟田一度占到全部耕地的 2/3，所产鸦片占全国产量的 40%，吸食鸦片的人口比例达 50%，男女老少都有。四川因此从粮食输出省变成粮食输入省。鸦片贸易催生了大量军阀、会党和黑社会组织，四川哥老会便是其中之一。①

对一个挣扎在温饱底线上的农业中国来说，鸦片最大的恶果便是饥荒的大规模、高频率地爆发。与此同时，粮食取代鸦片成为中国最大宗进口商品。②中国不仅完全进入世界体系，甚至靠世界来养活。

最令世界震惊的便是发生在光绪初年的“丁戊奇荒”③。饥荒席卷整个北中国，包括陕西、山西、河南、直隶（今河北）、山东诸省，以及苏北、皖北、陇东、川北等地区，受到旱灾和饥荒严重影响的人数将近二亿，占当时全国人口的一半；直接死于饥荒者超过 1000 万人；逃亡灾民是死亡者的数倍。这些受灾地区“很大部分的可耕面积都播种了罂粟，因为人们发现这比种麦或其它谷物更有利；结果粮仓都是不满的，连一年旱灾的储备粮也没有存下”。作为重灾区的山西，“自境内广种罂粟以来，民间蓄积渐耗，几无半岁之种，猝遇凶荒，遂至无可措手”。④

茶叶战争

如果细究起来，“美国人”喝茶的历史远比“美国”的历史早得多。

---

① 可参阅：朱庆葆、刘霆《黑色的瘟疫：插图本中国毒品史》，山东画报出版社，2012。

② 同治六年（1867 年）起，每年进口稻米 10 余万担；光绪三年（1877 年）增加为 100 余万担；民国以后，每年都在千万担以上；民国十八年达到 2 千万担。（《中国救荒史》，第 152~153 页。）

③ 这次因旱灾而导致的大饥荒以 1877 年（农历丁丑年）和 1878 年（农历戊寅年）为最严重，故人们称之为“丁戊奇荒”。

④ 转引自：《茶叶与鸦片：十九世纪经济全球化中的中国》，第 156 页。

在17世纪中叶，当时纽约还是荷兰殖民地“新尼德兰”（New Nederland），这些美洲的荷兰殖民者就已经开始喝茶——当然是中国茶。1644年，英国打败荷兰人，占领新尼德兰，并改名新约克（New York，即“纽约”）；此后，饮茶之风更甚。随着18世纪工业革命的兴起，大量英国人移民美洲，美洲人和英国人在喝茶的习惯上几乎难分伯仲；甚至在喝茶器具上，也热衷于中国瓷器。这段时间，美洲殖民地年茶叶消耗量高达570–650万磅，相当于每人每天饮用1.4–1.6杯茶。[①]

北美殖民地跟同一时期的英国本土一样，一方面茶叶需求旺盛，另一方面茶叶走私泛滥。在18世纪60年代，英国加大了对北美殖民地的税收征缴，先后于1765年出台了《印花税法》和1767年出台了《唐森德条例》，对茶叶、玻璃、纸张、印刷品、铅和涂料等课以重税。这在北美引发广泛而强烈的反对。殖民地的白人精英们宣称：既然他们在国会没有代表，就没有义务缴税。

这其中最著名的当属波士顿“茶党”[②]。

以波士顿商人汉考克和知识分子亚当斯等为首，反抗者自发组成波士顿茶党，号召人们抵制具有英国政府背景的东印度公司和其经营的茶叶；同时，他们通过大量走私茶叶来逃避关税。这场“杯葛”[③]运动使东印度公司雪上加霜，本来他们经营的茶叶价格就高，再加上人们的抵制，茶叶销量便一落千丈。在这种情况下，英国于1773年通过《茶叶法案》，严禁茶叶走私行为，并赋予英属东印度公司茶叶贸易垄断权；同时免除其积存的2000万磅茶叶的关税，并允许其在北美殖民地低价倾销，价格比走私茶

---

① 埃里克·多林《美国和中国最初的相遇：航海时代奇异的中美关系史》，朱颖译，社会科学文献出版社，2013。

② 按照社会学家和历史学家的解释，美国茶党（Tea party）并不是一个政党，而是指美国社会的草根运动。它最早发端于1773年的美国东北部的波士顿，几乎是美国革命的代名词。直至今天，美国茶党依然存在并保持着一定社会影响力，比如2009年4月15日（美国纳税日），茶党发动的全美大游行，示威者高举“税收已经够多了”(Tax Enough Already)的横幅，口号三个词的首个字母拼在一起，正好是TEA（茶）。

③ 杯葛（Boycott）原是一位前英国上尉的名字，他对英格兰的佃户们的控制过分严苛，而受到佃户们的联合反抗和抵制，后来“杯葛”便成了联合抵抗的代名词。美洲人“杯葛”的不是某个人，而是针对从英国进口的商品，特别是茶叶。

叶还低，这无疑威胁到许多茶叶走私商的利益。

1773 年 11 月，东印度公司的四艘商船，装载着 342 箱茶叶开进波士顿港。[①]12 月 16 日，波士顿数千人集会抗议，要求东印度公司的运茶船离开港口，遭到拒绝。当天晚上，在波士顿茶党的策划下，100 多个所谓的“自由之子”装扮成印地安人，偷偷潜入停靠在“茶叶码头”的东印度公司商船，将船上价值 18000 英镑的 342 箱茶叶全部倒入港口——“那些来自中国的武夷茶，经过了 9 个月的海洋旅程，最终没有被冲入茶杯，而是被冲入了海洋”[②]。当时的《马萨诸塞时报》描述道:“涨潮时，水面上飘满了破碎的箱子和茶叶。自城市的南部一直延绵到多彻斯特湾，还有一部分被冲上岸……”

在倾茶时，有人趁机将茶叶揣入怀中，被发现后，立刻遭到围攻和暴打。虽然在当时，整个过程显得神不知鬼不觉，但后来的历史影响相当波澜壮阔。有人写过这样一首诗：

有谁知道
一些微不足道的小事
竟会导致如此怨恨
如此可怕的事件

有谁知道
一些被扔进大海的茶叶
竟会使成千上万的人
流血牺牲[③]

波士顿倾茶事件很快传遍了整个殖民地区。人们只要发现中国茶叶就

---

① 当时东印度公司共有 7 艘装满茶叶的大型商船从英国前往殖民地，其中四艘开往波士顿，其他三艘分别前往纽约、查理斯顿和费城。然而纽约和费城两地的茶商拒绝接货，这两艘商船不得不开回英国；运往查理斯顿的茶叶被存放在该地的货舱未能销售。

② 庄秋水《武夷茶的黄金年代》。

③ 《茶：嗜好、开拓与帝国》，第 50 页。

要不顾一切的毁掉。在新泽西最繁华的格林威治，原本驶往费城的“灰狗”号货船上所有茶叶都被卸下焚毁；在马萨诸塞的威斯顿，有人谣传说当地一家大篷车饭店销售茶叶，一群爱国暴徒便捣毁了饭店，虽然没有发现茶叶，但却将饭店里的烈酒喝了个精光。1774 年 3 月，波士顿发生了第二次倾茶事件，“财富”号商船上的 28 箱茶叶被倒入大海。[①]

随着事态越来越严重，英国政府下令关闭波士顿港，满载士兵的战船随之驶入殖民地。倾茶本身也受到来自各个方面的批评，前新泽西州州长本杰明·富兰克林认为应该赔偿被倾倒的茶叶，并表示愿意用自己的钱来赔。但英国政府认为，此举这是对殖民政府的挑衅。次年，针对马塞诸塞州，出台的一系列“强制法案”，取消了马萨诸塞的自治地位；同时，进一步加强了政府高压控制，规定英军可强行搜查民宅。面对大英帝国的“不可容忍”，北美殖民地的人民也没有“容忍”；对抗的结果，终于在 1775 年 4 月 19 日，波士顿附近的列克星敦打响了美国独立战争的第一枪。

从某种意义上可以说，美国的独立就是由茶叶而引起的；换言之，这是一场因为茶叶引发的战争。1840 年的中英战争是由于鸦片贸易引发的，所以被称为“鸦片战争”；美国独立战争的导火索则是“波士顿倾茶事件”，这一事件又是围绕茶叶的走私、征税、垄断和查禁而引发，从这个角度说，美国独立战争也可以称之为“茶叶战争”。甚至说，美国茶党在波士顿港销毁英商的茶叶，与林则徐在虎门港销毁英商的鸦片也极其相似，并且都导致了一场改变历史的战争；不同的是，前者使一个现代民主国家得以诞生，后者却使一个腐朽专制帝国走向没落。

美国刚刚获得新生，就积极加入到茶叶贸易的行列，他们甚至将第一艘茶叶商船命名为“中国皇后（Empress of China）”号，而这艘载重 360 吨的商船就在波士顿建造完成。[②]在很短的时间，美国就成为仅次于英国的第二大茶叶买主。1784 年，“中国皇后”号首航广州，格林船长在 8 月 28 日的日志中写道：“‘中国皇后’号荣幸地升起了在这海域从未有人升

---

① 梅维恒、郝也麟《茶的世界史》，高文梅译，商务印书馆（香港），2013。

② 可参阅：埃里克·多林《美国和中国最初的相遇：航海时代奇异的中美关系史》，朱颖译，社会科学文献出版社，2013。

起或看见过的第一面美国国旗。”这次历时 15 个月的远航，获得的利润达 3.77 万美元，其中茶叶为 3022 担（红茶 2460 担、绿茶 562 担），价值 66100 两白银，占该船总货值的 92%。

有了这次“成果丰硕的航行”，此后前往中国的商船络绎不绝，所购商品仍以茶叶为大宗，并且增长迅猛。1784 年中国输美茶叶仅为 3022 担，1799 年达到 33769 担，增长 10 余倍；1833 年超过 10 万担，1936 年达到 22 万担。1840 年，美船购买 19333579 磅茶叶，占其在华购货总值的 81%。19 世纪后半期，美国喝绿茶之风盛行，但这些绿茶并不来自中国，而主要来自日本。

茶叶时代的终结

1656 年，卜弥格[①]在欧洲出版了《中国植物志》，其中就收录了中国茶树；不久之后出版的《中国图说》一书中，将中国茶树称之为“cha”。1753 年，瑞典植物分类学家林奈首次将茶树命名为“中国茶树”。1793 年，马戛尔尼结束对中国的访问回国时，“总督大人特许我们带走几棵茶树苗。树苗根部裹着一大坨泥。我非常中意这些树苗，将设法把它们带到孟加拉去”。这些从中国带回的茶树未能成活，但茶种在加尔各答的植物园中成功发芽。1824 年，英国人在印度东北部发现了野生大茶树，由此产生了关于茶树起源的历史争论。

1834 年，英国将茶叶列为国家发展计划，并成立了一个专门的茶叶委员会。1848 年，植物学家罗伯特 · 福琼受东印度公司委派，前往中国研究茶树；他后来从中国带回了 2 万株小茶树和大约 1.7 万粒茶种，还有 8 名茶农和制茶师。最终，英国的茶叶计划获得了成功，来自印度的茶叶开始取代中国的茶叶，成为世界茶叶贸易的新秀——

① 卜弥格（Michel Boym，1612—1659），波兰人，天主教耶稣会传教士。1645 年来到中国，他曾受南明永历皇太后之托而出使罗马。卜弥格对中国文化、历史、科学、地理、物种、医学都有相当研究，并将其著书传播到欧洲。

在跨越三代人的英国企业的努力下，大片印度的丛林被伐去，面积两百万英亩的土地上庞大的工业被建立起来，其中 3600 万英镑的资本投入到 788842 英亩土地上用于茶叶生产，每年产出了 432977916 磅的茶，雇佣了近 125 万人；同时在不列颠境内创造了最可观的、以私人财富或国家税收为形式的利润回馈之源。①

随着茶叶种植在印度和锡兰（今斯里兰卡）的大范围推广，依靠大资本支持的现代茶叶种植园，在产量和品质上都超越中国传统茶叶；再加上先进的机器加工技术，进一步降低了茶叶的生产和加工成本。到 1890 年，印度茶叶已经占据英国 90% 的市场份额，基本上将中国茶叶驱逐。这其中，仅通过立顿连锁店就销售了 600 万磅茶叶。

漫漫数百年中，微不入眼的茶在诸多人类历史的十字路口扮演了略带神秘色彩的、匪夷所思的角色。在波士顿倾茶这一独幕剧中，茶只不过是个道具。这一舶来的暴利商品不经意间却成了统治者强加于劳苦大众的苛政、贪婪和不公的象征。英国人失去北美大陆后，印度成为帝国的又一颗宝石。在这里，茶扮演了双刃剑的角色，既是殖民者征服的工具，又是新产业和生计的支撑。②

在英国人的精心策划下，印度茶不仅夺走了中国茶的国际市场，还步步紧逼，试图凭借交通和价格优势，夺取西藏茶叶市场。19 世纪中期，英国控制了尼泊尔、锡金和不丹，然后发起对藏战争。1892 年（光绪十八年），四川总督刘秉璋在给总理衙门的电文中忧心忡忡——

川茶全靠藏销，岁收十余万冲饷，而藏饷专指此款。印茶行藏，藏饷无着，是藏中切身之害。而川茶失此销路，川民失业，不为饿殍，

① 西敏司《甜与权力：糖在近代历史上的地位》，第 117 页。

② 梅维恒、郝也麟《茶的世界史》，高文梅译，商务印书馆（香港），2013。

即为盗贼。[①]

在这种前所未有的竞争面前，风靡世界将近两个世纪的中国茶叶逐渐成为昨日黄花。另一方面，清政府对茶叶出口征收的沉重关税，也加剧了国际市场的丧失，使茶叶在中国出口商品中的比值迅速跌落；从当年鼎盛时期的 80% 降到后来的 50%，到 19 世纪最后 10 年降至不足 30%；至 20 世纪初，更降至 10% 以下。在这一过程中，茶树已经在世界各地落地生根；从非洲到美洲，茶叶逐渐成为大多数热带、亚热带和温带国家的普通物产。

在此之前，英国已经制造出可以媲美“china”的上等陶瓷，现代工业使韦奇伍德（WEDGWOOD）几乎成为瓷器的标志。从茶叶到茶杯，都已经与中国无关。中国茶叶和中国一样，在这个现代世界面前，被彻底边缘化。

颇为讽刺的是，中国本是茶叶的产地，印度是鸦片的产地，然而双方后来却发生了大换位，印度成为世界第一茶叶产地，中国成为世界第一鸦片产地。印度茶叶赶走了中国茶叶,中国鸦片赶走了印度鸦片,结果是“中国成为经济全球化过程中的看客和牺牲品”。[②]

与天朝的没落相反，曾经嗜好中国茶叶的大英帝国，依然主宰着世界茶叶贸易，但这个贸易体系中已然没有中国。中国失去了茶叶，也失去了世界，而得到了鸦片。直到今天，人们还免不了要面对一个没有中国的世界，和一个没有世界的中国；直到今天，英国品牌依然是世界茶叶市场的主导者，即使英国本土不生产一片茶叶。[③]

---

① 转引自：周重林、太俊林《茶叶战争：茶叶与天朝的兴衰》，华中科技大学出版社，2012。

② 仲伟民《茶叶与鸦片：十九世纪经济全球化中的中国》，三联书店，2010。

③ 中国出口茶叶在国际市场上平均每公斤仅值 2 美元左右，平均茶价比印度低四成，比斯里兰卡低六成多，甚至比肯尼亚的茶叶价格还要低 20%。中国每年产茶 120 万吨，仅有 30 万吨出口，虽然产茶面积世界第一，但国际市场的影响力却较弱。中国每年茶产业产值为 300 亿元人民币，而立顿茶叶年产值约 230 亿元人民币，相当于中国茶产值的三分之二还强。（《中国七万茶厂不敌一个立顿》，《北京商报》，2009 年 3 月 10 日。）

古代中国的煤炭革命

自从发明了火，人类就成为唯一一种熟食动物。对人类来说，燃料跟食物一样不可或缺。对中国人来说，生活就是柴、米、油、盐，而柴是开门第一件大事。

在传统时代，不管是生活还是生产，人们一直以可再生的植物燃料为主。在一定的人口和生产模式之下，燃料的消耗与可再生速度基本是稳定的。但进入宋代之后，人口（特别是城市人口）出现大幅增加。200 多年间，中国人口从 3000 万翻了两番，首次突破 1 亿。宋朝的城市化水平已经达到相当高的程度，江南地区约有 21% 的人口居住在城市。当时世界人口超百万的 6 个城市中，除过君士坦丁堡，其余 5 个（汴京、临安、长安，洛阳和南京）都在中国，而汴京更是世界第一大城市。

与此同时，宋代出现了从农业到近代工业的产业转型。作为世界大国，大宋帝国在金融、陶瓷、冶金、纺织和制造等行业，都拥有全球领先的水平。与生活需求相比，工业生产需要的燃料要大得多。这些需求加在一起，增长的速度远远超出燃料再生的速度，因此植物燃料就陷入山穷水尽的绝境，从而成为一场燃料危机，并将很快导致更广泛的经济危机和社会危机。

但就在这时，一种新的燃料出现了，它就是煤炭，这种不可再生、但储量巨大的燃料不久拯救了中国，并使大宋帝国在人类历史上较早地进入近代文明。可以说，这场从可再生能源到不可再生能源的飞跃，完全是一场革命。

燃料的危机

华北地区自古植被茂盛，即使在唐帝国时代，河套地区、关中地区和秦岭北坡等地还被茂密的森林所覆盖。但进入宋代之后，这些森林开始大片消失。其他地方也好不到哪里去，沈括在《梦溪笔谈》中这样记载："今齐、鲁间松林尽矣，渐至太行、京西、江南，松山太半皆童矣"。森林的消失，一方面是为了开垦土地，更主要的是为了获得燃料。

"心忧炭贱愿天寒"，从白居易的《卖炭翁》一诗可以推知，唐时并不存在燃料短缺的情况。宋代人口猛增，燃料消耗与再生之间脆弱的平衡被打破。近处的林木消失后，人们只能去更远的地方获取，"伐材采木、山谷渐深，辇致劳苦"。没有了杂木，为了救眼前的燃料之急，人们不得不砍伐桑树和枣树，"河朔、山东养蚕之利，逾于稼穑。村人寒月盗伐桑枝以为柴薪，为害甚大"。经济林木的毁灭，意味着经济开始走向倒退甚至崩溃。政府为此颁布禁令，"禁民伐桑枣为薪"，但再严厉的刑罚，也无法阻止一场危机的蔓延，最后连军队也"辄入村落伐桑枣为薪"。北方蚕桑丝织业因此遭到灭顶之灾。

燃料危机是如此严重，以至于连宗庙陵区的树木也在劫难逃。许多圣贤的庙祠和帝王将相的陵寝尚存大量的林木，最后也被人们焚琴烹鹤，樵采为薪。宋政府对此虽禁令不断，但也无济于事。熙宁十年（1077年），位于关中的唐太宗李世民的昭陵周边，林木已经被翦伐无遗。

"河北难得薪柴"，南方的燃料危机也同样严重，"今驻跸吴、越，山林之广，不足以供樵苏。虽佳花美竹，坟墓之松楸。岁月之间，尽成赤地。根枿之微。斫撅皆遍，芽蘖无复可生"。不但山林被砍伐殆尽，连佳花美竹这类的守墓之树，也被刨根挖光，可见燃料之缺。

为了便于运输和储存，人们一般对木材进行干馏，将其加工成木炭，木炭也是冶金的主要燃料。但木炭的加工过程中损耗极大，3斤木材才能干馏出 1 斤木炭，而干馏还需要 3 斤木材，即木炭与木材之间的转化率是 1:6。因此，烧取木炭成为森林消失的重要原因。用土法炼铁 1000 斤，需要消耗硬杂木和木炭 10 立方；将生铁加工成各种器具或炼钢，还需要更多木炭。炼铜消耗燃料数倍于炼铁。此外，除过冶金，陶瓷、煮盐、酿酒和制矾也需要大量木炭。

在这场燃料危机中，作为大宋帝国的首都，汴京（开封）经受了严重的考验。尽管政府对生活必需的燃料免除一切税赋，但燃料紧缺的状态并没有丝毫缓解。特别是冬天，百万人的汴京滴水成冰，取暖更加重了燃料危机。“民间乏炭，其价甚贵，每秤可及二百文。虽开封府不住条约，其如贩夫求利，唯务增长”。嘉祐三年（1058 年）“自立春以来，阴寒雨雪，小民失业，坊市寂寥，寒冻之人，死损不少，薪炭、食物，其价倍增”，素来盛大的元宵灯会也被取消。

在危机如此深重的事态下，民间生活尚且如此，工业所需燃料更加难以保证。许多官窑被迫停工，甚至连钱币都停止铸造。从嘉祐四年（1059 年）起，铁钱停铸长达 10 年。邓州有人用竹子烧竹炭，一度成为炼铁的主要燃料。

煤炭的拯救

穷则思变，正是因为这场燃料危机，人们不得不将目光瞄准新的燃料来源，这就是煤炭。煤炭不仅终结了这场危机，也在一定程度上取代了木柴和木炭等传统燃料，从而拯救了森林和大宋帝国。

对文明悠久的中国来说，煤炭并不是什么新事物。最迟在汉代，煤炭就已经被用来做燃料，甚至用于冶铁。在现代发掘的郑州古荥冶铁遗址中，就发现煤渣和煤饼，在巩县铁生沟的汉代冶铁遗址中，还发现了原煤块。煤在中国古代被称为“石墨”、“石炭”等，“石炭”后来被写成“碳”；在很多地方方言中，至今仍然将煤说成“碳”，日本也称煤为“碳”。

汉代之所以有大量的煤炭使用，与其人口膨胀和工业能源需求有很大关系。汉帝国崩溃之后，在长达千年的时间中，中国人口一直没有恢复到公元前后的水平。正是因为人口和工业低迷，植物燃料的再生速度足以满足社会需求，所以煤炭就没有得到重视，慢慢被人们忘却。直到宋代爆发巨大的燃料危机，这种古老的燃料才得以再次被重视，而且就其使用程度来说，已经远远超过汉代的水平；煤炭不仅是对木柴、木炭等传统燃料的补充，而是一定程度上的取代。因此，这是一场前所未有的燃料革命和能源革命，将中国带入到一个全新的近代化的能源时代。

现代人都知道，中国拥有丰富而广泛的煤炭资源，特别是华北地区。当华北的森林消失之后，煤炭便成为华北地区得以发展重要支柱。鹤壁原属宋代相州，现代考古者在这里曾经发掘了一个大型宋代煤矿，矿井口直径 2.5 米，井深 46 米，巷道长达 500 多米，井下还有完整的排水系统。就其开采规模而言，丝毫不逊色于今天的中型煤矿。

作为现代中国最著名的煤炭大省，山西即宋帝国的河东路。“河东铁、炭最盛”，远在 1000 年前就依靠煤炭维生。当时的记载称“以地寒民贫，仰石炭以生”。早在宋仁宗时期，晋、泽、石三州就利用当地的煤铁资源，铸造铁钱；熙宁八年（1075 年），神宗皇帝在一次诏书中令“河东铸钱七十万缗外，增铸小钱三十万缗”。

与山西一河之隔的陕北黄土高原，因为森林的消失而成为水土流失严重的不毛之地，但煤炭的开采使这里依然保持了繁荣。元丰年间，沈括在延安任职，他在《梦溪笔谈》中记载：“造煤人盖未知石烟之利也，石炭烟亦大，墨人衣，予戏为延州诗云：二郎山下雪纷纷，旋卓穹庐学塞人。化尽素衣冬未老,石烟多似洛阳尘”。把煤炭燃烧的烟雾比作洛阳尘，可见当时因为煤炭造成的烟尘污染已经非常严重。当时还有“沙堆套里三条路，石炭烟中两座城”的诗句，这与烟雾笼罩的现代工矿厂区何其相似。

现代发现的宋代耀州瓷窑遗址中，也都有不少煤块。和许多中国名瓷一样，耀瓷的发展与煤炭有着密切的关系。同时耀州也以冶铁出名。在四川，人们用煤炭来煮盐。在川北发现的古代“禁采煤炭碑”写道：“自宋季开始挖煤以来，迄今五百余载。”

苏东坡做徐州太守期间，曾组织人力，专门进行煤炭勘探和开采，并写下一首《石炭》诗——

彭城（即徐州）旧无石炭，元丰元年十二月始遣人访获于州之西南白土镇之北，以冶铁作兵，犀利胜常也。

君不见前年雨雪行人断，城中居民风裂骭。

湿薪半束抱衾裯，日暮敲门无处换。

岂料山中有遗宝，磊落如磐万车炭。

流膏迸液无人知，阵阵腥风自吹散。

根苗一发浩无际，万人鼓舞千人看。

投泥泼水愈光明，烁玉流金见精悍。

南山栗林渐可息，北山顽矿何劳锻。

为君铸作百链刀，要斩长鲸为万段。

最早的工业革命

根据古文献记载，宋辽金夏时期的煤炭开采已经遍及全国，包括北京的西山地区，江西的高安、萍乡、丰城、玉山，陕西的韩城、铜川、旬邑，辽宁抚顺，河北的曲阳、观台，河南的鹤壁、鲁山、宝丰、渑池、新安、怀州，安徽的安庆、淮北，山西的太原、洪赵等。这些地区至今仍是中国的主要产煤地区。

北宋的生铁产地主要是邢州、磁州和相州，这里还有很多制造兵器的都作院，其中相州都作院一次就能造箭 33 万枝。邢州每年生铁产量达到 1716413 斤，最高达 2173201 斤，这种堪称奇迹的生产量，完全得益于当地丰富的煤炭资源。

《天工开物》中记载，中国冶炼铁的燃料中 70% 为煤炭，30% 为木炭。北京钢铁学院曾对出土的宋代生铁实物经过化验分析，得出结论认为，宋代生铁普遍含硫较高，一般较汉代高四至五倍，个别则有含硫高达 1%；除个别的可能是用特殊的高硫矿而外，多数则可能是用煤冶炼。

相比木柴和木炭，煤炭的能量密度更高（煤的燃烧效能是木炭的 3 倍），也便于运输，因此煤炭很快就成为汴京这样的大城市的主要燃料，“汴都数百万家，尽仰石炭，无一家然薪者”。作为煤炭最大的消费地，汴京三个官办炭场都位于城市西侧，紧邻大通门运河，这些煤炭大多产自西边的怀州（今沁阳），经由黄河运抵汴京。

随着燃料危机的远去，煤炭已经成为人们生活不可或缺的大宗商品，宋帝国便很自然地将其变成一个重要的新税源，甚至改为官方专卖。“沿汴州县创增镇栅以牟税利、官卖石炭，增卖二十余场”。为了对进城的煤炭进行抽税，特设炭场和税炭场。“官鬻石炭，市直遂增，皆不便民”。任何商品只要成为生活必需品，官方就有垄断的企图；煤炭一旦被垄断，价格就直线上升。北宋末期，特别是宋徽宗崇宁以后，“官卖石炭，增二十余场，天下市易务炭，皆官自卖”[①]。

随着煤炭源源不断地广泛使用，中国经历了人类历史上前所未有的能源革命，这使中国的生活水平和工业水平达到当时世界的最高程度。中国的生铁年产量达到 12.5 万吨，而英国 1720 年的铁产量只有 2 万吨。在火器制造方面，帝国军器监雇工达 40000 多人，江陵府每月就可生产 1000 到 2000 只铁火炮。大宋帝国的军事工业体系非常庞大而完备，仅四川的弓弩院就可供应地方武库“弓弩多至数十万，箭数百万枝”；“工署南北作坊及弓弩院每年造铁甲三万二千，弓一千六百五十万，各州造弓弩六百二十万”。这些大规模生产要比欧洲工业革命早得多。

正如日本历史学家宫崎市定在《中国的铁》一文中所指出：

> 从唐末到宋初，中国发生了可以称为燃料革命的一大事件，燃烧煤炭取得高热，并利用煤炭炼铁，使铁已有大量生产的可能。这就在世界史上出现了远东的优越地位。

煤炭作为一种现代能源，为大宋帝国的发展提供了巨大的源动力。除过作为民用燃料之外，更为广泛的应用在冶铁业、兵器制造业、货币铸造业、陶瓷业以及造船业等，大大促进了产业革命；甚至可以说，这是人类

---

① 《宋史·食货志》。

第一次工业革命。欧洲工业革命同样起源于煤炭引发的能源革命，但却要比中国的这场工业革命晚整整五六百年。

与中国相比，欧洲对煤炭的发现和应用要晚得多，直到1830年，整个巴黎所需要的将近50万立方米燃料中，煤炭仅占1/4，而数百年前的汴京早已将煤炭作为主要燃料。

英国历史学家约翰·霍布森在《西方文明的东方起源》中写道：

> 工业大师是中国，而不是英国。中国“工业奇迹”的发生有1500多年历史，并在宋朝大变革时期达到了顶峰——这比英国进入工业化阶段早了约600年。……正是宋朝时期，中国许多技术和思想上的重大成就的传播，才极大地促进了西方的兴起。

煤炭支撑的北京

在人类文明史上，火的出现是一个最醒目的标志。因为周口店原始遗址的考古发现，北京人一直被认为是世界上最早用火的人类。大量木炭、灰烬和烧过的石块、兽骨和树籽等，说明早在20多万年以前，生活在这里的北京猿人就已经学会用火取暖和烧熟食物。

作为人类用火的发源地，北京使用煤这种新型燃料的历史也是相当早的，煤炭几乎成为北京不可或缺的燃料来源。北京丰富的煤炭资源得天独厚，这在全世界历史上都显得非常独特。

从安史之乱始，北京逐渐成为北方游牧民族的政治经济中心；特别是成吉思汗之后，北京进一步上升为整个中国的统治中心。13世纪后半叶，随着蒙古帝国的崛起，“汗八里”成为影响世界的国际大都市；在政治、文化和经济上，北京都以开放繁荣著称，其科技水平远远领先于世界。当时意大利人马可·波罗曾在北京担任官职，在他的游记中就有关于用煤炼铁的记载:(中国)“有一种黑石，采自山中，如同脉络，燃烧与薪无异，其火候且较薪为优”。最迟到13世纪末，也就是元初，北京的宫廷和民间生活中就已经大量使用煤炭。“大都”之内专门设立了煤市和煤场。

比马克·波罗稍晚一个时期的另一位欧洲人白图泰[①]，也对在中国的煤炭非常感兴趣——

> 中国及契丹之居民，不用木炭，而用一种异土，以作燃料。此种之土，乃天然之产。在地下时，其形如块，其色如吾国之土。用象转运远方。土人将土切成块形，与吾国切炭方法相同，燃时亦与炭同。火力比炭尤烈。成灰后，以水和之，曝干复可燃一次，至全变为灰烬而后已。从此土中亦可以制瓷器，惟须另加矿物也。[②]

据《元统一志》记载，“石炭煤，出宛平县西四十五里大谷山，有黑煤三十余洞，又西南五十里桃花沟，有白煤十余洞；水和炭，出宛平县西北二百里斋堂村，有炭窑一所；画眉石，有洞，在宛平县西北二百里斋堂村，有炭窑一所。”元代开始将“石炭”改称为“煤”。值得一提的是，这些记载主要指官办的煤窑，并不包括民间所开的煤窑。当时西山有些寺院也开办煤窑，如大庆寺开办的煤窑，不但供自己消费，还出售多余的部分。

明代对煤炭的开采和利用，比宋元时期更加普遍。明丘濬《大学衍义补》中说：“京城军民百万之家，皆以石煤代薪。”李时珍在《本草纲目》中写道：“石炭，南北诸山产处亦多。昔人不用，故识之者少。今则人以薪炊，锻炼铁石，大为民利。”

北京有句老话，叫做“烧不尽的西山煤”。明清以后，北京的西山地区已发展为中国最著名的煤炭矿区，像浑河、大峪、门头沟和居庸关等处，煤窑星罗棋布。作为都城的北京，当时人口百万，除过粮食，需要量最大的生活资料就是燃料，西山的煤矿很好地解决了这个问题。明万历时的大学士吕珅说：“今京师贫民，不减百万。九门一闭，则煤米不通。一日无煤米，则烟火即绝。”清代历史学家赵翼指出，自辽金以来，北京之所以能成为帝国首都，其中一个重要的原因就在于西山的煤炭。

---

① 白图泰（1304–1377），即伊本·拔都他，也译作伊本·白图泰。摩洛哥旅行家，元代时期到过中国。

② 转引自：吴晓煜《中国煤矿史读本》，煤炭工业出版社，2013。

古语说“柴尽煤出”，在人类早期历史中，煤炭完全是作为薪柴的替代品出现的。明清时期的北京恰好处于煤炭与薪柴的转换阶段，即薪柴的比例逐步降低，而煤炭的比例逐步提高。相比煤炭，薪柴的资源要广泛得多，特别是北京建城初期，北京周边几乎遍布林地，人们完全没有必要去采煤。明朝初年，“西山内接太行，……磅礴数千里，林麓苍黝，溪涧镂错，其中物产甚饶。”相对百万人口的燃料消耗，自然资源再生的速度要慢得多。明中期之后，薪柴资源就日益窘迫，紫荆、居庸、雁门一带关口，“绵亘数千里，旧有树木根株蔓延，长成森麓，远近为之阻隔，人马不能渡越，斧斤日寻，树木殆尽年”；至明末，北京周边已是“山场林木砍伐殆绝”，“数百里内皆濯濯然”。

在燃料需求不变的情况下，薪柴的缺口必然只能以煤炭来弥补，北京周边地下丰富的煤炭资源，继续支撑了北京的繁荣。北京的煤业经济也就这样逐渐崛起，成为世界经济史最令人惊叹的一页。相比之下，中世纪的欧洲当时还完全处于传统薪柴燃料时代，而北京则已经向矿物燃料转型，这无疑是一场燃料革命。

发现门头沟

明朝的北京是在元大都基础上重新修建的；跟元代一样，京城所用煤炭主要仍产自宛平西山一带。自从将西山作为皇家陵寝禁地之后，明帝国就严禁在此凿山伐石，掘地开窑更是大逆不道。从正德年间起，西山的很多煤窑被封，理由是“与皇陵京师相近，恐伤风水”。除此之外，禁矿也出于维稳需要。这些煤矿收容了大量无地无业的流民，又处在皇城根下，难免令统治者不安。万历时的内阁辅臣指称：“煤力至微，煤户至苦，而其人又至多，皆无赖之徒，穷困之辈，……一旦揭竿而起，岂不可念！”

经济的发展有它自身的规律，并不完全合乎政治的逻辑，也不是权力可以阻止的。在所有禁令都失效之后，明朝政府只能做出让步。西山煤窑在后来发展如此迅速，以至于权力也纷纷投身其中，以分一杯羹。对捉襟见肘的帝国政府来说，煤炭成为新的税源，因此在西山设立了大批的“煤税监”。虽然当时也有官窑和军窑，但无论在数量还是规模上，都不如民窑发达。万历年间的官方报告称：“查勘官窑仅一二座，其余尽属民窑。”

在明代煤窑中，“自备官赀开挖，月进煤利以供造作”的所谓官窑不仅少，而且都经营不利，大多数煤窑都由民间经营开采、由政府抽分或收取课税。万历二十五年（1589年），大臣梁柱“奏采煤利助工”，皇帝斥道：“煤乃民间日用之需，若官督开取，必致价值倍增，京城家家户户何以安生？”①

在相当长的一个时期，门头沟煤矿一直是北京最主要的煤炭供应地。“由头门村登山，数里至潘阑庙，三里上天桥，从石门进，二里至孟家胡同，民皆市石炭为生。”这里民营煤矿多如牛毛，煤炭使门头沟成为北京最具近代经济气象的工业地区。民间资本和大量矿工在精密组织下，构成一个庞大的产供销系统，这无疑已经出现早期资本主义的萌芽。资本的意识使权利开始觉醒，并因此出现了一些维权运动。

正统十二年（1447年），左侍郎周忱奏报：“大同山西数处，产有石炭，军民小户自取烧用，亦被巡拦抽分、纳课，深为不便。”英宗批允“军民自取石炭，免纳课钞”。万历二十五年（1597年），朝廷派遣太监王朝督管西山煤矿，王朝到任后大肆勒索煤税，民窑业主负担极重。万历三十一年（1603年），拖欠税款的窑主遭到京营武装逼税，窑主推举的代表出面交涉，也被王朝假传圣旨逮捕，因此激起了门头沟所有窑主和窑工的愤怒。按现在的说法，就是发生了群体性事件。窑主联合采煤工和运煤的脚夫等从业者，集体拥进京城，“填街塞路，持揭呼冤”。明朝政府对这场示威请愿大为震动。神宗下旨，由太监陈永寿代替王朝，督管西山煤税。虽然“永寿代王朝是以暴易暴”，但这次游行示威也算获得了成功，民窑的自主权与合法性得到加强，免除契税之后，民窑取得了更大的发展。

明皇宫后面有一座人工山，被称为“煤山”。正统十四年（1449年）发生“土木之变”，明英宗被蒙古瓦剌俘虏，北京也被十面围城。城内人

---

① 《明神宗实录》。

心惶惶，担心没有柴禾做饭，守城的兵部尚书于谦宣称“万岁山”下全是煤，人心始安，后来人们便称之为“煤山”。200 年后，大明帝国的末代皇帝崇祯便自缢在这座煤山上。

明清之际战乱不断，从 17 世纪晚期，中国开始了一个长达百余年的“康雍乾盛世”。跟全国的情况类似，北京人口翻了一番，达到 200 多万。人口的增加使北京周边的森林彻底消失，连十三陵的数十万株苍松翠柏，也被“剪伐尽矣”，热河等地的“口外山场樵采由近及远，柴薪日耗，斯价值日昂”，最后已无薪柴可采。

在薪炭资源短缺，且价格高昂的背景下，煤炭以其储量丰富和价格低廉迅速占领市场；再加上煤炭距离近，运输方便，燃烧值高，于是人人“思石炭之利”，煤炭成为首选燃料，“惟煤是赖”。进入人口爆炸的清后期，煤炭已经基本取代木材和木炭，成为主要燃料来源。乾隆四年的一份奏章称，“京城内外人烟繁庶甲于天下，惟赖西山之煤，取用不穷”；乾隆四十六年上谕称“京师开采煤窑为日用所必需”，嘉庆六年上谕也说“石煤在所必需”。当时无论是达官显贵还是普通市民，做饭、取暖都需要用煤。根据《清代抄档》记载，有一次会试，就“用煤十一万七千三百七十一斤”；乾隆时期的房山县县官邱锦，在短短两三年内，仅烧煤一项，就向各窑户“共取煤一百二五万五千九百斤”。

如果说煤炭在明代还只是为了弥补传统薪柴的缺口的话，煤炭在清代的燃料消费结构中，就已经占据主导地位。换言之，虽然北京的煤炭历史悠久，但直到清代才彻底完成了燃料结构的转型，这无疑是一种具有革命意义的进步。

传统煤炭工业

明清时期，北京城共设有九个城门，就是人们常说的北京“内九城”，驻京步军统领也被称为“九门提督”。当时，北京还有九门走九车的说法，即：正阳门走龙车；安定门走粪车；德胜门走兵车；宣武门走囚车；东直门走木车西直门走水车；朝阳门走粮车；崇文门走酒车。位于北京内城西垣南侧阜成门走的就是煤车，故有“煤门”之称。阜成门正对京西门头沟，因“梅”与“煤”谐音，原先瓮城门洞内有煤商捐刻的梅花，留下“阜成梅花报暖春”的俗语。

当时的煤炭是如此普及，至于连冬季取暖的传统火炕也用起煤炭。清代笔记中有不少类似的记载，“西山煤为京师之至室，取之不竭，最为便利。时当冬日，炕火初燃，直令寒谷生春，犹胜红炉暖阁，人力极易，所费无多”；“燕地苦寒，冬时比户皆卧热炕，西山之煤价不甚昂，颇获利济”。煤炭还被用于一些节日庆典。比如宛平城隍庙庙会正值元宵节，每年都要在殿前塑造一个喷火的判官，腹内装上煤炭点燃，烈焰从五官喷出；数日庙会，要烧几千斤煤。

清代煤炭的使用量和开采量都远远大于明代，煤矿也从宛平的小西山扩大到宛平房山的大西山，甚至昌平和怀柔也出现了不少煤矿。当时人们都认为煤炭这种资源是无限的，“西山煤为京师之至宝，取之不竭，最为便利”。作为传统的矿区，门头沟的煤窑一度达到200多个，“京城所用之煤，皆产于此”。

但随着开采的持续，煤炭的开采成本仍然会上升，从而导致“煤价渐为昂贵”。乾隆中期，一斤煤的价格相当于0.8升米，这对一般家庭来说仍然构成不小的生活成本。为了稳定煤价，清政府于康熙三十二年（1693年）、乾隆二十六年（1761年）、乾隆四十六年（1781年）和嘉庆六年（1801年），在北京周边先后开展了四次大规模的煤矿勘察，以开辟和扩大煤炭资源。

当时人们已经在煤炭开采方面积累了大量经验，比如宋应星在《天工开物》中就记载了防止瓦斯中毒的方法：“初见煤端时，毒气灼人，有将巨竹凿去中节，尖锐其末，插入炭中，其毒烟从竹中透上，人从其下施䦆拾取者。”但毕竟无法与现代安全技术同日而语，因此事故发生率还是相当高的。相比矿主的暴利，煤矿工人的工资很低廉，乾隆时的一个挖煤工日采煤500斤，工资只有50文，而拉煤工人只有挖煤工的一半。这些工人大多都是破产失地的农民，有些甚至是被骗来的奴工。用吴思先生的话说，这些黑煤窑“让送上门的或抓来的良民百姓下洞，下了洞就不让他上来，牛羊似的养着，背一筐煤上来，给个馒头，或者给一个大饼。再背一筐上来，再给一个”。[1]

文献记载，当时西山大小煤窑200多所，开窑者遣人于数百里外诓雇贫民入窑挖煤，晚则驱入锅伙。所谓锅伙，乃窑工宿食之地，垒石为高墙，加以棘刺，人不能越。这帮窑工也有象征性的工钱，只够抵两餐狗食样的饭费，一无所余。有倔强或欲逃的工人，窑主以巨梃毙之，尸体也不收殓，直接压在巨石下，待山洪大涨时，尸骨就冲入桑干河，泯灭无迹。所有窑工中，最凄凉的是“水宫锅伙”的窑工，他们负责在黑暗森冷的窑洞里排水，“夏月阴寒浸骨，死者相枕藉，生还者十无二三，尤为惨毒”。光绪年间，山西汾州知府给孝义县令的公函中揭示当地煤窑奴工之悲惨——

窑底挖煤之夫，而苦斯极矣。终日所得至多不过二三百钱，而饭食灯油之费去其大半。窑主工头又复任意剥削，昂其所食价，加倍以偿。诱以所剩之资设局以骗。饥寒不恤，疾病不问，甚或鞭扑吊打，几不复以人类待之。[2]

有清一代，对煤矿时开时禁。之所以封禁，并不是因为环境污染，其借口不外乎两点，一是破坏风水，二是聚集游民。乾隆五年（1740年），大学士兼礼部尚书赵国麟上书，请开煤禁——

请为广开天地自然之利以裕民用事。窃照民生衣食之源，无事不上廑宸衷，凡可以遂民之生，利民之用者，多方筹画，逐一举行。而臣下一得之愚苟有裨益于民用者，亦悉蒙采纳。臣以为，民非水火不生活，百钱之米即需数十钱之薪，是薪米二者相表里，而为养命之源者也。东南多山林材木之区，柴薪尚属易得，北方旱田，全借菽粟之秸为炊，苟或旱潦不齐，秫秸少收，其价即与五谷而并贵，是民间

---

① 《我想重新解释历史：吴思访谈录》，复旦大学出版社，2011。

② 转引自：宋石男《清代的黑窑奴》。《人人都是自己的历史学家》，中华书局，2013。

明清时期，北京主要用骆驼运煤。

既艰于食，又艰于爨也。若煤，固天地自然之利，有不尽之藏，资生民无穷之用。大江以北，所在多有，即臣籍泰安、莱芜、宁阳诸郡县悉皆产煤，此臣所素知者。特以上无明示，地方有司恐聚众滋扰，相沿禁采，遂使万民坐失其利。臣窃见京师百万户，皆仰给于西山之煤，数百年于兹，未尝有匮乏之虞、聚众生事之处，何独不可行于各省乎？臣请敕下直省督抚，行令各地主官查勘，凡产煤之处，无关城池龙脉，及古昔帝王贤陵墓，并无碍堤岸通衢处所，悉听民间自行开采，以供炊爨，照例完税。地方官严加稽查，如有豪强霸占，地棍阻挠，悉置于法，将见煤禁一弛，费值少而取用宏，民之获受利益，永永无穷矣。为此具折奏请，伏乞皇上睿鉴施行。谨奏。[①]

常言说“百里不贩樵”，煤炭是一种低价值商品，与开采相比，传统运输往往造成更大的成本，所以从经济上很难进行长途运输。传统的运输不外乎水路和陆路，依靠人力或兽力。早在元代，郭守敬就受命开金口河来运煤，“京师人烟百万，薪刍负担不便，今西山有煤炭，若都城开池河，

① 《清代抄档》。

受金口灌注，通舟楫往来，西山之煤可坐至城中矣。”[①]陆路运煤主要靠车拉、畜驮和人背，“煤斤自窑运厂，自厂运京，全仗车骡驮载”。

晚清时期多以骆驼运煤，时人余煌有《运煤驼》诗写道：

肿背马行铃声长，
或五或十联作行。
背上捆载高如墙，
驼能辨风色，
驼能识泉脉，
不用驼智用驼力，
城中千烟复万烟，
仗尔西山运煤石。

光绪二年（1876年），在北洋大臣兼直隶总督李鸿章的主持下，在河北成立了开平煤矿公司。为了解决运输问题，不得不考虑铁路这个新式运输方式。5年之后，唐山矿井到胥各庄的铁路正式通车，这段全长不足10公里的铁路成为中国第一条铁路。虽然清政府以震及龙脉为由，只准许以骡马曳引列车，但它所采用的1435毫米轨距，后来成为中国的标准轨距，中国也因此开始了现代的历程。

《欧洲经济史》中说：“采用煤炭作为家庭以及工业生产的燃料，使得英国踏上工业革命的道路。”与中国相比，英国的煤炭开采要晚得多；更不幸的是，每个煤矿开采不了多久就会被水淹没。为了解决这个问题，纽科门发明了蒸汽驱动的水泵，后来瓦特对纽科门水泵进行了革命性的改进。瓦特的蒸汽机已经不仅仅是一台水泵，而是一个万能的动力机，工业革命就这样开始了。那么工业革命为什么没有发生在中国呢？中国古代工业主要集中在江南，但煤炭资源却集中在华北，这使中国难以出现工业革命。当欧洲人将煤炭变成万能之源时，中国人仍然停留于燃烧发热层面。这种技术上的巨大落差，也成为近代中国在经济上落后的原因之一。

① 《庚申外史》卷上。

古老的股份制

虽然资本主义和公司制度起源于西方，但中国很早就出现了“资本主义的萌芽”。与西方类似，中国的早期资本主义也从南方的纺织业和北方的煤炭业开始。作为元、明、清三朝都城，北京的煤炭工业堪称中国早期企业的典型代表。无论是资本、管理、技术，还是组织、销售、分红，这些古代企业都已经相当完善。股份制是其最主要的运营模式。

北京的煤炭开采主要集中在门头沟一代，到清代进入黄金时期。煤炭作为一种典型的工业化商品，吸引了大量的资本进入这个行业。20 世纪五六十年代，历史学家邓拓专门对此进行了调查，并从民间搜集了大量的故纸，包括契约、账本等。[①]通过这些历史证物，我们可以直接了解古代企业的组织管理模式。

在清中期，开一座中等规模的煤窑，大约需一千多两官银作为本金。当时煤矿技术比较落后，没有多少机器设备，但仍需要购置各种工具，如锤、锲、锆、铙、钯、钎、绳套、筐子、旮子等，矿井支撑还需要梢子、窑柱、杈木等。这些投资至少要二三百两银子。挖煤工人日工资约二三十文钱，如果一个煤矿按 40 名挖煤工计算，再加上 200 名拉煤工和管账、作头和领班等，在出煤前的前三个月至少需要 800 两银子左右。

因为一次性投资巨大，明清两代民间资本，一般都是采用分股合伙的形式，来进行煤炭开采。虽然煤矿与土地有关，但在分股合伙中，土地占有者仅处于从属地位，“出工本”的投资者才是大股东，他也是有权力管理煤窑的“业主”。下面这份合同中，窑主徐友松的“得意窑”初始工本仅为 800 吊，便引入了他人的投资：

立会批窑合同人焦之信（润）安增（瑞）因有厢红旗焦姓地内萝卜窖得意窑壹座，自无工本开做，今会到徐友松名下出工本开做。

① 邓拓《从万历到乾隆：关于中国资本主义萌芽时期的一个论证》。《论中国历史的几个问题》，三联书店，1979。

其窑按壹佰贰拾日为则，去焦之信（润）开地主业贰拾日，去安增（瑞）开旧业拾日，去孙景懋开旧业拾日，徐出工本开新业捌拾日，言明出工本钱捌百吊整。如再工本不接，公同窑伙借办，按月三分利息。煤出之日，先回借钱，后回工本。除回完之外，见利按日分均分。有地主衣煤土末一应杂钱，焦姓一半，新分一半。同中言明，所有窑上办事人等，听其新业主裁。此系众家情愿，各无返悔。立此一样五张，各执一张，永远存照。以前合同俱为故纸。自开工以后，或行或止，听其新业自便，不得乱议。如再有地主府内并焦姓族中异议窑务事，有焦之信（润）一面承揽，与新分无干。

乾隆四拾四年九月初一日立。

合同人：梁锡瑶、安增（瑞）、徐友松、孙景懋；地主人：焦之信（润）；中见人：曹士雾（王璋廷）。

得意窑按一百二十股计算，徐友松在其中占八十股，每股合10吊。得意窑全部股金应为1200吊。这里的“日”并非天数，而是指股份，俗称“股子”。这份合同还规定，如果资金不足，可以透支，但月息为二分；出煤之后，先还本付息，然后按股分红。徐友松投资占三分之二股份，获利最多。

当时虽然没用完善的企业管理制度，但一些制度已经非常复杂，与现代的企业章程相比并不逊色。有一份合同就是针对联合公司性质的煤窑，其中详细地规定了违约和不出工本等情况下的处分办法。

立伙本落尾做窑合同人王义德等，因天桥测湖地方风门窑等共窑十四座，今情愿伙本落尾开做。同众议明，落尾按拾贰分出本。煤出之日，除完工本外，加王义德旧本三分，共按五分分钱。其所落水之窑，王义德出本一半，众家出本一半。各窑煤出，俱按十分为则。除水钱五分入官帐分用，下剩五分，按四十五日为则，除地主五日，余四十日分作二分，王义德开出本一分，众家开出本一分。其所捐工本，俱要同心并力，不许长短不齐。有一家工本不前者，将窑即入伙，出煤之日，止归所出本钱，其窑与彼无干，总收执合同如故纸不用。其场铺煤俱随地主。众家情愿，不许返悔。先悔者甘罚白米拾石，仍不许开窑。恐后无凭，立此合同一样十二张分执。十二家开后：王义德一分，王礼一分，高腾一分，安汝魁、安自仁一分，安文进一分，焦云路一分，马朝龙一分，杨鸿一分，胡伯俊、阎应时一分，李桂一分，安敬一分，孙国栋一分。顺治十三年正月二十四日立。伙本合同人：王义德等；中人：华显金，刘中兴。各家地主开后：

樱桃园窑、天井窑、水沟窑、道儿窑、风口窑地主王礼、杨文美；常儿窑地主孙遇圣；风门窑、下坟窑、上坟窑地主孟得成；李家地窑地主李逢春；菜园窑、桥儿头窑，枣园窑地主张自祥（奇）；水泉窑地主杨文秀。

根据合同，王义德等十二家合伙人，从邻近的六家地主手里承包了14座煤窑，然后进行联合经营。这些煤窑中，有被水淹的“落水之窑”，也有剩煤不多的“落尾做窑”。这十二家按二十股平均分配这些煤窑的收益。十大股中，有五大股的收入是归公司开销的，下剩五大股又分做四十五小股。地主只有五小股，但可得到扫场的煤末。王义德出资最多，故而所占股分也最多，他一家占十二股，其余11家共分二十小股。

为了保证煤窑顺利运作，合同规定“工本不前者，将窑即入伙”；也就是说，没有交工本的股分将充公，成为公共股份；此外还规定，如果入股后又后悔想退出，将罚白米十担。

在当时的民间契约中，对违约或毁约的责任处罚大多都是罚钱，“返悔者罚银十两”，也有“罚窑柱十万斤”；考虑到物价不稳定，也有“罚白米五十石”，甚至“一百石”者。具体而言，契约所规定的内容和处罚约束力仍然有限，属于君子合同。虽然当时门头沟的煤窑业主们也建立了同业公会，但也只能做一些捐款、修庙、补路、挖沟的事情，根本无力对经济纠纷进行仲裁。

潜规则

明末清初的时局动荡，对门头沟民窑造成很大影响。为了获得权力庇护，这些民间企业家不得不引入权势的力量；按现在的说法，就是“权力寻租”。

> 立合同人焦云路，因有高义等祖遗萝卜窖窑一座，明朝曾伙同焦云登出本开做生利，今清朝杨、高复出工本开做。焦等愿将昔年费过工本画饼付东流，将此窑议同以六十日为则。焦连地主开拾日，杨、高开业主及出工本开叁拾日，户部王老爷开贰拾日。言定煤出之日，除完工本，见利均分。恐后无凭，立此合同壹样叁张存炤。
>
> 顺治贰年十一月十一日。
>
> 立伙窑合同人：杨文华、高义、焦云路；中见人：孙璟、刘承芳、曹应风。

在这份契约中，整个投资分为六十股。焦云路包括他的地权在内只占十股，出工本的高杨两家占三十股。另外，“户部王老爷”占二十股；这个干股也叫“好汉股”，其实就是权力的租金或“保护费”。

在缺乏法律和制度安排的前提下，资本要获得合法保护是非常艰难的，“合法伤害权”使任何民间资本都没有安全感。唯一的办法，就是拉拢官府的权势人物，让他们以权力作为“干股”加入分红。有权力作靠山，经营就得到相应的保护；反过来，官吏群体也非常愿意介入民间资本经营，从而利用自己的权势分一杯羹。

满清占领北京后，八旗权贵四处侵占土地，一些民间窑主只能委曲求全。比如这份顺治十年的契约写道：

> 立做窑合同人镶白旗牛录白，因天桥地方有焦姓旧业宝平山窑一座，即坐落镶红旗地内，今愿合伙开做，言定窑以六大分为则：镶白旗牛录白出工本开四分，焦九万开窑业地主共二分。出煤之日，

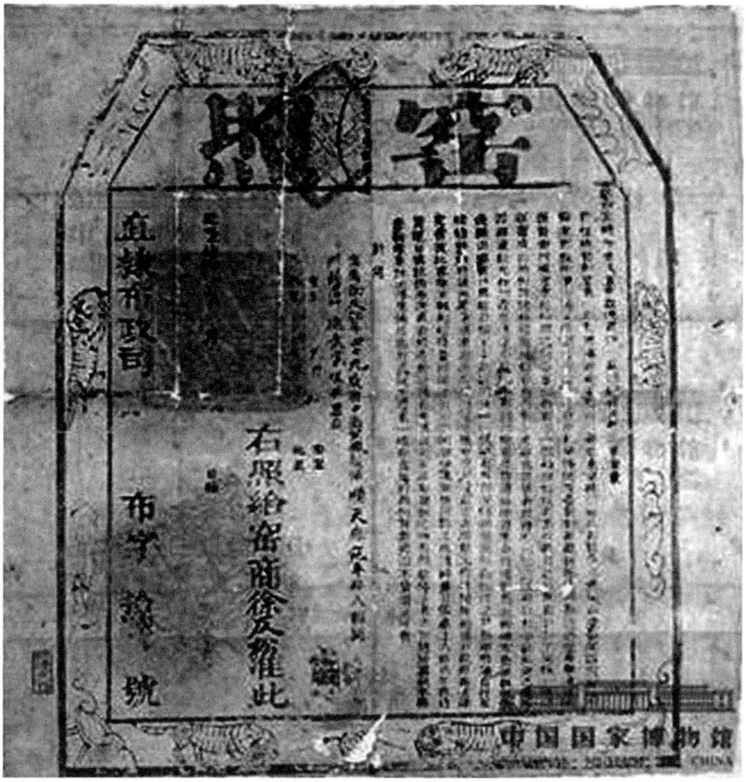

清政府颁发给私人开设煤矿的《窑照》。

除完工本，按分分收，其扫场看铺，俱随地主，工本所用多寡，与地主无干。恐后无凭，立此合同一样二张，分执存炤者。

顺治拾年伍月日立

做窑合同人：刘进孝、焦九万、牛录白、刘应弟、孙光耀、李丛俊。

从契约看，宝平山窑本是焦的资产，他既是“窑业”也是“地主”。镶白旗的牛录白强制入股，并且在六股中占四股，焦只占二股，完全是喧宾夺主的抢劫。

清代煤业实行采煤许可证制度，为了获取煤窑执照，煤商、窑主不得不见庙就磕头，往往不惜巨资向官吏们行贿。乾隆年间，安阳煤商艾学曾，为开办煤窑，先送履亲王门上和缄亲王门下太监各 1500 两银子，又送一个候选知县3000两纹银。拿到窑照后，窑主还得应付官府的各种检查和勒索；房山的一个窑主，每年送给知县的白银就不下千两，一般衙役、书吏，同样一个都不能少。或许是嫌这种贿赂有不确定性，因此才有了权力干股分肥的普遍现象。

经济社会是一个契约社会，所以也应当是一个法治社会，但在当时的社会制度下，不可能有完善的法律和公正的裁判，因此经济纠纷往往成为一场风险极大的灾难。作为从事商品生产的企业，首先面临的就是竞争，竞争过程中弱肉强食，坐大者就有吞并和垄断的欲望。在产权保护阙如的情况下，这种民间经济纠纷，往往成为官府坐收渔利的天赐良机。

在一份乾隆年间的诉状中，阎家和杨家联合控告焦家违反契约：

> 具呈人杨如松、阎本泰呈为背约鲸吞、泣恳追究事。乾隆四十七年身等将祖遗马姓地界内吉兴煤窑一座，与焦开景之父焦士琮等共本开采煤斤。窑内有南北二埂。其北埂之北相毗连者有平和窑，亦与焦姓等共伙之窑。……五十年两窑合议，将吉兴窑北埂之北煤界，与平和窑煤界共出工本合做，赔赚均摊。……五十六年复将北埂之南煤斤借伊甬道拉出。伊窑议作二十股分利，吉兴窑十七股半，平和窑二股半，……奈窑务俱伊等经手，一切工本俱将吉兴窑之钱花使，而煤在伊窑厂，由伊出卖，计钱贰万余千，任伊等支使。……不思煤系吉兴窑之煤，工本俱是吉兴窑代垫，即按二十股旧例，伊等已占便宜。……可怜身等自本做出自煤，任伊盗卖盗用，两窑垄断，一股鲸吞，身虽愚懦，万死难甘……

事实上，随着经济的发展，壮大、兼并和垄断是难免的，这也是资本的本性所决定的。进入乾隆之后，人口剧增，煤炭需求旺盛，民间煤矿也取得了长足发展；不仅民窑数量越来越多，而且其资本规模也越来越大，资本运营和集中的趋势也越来越明显。随着股权转让和产权交易更加频繁，涌现出一些超大型民窑。

立卖窑文约人王弘英，今有祖遗李七地内坑子窑，按一百廿日，内有英窑三十日。为无钱使用，凭中说和，卖与阎名下。言定价钱伍拾吊钱，当日亲手收足，并不欠少。两家情愿，各无返悔。倘有亲族争竞，有卖主一面承管。恐后无凭，立字存照。

雍正二年十一月初十日。

说合人：赵守玺；立字人：王弘英；代字人：姚继广。

在这份契约中，阎家用 50 吊从王弘英手里买了坑子窑的三十股，占全部一百二十股的 1/4。从保存下来的一系列契约中，发现阎家不仅买了坑子窑的股份，还买了很多其他民窑的股份。比如乾隆十二年的一份契约中，“马恒达、万仲良今有祖遗安家坟窑业五日，因为无钱使用，凭中间人说合，情愿卖到阎名下永远为业”。乾隆二十八年的一份契约中，阎家买入一份煤窑的股分，只花了“清钱二吊”。同年另一份契约中，李家将“祖遗苦子窑窑业十七日卖与阎名下，言明清钱二千五百整”。参照当时的价格，阎家无疑是典型的低价收购。

阎家当时在门头沟控股经营的煤窑多达有 10 座，同时还通过收买别人的股分，对其他民窑参股，成为北京煤窑业中著名的资本家。但这种传统体制下的古代企业，仍然存在着许多先天性的缺陷。相比之下，同一时期的西欧已经发展出成熟的公司制度和股票市场，资本运营与企业经营分道扬镳；在日益完善的法律规则下，全球化的自由市场为这些最早企业提供了一片前所未有的蓝海，世界进入一个由企业组织引领的现代。

孔方里的中国史

在道德家看来，“金钱是人类所有发明中最近似恶魔的一种发明”。但从经济学和社会学来说，金钱则是人类最伟大的发明之一，因为它可以缩短人与人的差距。金钱意味着自由，它让人依靠自己的劳动和创造，就可以实现自己的目标，而不用去抢劫和偷盗。用历史学家赫拉利的说法，金钱是有史以来最普遍、也最有效的互信系统。在这种信任的背后，有着非常复杂而长期的政治、社会和经济网络。钱是人类最能接受的东西——

> 比起语言、法律、文化、宗教和社会习俗，钱的心胸更加开阔。所有人类创造的信念系统之中，只有金钱能够跨越几乎所有文化鸿沟，不会因为宗教、性别、种族、年龄或性取向而有所歧视。也多亏有了金钱制度，才让素不相识的陌生人之间可以携手合作。[①]

金钱几乎与文字出现在同一时期，它无疑是人类文明的产物。《易经·系辞下》中说：“日中为市，致天下之民，聚天下之货，交易而退，各得其所。”这说明早在神农时代，中国就已经诞生了商业，只是早期的贸易是以物易物，“抱布贸丝”。进入繁荣的商朝之后，开始出现货币这种交易的媒介，这种货币就是海贝。

对地处大陆腹地的中原来说，海贝坚硬而珍稀。“贝”构成中国货币

① 尤瓦尔·赫拉利《人类简史：从动物到上帝》，林俊宏译，中信出版社，2014。

史最早起源；因此，与珍贵、贸易和财富有关的汉字，都离不开一个“贝（貝）”字旁，如财、赁、货、贸、寶、贵、贾等。实际上，贝币的历史在中国一直延续到明朝末期。在崇祯之前，“蚆币”一直是云南的主流货币。[①] 顾炎武在《肇域志》中记载：

> 贝，俗名蚆，本南海甲虫，滇人皆用之以代银。其数以一颗为一妆，四妆为一钱，四钱为一苗，五苗为一索，九索折银一钱。凡市井贸易皆用之，甚便。

当人们愿意用一个可以长期保存而不是即时使用的东西来做支付工具时，货币就诞生了。货币的使用会强化其货币功能，同时会促进陌生人之间的信任。货币作为一种公共媒介，它只有被人们普遍接受的前提下，才能成为法定货币。一种物品要成为货币，必须具有易保存、易识别、不变质、可携带，以及必不可少的珍稀性，这是其价值的根本。

纸币的珍稀性是由国家对印钞权的垄断人为造成的。相对而言，在前现代社会，金属天然的就具有珍稀性。商代中国已经进入青铜时代，海贝不久便被青铜取代。人工货币的出现，象征着商业文明的诞生。从商代开始，金属铜（包括青铜和黄铜）便成为中国最主流的货币，“钱”就这样出现了。

与自然的海贝相比，金属货币具有更大可控性，同时具有不可比拟的可塑性。不过早期的金属货币仍然被做成海贝的样子，后来出现了模仿刀、铲和车轮的其他形式，最后全部统一为车轮的圆形。在此后的两三千年间，这种圆形铜钱一直盛行不衰。

《史记·平准书》说：“虞夏之币，金为三品：或黄，或白，或赤，或钱，或布，或刀，或龟贝。”在世界货币史中，普遍采用金属作为货币，而且都是圆形。铸币体系大体可以分为两种：一种是西方体系，起源于希腊；一种是东方体系，起源于中国。西方货币大多都采用金银类的贵金属，铸币为实心，币面以人物或鸟兽植物为主。东方货币大都选用铜铁锡等贱金

① 秦佩珩《明代滇蚆小录》。《明清社会经济史论稿》，中州古籍出版社，1984。

属，中央有方孔，币面为文字。[①]

“中国数千年上下通行之宝，惟钱尔。”青铜时代之后，中国长期以铜钱作为主要货币,从秦代的“半两”、汉代的“五铢”直到清代的“光绪通宝”。铜钱这种低值货币，比较吻合中国小农经济的低水平导致的小规模商业交易。铜钱作为低价值货币，其购买力仅相当于金银等贵金属的百分之一到千分之一，因此只能以大量生产来弥补购买力的低下；另一方面，这种低价值货币体系，也严重阻碍了商业水平的高度发展。

从现代观点来看，铜钱并不是纯粹的货币，它本身不仅具有货币功能，也具有金属功能；甚至说，其购买力常常跟其金属价值等同。铜钱的这种双重功能，使其产量根本无法满足流通所需；因此，无论是战乱时期还是商业繁荣期，货币供应都极为紧张。宋朝时期，为了弥补货币的短缺，先是铸造铁钱，后来发展到纸币，纸币与铜钱并列成为官方的法定货币。在农业体制下，这种货币体系极其脆弱，紧缺与过剩总是交替发生。从某种意义上，白银时代的到来不仅带来了货币制度的稳固，也奠定了帝国晚期的繁荣。

半两与五铢

因各种货币的珍贵程度不同，“故先王（指周文王周武王）各用其重，珠玉为上币，黄金为中币，刀布为下币”[②]。刀就是铜币。

与金、银相比，铜更加低廉和易得，其价值仅相当于前者的百分之一到千分之一。铜钱的好处是匀质，可分割，易携带，易保管，不易变质生锈。铜钱的历史，一直持续到民国时期的铜板，乃至如今人民币的 5 角硬币也是如此。这在全世界货币史上也是独一无二的。虽然中国历代王朝的最低控制，仅限于县级，但通过铜钱这种货币体系，从而使帝国力量渗透到更低级的基层乃至家庭。

中国传统文化中，有“天圆地方”“外圆内方”之说；从美学来说，

---

① 可参阅：林满红《银线：19 世纪的世界与中国》，江苏人民出版社，2011。

② 《管子·地数篇》。

方孔铜钱最传神地体现了东方审美。这种形制与汉字相结合，甚至出现了“唯吾知足”这样的钱币文化。最早在汉朝，就有人利用了方孔钱中间的那个方孔作“口”字偏旁，使“唯”、“吾”、“知”、“足”四字从上、下、左、右共用一个“口”字，因此制成这种不作为货币使用的“借口钱”。

这种方孔铜钱大规模的使用，始于秦汉。先秦时代，就已经有秦、韩、魏等国通行圆币；秦始皇统一六国后，创建了中国的中央集权体制，书同文，车同轨，“以秦币同天下之币”，规定在全国范围内通行秦国圆形方孔的半两钱。从此确立了这种圆形方孔的货币形制。秦朝方孔圆钱也成世界上最早的法定货币。虽然当时称黄金为“上币”，青铜铸币为“下币”，但其实青铜铸币是主要的流通货币；黄金“上币”如同现在巨额面值的钞票一样，很难进入流通领域。

秦朝短命而亡，汉朝初期拨乱反正，一度放弃了秦朝的货币政策，听任郡国自由铸钱；据《汉书·食货志》记载，文帝时“除盗铸钱令，使民放铸”，于是“盗铸如云而起”，铸币权几乎落入一些富商大贾手中。从考古结果看，放铸期间，民间铸造的四铢钱明显优于国家铸造的四铢钱；在含铜量与钱币的重量上（成色），都明显的优越。

汉武帝的出现，将中国重新拉回到秦国的轨道，从罢黜百家、独尊儒术到实行盐铁专卖，民间铸币权也被彻底褫夺；朝廷铸造的五铢钱成为当时唯一合法货币。在经过几度减重半两钱、三次改铸五铢钱之后，汉武帝元鼎四年（公元前 113 年），最终确立了统一标准形制、重量、铸造权的货币制度。法定铜钱圆形方孔，钱周有郭，币重五铢（汉一两为 24 铢，5 铢约合现在的 3.25 克）。

汉代曾多次改革币制，如铸榆荚钱、三铢钱、五铢钱、赤仄钱、三官钱、四出钱等等。到王莽时又多次改革，造大钱、契刀、错刀，不久又更作金、银、龟、贝、钱、布货币。

从汉武帝时代起，历经两汉、魏晋、南北朝直到隋唐，共计 700 多年间，五铢前一直是历朝历代的法定货币。因五铢钱轻重恰到好处，这种铜钱的影响远及日本、安南、朝鲜等国，至今泰国的法定货币还被称为“泰铢”。

西汉末期和魏晋南北朝时期，经济陷于崩溃，多次发行重量小而面额大的劣质铜钱，用来取代标准五铢钱。王莽的新朝甚至严厉规定，凡敢私藏五铢钱者，将作为犯人充军戍边。这其实是最早的通货膨胀，以增加货币（面额）总量来掠夺民众的财富。

隋文帝杨坚不仅结束了对峙与战乱，在统一中国之后重新铸造“开皇五铢”，也结束了长期以来的货币紊乱，五铢钱重新恢复了信誉。

通宝与重宝

从秦朝的“半两”到汉朝之后的“五铢”，这些中国早期的货币不仅都以重量为单位，而且币面文字一般也仅限于其重量。唐武德四年（621年），李渊实行币制改革，废除历代古钱，统一铸造新币，新币一反秦汉旧制，钱文不再标示重量，而是代之以“开元通宝”。从此以后，中国的铜钱一般都称之以通宝或元宝，这种习惯一直沿用到辛亥革命后的“民国通宝”。

“开元通宝”的货币单位为“文”，也不再以重量（铢或两）为单位。同时，“开元通宝”放弃之前的十二进位制，实行十进位制；每一枚“开元通宝”为一文钱，重二铢四，十文钱重为一两，即十钱一两。从此，“文”成为货币单位，“钱”成为重量单位。

对统治者来说，与面对面的收税相比，通过货币进行掠夺无疑是最快捷而且隐蔽的方式。安史之乱后，唐帝国陷入财政困境，唐肃宗大量铸造“乾元重宝”，一文“乾元重宝”可当十文“开元通宝”，而前者的重量却只有后者的3倍。唐肃宗在诏书中称：“冀实三官（汉代主管铸钱机构）元资，用收十倍之利。”不久再铸“重轮乾元重宝”，其重量仅为“开元通宝”的6倍，却当50文开元钱。“乾元重宝”的出台完全是一场灾难。据《旧唐书·食货志》记载，“谷价腾贵，米斗至七千，饿死者相枕于道”；“长安城中，竞为盗铸”，以致寺庙的铜钟铜佛都被熔化。晚唐会昌年间，随着灭佛运动的兴起，大量铜佛被铸成“会昌开元”；货币量的增加，逐渐恢复了货币秩序。

作为当时最兴盛的世界帝国，唐代商业极其发达，但中国以铜为主的货币体系明显构成瓶颈。“商人重利轻别离，前月浮梁买茶去”，外出的商人带着大量铜钱，无论是体积还是重量，都非常不方便，于是就出现了“飞钱”，相当于现在的汇票。

宋代中国达到了中国古代文明的巅峰，铸币技术和规模可谓空前。宋代钱币不仅更加注重发行年号，而且在币面文字上更加精细；从司马光、苏东坡到宋徽宗赵佶，都曾在钱币上留下自己的“墨宝”，篆、隶、行、楷，异彩纷呈。

因其制作精良，宋代铜钱的使用一直持续到清朝。“宋代历朝铸纪元之钱，名曰宋钱。传至明末，每文值银三厘。至清初，民丁强用低银。顺治新钱出，每千文当纹广一两，常用九百当一分，由是银不用而顺治钱通用。间用宋钱，每文抵顺治钱三文。至顺治十八年，因私铸顺治钱甚多，轻薄小恶，人不敢用，多用宋钱。”康熙二十三年“八月，奉文，百姓不许用宋钱及明朝废钱，只用本朝制钱。民间仍如常而用。”[①]

宋代中国具备了许多近代化特征，它也是中国第一个商业社会。在政府岁入中，商业税收占到七成，而农业仅占三成。商业的繁荣，导致货币需求量远远超过当时条件下的技术水平。北宋太宗时，年铸币八十万贯，以后逐渐增加。天圣时年铸钱百余万贯，到庆历时增到 300 万贯，熙宁时则铸铜钱 600 余万贯，但仍然无法解决“钱荒”问题。

以宋朝的工业技术水平，“钱荒”其实就是“铜荒”。不得已的情况下，在一些地区大量地铸造铁钱。铁钱的购买力只有铜钱的十分之一，一贯铁钱重达 25.8 斤。

铁　钱

一般而言，货币总量与经济总量成正比；当经济发展较快时，必然需要较大的货币量。因为金属铜的生产量极为有限，唐朝就已经显示出货币供给的紧张状态。进入宋代之后，工商业取得长足发展，商品经济逐渐取

① 转引自：秦佩珩《清代铜钱的铸造、行使问题考释》。《明清社会经济史论稿》，中州古籍出版社，1984。

代农业经济，成为宋朝政府的主要财政来源；同时，宋朝取消了实物税，税收直接以货币结算，这就使货币需求飞快增长。

宋太祖时，每年铸钱7万贯；到了太宗时为80万贯；真宗时为183万贯；仁宗为300万贯；到神宗后，每年铸铜钱达到600余万贯，耗铜1万余吨，可谓巅峰。类似现代造币厂的铸钱监，也由初期的7监（铜钱监4监、铁钱监3监），发展到神宗时26监（铜钱监17监，铁钱监9监）。即使如此，“钱荒”的问题依然没有太大的缓解。“钱荒”的背后还有一些其它因素，一是大量铜钱被民间化为铜器；二是大量货币的外流。作为经济大国，宋朝的货币扮演着国际货币的角色，“一国所铸，四朝共用”，不仅周边的辽、金、西夏和朝鲜等国在使用宋钱；随着国际贸易发展，很多宋钱还流人日本和东南亚，甚至远及印度、阿拉伯和非洲。日本长野县曾出土宋钱15万枚之多。为限制铜钱外流，宋朝政府曾颁布严厉的禁令，《宋史》中记载，输出钱币“至二贯者，徒一年，三贯以上弃市”；“元丰八年，哲宗嗣位，复申钱币阑出之禁”。在当时的历史条件下，铜的产量增长一直很缓慢，而中国境内金银矿更加稀少；金银之少，根本不足以缓解货币的短缺状况。

乾德三年（公元965年），宋朝占领后蜀，将当地的大量铜钱作为“上供”，运往宋都开封；同时“增铸铁钱易民铜钱”，将铁钱作为蜀地的主货币，“令民输租及榷利，每铁钱十纳铜钱一”。虽然也有商人运铜钱入蜀，但杯水车薪，铁钱早已泛滥成灾。铁钱价值只有铜钱的十分之一，因此相同价值的铁钱是铜钱重量的10多倍；每千铁钱的重量，大钱25斤，中钱13斤；买一匹布需铁钱两万，重约500斤，要用车才载得动。对于大额交易来说，所需货币更加庞大。四川本来就多山，人们出行不易，如此沉重的货币，带来极大的交割困难。不得已的情况下，人们将铁钱统一存放起来，以铁钱的存放凭证来进行交割，“市肆以契券指垛交易”。

这种交割方式，其实在唐朝时期就已经出现过。唐玄宗时，一些商人无法随身携带大量铜钱，从而发明了“飞钱”；即先将一笔铜钱交给官府，由官府出具凭证，然后用此凭证可在异地官府提取这笔铜钱。这凭证即称“飞钱”，类似现代汇票。

南朝时文人殷芸撰《小说》[1]，其中一文曰:“有客相从，各言所志:或愿为扬州刺史，或愿多资财，或愿骑鹤上升。其一人曰 :‘腰缠十万贯，骑鹤上扬州’，欲兼三者。”十万贯钱，重量达 80 万斤，或许这是关于“飞钱”早期幻想。

交　子

大中祥符四年（1011 年），成都十六家富商订立契约，联合创立了世界首家发行纸币的私人金融机构“交子铺”，开始发行信用纸币“交子”。一开始，“交子”仍只是一种类似于“飞钱”的民间汇兑凭证 ；或者“不记名可流通支票”，而非真正的货币。据史载，“蜀民以铁钱重，私为券，谓之交子，以便贸易，富民十六户主之”，“诸豪以时聚首，同用一色纸印造，印文用屋木人物，铺户押字，各自隐密题号，朱墨间错，以为私记，书填贯，不限多少。收入人户见钱便给交子，无远近行用，动及百万。街市交易，如将交子要取见钱，每贯割落三十文为利”。但后来“富民资稍衰，不能偿所负，争讼不息”，交子因此遭到官方的禁止。

大中祥符八年（1015 年），转运使薛田率先提出由官方发行交子的建议。天圣元年（1023 年），薛田任益州知州后，“废交子不复用，则贸易非便，请官为置（交子）务，禁民私造。”世界历史上第一个发行纸币的官办机构——“益州交子务”就此诞生。

与之前的私人交子不同，官方发行的交子为固定面额，“自一贯至十贯文”，“逐道交子上书出钱数”，同时需“备本钱”，类似准备金制度。这种“铁本位”的交子的发行数额，是与相应的铁钱储备为前提的，“据合同字号给付人户，取便行使”。交子上还印有发行日期。

自宝元二年（1039 年）起，交子的面额定为五贯和十贯两种，因其面额过大，导致小额交易仍然离不开沉重的铁钱。熙宁元年（1068 年），

---

① 《殷芸小说》为梁武帝萧衍（464 — 549）作通史时，命殷芸将正史所不取的街谈巷语，道听途说录为一帙。上起周秦，下迄宋齐，是一部艮贯千年的野史杂记。它也是中国历史上第一部以“小说”为书名的短篇小说集，其成书和取材也与传统的小说观念相符。

交子的面额改为一贯和五百文（半贯），发行比例为六比四。

为了保证纸币的耐用,印制交子的纸全部都使用楮树（构树）皮制造,因此交子也被叫做“楮币”或“楮券”。为了防止过分磨损,也为了防止假币,交子实行分期制，每两年或三年为一界，回收旧交子，发行新交子。每界发行额限定为 125 万多贯。熙宁五年(1072)起,将交子的使用期延至 4 年,发行仍为两年一界，这使实际流通货币增加了一倍。至此，交子与铁钱储备逐渐失去了关联，成为纯粹的信用货币。当货币总量超出社会正常需求之后，交子必然会出现贬值。

宋朝使用铁钱的地区基本都使用了交子，比如山西和陕西。绍圣元年（1094 年），成都府路一界增印 15 万贯，流通货币达到 140 多万贯。元符元年（1098 年），又增印 48 万贯，每界达到 188 万贯。宋徽宗时，因陕西用兵，自崇宁元年（1102 年）至大观元年（1107 年）数年间，共增印 2400 多万缗，四川交子大量行用于陕西地区。崇宁三年（1104 年），特别设置京西北路“专切管干通行交子务”，以推行交子于京西地区。

钱　引

与铸造金属货币相比，印制纸币成本要低得多，因此也很容易失控。经过将近一个世纪，交子的使用和发行已经变得混乱不堪，任意超发加印引起通货膨胀，交子贬值到只有面值的十分之一，甚至面值一千钱的只值十几钱。

> 籴本以楮，盐本以楮，百官之俸以楮，军士支犒以楮，州县支吾，无一而非楮。……是宜物价翔腾，楮价损折，民生憔悴，战士常有不饱之忧，州县小民无以养廉为叹，皆楮之弊也。（马端临《文献通考》）

大观元年（1107），改四川交子为“钱引”，交子务也变称“钱引务”。大观三年（1109 年）,即从第四十四界起,发行量恢复到当初的 125 万多贯,之前发行的钱引到期全部作废,并以 500 万贯钱作为成都钱引务的“本钱”。

同时，将钱引的流通地区限于四川、陕西、山西。经过整顿后，到宣和年间，钱引的货币市场基本稳定。

南渡之后，南宋只剩下半壁江山，但四川和陕西仍属大宋，钱引仍然在此属于主流货币。100 年如同一个轮回，钱引又重新走回到交子的老路上。在纸币的第二个 100 年末，钱引也沦落到贬值至面值 1/10 的地步。特别是将到期钱引任意延期，这最容易导致通胀。嘉定元年（1208 年），通过收兑第九十和九十一界钱引，共 2500 多万贯，钱引的货币秩序再次恢复如故。淳祐九年（1249 年），每界钱引的使用年限改为 10 年，这大大增强了纸质货币的稳定性。

虽然纸币的发行仅限于个别地区，但宋朝中央政府始终掌握着纸币的发行权，地方政府必须将纸币的发行方案报经朝廷批准，方可实施。宝祐四年（1256 年），南宋朝廷将新型纸币命名为“会子”，以取代之前的“钱引”。咸淳五年（1269 年），会子印制完毕，面值总额为 500 万贯。

南宋初期的绍兴年间，纸币逐步扩大到浙西和江淮地区，因为没有“本钱”（准备金），遂改称“关子”和“公据”。绍兴二十九年（1160 年），作为军费发行的这批纸币，在淮西、湖广称“关子”，各 80 万贯，有效期 3 年；淮东称“公据”，为 40 万贯，有效期 2 年。票面自 10 贯至 100 贯分为五种。当时，作为临时首都的杭州（临安），也出现大量私人发行的纸币“便钱会子”。户部侍郎兼临安知府钱端礼“夺其利归于官”，由临安府统一印造“会子”，“与铜钱并行”。后来，在户部专门设立“会子务”，作为官方的纸币发行机构。

会　子

与早期由地方官府发行的的“交子”和“钱引”不同，“会子”由中央政府发行，取代的是传统主币铜钱，纸币因此而登堂入室，成为主币，这无疑是一次前所未有的革命。

乾道四年（1168 年），专设印钞厂“会子局”。这些铜钱本位制的纸币，也称“铜钱会子”或“官会”，全部用不易磨损的铜版印制，票面分为三种：

一贯、二贯、三贯，后又增五百文、三百文、二百文，并加“隆兴尚书户部官印会子之印”。纸币用纸，为徽州以楮树皮特制的“会子纸”。

作为全国性的主币，会子的发行数额要大得多，同时取消了“界”的限制，自绍兴三十一年（1162年）到乾道二年（1166年），按面值总共印制了2800多万贯，发行1560万贯。由于地方州县不能以会子缴纳税款，便有商人以低价回收会子，然后到临安兑换铜钱，引发挤兑风潮。宋孝宗诏令“尽出内藏及南库银以易会子”，很快就平息了风波，会子得以正常流通。乾道五年（1169年），会子改为三年一界，每界限定1000万贯，因为同时有两界会子并行使用，实际流通量达到2000万贯。虽然每界发行量都略有增加，但因为有充足的发行准备金，即使遇到会子贬值、挤兑，南宋政府也可以及时“秤提”，通过以金属货币回收会子，来维持会子的正常币值。总体而言，会子作为官方主流货币，在发行和管理上仍保持了谨慎和节制。

“大凡行用会子，少则重，多则轻。”纸币的价值完全建立在政府的信用之上，这使其本身极其脆弱。“楮未至于滞也，而已虑其滞，隆兴元年广行堆垛本钱以给之；楮未至于轻也，而已虑其轻，淳熙二年多出金银以收之；楮未至于多也，而已虑其多，淳熙三年更不增见在之数。”政府的负责任态度，树立起“会子”的良好信誉，因而“民间尤以会子为便，却重于见钱也”。

到了光宗和宁宗时期（1189~1224年），会子的发行量过大，导致会子开始贬值。面值一千的会子只能兑换750文铜钱。第七界的发行量为2300多万贯，这已经比第一界翻了一番还多；到第十三界时，发行量更是达到4700多万贯，会子开始大幅贬值。到绍定五年（1232年），两界会子同时流通，已经将近2.3亿贯，比会子初期的10倍还要多。一时物价飞涨，军民皆困。

景定五年（1264年），南宋政府决定以“关子”取代严重贬值的“会子”。关子“每百作七十七文足，以一准十八界会子三”；限期一月内更换所有第十八界会子，第十七界会子全部停止使用。这种朝三暮四的应急举措，不仅于事无补，反而进一步加重了货币秩序的紊乱，“关子行，物价顿踊”。时人谓“楮币蚀其心腹，大敌剥其四肢”，大宋遂亡。

纸币革命

宋朝虽亡，但由其创立的纸币制度却得到后来者的传承和继续，“天下大计仰给于纸”。元朝和明朝前期基本都以纸币为主要货币。哥伦布之后，美洲白银大量流入，纸币才暂时退出法定货币行列。

纸币的最大缺陷是过量导致的通胀，而白银的最大缺陷却是不足导致的紧缩。元朝因通胀而亡，明朝因紧缩而亡，清朝因白银大量流失而与英国发生战争。明清两代末期，都试图发行纸币来挽救货币困局，但都以失败而告终，他们或许忘了，纸币唯一的价值来自信誉，所谓“符信一加，化土芥为金玉”。

吴晗先生在谈到“大明通行宝钞”时，这样概括元钞的困境：

> 元末钞以无本滥发而废不能用，转而用钱，而钱之弊亦日甚，官使一百文民用八十文，或六十文，或四十文，吴越各不同，湖州嘉兴每贯仍旧百文，平江五十四文，杭州二十文，法不归一，民不便用。又钱质薄劣，易于损坏。钞钱俱不能用，遂一退而为古代之物物交易。[①]

“竟持纸币挂庙陬，微风飘扬如喜收。”宋朝纸币，无论交子、钱引，还是会子、关子，乃至伪造的假币，几乎很少有留存到现代的。但曾发现过与南宋同一时期的金国纸币刻板，其面额为一百贯，规格为 19×10 厘米，有连续编号，同时还注有“伪造者处斩”及“检举者奖励三百贯”等字样。

纸币——或者说钞票，就是宋朝最伟大的创造；从某种意义上，这与火药、印刷术和指南针的发明相比，也毫不逊色。作为造纸和印刷的发源地，纸币诞生于中国，也属顺理成章。

值得一提的是，纸币还引发了印刷术的极大进步和革新，特别是金属活字的发明。因为纸币要求的印刷精度远超普通印刷品，同时又需要大批

① 《吴晗论明史》，武汉出版社，2013。

量印刷，传统的木板印刷被更先进的铜板印刷取代。为了防止假币和监控印刷量，所有纸币都被统一编号；也就是说，每张纸币都是唯一的。编号方式按照“千字文”次序，依次使用；两字相组合，便有 1250 × 1250 个互不重复的编码。千字文编码嵌入铜印版上的凹槽中，每印一次，更换一字。此外，纸币所采用的套色印刷，首开彩色印刷之先河。在当时的技术条件下，套色印刷显得极其复杂而高度精密。

钱银时代

从北宋中期之后，虽然铜钱并没有退出市场，但纸币已经与其并列成为官方的法定货币。这种颇具现代性的货币体系一直延续到元朝和明朝，通货膨胀总是周期性的爆发。每一次王朝崩溃的背后，都离不开滥发纸币的阴影。明中叶以后，随着白银大量流入，中国自古以来如影随形的“钱荒”稍微缓解。

> 唐代后期，银已加入通货队伍；虽因铜货缺乏之故，政府曾禁止岭北采银，欲将用银之地限制于岭南，然事实全归于无效。入宋以后，形式上之法币，虽仍为缗钱，论价恒以钱计，然公私之流通支付，金银绢帛常与缗钱杂然并陈。[①]

也就是说，白银从宋元时期就已经被当作货币使用。早期的白银被制成银条，完全按照重量计算其价值，并未被铸成统一的钱币。宋以后，白银货币被制成标准大小的银锭，一般称为“元宝”。

相对于传统的铜钱来说，单位重量的银子价值要高出数十倍，甚至上百倍;因此，对于一般日常生活来说，铜钱仍然是主流货币，白银更多的，是作为大额交易或储值工具使用。这种情况直到晚清依然如此,甚至如“河南等处及江苏徐州，不论巨细买卖，概用铜钱”。张之洞就曾指出这种现象——

① 李剑农《中国经济史稿》，武汉大学出版社，2011，第 826 页。

> 大率两广、滇、黔及江浙之沿海口岸市镇，则用银者十之八九，用钱者十之一二；其上游长江南北之口岸市镇，则以银钱兼用；若长江南北之内地州县，则银一而钱九；至大河南北各省，则用钱者百分之九十九，用银者百分之一二。合计中国全国仍是银铜并用，而用铜之地十倍于用银之地，大率中国国用皆以银计，民间仍多以钱计。是中国虽外人名之为用银之国，实则尚是用铜之国。（《货币史资料》）

中国的铜币是浇铸的而不是冲压的，所以每一枚都需要以手工修边。明代铜币需求量虽然比宋代大得多，铸造量却远远少于宋代。政府的铸币机构经常是完全不发新币，只好由民间的伪造者来代劳了。后来铸币的职权转给了各省，但是省级铸币掺铅又造成币值降低，铜币供给量始终不符需要。中央政府对发币处理不善，导致伪币充斥，币值从原来的一千钱兑一两银子，降到了六千钱兑一两银子。[①]明朝军饷多以铜钱为主，而西北边陲的军饷积欠多年；明廷无奈之际，不得不铸铁钱，但军士拒绝接受。发行宝钞的计划也宣告失败。从西北爆发的军人和流民暴乱，不久就蔓延到更大范围的整个内陆地区。明朝很快就陷于崩溃。

除过剃发易服，清代基本沿用明朝制度，也包括钱银并行的货币体系，不过清代的币面文字增加了满文。当时铸钱一期为一卯，一卯为一万二千串，一串为千钱；每年铸额为三十卯，即每年所铸当为 三亿六千万。这个数字不可谓不大，但随着海外贸易的大量出现，铜钱作为货币暴露出明显的不足。西方商人对铜钱甚不以为然——

> 在中国除了铜钱外，无其他币制，而铜钱是每个人所熟悉的。……铜钱仅用于人民的日常生活，除了钱商补充存款时，重要的交易中永无地位。[②]

---

① 费正清《中国新史》。

② 《鸦片战争》（1），上海人民出版社，1972。

清朝末年，鸦片贸易使白银大量外流，造成“银贵铜贱”，货币短缺持续恶化。咸丰三年（1853年），清廷一方面发行纸币来弥补白银缺口，一方面铸造大钱来补充铜钱，一文“咸丰元宝”，甚至可当1000文“咸丰通宝”,而前者的重量还不到后者的2倍。于是人们争相熔掉“通宝”铸“元宝”,私铸远远超过官铸,物价顿时陷于一片混乱。没有多久,无论“重宝”还是“元宝”，都跌到与通宝相仿的水平，而纸币则沦为不值一文的冥币。

清末时期，西方国家纷纷采用金本位，失去货币功能的白银大量流入中国。充足的白银供应和现代制币机的引进，使机制银元成为主流货币。

> 在洋钱流通较多的地区，经过一段时期的试验，人们觉得机制银元重量成色标准化，形制统一，外观也精美。与形式不统一、成色有高下、重量难计量的银两相比，不必“较成色之高低，称分量之轻重”，凭个数计值即可，故商民都乐于使用，洋钱成为中国货币制度的新因素：异于称量货币银两的计数银币。因其圆形，人称“圆”或“元”、“员”，便将它作为洋钱的计算单位。[①]

与传统银锭相比，标准化的银元逐渐取代了中等数量的铜钱，使铜钱的使用量大大降低。与此同时，西式制币机器的出现，也结束了传统孔方兄的形制，实心无孔、大量生产的圆形铜币成为低面值货币——“铜板”。至此，无论银币还是铜币，都具有类似的形状，单位都是“元”。

白银的崛起

中国一直缺乏金银等贵金属的矿产资源。虽然白银从宋元时期就已经被当作货币使用，但直到明中叶以后，随着来自日本和墨西哥的白银大量流入，白银才成为中国主流货币。

为了寻找黄金，哥伦布于1492年发现新大陆，欧洲从此走上历史的中央舞台。在接下来的几个世纪中，西欧各国群雄争霸，轮番登场；除过

① 张宁《中国近代货币史论》，湖北人民出版社，2007。

传统的奴隶贸易，来自美洲的金银，成为欧洲兴起的最大原始资本。在西班牙语中，“阿根廷”就是白银的意思。历史学家弗兰克指出——

> 从世界经济的角度看，至少从1500年到1800年这3个世纪，欧洲所能生产和出口的最重要的商品，实际上是唯一的商品，就是金银——而它是依赖在美洲的殖民地才实现这一点的。

万历九年（1581年），张居正推行“一条鞭法”，规定所有的朝廷赋税一律以白银结算。由于征收来的碎银熔化为上解给朝廷的银锭会有损耗，地方官吏就以此为借口，在正税之外附加“火耗”，附加率远超正常损耗，这成为明清时期官场贪污的普遍现象。

清中期以后，源源不断流入的白银，逐步取代铜钱的主币地位。据清代的宫廷档案记载，“大抵自宋讫明，于铜钱之外，皆兼以钞为币。本朝始专以银为币。”“嗣后官发银两之处，除工部应发钱文者仍用钱外，其支用银两，俱即以银给发，至民间日用，亦当以银为重。”

> 亚当·斯密说过，当社会财富增长时，对白银的需求有两个层面的动力，一是作为货币促进商品的流通，二是作为奢侈品的标志。在当时的中国，对白银的需求主要源于第一种动力，商品经济的发展，使作为主要通货的铜钱越来越不能适应市场交易，世界上尚无第二个国家像中国这样，如此迫切地需要白银。[①]

白银的货币化对中国历史产生巨大影响。首先，货币供应的宽松激发了明清两代的商业繁荣，特别是沿海地区的手工业和对外贸易。其次，白银打破了铜钱货币的传统格局，特别是明朝政府将白银作为国家财政主币之后。随着白银与铜钱之间的供应量的变化，银子与铜钱的购买力长期处于波动之中。白银多的时候，铜钱的购买力就上升；反之，铜钱就贬值。

---

① 庄国土《茶叶、白银和鸦片：1750—1840年中西贸易结构》，《中国经济史研究》，1995年第3期。

同时，因为白银大多来自海外，这造成偏远内陆地区银子奇缺，铜钱流失严重。王夫之说："自银之用流行于天下，役粟帛而操钱之重轻也，天下之害不可迄矣。"[①]

与传统商品相比，白银价值更大，需求更广，因其成色来源不一、规格和品种繁多，再加上不同地区和时间的价格波动，白银贸易利润高，交易量大；但白银交易也有一定的技术门槛，一个学徒需要多年，才可以掌握白银的鉴别技能。白银很快取代传统的盐、茶、马、布，成为中国商帮的主要商品。18 世纪末，从事银钱交换、跨区汇兑、收受存款、出放贷款的私人钱庄和票号大量涌现，这反过来也促进了白银在全国范围内的流通。

钱庄的性质是兑换，票号是汇兑。票号的存款以官款为大宗，以跨省为主；钱庄则逐渐本地化。钱庄根据客户的存款额度，发行不记名、可流通、转让的银票，这实际就是准货币。票号以连锁形式构成强大的金融网络，推动了民间资本的聚积和手工业的发展。以票号著称的晋商在鼎盛期，其资产约有 1 亿两白银，相当于清政府一年的财政收入总和。[②]

值得一提的是，白银因其重量大，且价值较高，在长途运输中风险极大，因此导致镖局（镖行）兴起。但随着票号实现了远程汇兑，镖局便逐渐没落了。

按照弗兰克在《白银资本》[③]一书中的估算，自从张居正实施"一条鞭法"之后的百年间，由欧亚贸易流入中国的白银在 7000 到 10000 吨左右，约占当时世界白银总产量的 1/3。据东印度公司统计，从康熙三十九年到道光十年（1700—1830），流入中国至少有 5 亿元白银；这些外国银元价值合 1 亿英镑。[④]

---

① 王夫之《读通鉴论》。

② 可参阅：王俞现《中国商帮 600 年》，中信出版社，2011。

③ 贡德·弗兰克《白银资本：重视经济全球化中的东方》，刘北成译，中央编译出版社，2000。

④ 17 世纪中叶以后直到 18 世纪末，银元一直是英国东印度公司输华的主要商品。银元主要源自西班牙的美洲属地。银元通常被装箱输往中国，每箱装 4000 个银元。在 1708 – 1712 年间，英人每年对华出口商品值仅 5000 镑，而出口白银则高达 50000 镑。从 18 世纪中叶，白银占英国东印度公司对华输出货值的 90%。

当时中国人所不知道的是，这些白银几乎全部来自美洲，而且大多是通过贩奴贸易所得。1807 年，英国和美国宣布禁止贩卖黑奴；1811 年，西属美洲爆发独立运动。黑奴贸易的衰落，使白银收入骤减；同时，这场持续 15 年的战争摧毁了很多银矿，美洲的白银产量也大不如前。其实早在此之前，白银危机就已经非常严重。[①]因为白银短缺，英国不得不寻求鸦片作为替代品，用来支付巨额茶叶贸易，输华的白银随之剧减，后来发展为白银倒流。鸦片战争其实是白银战争，与其是因为鸦片，不如说是因为白银。若不是白银出超，中国或许就不会禁烟;同样，若不是白银出超，英商也可能不那么急切地向中国贩鸦片。鸦片贸易使清政府国库储备的白银从 1793 年的 7 千万两减少到 1820 年的 1 千万两。当初大量白银的流入使中国货币体系得以完善，而后来的白银流出则使之濒临崩溃，从而动摇了整个经济体系，可谓成也萧何败萧何。

从 18 世纪初开始，来自西方银元逐渐改变了中国的货币格局。根据当时的记录，“番银自嘉庆时入中国，其初每钱值六七百文，道光间盛行，公私出入，非此不济，值亦渐长至千二三百文。”晚清时期的鸦片贸易和对外赔款使白银大量外流，造成“银贵铜贱”。银钱之比从 1807 年的 1 比 970，增加到 1840 年的 1 比 1644，1849 年更是达到 1 比 2355。铜钱贬值招致人们销钱铸器，使铜钱更加短缺；“钱贱银昂，商民交困”。农工、手工业者和商人平时所得皆为铜钱，交付各种赋税则需折成白银，民众负担加重；各省拖欠赋税日多，造成清政府财政危机。1851 年，南方爆发大规模的洪秀全起义。

对清朝来说，白银既是国内结算货币，也是国际贸易的交易货币；这使中国的对外贸易，随时都会冲击国内市场，甚至南美独立运动，也会引发中国严重的货币动荡。从某种程度上，白银紧缺是明王朝覆灭的重要原

① 七年战争（1756-1763）把欧洲大多数国家拖入了泥潭。交战一方是英国、普鲁士和汉诺威，另一方是奥地利、法兰西、俄罗斯、瑞典和萨克森。战争结束时，法国在美洲的大片殖民地被迫拱手相让，向远东供应白银的来源也因此被切断。1764 年，英国东印度公司资金枯竭，被迫向澳门的私人银行家紧急融资。1775 年，美国独立战争爆发，直到 1783 年才结束，这进一步加剧了白银危机。1779 年到 1785 年间，从英国输往中国的西班牙银元一个都没有。（梅维恒、郝也麟《茶的世界史》）

因之一[①]；明清时期的海禁同样导致白银供应紧张。

19 世纪上半叶的白银外流，导致中国财富损失近半。1856 年，墨西哥银元代替传统的西班牙银元，成为各大洋行的主流通货单位，中国银贵钱贱的危机才得以缓解。事实上，鸦片战争之后，价值低、重量大、品种杂的铜钱作为货币，已经被日渐边缘化。

币制的衍变

1821 年，英国首先采用金本位。随着英国成为世界最强大的商业帝国，以黄金为基准的英镑，也成为世界最强势的货币。欧洲和美国随后跟进。西方国家采用金本位，使失去货币功能的白银大量流入中国。

充足的白银供应和现代制币机的引进，使机制银元（“龙洋”）成为主流货币。在此之前，外国银元早就已经成为中国的硬通货。

> 清政府虽然提供地方使用的通货，也规定了银锭的形式和重量，但是它对前朝货币的放任流通，对国内或国外私币以及私人发行的银、钱票未予管制，这都说明中国不存在货币主权的概念。[②]

在西方人看来，“中国币制的紊乱情形，实为西方各国所未有。”机器压铸的外国银币，无论成色还是重量，都非常统一；而中国银锭每次交易，都需要称重和鉴定成色，因此后者逐渐被前者淘汰。特别是墨西哥制造的西班牙银元（“鹰洋”），最受欢迎。和珅被查抄的家产中，西洋银元达 58000 块。道光时期，西方银元已经成为中国的法定货币，被各省用来缴纳赋税。西洋银币的坚挺，引来大量的仿制者，但这些拙劣的仿制银币遭到普遍抵制，曾主张自铸银元的林则徐叹道：“民禁胜于官禁。”

---

① 美洲新大陆出产的白银有一半多流入中国，加上每年来自日本的 15 万到 18.7 万公斤的白银，在 17 世纪前 30 年，每年流入中国的白银总量达 25 万公斤以上。1639 年，马尼拉的中国商人遭到大屠杀；1640 年，日本断绝与澳门的贸易往来；1641 年，荷兰占领马六甲。这使中国的白银进口量骤然跌落。

② 魏建猷《中国近代货币史》，上海书店出版社，2007。

传统的铜钱（“半两”和“五铢”）与现代银元（“鹰洋”与“袁大头”）。

1535年，西班牙在墨西哥城就建立造币厂，大量生产银币，这种西班牙“本洋”成为中国最受信赖的货币。墨西哥独立之后，“鹰洋”逐渐取代了“本洋”。到1911年，中国流通的鹰洋达到4亿到5亿元。从17世纪起，以银币为主的墨西哥比索，就成为世界货币；虽然18世纪后比索大大贬值，但它作为世界货币的地位丝毫没有动摇。1873年，全世界还有一半国家，将比索视为法定货币；但1905年，墨西哥以金本位制取代银本位制，标志着西班牙白银比索的陨落。当时只有中国和墨西哥还在用它，而其后20多年间，白银的价格跌掉了一半。

明清时期，铜钱和白银都作为货币使用，间或也使用纸币，但对于主币和辅币并没有明确的界定；朝廷唯一关注的是不同货币之间的比价，并一直试图将这种比价维持在一个固定的额度之内。在西方人看来，“中国币制的紊乱情形，实为西方各国所未有。”吕思勉先生在《中国通史》中专门谈到这个问题：

> 货币形式的不统一，不是事实使然，竟是立法如此了。甚至像明朝世宗；不但铸嘉靖年号的铜钱，还补铸前此历朝未铸的年号。……自明废除纸币以后，直至清朝，要把铜钱铸到人民够用，是极不容易办到的。当此之时，最好将纸币与铜钱相权。而明清皆不知出此，听任银铜并行。又不知规定主辅的关系。在明朝，租税主于收银，铜钱时有禁令，人民怀疑于铜钱之将废，不敢收受，大为铜钱流通之害。清朝则人民认铜钱为正货，不愿收受银两。而政府想要强迫使用，屡烦文告，而卒不能胜。而两种货币，同时并行，还生出种种弊窦（如租税征收等）。不明经济原理之害，真可谓生于其心，害于其政了。[①]

事实上，以日升昌和胡雪岩为代表，这些票号和钱庄的生存基础，就是地区阻隔和白银的非标准化。中国的金属货币基本都是以重量代表其价值，特别是金银类贵金属，块状、饼状还是条状并不重要。中国古代铸币主要采用钱范或母钱，进行翻砂铸造。西方铸币历史悠久，基本实现了标准化的大批量生产。1887 年（光绪十三年），两广总督张之洞从英国伯明翰引进冲床和技术人员，设立广东造币厂，开始铸造法定银元“龙洋”。1893 年，张之洞又开办湖北银元局。“机器铸钱，制精工速。”各省纷纷效仿，引进制币机器，一时银元供应过剩，且品种不一。导致龙洋反不如鹰洋之通用程度。这种混乱直到民国三年，才被标准“袁头币”（也称“袁大头”）统一；根据当时制定的《国币条例》，“一元银币，总重七钱二分，银九铜一”。

对中国现代史来说，张之洞无疑是最具有开创精神的政治家。在铸造银币的同时，他还发行了与银两等价的纸币；考虑到印刷质量和防伪，这 100 万元纸币全部委托日本大藏省印制。中国由此拉开了现代纸币时代的大幕。1897 年（光绪二十三年），中国第一家现代银行成立，这就是“中国通商银行”，对外称“中华帝国银行”。

---

① 吕思勉《中国通史》，中国画报出版社，2012。

在古代中国，“银行”一般是指经营金银等贵重金属及其制品的店铺；有时也叫“金银行”，主营银器，属于“三十六行”之一。比如南宋时期的建康（今南京）城内，不仅有纱市、盐市、牛马市，也有花行、鸡行和银行，甚至还出现了“银行”一条街，类似现在的专业市场。与“政府”、“图书馆”等现代词语一样，“银行”一词作为现代金融机构，也来自日语。日本早在1775年就开始制造银币，这些制币厂被称为“银座”。明治维新后，日本仿照美国，制定《国立银行条例》；甲午战争后，中国又仿照日本，建立了现代银行制度，“银行”变成为现代金融机构的代名词。“银行”的出现，使传统钱庄和票号日落西山。

1931年，深陷金融危机的美国以邻为壑，出台“白银法案”，国际银价随之翻番上涨，引发中国“白银风潮”，银元体系濒临崩溃。《中美白银协定》签署后，国民政府于1935年推行法币改革，白银作为中国通货的历史从此终结。法币同样没有摆脱中国历史上所有的纸币陷阱：100元法币，在1937年能买两头牛，1939年就只能买一头牛；1941年只能买一头猪，1943年是一只鸡，1945年是一条鱼，1946年只有一个蛋，到1948年只能买4粒大米。当时有人写信给《观察》周刊说：

> 在民国廿四年（1935年）法币政策实行前，一个拥有3000万块银元的大富翁，如果他是个安分良民，遵守政府法令，将他所有的现款总是放在家里，既不活动图利，亦不注意保持币值，则到了13年后的今天，他所有的钱折合成原来本位银元的话，他便只有一分二厘五毫了！连买一个烧饼都不够！①

钞票贬值到最后竟不抵印刷成本，最高面值达500万。不用说底层平民，就是连待遇优厚的大学教授，也陷于“活不下去”的困境②。战争导致的经济崩溃和通货膨胀，成为中华民国政府倒台的主要原因之一。

---

① 转引自：傅国涌《1947年的物价》。《南方都市报》，2015-01-18。

② 《中国老新闻》，中国社会出版社，1999。

典当行

对现代人来说，银行是极其重要的行业。不用说企业，就是普通人，在生活中也是离不开银行的。

具有存款、贷款、汇兑、储蓄及信用中介功能的现代银行诞生于欧洲，是随着资本主义一起出现的。银行拉丁文 Banca 的原意为长凳，代指早期意大利的货币货币兑换商。世界上最早的银行，是 1580 年成立的威尼斯银行，随后西欧成为现代银行的发源地。工业革命之后，银行随着欧洲的殖民扩张，遍布全世界，成为现代商业文化的典型象征。

银行作为存贷款的商业金融机构，在中国古代一般叫做“票号”或“钱庄”，其服务对象以大客户和官府为主。对一般普通民众而言，可提供日常性的存款与贷款服务的银行，其实是典当行。与银行的历史相比，典当行的历史要久远得多。在中国相当长的时期内，典当行一直扮演着“银行”的角色；或者可以说，典当行就是中国古人的银行。

典当是人类社会最古老的行业之一；甚至说，只要有了金钱，典当就出现了。特别是在中国，早在二三千年前，典当就已经存在。典当最早叫做“质”，东汉时代的《说文解字》中，对“质”的解释是“以物相赘”，对“赘”的解释是“以物质钱”。秦汉之前，中国以贝为货币，仅从字形上，就可见“质”和“赘”都与货币相关。

中国虽然有着丰富的历史传统，但关于古代平民的生活，特别是日常经济的记录却非常少。对今天的人们来说，要了解古人的生活历史，只能从一些片言碎语中寻觅、推测。西汉刘歆的《西京杂记》中记载：“司马相如初与卓文君还成都，居贫愁懑，以所着鹔鹴裘就市人阳昌贳酒，与文君为饮。”《说文》中解释，“贳，贷也。”这段“典鹔鹴之裘”的故事已经成为千古佳话，阳昌无疑算是最早的典当业名人了。《后汉书·刘虞传》记载：“虞所赍赏典当胡夷。”这是“典当”二字最早见于史册。进入南北朝之后，关于典当业的记载非常详细和广泛，以至于有人认为典当由此起源。

有一点可以确定，即使中国很早就已经有了典当业；但到了南北朝时期，这一行业更加发达和繁荣，成为社会经济的一种主流产业。《南史·甄法崇传》中记载，甄彬“尝以一束苎就州长沙寺质钱，后赎苎还，于苎中得五两金，以手巾裹之。彬得，送还寺库”。《梁书·庾诜传》中记载：“邻人有被诬为盗者，被治劾，妄款，诜矜之，乃以书质钱二万，令门生诈为其亲，代之酬备。”所谓“寺库”，就是寺院经营的典当行。典当的物品从珍贵的赏赐、书籍，乃至一束麻。

在中国历史上，南北朝是一个罕见的宗教时代，从遗留至今的敦煌莫高窟、龙门石窟、云冈石窟等珍贵的佛教造像，可以想象佛教曾经的鼎盛。“南朝四百八十寺，多少楼台烟雨中。”据说仅建康（今南京）一地，就有佛教寺院 500 余所。无论从社会地位还是经济地位，佛教寺院都达到空前绝后的程度。这些寺院除拥有无数田产和大量农奴，再加上皇家的赏赐和社会各界的捐赠，一时之间成为财富最为聚集的地方。所以有“十分天下之财，而佛有七八”之说。

寺院本身作为宗教机构，慈善为本，这些财富之所以能聚集，从很大程度上是因为寺院有扶危救困的责任。寺院设立“质库”，就是发放贷款，以救济民众。事实上，欧洲的典当业也是由教会发起的，如果再向前追溯，公元前 2000 年的巴比伦寺庙、公元前 675 年的罗马埃西利亚寺院、公元前 500 年的希腊寺庙，也都有经营保管金银、收付利息、发放贷款的机构。

古人的银行

进入盛唐之后，工商业得到长足发展，寺院经营的典当业更加繁荣。《两唐新纪》记载：“贞观之后，钱帛金绣，积聚不可胜计。常使名僧监藏，供天下伽蓝修理。燕、凉、蜀、赵，咸来取给。每日所出，亦不胜数。或有举便，亦不作文约，但往至期还送而已。”唐中后期的灭佛运动，严重打击了寺院经济，典当行摆脱了寺院的垄断，逐渐社会化，由此成为中国古代社会最为核心的金融行业。在当时 200 多个商业行业中，最大的行业就是典当业，甚至连政府也涉足其中，以公款（“官本”）开办典当行。

唐代的典当也称“僦柜”，《资治通鉴》的解释是，“民间以物质钱，异时赎出，于母钱外复还子钱。”由于经营典当行的富商，不仅资金雄厚，而且拥有可靠的信用，因此除典当业务外，一般还接受存款，贷款，以及储存保管业务。从服务功能来说，基本与现代银行类似。现代银行一般以存贷款为主，而古代典当行则以抵押贷款为主；相对而言，典当行的服务对象更加偏重于普通家庭。用现代话语来说，典当行的主营业务就是小额抵押贷款。一般农民的抵押物以农产品为主，城市居民的抵押物以金银饰物和衣服等家用品为主。

典当行与银行的共同之处是都以存贷款利息差来营利。贞观年间，时任宰相的房玄龄奉命撰写的《唐律疏义》规定，“凡质举之例，收予不得逾五分，出息过其倍；若回利充本（复利），官不理。”即规定存款利息为5%，贷款利息为10%，不许利上滚利。开元二十年，唐玄宗下诏：“今后天下放债收息，私人只许四分，官本五分。”

安史之乱后，国库空虚，政府不得不向民间借贷。“德宗建中三年，又括僦柜钱”。从唐朝开始，典当业的发展已经介入到社会的方方面面。杜甫写诗“朝回日日典春衣，每日江头尽醉归”；白居易写诗“典桑卖地纳官租，明年衣食将何如”。典当行里上演着多少人间悲喜剧。

宋朝经济繁荣，因此典当行业也比唐代更加兴盛，数量更多。在《清明上河图》中，就画有一处挂着当铺招牌的典当行。南宋政府进一步加大对经济的促进力度，高宗下诏：凡开设典当者得授以朝奉郎官衔，跻身仕版，并免除捐税徭役。“朝奉”从此便成为人们对典当从业者的尊称。典当业的地位是如此重要。以至于连衣服也不同于普通商人。《东京梦华录》记载:“其士农工商诸行百户，衣装各有本色，……质库掌事即着皂衫角带、不顶帽之类。”

当铺与钱庄

明清时代，随着徽商、陕商、晋商等商帮的兴起，典当业成为最热门的行业，遍布通都大邑。特别是徽商和晋商，有“无当不徽”和“无西不成当”之说。《明实录》记载：“今徽商开当，遍于江北，赀数千金，课无十两，见在河南省计汪克等二百十三家。”就典当业总体而言，南方以徽商为主，北方以晋商为主。

有清一代，无论是大小城市，还是边远乡镇，到处都设有当铺。盐业和典当业是公认的暴利行业，典当业也成为国家利税的主要来源之一。清顺治九年（1652 年），规定典当每户纳税银 5 两；康熙三年（1664 年），典当业全行业年入税银达 11 万余两；以此推算，全国典当铺多达 2 万余户。乾隆年间，典当业发展更加迅猛，北京城内外的大小典当行已经发展到 300 余户。

清政府虽然明令不许官员经商，但实际上，官吏本性无不善于聚敛，这些巨额资金必然要寻找投资渠道，因此怎能放过典当这个摇钱树。无论是朝中权贵，乃至宫内宦官，自己隐身幕后，找人出面开设当铺。实际上，皇帝本人也在这么做，内务府就将公帑贷放给典当铺生利。上行下效，政府许多部门纷纷加入其中，甚至连刑部监狱也不甘落后；典当业沦为官商勾结，以权谋私的重灾区。

“和珅跌倒，嘉庆吃饱。”在乾隆时代，身为大学士的和珅富可敌国；乾隆一死，和珅便成为最大的贪官。他被参奏大罪之一就是“通蓟地方当铺、钱铺资十余万，与民争利”。和珅开办的典当行总共有 75 处，资本金高达白银 3000 万两。

北京作为帝国的政治中心，冠盖云集，商旅辐辏，官吏朝觐，再加上科考会试，成为典当业的汇聚之地。古代交通落后，信息不通，在当时情况下，出门在外的人一旦遇到麻烦，盘缠告罄，就立刻陷入困境。无论是寄存还是贷款，都离不开典当行，所以北京的典当业一直保持着繁荣。

“洪杨之乱”后，曾国藩为了恢复战后经济，以公款招商，开设典当行；章程中规定，存息不得超过一分，当息由二分五厘、二分二厘，逐步减少为二分。湖广总督张之洞也以低息扶持典当业的恢复，经清政府批准，当息定为二分，这成为后来的普遍标准。[①]事实上，典当行业的一般投资盈利都在三三分之间，并不比其他行业高多少。典当业之所以兴盛，或与普遍的贫穷有关，因其做的是穷人的生意，难免落下“剥削”的恶名。

---

① 可参阅：常梦渠《近代中国典当业》，中国文史出版社，1996。

穷人的后门

就中国历史而言，在钱庄和银行未出现前，典当业一直扮演着城乡平民融通资金的民间准金融机构。从某种意义上，典当行的历史，也是一部中国人的经济史和生活史。

对一个古代的中国人来说，为了维持农业、手工业的再生产和解决生活急需，典当行是以抵押物品形式贷得资金的唯一去处。对贫穷时代的人们来说，典当行的意义远非今天的银行可比，因为那时人们的财富基本没有多少富余的，身无余钱，家无余粮者，比比皆是。因此典当行有“穷人的后门”这句俗语。这里所说的“穷人”绝不是指现代的相对贫穷，而是指温饱和基本生存都极其苦难的绝对贫穷。20 世纪 30 年代，清华大学社会学系（李树青）曾对典当行的客户群体进行过一次社会调查；结果显示，贫穷者和赤贫者占 82.8%，当金在 1 元以下的占 48.5%，以衣服入当的占 56.9%。对这些穷人来说，家徒四壁，身无长物，只能用旧衣服当来救命钱，其实也就勉强维持几日的生活罢了。

虽然典当行的经营范围，包括接受储蓄存款和其他财务信托业务，但在工业化时代——或者说丰裕时代——到来之前，这些业务与抵押贷款相比，是难以成为主流的。一个穷人占多数的社会与一个富人占多数的社会是完全不一样的。说白了，中国古老的典当行其实就是穷人的银行。事实上，对今天的大多数中国人来说，去银行存款也只是近 30 年的事情。中国的“极端贫困人口”比例，从 1990 年的 60% 下降到 2010 年的 12%。辜鸿铭先生有句名言曾被收入英国《大不列颠辞典》：所谓的银行，就是晴天千方百计把伞借给你，雨天又凶霸霸地把伞收回去。传统典当行以富人的大额存款和穷人的小额贷款为主，现代银行则以穷人的小额存款和富人的大额贷款为主；或者说，前者是把富人的钱借给穷人，后者是把穷人的钱借给富人。典当业侧重救助穷人的生活，银行业偏重支持工商业发展。说到底，典当业和银行业是金融业在农业时代和工业时代的两种不同业态，从本质上完全是同构的。

光绪二十三年（1897 年），清廷户部以典当为厚利行业而收税反轻，从当年起，每家典当行的年纳税额从 5 两增至 50 两。这一年，中国通商银行成立，这是中国人创办的第一家现代银行。在此之前，英国人在上海创办的汇丰银行已经走过了 30 年历程。在一份 1873 年 4 月 5 日的《伦敦新闻画报》上，有这样一篇关于中国典当行的报道：

> 本报特派画家从上海警察总监彭富尔德先生处得到了上海当铺行业的统计数字。在上海英租界里有 29 家这样的当铺，平均每月共付出 75000 银元的借款，每月的利息从百分之一到百分之九不等，但是大多数当铺的月息只有百分之二左右。南京路上的一家当铺里有 6 位合伙人，每月平均付出 9000 银元的借款，其月息要比百分之二要稍高些。在较为贫穷区域的许多小当铺还同时做些别的生意。至于这些偷来的财物，倘若值钱的话，一般都在大的当铺里。中国的当铺老板既不能询问抵押者他们的财物来自何处，也不能问它们属于谁。假如抵押者不能在六个月或八个月之内（每个当铺的抵押期限是印在当票上的）赎回抵押物品的话，它们就属于当铺老板了。后者会把那些没被赎回的物品卖给旧货店的老板，当铺不会自己零售这些物品。出售这些物品的收入全归当铺老板。①

中国历史向来都是宏大叙事的，但在其不经意的细节间，有时仍能看见中国古老的典当业，甚至可以说这些细节曾经改变了历史。

1900 年，清兵恩海开枪打死德国公使克林德；事后，恩海拿走克林德的手表，抵押给当铺。不久，外国侦探从当铺找到手表。“克林德事件”成为八国联军侵略中国的借口。1931 年，东北军捕杀日本间谍大尉中村震太郎后，又把中村的手表押给当铺，日本人很快就从当铺找到手表。“中村事件”成为“九一八事变”的导火索。

---

① 沈弘《遗失在西方的中国史：〈伦敦新闻画报〉记录的晚清 1842-1873》，北京时代华文书局，2014。

从山陕会馆看古代商业

根据现代经济学理论，明清时期的中国已经出现了“资本主义萌芽”；这种工商业繁荣甚至影响到世界范围，比如中国的茶叶被出口到欧洲，而大量美洲的白银流入中国。作为民间资本发展的标志，大量涌现的商人会馆，成为明清企业家留给后人最典型的物质遗产。特别是山陕会馆，完全按照省县行政地域划分，并以联省会馆的形象运作，使山陕会馆遍布全国各地，“一座山陕会馆，半部商业历史”。所谓明清商业史，从某种意义上也是会馆发展史；从这里，我们可以感受到历史的鲜活与震撼。

会馆，本意为开会和聚会的宾馆。中国的民间会馆大体兴起于明初，兴盛于清代，在近代走向衰落。历史学家何炳棣将这些会馆分为工商会馆、士人的试馆和移民会馆三种。早期的会馆是为了方便举子应试，“京师之有会馆，肇自有明。其始专为便于公车而设，为士子会试之用，故称会馆”[①]；后来会馆之风由京城蔓延到全国，商人会馆反倒后来居上，称为会馆的主流。在一些大型移民运动中，移民群体也自发修建了许多会馆性质的宫、庙、观、寺。

明清时代，因为人口迅速增加，水陆交通条件改善，城市化程度提高，整个社会被迫走出“重农抑商”的传统窠臼，在农业之外出现了大量的工商业者。这些以家族和同乡关系为纽带形成的商业组织，成为中国近代私

① 何炳棣《中国会馆史论》。科举制度结束后，很多会馆都逐渐演变成同乡会。

营企业的先驱者。随着大型商业集团和商帮的出现，基于共同利益而自筹资金建立的工商会馆，也成为行业自治的标志。作为“东连吴会，西通巴蜀”重要商业都市，汉口的各种工商会馆一度达到123所，相当一部分修建于清道光之前。

从某种意义上来说，会馆是商帮企业组织形式发展的必然结果。作为历史的载体，明清会馆可以做出多种解读。从经济上说，会馆是商帮和行会在客居异地设立的办事机构；从政治上说，会馆是管理流动人口的同乡自治组织；从社会学来讲，会馆是具有明确权利和义务的商人自治团体；从文化上说，会馆是进行文化交流的休闲娱乐场所；如果上升到宗教程度，会馆还具有精神认同、祭祀神灵和偶像崇拜的功能。此外，规模浩大的建筑也是财富与权力的象征。可以说，这些会馆整合了办事处、仲裁所、俱乐部、招待所、救济会、戏剧场，从而形成一种内涵丰富的商业文化和社会文化。正如同治《汀龙会馆志序》所云：

> 会馆之设，有四善焉：以联乡谊明有亲也，使以崇明有信也，使天下人相信、相亲、相敬，而持有礼信，天下可大治，无之何以禁耶。[①]

山陕会馆

明朝初期，为了解决边防要塞的军粮供应，实施“开中法”。所谓开中，就是政府开出军需标（物资名称、运达地点），如标的物是粮食，商人可根据要求，输军粮至边关指定地点，政府收到标的物后，按公示的标准付给商人一定数量的“盐引”，称为中的。商人则凭盐引到政府指定盐场购盐，销售后获取购销差价，便是经营利润。明清两代政府都对盐实行垄断经营，成本低而售价高，商人只要获得食盐许可证，便有暴利可图。明朝的开中法始行于毗邻“九边”的山西和陕甘。近水楼台先得月，陕商和晋商因此迅速崛起。

明清500年，陕西商人借助政府实行的食盐开中、茶马交易、棉布征

① 可参阅：王日根《中国会馆史》，东方出版中心，2007。

实、布马交易等一系列特殊经济政策，成为全国著名的商帮，他们把茶叶贩运到甘肃和青海，把食盐贩卖到四川和贵州，从江苏贩卖棉布，把烟草贩卖到江浙。经过长期发展，财力雄厚的陕商逐渐占据了以泾阳和三原为中心的西北、四川、贵州、蒙古和西藏等几大市场，被称为“西秦大贾”和“关陕商人”。《天工开物》作者宋应星谈到明代商帮时说，“商之有本者，大抵属秦、晋和徽郡三方之人”，而陕商一度在晋商和徽商之上。当时垄断西部贸易的陕西商人，每年经营的布匹达2700万匹，茶叶1125多万斤，皮革150多万张，羊毛2500多万斤，药材1500万斤，水烟700万斤。明朝中期以后，开中法取消，中国食盐主要产地在两淮，集散地又在扬州，具有地缘优势的徽州随之雄起。为了跟徽商抗衡，风俗习惯相似的陕商与晋商逐渐结合，互相合作，遍布全国的“山陕会馆”就是这种秦晋之好的地缘产物。

费孝通先生指出，商业是在血缘之外发展的，而地缘则是从商业里发展出来的社会关系；血缘是身份社会的基础，而地缘却是契约社会的基础。“从血缘结合转变到地缘结合，是社会性质的转变，也是社会史上的一个大转变。”①

明清时期的中国，具有全国影响的商业集团一般都以地域乡缘为组织纽带，被称为十大商帮：包括徽商、晋商、陕商、粤商、闽商、洞庭商、江右商、宁波商、鲁商、苏商等。②“十大商帮”中，山陕商帮在相当区域内处于领袖地位。山陕会馆凝聚了陕商和晋商两大商帮的势力。利用会馆，各行商可以互通商情、维护同乡和同业利益；除过调解商业纠纷，还可以提高抵抗市场风险的能力。中国一直没有发展出类似西方的保险业，只能以抱团来规避商业风险。

“一家发财，惠及乡党，出入相友，资表比服。”从明初到清末，山陕商人以其轻生重死、厚重质直、博大劲直的气概，从盐业起步，将业务扩展到棉、布、粮、油、茶、药材、皮毛、金融等诸多行业，贸易范围不仅包括国内，还远及朝鲜和俄罗斯，可以称得上是雄霸一方。其独特的商业

---

① 费孝通《乡土中国》。

② 可参阅：王俞现《中国商帮600年》，中信出版社，2011。

文化，成为中国古代文明史的重要一页，有所谓“无西不成商”之说。陕商和晋商被合称“西商”。这些山陕会馆有的也称“西商会馆”，还有的叫陕西会馆或西秦会馆。

正如梁漱溟先生所说，“离开家族的人们没有公共观念、纪律习惯、组织能力和法制精神，他们仍然需要家族的拟制形态”[①]。山陕会馆遍布全国各地的关隘重镇和商埠都会，从甘肃、河南、山东、湖北、江西到云、贵、川，山陕会馆星罗棋布，完全网络化，数量多以百计，如四川有 38 个，陕西有 44 个。

自贡盐业在中国乃至世界产业经济史上都有其独特的地位，有研究者认为自贡盐业是“中国第一个资本密集、大规模生产的私营井盐工业”。[②]

四川自贡的西秦会馆，是陕西盐商在自流井聚敛致富后，于乾隆元年合资修建，此后历经一个世纪的建设与扩建；它的规模是如此宏达，以至于曾经作为民国时期的自贡市政府所在地。由于陕商在云、贵、川一带处于垄断地位，会馆便成为当地的地标性建筑，一些街区甚至被命名为“陕西街”或“陕西路”。

清朝时期，中国茶叶成为国际市场的畅销品。英国与俄国是中国茶叶的主要进口国（后期英国以印度茶叶取代中国茶叶，俄国逐渐代替英国成为中国茶叶的主要市场）。英国依靠海运优势把持了茶叶贸易，中俄茶叶贸易则主要依靠陆路，陕商和晋商具有传统优势。像当初的广州一样，汉口作为“中俄茶叶之路”的起点，从乾隆时代就极其兴盛，万商云集。[③]汉口的商人会馆有 181 所，其中最大的便是山陕会馆，“国朝以来，繁盛称最，庙宇随在竞胜，金碧照耀，惟西会馆规模正大，雅冠众构”。《汉口

① 梁漱溟《中国文化要义》，学林出版社，1987，第 80 页。

② 可参阅：曾小萍《自贡商人：近代早期中国的企业》，董建中译，江苏人民出版社，2014。

③ 早在 1820 年，汉口茶叶的出口量已经占到了中国对俄出口总量的 74.3%，这一数字在 20 年后被刷新到了 94.4%。让这一庞大的出口额成为可能的，正是南起汉口、北至恰克图、绵延万里的茶叶之路。1861 年汉口港出口茶叶 8 万担，1862 年增至近 22 万担，此后逐年增长，从 1871 年至 1890 年，每年的茶叶出口均达到 200 万担以上。“当时，中国出口的茶叶垄断了世界茶叶市场的 86%，而由汉口输出的茶叶就占了国内茶叶出口量的 60%，大量运茶船源源不断地出入汉口港。”汉口因茶而兴盛。

开封山陕会馆的戏楼。

山陕会馆志》的序言中写道：

> 山陕秦晋姻好之国，地近而人亲，客远而国亲，适百里者见乡之人而喜，适千里者见国之人而喜，适异域者见似国之人而亦喜。汉上去秦晋益远，秦晋人于汉上益亲。其会而有馆也，亦然。[①]

商业往往也是文化的重要载体。西商依托商业活动，以其雄浑气势构屋建瓴、设馆筑园、演戏酬神、报赛庆典，产生了极大的社会影响力，这使完全殊异于中原和南方的西部文化，被推广到全国。清朝初年，常驻贵州怀仁县茅台镇的陕西会馆一个姓刘的陕西商人，乃关中西府柳林镇（西

① 转引自：王日根《中国会馆史》，第377页。

凤酒产地）人氏，见当地白酒紧缺，遂从家乡请来一位姓田的酿酒师傅，按照西凤酒的配方开始造酒；到了清末，盐商华联锋和盐商王立夫在茅台创建成义酒厂和荣和酒厂，茅台酒产量大增，逐渐成名酒。

无君子不养艺人，商人往往也是文化活动的主要赞助者。乱弹本来是发源于关中民间的一种古老戏曲形式，也随着陕商扩散到全国各地，被称为秦腔。每个山陕会馆都少不了一个戏楼，而且戏楼一般都处于会馆的显著位置；每次逢年过节，会馆都要请来戏班助兴，很多甚至是从陕西请来的秦腔剧社。戏曲是士绅文化与庶民文化相互交融的载体。戏曲随着商业贸易而发生相互交流，在秦腔（乱弹）的基础上，各地逐渐形成本土化的民间戏曲；虽然都属于乱弹，但唱腔和风格已经明显分化。换句话说，包括京剧、豫剧、陇剧、晋剧、川剧和河北梆子等很多地方戏，其实都是从乱弹进化而来的，因此乱弹被称为中国戏曲之鼻祖。

有人对山东聊城的山陕会馆做过研究，发现会馆演出主要以秦腔为主，如《宋江杀楼》、《八义图》、《蝴蝶杯》、《黄河阵》、《法门寺》等，此外也有徽班、河北梆子和一些本地戏班演出。

常言说，得中原者得天下。河南位于天下之中，南北通衢，历来都是商家云集之地，仅河南省就有 36 个山陕会馆，平均每一个县都有一个，仅叶县就修了 4 处，而镇平有 5 处。留存至今的，有唐河、邓州、开封、社旗、洛阳等地山陕会馆。

横跨亚欧大陆的“中俄茶叶之路”，是继丝绸之路之后又一条国际商路；虽然其开辟时间比丝绸之路晚了一千多年，但是其经济意义以及巨大的商品负载量，是丝绸之路无法比拟的。茶叶从汉口出发，经汉水运至襄樊，再经唐白河、唐河水道北上达赊旗，此后改陆运北行，由骡马驮运北上至张家口和归化（今呼和浩特），再远销俄国恰克图[①]。从汉口到恰克图的“中俄万里茶路”，赊旗恰好是水运终点和陆运起点。这种特殊的地位，使这个明代时尚不见经传的赊旗小镇，在清朝数十年间便成为所谓的“天

① 恰克图，俄语意为“有茶的地方”，汉语称为“买卖城”。雍正五年（1727 年）中俄在此签订《连斯奇条约》（俄方称《恰克图条约》），划定两国以恰克图为界。嘉庆、道光以来，恰克图成为中俄贸易的中心，中国从恰克图输往俄国的商品是以茶叶为大宗，其业务皆为山陕商人所垄断。

下第一店”（赊店）。乾嘉年间，赊旗汇集了来自全国 16 省的商家，镇内街道麻布、商号林立，全镇有 72 条街道，大小店铺几百家，人口达 13 万之多。21 家骡马店朝夕客商不断，48 家过载行日夜装卸不停，500 多家商号总集百货，72 条街分行划市相聚经营。

虽说赊旗仅是一个小镇点，但流动人口却极其巨大，南北文化并存，市场竞争也非常激烈。为了避免同乡之间因恶性竞争而两败俱伤，各地客商相继合资成立了各自的同乡会；其中陕商和晋商势力最大，他们的同乡会叫做“鼎元社”，并于乾隆二十一年（1756 年）率先建设“山陕同乡会馆”，“运巨材于楚北，访名匠于天下”。为了营造一个高大的商业形象，整个建筑基本仿照皇宫銮殿建造，无木不雕，无石不琢，可谓集皇宫、庙宇、商馆、园林建筑艺术之大成。

山陕会馆的建立，推动了大兴土木的会馆建设高潮。攀比之下，湖北、江西、福建等省商贾也相继兴建了内外大王庙、孔庙、福建会馆、江西会馆、湖北会馆等诸多会馆。相对而言，山陕会馆以其规模、组织、作用和运作模式，都已经达到了商业行会和民间商会的程度，在经济、政治和文化等各方面形成自己独特的风格。

天下第一会馆

“客子天涯，表稀里散，情联桑梓，地据名胜。剪棘刊茅，邃壮丹台，则又怀睦，亲以敦本，于礼协，于情安……”中国传统本是建立在原始血缘基础上的家族社会，除过一枝独大的官僚皇权势力，民间几乎没有其他的自治组织。从某种程度上，商帮几乎是唯一被官府容忍的民间组织。陕商和晋商斥巨资修建会馆，并不仅仅是为了“通商情，叙乡谊，安旅故”。作为中国传统商业文化的重要载体，这些气势雄伟的会馆，基本上发挥着类似欧洲“行会”的作用，属于商人的自治机构；对内规范经营管理，对外加强竞争实力，体现了行业自觉和商人自律。赊店山陕会馆，无疑是其中最具代表性的历史案例。

在晚清时期，位于社旗县的赊店镇“地频赭水、北走汴洛、南船北马、总集百货”，与周口镇、道口镇、朱仙镇并称中原四大商业重镇。赊店山陕会馆更是闻名于中外的“天下第一会馆”,堪称中国民间商会文化的“祖脉之地”。

会馆始建于清乾隆二十一年（1756 年），经嘉庆、道光、咸丰、同治，至光绪十八年（1892 年）竣工，共历六帝 136 年。先后兴建了琉璃照壁、春秋楼、大拜殿、石牌坊、悬鉴楼，两侧设有木旗杆、铁旗杆、石狮、辕门、马厩、钟楼、鼓楼等，殿前佐以东西廊房，后又增建了群房。所有建筑左右对称，布局严谨，主次分明。悬鉴楼高八丈八，大拜殿高九丈九，春秋楼高十丈十,三座楼自南而北依次增高，坐落在一条轴线上。据有关碑文记载,社旗山陕会馆仅兴建春秋楼及附属建筑,就花费白银 707844 两；兴建大拜殿及附属建筑，花费白银 88788 两。从《创建春秋楼碑记》的记载中，可以得知建设资金主要采取捐助和抽厘，当时参与抽厘的商号多达 423 家。

作为中国民间商会的发源地之一，赊店山陕会馆最早制订了“诚信为本”的商业规则，并刻之于石碑，立之于会馆，代代遵守，流传至今，成为中国现存最早的商业文物遗存。碑刻分为 3 块,《同行商贾公议戥秤定规概碑》、《公议杂货行规碑》和《过载行差务碑》。根据这些碑记，西商必须遵守的商业道德规则包括三方面：

第一是统一度量衡，公买公卖。“合行商贾，会同集头等，齐集关帝庙，公议秤足十六两，戥依天平为则，庶乎较准均匀，公平无私，俱各遵依。同行有和气之雅，宾主无足柬戾之情。公议之后，不得暗私戥秤之更换。犯此者罚戏三台，如不遵者，举秤禀官究治”(《同行商贾公议戥秤定规概碑》)。

第二是反不正当竞争。《公议杂货行规碑》记：“卖货不得包用，必要实落三分,违者罚银五十两;如有旧店换人名者,先打出官银五十两会行友,违者不得开行；卖货不得论堆，必要逐宗过秤，违者罚银五十两；不得合外分伙计，如违者罚银五十两；卖表辛不得抄红码，必须过秤，违者罚银五十两；不得沿路会客，如违者罚银五十两；落下货本月内不得跌价，违者罚银五十两；不得在门口拦路会客，任客投主，如违者罚银五十两；银期不得过期，如违者按生意多寡出月利；不得假冒姓名留客，如违者罚银五十两；结账不得私让分文，如让者罚银五十两；不得在人家店中勾引客买货，如违者罚银五十两；卖货水湿破烂必要依时价公除……”。值得一提的是，这些规则乃商家集体公议并“禀明县主蔡老爷”批准，因此具有行业立法的权威性与强制性。

第三是抵制官府敲诈勒索和乱摊派。《过载行差务碑》就是为抵制官府“屡经加增”而定制的“合约”，“恐历久加增，后不复前，故立琐珉，以为千古流传云尔”。

会馆力图以忠恕之道，营造一种平和的商业环境，“凡处财治事，须宽宏大度，怀人以德”，以和为贵，和能处世，豁达待人，能忍能容，其德乃大。会馆在化解商业纠纷方面，无疑扮演着不可或缺的重要角色。

除此之外，山陕会馆还开了帐目公开，接受监督之历史先河。大量的碑刻详细记述了山陕会馆的兴建过程和发展宗旨，商家的捐资和各项开支都历历在目，用银情况精确到两、钱、分。如“买石头费用使银一万零六百三十五两六钱六分；买琉璃脊兽砖瓦使银一万七千三百三十七两九钱八”。此外，公共支出的每一事项都刻之于碑，公诸于众，如《铁旗杆碑记》载：“公用外，独羸三千余金。庙之壮丽不可有加，又不可折空入私，因铸铁旗杆二株重五万余斤，树于大门之左右。”

在商业活动中，品牌往往构成核心竞争力；所谓品牌，在某种意义上就是信誉。山陕会馆常常被当地人称为“山陕庙”，因为这里供奉着武圣关羽。蒙古征服以来，异族统治者对关羽极为迷恋；至明清时代，关羽极显，有“武圣人”之誉，俨然与“文圣人”孔子并立，关帝庙一度兴盛。关羽祖籍山西解州，以忠义和诚信闻名天下，故而成为山陕商人拜膜的商业神祇。比如，会馆前九龙壁的楹联为：“浩气已吞吴并魏，休光常荫晋与秦”，横额为“义冠古今”。关圣的偶像效应，也给山陕会馆镀上了一层神圣的精神光芒，使其完全走出了“义”与“利”的困惑，实现了“君子爱财，取之有道”的道德自律和行业自治。所谓先义后利，以义制利，见利思义，“诚召天下客，义纳八方财”。这非常符合中国传统的道德模式。

建筑本身就是一种视觉政治。山陕会馆堪称建筑杰作，雄伟而庄严，精美而整齐，无论是造型、布局，还是木刻、石雕、彩绘、刺绣，一砖一瓦都具有丰富的艺术内涵。如“赵颜求寿”、“杯羹之让”、“圯桥纳履”之类的经典传说处处可见；从神仙到皇帝，从英雄到良相，这都是一个传统中国商人应当效仿的榜样。可见其建筑本身，也体现着深深的教化意味。

晚清时期多灾多难，赊旗屡遭兵燹。咸丰七年（1857年），捻军火烧山陕会馆，除最南端的悬鉴楼等得以幸免外，整个建筑群几乎都化为灰烬。好在山陕商人元气未伤，从同治八年（1869年）起，用了30多年时间，重新修复了山陕会馆。民国十二年（1923年）的《重修山陕会馆碑记》称赞道：“功亦伟，气宇宏大，楼阁辉煌。”

随着京汉铁路和俄国远东铁路的开通，传统的水运迅速没落，赊旗与恰克图一样，失去了交通枢纽地位。与此同时，俄帝国的覆灭与印度茶的竞争，将中国茶无情地逐出国际市场，因茶而兴的山陕商人也随之风流云散。

青山依旧在，几度夕阳红。曾经的商帮已经消亡了，但这些会馆仍然在诉说着其辉煌的历史。

红顶商人

梁漱溟先生发现，在西方，商业一般依靠海上交通，以国际互市为大宗；但中国因为长期海禁，闭塞的西北内陆反倒领导东南沿海。与西方的现代商会相比，中国的商人会馆存在诸多局限：首先没有全国性的组织，虽然全国各地都有“山陕会馆”，但互相之间并无关联；其次，只有同乡组织，而无同业协会，乡党意识和宗教意识强于行业意识；第三，“同行是冤家”，恶性竞争大于同行合作，缺乏西洋中世纪基尔特那样坚密团体精神。[①]

中国传统社会是一个典型的权力社会，即权力控制一切，商业也不例外。权力是自由的天敌，有权力就没有自由；而没有自由也就没有商业，因为自由是商业的生命。权力之下，中国传统商业也缺乏应有的自由，或

---

① 梁漱溟《中国文化要义》，上海人民出版社，2011。

者说，所谓的商业只能获得权力许可范围之内的自由；为了这份自由，也为了生存，商人不得不屈服于权力之下。因此在中国传统商业史中，商人基本上都不得不依附于权力，形成所谓中国特色的“红顶商人”现象。权力对商业的介入，或者说权力与金钱的苟合，使商业堕落为一种依靠垄断为生产方式的掠夺，其中以盐商最为典型。

明清政府都将食盐作为主要财源，盐商运销食盐，必须交纳巨额银两，以取得官府授予的经营许可权；有了官方许可，盐商基本就垄断了一定区域的食盐市场。明清两朝官府并没有直接控制社会经济，而是采取承包的形式，通过少数实力雄厚的商人，完成对社会民众的掠夺。盐商虽说通过垄断经营可牟取暴利，但在朝廷和官府眼里，他们也只是一群肥猪罢了；各种苛捐杂税名目繁多，负担之重远远超出应当交纳的额度。每次遭遇重大军需、庆典、赈灾和工程时，盐商们就是最大的施主，少则数十万，多则数百万。

咸丰八年（1858年），也就是火焚山陕会馆的第二年，清政府在赊旗设立厘金局，“设立省局，抽取商捐，统名厘税”。厘金局貌似与其他会馆毫无二致，但它门头上的匾额则与众不同：一只面目狰狞的怪兽，头似龙，口似狮，身似麒麟，蹄似马，张牙舞爪，气势汹汹，浑身冒火，仰头吞日，这就是中国传说中的“贪”。厘金局门口有一幅楹联，表白了征收厘金的动因：

> 天子何忍伤民财，因小丑猖狂，扰滋守土；
> 地丁不足济军饷，愿大家慷慨，输此厘金。[①]

赊旗虽然只是一个镇，但厘金局的“委员”却是正三品衔，比四品的南阳知府大两级，其征缴税银占河南全省之半。厘金名目繁多，几乎是无物不征，无地不征，在再加上重复征税、吃拿卡要和层层贪污，商家不堪重负，在厘金局成立的第二年，就“怒砸厘局，逐委员而罢市，知县曹敬

① 徐春燕《清代河南商业名镇赊旗》。《寻根》杂志，2014年第2期。

生去职”。之后，清廷只好让步，“采用包税制，由山陕同乡会总代理，向各商户按定额征收后，将一部分按厘金局所定额度交付厘金局，盈余部分逐年积存，投入山陕会馆建设”[①]。

由这段历史可以看出，中国传统经济模式与现代市场经济存在巨大的差距。这种不自由的商业模式，决定了权力与经营、官府与商人的关系极其微妙而复杂。官商之间既互相利用，又互相争斗；但官商之间的主从关系还是极为清晰的，再大的商人也是民，再小的官也是官。总体而言，金钱与权力合流，沆瀣一气的官商一体化是主流趋势，即商人的官僚化和官僚的商人化。

中国以权力为基础的官商，以及依附于官府的特许商和专利商，他们其实是“执国家之柄以行海内”[②]，利用垄断地位在无竞争的“市场”上进行盘剥。这种强制性的销售，不受任何价值规律的影响，完全是一种权力经济；它所取得的，并不是真正的商业利润，而是变相的赋税。换句话说，这些红顶商人，其实是另一种官府税吏。

《汉书·食货志》中说：“今法律贱商人，商人已富贵矣；尊农夫，农夫已贫贱矣。故俗人之所贵，主人之所贱也；吏之所卑，法之所尊也。”虽然中国传统政治都实行抑商政策，但事实上，国家并没有抑制商业本身，而是为了抑制商人。反过来说，商业因为可以带来巨大的税利，国家一方面希望商业繁荣，另一方面又希望垄断商业利益。在这种思路下，官府既要鼓励商人创业经营，又希望商人在利益分配中越少越好。因此说，在商业被政府垄断的前提下，商人只是国家掠夺民众劳动财富的工具而已。

正因为这些商业群体与官僚势力的密切关系，会馆在某种程度上有效仿官府衙门的意味。历史学家费正清先生认为，明清中国的商人会馆是商人们模仿官僚士大夫而建立起来的、旨在联络同行业人士的一种互助组织。[③]在中国，士子们有同年、同窗、师生等多重关系，可以互相援引，而商人们却缺乏这种组织，商人们模仿设立这种组织，就在于通过相互间

---

① 盛夏《厘金局当差一年胜过一个州官》，《大河报》，2011 年 4 月 26 日。

② 《盐铁论·刺权》。

③ 王日根《明清民间社会的秩序》，岳麓书社，2003，第 167 页。

的帮助来提高自身的能力。日本汉学家川胜守也持类似的观点，他认为，商人会馆的设立，是对士大夫会馆的一种模仿，但又是一种对抗，一种示威。这种心态传神地体现在山东聊城山陕会馆的一幅楹联上——

> 非必杀身成仁，问我辈谁会节义；
> 漫说通经致用，笑书生空谈春秋。

在某种意义上，商人们借用了士大夫用惯了的会馆这种组织形式，来纠集自己的力量，以形成团体；从而既增强了自己的力量，也力图用会馆的规约来规范自己的行动。实际上，明清时期商业兴起，商与儒之间多有融合，弃儒从商者大有人在，“虽士大夫之家，皆以畜贾游于四方”，这也就是儒商的来源。另一方面，由于官员经商的普遍化和大量工商业者子孙进入仕途，亦商亦儒，或善士善贾的儒商，便成为一种时尚。这导致文人给商贾树碑立传者不乏其人。

乾隆五年（1740年）秋，北京某商贾亡故，其丧事之隆重，堪比国丧。在京达官贵人，乃至内阁九卿无，不争先恐后地前往吊唁，一时轰动京师。原来这个商人因承包皇家工程，积下巨额家产，家人欲借达官显贵以助声势，便对前来祭吊的官员赠以重金，并按品级分为500两到2000两不等；官越大，酬谢越高。有钱能使鬼推磨，因此令所有官吏如丧考妣，趋之若鹜。就连三朝元老的张廷玉，也差人送来拜帖，官拜詹事府詹事[①]的陈浩竟然数日陪吊，流连不去。乾隆皇帝闻之怒不可遏：“身为大臣，而向出身微贱之人俯首跪拜，九卿纵不自爱，其如国体何！”[②]

> 古者四民分，后世四民不分；古者士之子恒为士，后世商之子方能为士。此宋、元、明以来变迁之大较也。天下之士多出于商，则纤啬之风日益甚。然而睦姻任恤之风往往难见于士大夫，而转见于商贾，何也？则以天下之势偏重在商，凡豪杰有智略之人多出于焉。

① 詹事府是掌管皇后、太子家族（东宫）事务的机构。詹事府詹事为正三品。

② 《清高宗实录》卷129。

其业则商贾也，其人则豪杰也。为豪杰则洞悉天下物情，故能为人所不为，不忍人所忍。是故为士者转益纤啬，为商者转敦古谊。此又世道风俗之大较也。（沈垚《落帆楼文集》）

在中国传统社会中，商人群体仍需要借助于士大夫的庇护；即使是商人创建的为商人服务的会馆，也还得请士大夫撰写碑记，以显示自己的政治后盾。许多会馆虽然造价不菲，但并不是一味地炫富，而是充分体现其文化和艺术审美。比如社旗山陕会馆内，所有的匾额和楹联都引经据典，词雅意深，对仗工整，特意显示其文化素养。如“既和且平”、“日之升”和“月之恒”等引自《诗经》；“如是观”为传奇剧名；“天五尺”出于《三秦论》；“悬鉴楼”（古戏楼）典出《新唐书》。同时，这些文字题字全部出自书法名家之手，甚至不乏帝王将相的亲笔题字。

作为一种公共服务性质的非营利机构，会馆的收入主要来自募捐和收税。捐助包括不定额的喜助乐捐，以及定额的一文捐和月捐；税收一般根据货物交易额按比例提成，每个会馆的比例有所不同。清朝晚期，洋务渐起，商业中心由内陆向沿海城市转移；与此同时，现代性的商会应时势而兴起，传统的会馆与商帮一起走向没落。

题　外

明清时期的陕商，大多出自关中几个县，如泾阳、三原、富平、凤翔等；他们的生意都在四川、河南、江苏、湖南等外省，虽然获利不赀，但对关中经济影响甚微。他们既不在陕西置买田产，也不兴办实业，“千金之子，身无寸土”，“家资巨万，无一陇之殖”；如《泾阳县志》所说，“贾虽多，何与于泾？”。

和所有的传统商人一样，陕商最后基本上都是结交官宦，让子弟转向科举，当官发财，发财当官，这才是“正途”。

在关中传统乡村，一般农户供养一个成功的读书人的难度是相当大的；相比之下，托关系去做个官差倒要容易得多，因此地方风俗“多习书吏，故刀笔甲天下，次者儒，又次行贾”。当商人势力崛起后，许多地方风俗也随之改变，人们“崇儒薄吏。与其吏也，宁贾。故仕宦视昔十倍，富人亦数倍之，而吏习顿减”。在生活也追求奢侈，“裘马绮罗充塞街衢，十金之子耻于布衣，俊宇画栋在在有之，婚丧酒礼惟以豪华相高”。①

陕商始终没有脱离小农意识，在经营上不思进取，见好就收，“人贵知足，有足富者，非可以必终，何日仆仆然毋有已期也”，“财不贵积”，“苟可以足日用……夫何以厚为哉”。这种“财取足用”的局限，使陕商在后期资本积累规模上，远远逊色于晋商和徽商。商业虽然能取得暴利，但陕商往往将大量钱财用于挥霍，“作富贵状”；实际上，这些奢华的山陕会馆就是炫富摆阔的结果。当时就就有人评价关中“商贾多不量力，竞争事奢侈，外似富而内无深藏”②。这与西方早期资本家那种视积累为“天职”的“新教伦理”截然相反。

关中作为中国文化的重要出处，农耕文明历史悠久，形成安土重迁的古老传统。《汉书·地理志》云：“昔后稷封嫠，公刘处豳，太王徙岐，文王作酆，武王治镐，其民有先王遗风，好稼穑，务本业，故豳诗言农桑衣食之本甚备。”关中从唐末失去中心地位，至明清时期，偏居西北一隅的关中几乎被历史遗忘，重新又回到一个自给自足的“自耕农的汪洋大海”。唐时的都城长安人口百万；宋元时，长安人口“仅数万家”，破败不堪。近现代关陇与先进的江南差距更大，甚至被视为西北荒漠之地。即使最为繁华的西安，民国时期也不过区区数万人，昔日的风貌和盛况一去不复返。③

唐以前，中国的文化中心在北方，唐朝宰相369人，北方人占十之八九。唐之后，文化中心开始南移，北宋的灭亡与南宋的复兴就是这一历史转变的节点。元、明、清虽以北京为统治中心，但经济与文化俱来自南方。明朝宰辅189人，南方人占三分之二；洪武到万历245年间，科举中榜的状元、榜眼、探花和会元共计244人，南方人占215人，仅江浙两省

① 《民国关中社会生活研究》，第46页。

② 《古今图书集成·职方典》卷503，《西安府部》。

③ 可参阅：王大华《崛起与衰落：古代关中的历史变迁》，陕西人民出版社，1987。

就有 146 人，独占半壁。清一代，陕西只出过一个状元[①]。

盛唐之时，凤翔府有 4 万户，人口 20 余万；元和（806 年）时只剩下 7000 户。从宋至清，关中日趋边缘化。从另一方面来说，长期的南北战争使中原陷入周期性的战乱，而偏居一隅的关中倒也获得了难得的和平。和老子一样，张载和顾炎武都选择关中作为最后的归隐之地，这或许能说明关中的难得。

张载依靠百亩薄田，晴耕雨读，既有颜回那种“一箪食，一瓢饮，在陋巷，人不堪其忧，回也不改其乐”的精神，又有陶渊明“采菊东篱下，悠然见南山”的心境——

土床烟足紬衾暖，
瓦斧泉乾豆粥新。
万事不思温饱外，
漫然清世一闲人。

顾炎武本是江南人，抗清失败后，远遁至关中，“华山有地堪作屋”，度过他最后的“遗民”和“隐士”生活，“春雨对空山，流泉傍清畎；枕石且看云，悠然得所遣。未敢慕巢由，徒夸一身善。穷经待后王，到死终黾勉”。他在给他侄子的信中写道：

秦人慕经学，重处士，持清议，实与他省不同。黄精松花，山中所产，沙苑蒺藜，止隔一水，终日服饵，便可不肉不茗。然华阴绾毂关河之口，虽足不出户，而能见天下之人，闻天下之事。一旦有警，入山守险，不过十里之遥；若志在四方，则一出关门，亦有建瓴之便。[②]

① 王杰（1725–1805），韩城人，乾隆二十六年（1761 年）殿试状元。乾隆五十一年（1786）出任军机大臣。其为官清正廉洁，以敢于直言著称。后来和珅入狱，王杰担任主审，将和珅判处死刑。今韩城保留有乾隆和嘉庆皇帝赐给王杰的金匾。

② 《蒋山佣残稿》卷三《与三侄》。

从当时的一些地方志所记，关中简直是一个古老而传统、极富田园风格的世外桃源：明万历时的《岐山县志》说，“浑浑噩噩于铄哉！风之淳而俗之美矣！”“垂白之老，足不履县境，目不识官胥。”清乾隆时的《宝鸡县志》说，“年丰人乐……其民淳淳是也。士之子恒为士，农之子恒为农，所谓不见异而迁也。”乾隆时的《西安府志》说，“民有先王遗风……敦厚力本，遍满境内”，“齐民专务稼穑，不事纺织，不习商贾，民少生业。”民国时的《郃阳新志材料》说，“士多兼农，耻于奔竞；农勤稼穑，安分守己……工则拙于制造，不求进步，惟勤夺耐劳是其特色……无富商大贾，商务不甚发达。”

在这些地方志的“物产志”中，常常会坦然写着“无特产可述”，“输出者甚微，无足纪”，“无他奇产，产独服食。”民国时期的《郃阳县乡土志》直言，本县“商务无可言者”，出入境商品少得可怜，唯一繁荣的生意竟是鸦片贸易，“每年当不止十万金，此则可为长太息者矣！”[①]

---

① 秦晖、金雁《田园诗与狂想曲：关中模式与前近代社会的再认识》，语文出版社，2010。

后　记

俗话说，少不读《水浒》，老不读《三国》。读书是分年龄的，少年童真，好幻想，喜欢各种虚构、虚幻的东西，从童话、寓言到神话、魔幻、武侠、小说，乐此不疲；成年以后，随着阅历渐长，见惯春花秋月，对真实和真相更加敏感，因此历史便成为中年人的主要阅读兴趣。马克·吐温说过："有时候真实比小说更加荒诞，因为虚构是在一定逻辑下进行的，而现实往往毫无逻辑可言。"

历史与读书的好处，是可以跨越时空，见识到很多杰出的人物，知道很多神奇的事情，体会到很多独特的感受。这在一定意义上，好像人的生命突然被延长到过去几百年、几千年，所谓"思接千载"；一些从纸上读来的感受，有时甚至比自己亲身经历的事情更加真切、更具影响力。所谓"读史早知今日事，对花还忆去年人"。

对每一个有阅读体验的人来说，这无疑是一件令人着迷的事情。

"著书者，规久远、明全义者也"。知识作为财富之一种，古人著书，往往是留给后世，因此不惜倾尽一生心血。顾炎武认为，读书不多的人轻易写书，不是什么好事。他的《日知录》一经刻印，即洛阳纸贵；数年后，他发现《日知录》尚有诸多不足，又重新修订，花了几年工夫，从以前的 8 卷增改到 20 余卷。有人指出其中错误，他立即改正。有人问他最近又写了几卷，他说这一年多，反复琢磨，只写了十几条。顾炎武说过，天下兴亡，匹夫有责；他还说：搞学问要"博学于文"，做人要"行己有耻”。

*　*

1933年，鲁迅先生在给友人的信中说：“古人告诉我们唐如何盛，明如何佳，其实唐室大有胡气，明则无赖儿郎，此种物件，都须褫其华衮，示人本相，庶青年不再乌烟瘴气，莫名其妙。其他如社会史、艺术史、赌博史、娼妓史、文祸史……都未有人着手。”

当下所谓的“历史热”，基本上仍未跳出以权谋为主的传统历史窠臼；换言之，尚未完全进入历史的“现代化”，特别是将平民大众的生活状态、社会经济文化的演进等，作为切入历史的新视角。英国历史学家彼得·伯克曾提出“新文化史”的概念，他认为历史至少应当包括以下七个层面：衣食住行所构成的物质文化史；宗教与性习俗构成的身体文化史；身份与民族认同所构建的群体表象史；民间记忆构成的社会生活史；制度与法律所构成的政治文化史；方言文字的传播与禁忌构成的语言社会史；地理变迁与文化交流构成的交通旅行史。

《历史的慰藉》这本书所收录的文章，正是基于这种“新文化史”的历史视角，叙述传统时代中普通个体所面对的自由、权力与生存问题。要是给这组文章寻找一个共同点，它们都是以小见大，使历史展现出最亲近的温度，和最有趣的真实。在这里，无论是农民与土匪，还是优倡与官吏，他们各自都有一部悲喜交加的历史；一部关中史，既是一部乡土史，也是一部灾难史；一部戏曲史、一部上访史，或者一部盐史、一部茶史、一部商帮史，其实也是一部荣辱兴衰的中国史。

孔子说自己“述而不作，信而好古”，就内容和观点而言，本书并没有多少历史创造；但通过对大量史料的爬梳与整合，这些文章提供了一种最为精简集约的读史方式：各篇以不同的主题和角度，既独立成文，又相互联系，共同构成独特而丰富的历史镜像；同时也有助于非专业读者“放宽历史的视界”，将历史从传统的政治史，进一步延伸到社会史、文化史、战争史、灾难史和经济史等方面，以此发现历史与每个人之间最短的距离。

需要说明的是，这些文章大多数都出自本人的网络博客，以历史类为主。这次作为实体书出版，我又重新进行了半年多的修改和校对，因此与原先博文已有很大不同。从构思写作到变成白纸黑字的书，如同从梦想变成现实，总难免留下许多遗憾……傅山论书法："宁拙毋巧，宁丑毋媚，宁支离毋轻滑，宁率真毋安排。"

从网络博客转化为正式出版物，其实也是从免费分享变成一种知识商品，这在无形中赋予作者更多责任。尽管一再拖延交稿时间，但书中仍难免一些疏漏和错误，希望读者朋友能予以批评和指正。

本书中一些文章之前曾在纸媒发表过，借此机会特致以诚挚的感谢。这些纸媒包括《挖历史》、《看历史》、《企业观察家》、《南都周刊》、《南方人物周刊》、《观典》、《阳光》、《华商报》、《晶报·深港书评》、《深圳特区报》、《中国商报》、《中国社会科学报》、《法治陕西》、《新产经》等。

同时，也非常感谢凯迪网、凤凰网、天涯网、21CN、爱思想、共识网、博客中国、博联社、搜狐博客和新浪历史等网站的厚爱。当然，更要感谢华文出版社和本书的编辑胡慧华先生，没有他们的督促与成全，就没有您面前的这本书。

* *

对我这样一个农民的儿子来说，童年、关中、乡土从时间、空间和文化上，构成我不可选择的出处和历史。很多年前，我还是"耕牧河山之阳"的小后生，村里的长辈教诲我说：如果你什么都不会干，你就只能做农民；如果你连农民都做不好，那你就什么都干不了。如今我发现，农活与写作其实很相似，前者要敬畏天地，后者要敬畏历史。作为一种最纯粹的精神活动，写作的目的是为了与相识的不相识的人分享心中的秘密。噫，微斯人，吾谁与归！

常言说，求人不如求己。向人问路不难，向人借钱则要难得多。按照圣人的教诲，君子谋道不谋食。其实在这个世界上，最艰难的事莫过于赚钱谋生，最容易的事莫过于读书写作。

在这个字节化时代，知识与文字是最廉价的，甚至是免费的，特别是历史。历史本身无关乎真理，也不需要创造，只要回到原本的真相即可。无论我们是否关注，历史一直存在，但它本身并没有多少“用处”——其实所有奢侈品都没有“用处”——我们既无法置身其中，它也无力改变当下。在历史面前，我们或是无心看客，或是匆匆过客。

如果说历史是传统的根，那么现代人无疑是丧失历史的新人类。对现代人来说，所有的历史都是乡土的，正如所有的“现代”都出于城市。与传统农耕时代相比，现代工业世界是超级暴富的时代。从表面上，当代人是历史上最幸福的；但另一方面，现代人的生存压力，以及所遭遇的恐惧与伤害并没有减少。失去传统道德和信仰的节制，欲望带给人们更多快感和满足的同时，也带来更多焦虑和危险。在精神上，当下的人们或许是历史上最痛苦的一代。历史是人类的童年，有些东西，只能从历史中去寻找。

微观史学家金兹堡曾说，历史学作为一门知识，我们仍处于幼儿期；社会下层群体的历史、私人史、社会变迁史等等，不过刚刚进入前奏，历史学刚刚起步。历史跟读书写作一样，给不了我们太多，唯一可给的，或许就是一点慰藉。其实，这就已足够，所谓“吾道自足”。

在这个一切都因过剩而廉价的时代，惟有时间和真诚依然珍贵。现代互联网技术无疑是信息压缩和信息传播的革命，但传统的纸书仍是知识和思想实现系统化的最佳解决方案。信息的碎片化不仅没有缓解——反而加剧了知识与思想的匮乏，而历史从来都是一个系统工程。

王小波曾说，出版一本书比写一本书要难得多。每当想到这本书要面对许多阅读者，我就倍感压力，总试图在每一篇文章、每一个字上，都尽到我最大的努力。我努力想做到的是，在这本书中，即使缺乏应有的识见和深度，也不应缺失对一本书的诚意与敬意——

西风渭水寒林瘦，
走马岐山故园秋；

秦砖汉瓦今犹在，
青史残简几人留。
天意从来高难问，
著书只为稻粱谋；
旧雨青衫半壶酒，
相逢莫道世间愁。

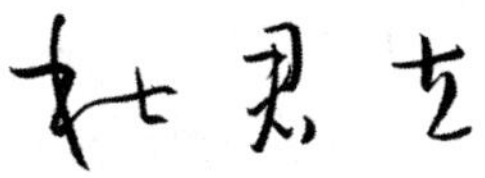

2015年1月15日

农历甲午年冬月廿五

部分参考书目

《国富论》（英）亚当·斯密著 唐日松等译 华夏出版社 2005

《鲁迅全集》鲁迅著 人民文学出版社 1972

《清朝京控制度研究》李典蓉著 上海古籍出版社 2011

《西北大屠杀》西尔枭著 金城出版社 1994

《清朝野史大观》小横香室主人著 中央编译出版社 2009

《国史大纲》钱穆著 商务印书馆 1996

《陕西通史》（明清卷）秦晖 韩敏 邵宏谟著 陕西师范大学出版社 1997

《血酬定律：中国历史中的生存游戏》吴思著 语文出版社 2009

《中国救荒史》邓云特著 商务印书馆 2011

《游民文化与中国社会》王学泰著 同心出版社 2007

《中国文化的深层结构》（美）孙隆基著 广西师大出版社 2004

《中国文化要义》梁漱溟著 学林出版社 1987

《剑桥中国史》（美）费正清等编 刘敬坤等译 中国社会科学出版社 1994

《大历史不会萎缩》（美）黄仁宇著 广西师范大学出版社 2004

《茶叶与鸦片：十九世纪经济全球化中的中国》仲伟民著 三联书店 2010

《马克思恩格斯选集》（德）马克思 恩格斯著 人民出版社 1972

图书在版编目（CIP）数据

历史的慰藉 / 杜君立著. -- 北京 ：华文出版社,2015.4
ISBN 978-7-5075-4335-3（2019.9 重印）

Ⅰ. ①历… Ⅱ. ①杜… Ⅲ. ①中国历史－文集 Ⅳ. ①K207-53

中国版本图书馆CIP数据核字(2015)第082826号

历史的慰藉

著　　者：杜君立
责任编辑：胡慧华
出版发行：华文出版社
社　　址：北京市西城区广外大街 305 号 8 区 2 号楼
邮政编码：100055
网　　址：http://www.hwcbs.com.cn
电　　话：总 编 室 010-58336239　发 行 部 010-58336212 58336238
　　　　　责任编辑 010-58336197
经　　销：新华书店
印　　刷：北京明恒达印务有限公司
开　　本：710×1000　1/16
印　　张：23.75
字　　数：333 千字
版　　次：2015 年 8 月第 1 版
印　　次：2019 年 9 月第 5 次印刷
标准书号：ISBN 978-7-5075-4335-3
定　　价：48.00 元
